Ansgar Schnurr, Sabine Dengel, Julia Hagenberg, Linda Kelch (Hg.)
Mehrdeutigkeit gestalten

Pädagogik

Ansgar Schnurr (Prof. Dr. phil.), geb. 1977, forscht und lehrt als Professor für Kunstpädagogik an der Justus-Liebig-Universität Gießen. Seine Forschungsschwerpunkte liegen im Bereich transkultureller Kunstpädagogik, Studien zur ästhetischen Dimension von Diversität und Ungleichheit sowie Schnittstellen und Transferwirkungen zur politischen Bildung.

Sabine Dengel (Dr. phil.), geb. 1967, hat Politikwissenschaft, Soziologie, Sozialpsychologie und Philosophie an der Universität des Saarlandes studiert und über politische Erziehung im Deutschen Kaiserreich, dem NS-Staat und der DDR promoviert. Tätigkeiten im Hochschulbereich in Wissenschaft und Lehre, in der Stadtentwicklung sowie als freiberufliche Projektmanagerin für politische und kulturelle Bildung. Seit 2008 hat sie unterschiedliche Funktionen in der Bundeszentrale für politische Bildung inne: 2018-2020 Leiterin der Projektgruppe »politische Bildung & Kultur«; seit 2020 Leiterin des Fachbereichs Förderung. Ihre inhaltlichen Schwerpunkte liegen in moderner politischer Theorie, Theorie politischer und kultureller Bildung, (historische) Bildungsforschung, Demokratietheorie.

Julia Hagenberg, geb. 1967, Kunsthistorikerin und Pädagogin, leitet die Abteilung Bildung in der Kunstsammlung Nordrhein-Westfalen in Düsseldorf. Die Schwerpunkte ihrer Arbeit und Lehrtätigkeit liegen an der Schnittstelle zwischen Kunstvermittlung und kuratorischer Praxis sowie im Bereich partizipativer Bildungskonzepte und der gesellschaftspolitischen Dimension von Museumsarbeit.

Linda Kelch, geb. 1988, hat Politikwissenschaft und Philosophie studiert und arbeitet seit 2016 als wissenschaftliche Referentin bei der Bundeszentrale für politische Bildung/bpb. Sie ist dort vor allem mit Projekten an der Schnittstelle von politischer Bildung und Kultur sowie kultureller Bildung befasst, in denen Phänomene der Kulturalisierung bearbeitet und Konzepte transkultureller Bildung entworfen werden.

Ansgar Schnurr, Sabine Dengel, Julia Hagenberg, Linda Kelch (Hg.)

Mehrdeutigkeit gestalten

Ambiguität und die Bildung demokratischer Haltungen
in Kunst und Pädagogik

[transcript]

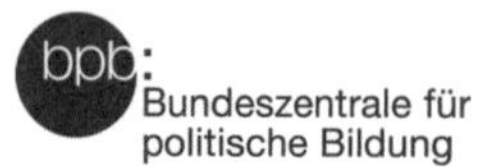

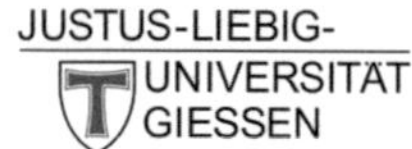

Kunstsammlung Nordrhein-Westfalen

Bibliografische Information der Deutschen Nationalbibliothek
Die Deutsche Nationalbibliothek verzeichnet diese Publikation in der Deutschen Nationalbibliografie; detaillierte bibliografische Daten sind im Internet über http://dnb.d-nb.de abrufbar.

Umschlaggestaltung: Maria Arndt, Bielefeld
Umschlagabbildung: »Encontro«, 1924, Öl / Leinwand, 66x54 cm. © Lasar Segall , 1889 Vilna - 1957 São Pauo und Coleção Museu Lasar Segall – IBRAM /MinC
Redaktion: Ansgar Schnurr, Sabine Dengel, Julia Hagenberg, Linda Kelch
Korrektorat: Wolfgang Delseit
Druck: Majuskel Medienproduktion GmbH, Wetzlar
Print-ISBN 978-3-8376-5007-5
PDF-ISBN 978-3-8394-5007-9
https://doi.org/10.14361/9783839450079

Inhalt

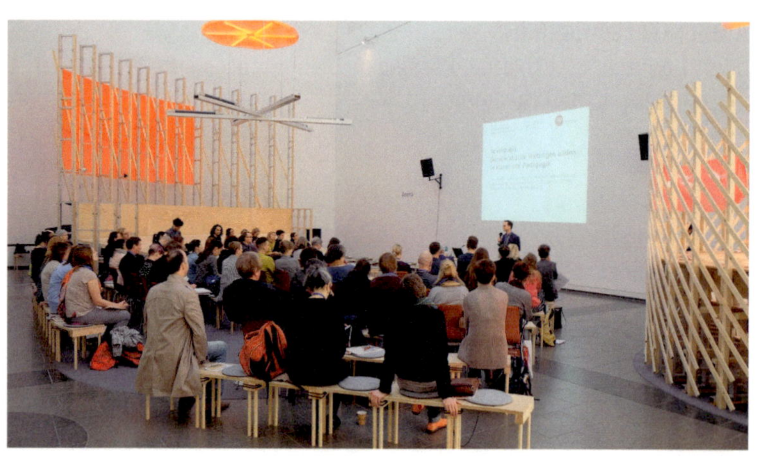

Einleitung
Zur Ambiguität in Kunst, Gesellschaft und Pädagogik sowie der Suche nach dem Transfer

Sabine Dengel, Julia Hagenberg, Linda Kelch und Ansgar Schnurr

In der historischen Rückschau und mit Mut zu einiger Vergröberung lassen sich zeitliche und regionale Einheiten erkennen, in denen die kulturell-gesellschaftliche Lage tendenziell mehr oder weniger offen für Vielfältigkeit war. In den eher pluralismusaffinen Zeiten wurden unterschiedlichste Einflüsse vielfach neugierig und wertschätzend aufgenommen und in ihrer gegenseitigen Mehrdeutigkeit der Weltdeutungen toleriert. Dementgegen wurden in anderen Zusammenhängen Vielfalt und Widersprüchlichkeit latent oder systematisch bekämpft.[1] In solcher stark vereinfachten Rückschau fällt es leicht, die bestimmende Dynamik einer Zeit zu erkennen und benennen zu können, welche Weichenstellungen hier und dort sinnvoll und notwendig gewesen wären, um glücklichere Entwicklungen in Kultur und Gesellschaft anzubahnen.

Das Maß an Toleranz für Vieldeutigkeit und Pluralität jedoch in unserer Gegenwart zu diagnostizieren, fällt dementgegen weitaus schwerer. Aktuell zeichnet sich eine Gleichzeitigkeit gegenläufiger Tendenzen ab. *Einerseits* sind diverse Öffnungen und *Entgrenzungen* in allen Lebensbereichen sichtbar und werden verstärkt zum Gegenstand wissenschaftlicher und gesellschaftlicher Diskurse: Fortschreitende Vernetzungen des globalen Handels und von Kommunikationsbeziehungen lösen überschaubare und eindeutig definierte Reichweiten von Individuen weitgehend auf – die Menschheit ist sich noch nie so nah gewesen; Verflüssigungen medialer Sparten und deren Nutzung

---

1   Solche Zeitdiagnosen unter dem Kriterium der Affinität zur Ambiguität nehmen unter anderem der Soziologe Zygmunt Baumann und der Islamwissenschaftler Thomas Bauer vor. Vgl. Bauer, Thomas: Die Vereindeutigung der Welt. Über den Verlust an Mehrdeutigkeit und Vielfalt, Dietzingen 2018; Baumann, Zygmunt: Moderne und Ambivalenz. Das Ende der Eindeutigkeit, Frankfurt a.M. 1995.

entgrenzen hergebrachte Kommunikationssysteme und machen alles auf allen Kanälen gleichzeitig mitteil- und erreichbar; Entgrenzungen kultureller und sozialer Identitäten dezentrieren Vorstellungen von klar abgegrenzten Zugehörigkeiten und Zuschreibungen und entfalten immense emanzipatorische Potenziale; vormals weitgehend binäre Gender- und Geschlechtsvorstellungen erfahren zunehmend Diversifizierungen und eine allgemeine Wertschätzung hybrider, uneindeutiger und divers orientierter Phänomene; das sind nur einige solcher Spielfelder der Auflösung klarer Grenzziehungen. Diese Bewegung des Öffnens, der Ausdifferenzierung und der Kontingenz bereiten Uneindeutigkeiten in allen Bereichen Bahn und konfrontieren die Subjekte mit großer Komplexität und häufig ungewissen Zuordnungen. Damit umzugehen, ist anspruchsvoll und bedarf besonderer Kompetenzen. Welche Fähigkeiten werden wohl, retrospektiv aus der Zukunft betrachtet, als notwendig erachtet werden, um mit den Herausforderungen dieser Zeit umgehen zu können?

Andererseits – und gleichzeitig – werden Rufe nach Schließungen und der Schärfung klarer Konturen und authentischer Selbstbilder lautgestellt. Antipluralistische Argumente finden Gehör und es erstarken politische Positionierungen am rechten Rand inner- und außerhalb des demokratischen Spektrums. Darüber hinaus arbeiten deren Protagonist*innen zentral daran, Eindeutigkeit und Begrenztheit herzustellen. An Hybridität und Entgrenzung orientierte politische Programme sehen sich offenen Anfeindungen gegenüber. Eindeutigkeit ist zustimmungsträchtig, wie der Erfolg entsprechender Profile in politischen oder ökonomischen Zusammenhängen oder im individuellen Identitätsmarketing zeigen. Aus einer demokratischen Sichtweise sollten demgegenüber *Schließungsbewegungen* als gesellschaftlich problematisch betrachtet und Bildungsperspektiven hin zu einer toleranteren und offenen Grundhaltung gefördert werden. Doch auch die Schule, die hier in besonderer Verantwortung für solche demokratischen Bildungsprozesse steht, kann ihren Anspruch an gedankliche Offenheit und Perspektivenvielfalt nicht immer einlösen, wie der Erziehungswissenschaftler Ludwig Duncker kritisiert: »Viel zu häufig verfolgt die Schule dabei ein Verständnis von Wissen, das die Wirklichkeit in ›richtige‹ und ›falsche‹ Aussagen sortiert und das Wissen, das hier eingeschlossen ist, in messbare und überprüfbare Einheiten zerlegt.«[2] Wird wohl diese Dynamik diverser Vereindeutigungen

---

2   Duncker, Ludwig: Wege zur ästhetischen Bildung. Anthropologische Grundlegungen und schulpädagogische Orientierungen, München 2018, S. 145.

und Schließungsprozesse einst für unsere Zeit als bestimmende Dimension eingeschätzt werden? Welche Weichen gilt es in Bildungszusammenhängen zu stellen, um zu gerechtem und verantwortlichem Miteinander zu finden?

Beide gegenläufigen Bewegungen sind keine neuen Phänomene, jedoch werden sowohl die Entgrenzungen als auch die Schließungsbewegungen präsenter. In vielen kulturellen und gesellschaftlichen Zusammenhängen sind solche Gleichzeitigkeiten verschiedener und sogar unvereinbarer Bewegungen an der Tagesordnung. Vielfach liegt die Mehrdeutigkeit in der Sache selbst, die aufgrund verschiedenartiger Einbettung in Kontexte und konkurrierende Ansprüche eben komplex und vielschichtig ist und in dieser Weise ausgefasst werden kann. Aber wie kann und soll damit umgegangen werden? Welche Paradigmen gilt es in Bildungszusammenhängen gegenwärtig und künftig zu verfolgen und zu stärken?

Der Islamwissenschaftler Thomas Bauer beschreibt in seinem Essay *Die Vereindeutigung der Welt* die Fähigkeit, mit *Ambiguitäten* umgehen zu lernen als Schlüsselfähigkeit unserer Zeit.[3] Damit führt er eine interdisziplinäre Forschungstradition fort, in der unter anderem Theodor Adorno die *Autoritäre Persönlichkeit*[4] als Analyseansatz der Katastrophen des 20. Jahrhunderts problematisiert und Else Frenkel-Brunswik als deren bestimmendes Kriterium eine gering ausgeprägte *Ambiguitätstoleranz*[5] beschrieben hat. Für Zygmund Baumann stellt sich die Bewältigung von Ambivalenz als grundlegende Kategorie gesellschaftlicher Entwicklungen, politischer Katastrophen und Kämpfe dar.[6] Inwiefern aber lässt sich die Fähigkeit, das Mehrdeutige und Widersprüchliche aushalten und gestalten zu können, überhaupt bilden? Ist sie streng an pädagogische Disziplinen gebunden? Inwiefern kann sie konkret in pädagogischen Settings entwickelt werden, und was steht solchen Bildungsprozessen widerständig entgegen? Duncker versteht die Bildung hin zur Perspektivenvielfalt als grundlegendes Ziel allgemeiner, ästhetischer wie auch politischer Bildung in der Schule:

> Nur dort, wo Kinder und Jugendliche in die Lage versetzt werden, gewohnte Sichtweisen zu überschreiten und den eigenen Horizont des Weltwissens

---

3   T. Bauer: Die Vereindeutigung der Welt, 2018.

4   Adorno, Theodor W. et al.: The Authoritarian Personality, New York: New Harper und Brothers 1949.

5   Frenkel-Brunswik, Else: »Tolerance toward ambiguity as a personality variable«, in: Journal of Personality 18 (1949), S. 108-143.

6   Z. Baumann: Moderne und Ambivalenz, 1995.

und Weltverstehens durch den Gewinn neuer Einsichten und Perspektiven zu erweitern, können Verengungen im Sehen und Denken überwunden und eine intellektuelle Beweglichkeit im Interpretieren und Deuten der Wirklichkeit gewonnen werden.[7]

Zwei Bereiche, die auf den ersten Blick wenig Gemeinsamkeit verraten, geraten in diesem Band in einen Dialog, nämlich die Kunst mit dem Politischen beziehungsweise die Bildungsdisziplinen Kunstpädagogik und politische Bildung. Trotz der offenkundigen Unterschiede zeigt sich Verbindendes. Für beide Bereiche ist eine bestimmte Fähigkeit fundamental: Die Fähigkeit, die *Gleichzeitigkeit widerstrebender Perspektiven* annehmen und damit das *Uneindeutige* aushalten und wertschätzen zu können, verbindet Kunst und Demokratie. In der kunsthistorischen Forschung, die auf die europäische und nordamerikanische Kunstproduktion fokussiert, wird *Ambiguität*, also das Vieldeutige und letztlich semantisch Offene des Kunstwerks, als ein ästhetisches Prinzip beschrieben, das sich historisch im westeuropäischen Kunstsystem entwickelt hat und heute kaum hintergehbar scheint.[8] Für Demokratien ist der nicht aufzulösende Widerstreit konkurrierender Ideen und Interessensgruppen grundlegend; demokratische Gesellschaften sind notwendig plural und auf die Anerkennung des Anderen als Gleichen angewiesen.

Komplexität ist jedoch nicht nur mit Blick auf den Wert einer pluralen Gesellschaft ein erhaltenswürdiger Zustand. In Abgrenzung zur methodischen Komplexitätsreduktion in didaktisierten Zusammenhängen wird hier vielmehr auch für das Offenhalten ambiger Situationen in pädagogischer Absicht

---

7   L. Duncker: Wege zur ästhetischen Bildung, 2018, S. 144.

8   Krieger, Verena: »›At war with the obvious‹ – Kulturen der Ambiguität. Historische, psychologische und ästhetische Dimensionen des Mehrdeutigen«, in: Dies./Rachel Mader (Hg.): Ambiguität in der Kunst. Typen und Funktionen eines ästhetischen Paradigmas, Köln, Weimar, Wien 2010, S. 27f. Untersuchungen zur Moderne in indischen, afrikanischen und afroamerikanischen Kontexten setzen an anderer Stelle an und legen dar, dass sich rigide Identitäts- und Differenzkonstruktionen aus nicht-westlichen bzw. nicht-*weißen* Perspektiven als Elemente einer kolonialen Modells der Welt darstellten. Vgl. Kravagna, Christian/Kunstsammlung Nordrhein-Westfalen: »Gedanken zum Konzept einer Transmoderne. Christian Kravagna im Dialog mit den Kuratorinnen der Ausstellung *museum global*«, in: Susanne Gaensheimer et al. : museum global – Mikrogeschichten einer ex-zentrischen Moderne, Köln 2018, S. 28f.

plädiert.[9] Diese werden zum Ausgangspunkt und Schlüsselmoment für Bildung. So lautet eine zentrale These des Bandes, dass es sowohl für politische Bildung als auch für die Kunstpädagogik gerade unaufgelöste, ambige Situationen sind, die in ihrer Kontroversität das Potenzial haben, bildsam zu sein.

Die Aufbereitung und Rahmung dieser Kontroversität gehört zentral zur Aufgabe politischer Bildung. Sie konfrontiert mit Komplexität im Rahmen einer angeleiteten Lernsituation, die darauf ausgerichtet ist, den lernenden Subjekten Gelegenheit zur Ausbildung kritischer Urteilsfähigkeit zu bieten, mit der die ungefilterte Komplexität der Welt handhabbar wird – und zugleich einen selbstwirksamen Umgang damit zu erlernen, dass sich Kritik und Widerspruch auch gegen die eigenen politischen Positionen und Überzeugungen richten können. So stehen Konfliktaustragung und sozialer Zusammenhalt in enger Beziehung mit der Fähigkeit, Alterität und Ambiguität auszuhalten und auch Phänomene des vor dem eigenen Hintergrund nicht Verstehbaren zu akzeptieren. Um die Verengung oder vermeintlich erleichternde Auflösung einer ambigen Situation geht es jedoch nicht.

Als grundlegend bedeutsame Fähigkeiten für die Herausforderungen der Gegenwart in Kultur und Gesellschaft können also *Alteritäts- und Ambiguitätstoleranz* gelten – sowohl als Grundbedingung für eine demokratische Orientierung als auch für die Teilhabe an Kunst. Die Rede von einer personenbezogenen Eigenschaft lenkt das Augenmerk auf die Frage, inwiefern sie eher als relativ feststehende Disposition anzusehen ist oder gebildet werden kann und damit pädagogischen Prozessen zugängig ist. Wie und unter welchen Bedingungen also lässt sich die Offenheit für Unbestimmtes und Vages entwickeln und festigen? Wie kann dies im Bereich der Kunst aussehen, wie in der politischen Bildung?

Die in diesem Band versammelten Aufsätze diskutieren ganz unterschiedliche Phänomene der Ambiguität in Kunst und Gesellschaft. Dabei blicken sie mit je eigener Perspektive auf mögliche ästhetische, aber auch politische Bildungsprozesse, die sich in der Konfrontation mit Uneindeutigem entwickeln können. Besonders interessant wird es im *Schnittpunkt* und in Verknüpfung dieser Bereiche: Inwiefern lassen sich die im einen Bereich erworbenen Fähigkeiten auf den anderen *übertragen* und dort fruchtbar machen? Im Zentrum dieser Diskussionen stehen bedeutsame Fragen nach

---

9   Zum didaktischen Umgang mit der gegeben Komplexität des Kulturellen vgl. Schnurr, Ansgar: »Wandlungen gestalten lernen. Zum Prinzip Transkulturalität in der Kunstpädagogik«, in: Kunst+Unterricht 425/426 (2018): Prinzip Transkulturalität, S. 14.

allgemeinen Bildungswirkungen und -zielen: Inwiefern kann die erfahrungsreiche Auseinandersetzung mit vieldeutiger künstlerischer Produktion *Grundhaltungen* bilden, die tolerant gegenüber Uneindeutigkeit und Komplexität sind? Können solche erworbenen Haltungen in ganz verschiedenen Lebensbereichen wirksam werden, also im Bereich der Kunst wie auch in den demokratischen Belastungsproben von Kultur, Politik und Gesellschaft? Welches Potenzial hat die Kunstpädagogik, dazu beizutragen, diversen Phänomenen des Uneindeutigen in Kultur und Gesellschaft gelassener und kompetenter begegnen zu können, um »Ambiguität aushalten, vielleicht sogar lieben«[10] zu lernen?

Jedoch muss in der Auseinandersetzung mit Bildungszielen und vermuteten Transformationsprozessen durchaus kritisch nach der Färbung des eigenen Blicks gefragt werden: An welche Voraussetzungen und Blickwinkel ist die Fähigkeit gebunden, das Offene und Widersprüchliche nicht als bedrohliche Verunsicherung, sondern als Freiheitsraum wahrnehmen zu können? Wer genießt hier Privilegien, wer ist je nach gesellschaftlicher Positionierung mit machtvollen Hürden konfrontiert? Kritisch zu beleuchten ist also, wer als lernendes Subjekt imaginiert und damit auch normalisiert wird und wessen Erfahrungswissen im Umgang mit Hybridität und Mehrdeutigkeit nicht zum blinden Fleck werden darf.[11]

Im Zentrum dieses Buches steht also die Diskussion, inwiefern die Beschäftigung mit künstlerischer Produktion unter den Vorzeichen der Pluralität demokratisch bildend wirken kann, auch wenn keine explizit politische Agenda oder Thematik verfolgt wird. Solche Verknüpfungen und potenzielle *Transferwirkungen* werden in den einzelnen Beiträgen theoretisch erörtert, entlang ausgewählter Gegenstände oder Beispiele pädagogischer Praxis herausgearbeitet und auch kritisch befragt und kontrastiert.

Der Begriff der »Ambiguität« benennt verschiedene Zustände, Strukturen und Bedingungen von »Mehrdeutigkeit, Vieldeutigkeit; heute nur noch selten: Zweideutigkeit«[12]. Offenheiten und unauflösliche Konkurrenz wider-

---

10   T. Bauer: Die Vereindeutigung der Welt, 2018, S. 79.

11   Vgl. Schnurr, Ansgar: »Störungen lieben – Störungen fürchten: Zur Verschiedenheit der Weltsicht in unterschiedlichen Milieus«, in: Schultheater 23 (2015), S. 38-41.; ders.: »Weltsicht im Plural. Über jugendliche Milieus und das ›Wir‹ in der Kunstpädagogik«, in: zkmb – onlineZeitschrift Kunst Medien Bildung, Text im Diskurs 2011, www.zkmb.de/index.php?id=42.

12   Bode, Christoph: Art. »Ambiguität«, in: Klaus Weimar (Hg.): Reallexikon der deutschen Literaturwissenschaft, Bd. 1, Berlin/New York 1997, S. 67.

sprüchlicher Ansprüche oder Deutungsweisen wie auch semantische Vagheit sind hiervon ebenfalls erfasst. Obschon der lateinische Ursprung »ambigui-tas« den Doppelsinn bezeichnet, sollen unter dem für diesen Band zentral gesetzten Begriff nicht nur die Konkurrenz von zwei sich binär verhaltenen Perspektiven, sondern vor allem auch die komplexe Gleichzeitigkeit mehrer Deutungsweisen und Ansprüche erfasst werden. In verschiedenen Diskursen und Verwendungszusammenhängen ist die Abgrenzung zum Begriff der »Ambivalenz« kaum erkennbar; beide Begriffe werden nicht selten beinahe synonym verwendet. Ambivalenz kann eine affektive »Doppelgerichtetheit«[13] bezeichnen und zielt damit auf den Zustand psychischer Zerrissenheit, wenn im Erleben einer Person ein Spannungszustand widersprüchlicher Gefühle und Gedanken gleichzeitig und zwiespältig besteht.[14] Ambiguität hingegen benennt eher den Anlass/Stimulus solcher Verunsicherung als spannungsreich strukturierte Phänomene. Allerdings muss auch diese Begriffsbestimmung von Ambiguität in sich ambig bleiben, da die Mehrdeutigkeit dabei nie im Objekt liegen kann, sondern sich erst im Erleben des Subjekts entfalten kann.[15]

Auch wenn »Ambiguität« als Schlüsselbegriff in vielen fachlichen Grundlagenwerken fehlt, werden Aspekte von Mehr- und Vieldeutigkeit in diversen Disziplinen bearbeitet. Die folgende Tour d'Horizon kann nur exemplarisch einige Felder und Bezüge skizzieren: In der antiken Rhetoriklehre Ciceros wird die Ambiguität als Anlass jeder komplexen Erörterung verstanden, wobei es Aufgabe des Redners sei, die Uneindeutigkeit durch klare Positionierung zu überwinden.[16] Auch in gegenwärtiger Literaturwissenschaft und Linguistik werden Phänomene der Mehrdeutigkeit behandelt, etwa in Analyse der Dekodierungsweisen und der strategischen literarischen Positionierung von Ambiguität in literarischer Kommunikation.[17] Wahrnehmungen

---

13 Wirtz, Markus Antonius (Hg.): Dorsch – Lexikon der Psychologie. Bern 2017, zit.n. Ziegler, René: »Ambiguität und Ambivalenz in der Psychologie. Begriffsverständnis und Begriffsverwendung«, in: Zeitschrift für Literaturwissenschaft und Linguistik 158 (2010): Ambiguität, S.125.

14 Vgl. DUDEN, Eintrag zu »Ambivalenz«. www.duden.de/rechtschreibung/Ambivalenz.

15 Ziegler, René: »Ambiguität und Ambivalenz in der Psychologie. Begriffsverständnis und Begriffsverwendung«, in: Zeitschrift für Literaturwissenschaft und Linguistik 158 (2010), H. »Ambiguität«, S.126.

16 Vgl. Bauer, Matthias et al.: »Dimensionen der Ambiguität«, in: Zeitschrift für Literaturwissenschaft und Linguistik 158 (2010): Ambiguität, S. 8f.

17 Ebd., S. 7-75.

und Darstellungen mehrdeutiger Phänomene in der Kunst beschäftigen freilich die Ästhetik und Kunstwissenschaft, insbesondere da sich das Paradigma des Ambigen in der westlichen Kunst seit der Romantik als allgegenwärtig und sogar als »ästhetische Norm« beschreiben und in verschiedenen Erscheinungsformen und ästhetischen Strategien differenzieren lässt.[18] Die im Subjekt hervorgerufenen Unsicherheiten und die Strategien der Bewältigung solcher Konfrontationen stellen sich für die Psychologie als relevante Fragestellung u.a. in den Bereichen Wahrnehmung, emotionales Erleben, Dispositionen und der Artikulation von Einstellungen dar.[19] Im Bereich der Politikwissenschaft ist die Behandlung von Ambiguität im Kontext (historischer) demokratietheoretischer Überlegungen zu Pluralismus und Totalitarismus implizit angelegt, während Radikalisierungsprävention und politische Bildung aktuell beginnen, sie als Gegenstand in ihrem akademischen und praktischen Umfeld konkret zu entfalten. Kritische kulturwissenschaftliche Diskurse, vor allem die Postcolonial Studies, problematisieren starre Verständnisse globaler Beziehungen und Machtverhältnisse und beschreiben Ambiguität und Ambivalenz als Bedingungen von Kulturalität und als bestimmende Faktoren kultureller Konstruktionen in asymmetrischen Machtstrukturen.[20] Im Bereich der Erziehungswissenschaften beziehen sich Identitäts- und Bildungstheorien grundlegend auf den Moment der ausgesetzten Orientierung und die versuchsweise angelegten Bewegungen des Erprobens neuer Selbst- und Weltverhältnisse jenseits eindeutiger Kategorien.[21] Dieser Blick über die exemplarisch ausgewählten Diskurse zeigt die erhebliche Interdisziplinarität der Thematik, die sich auch in diesem Band niederschlägt. In kritischem Gespräch

---

18   Vgl. exemplarisch V. Krieger: »At war with the obvious«, 2010, S. 14f.; Eco, Umberto: Das offene Kunstwerk, Frankfurt a.M. 1973, S. 197; Adorno, Theodor W.: Ästhetische Theorie, Frankfurt a.M. 2003, S. 41-43.

19   R. Ziegler: Ambiguität und Ambivalenz in der Psychologie, 2010, S. 129.

20   Vgl. exemplarisch Babka, Anna/Posselt, Gerald: Ambivalenz. Bhabha: Über kulturelle Ambiguität. Tradition und Übersetzung, Wien 2012, S. 43f; Castro Varela, María do Mar/Heinemann, Alisha M. B.: Ambivalente Erbschaften. Verlernen erlernen!, in: Zwischenräume #10 (2016).

21   Vgl. exemplarisch Koller, Hans-Christoph: Bildung anders denken. Einführung in die Theorie transformatorischer Bildungsprozesse, Stuttgart 2012, v.a. Kap. 8, S. 87-98; Bähr, Ingrid et al.: »Irritation im Fachunterricht. Didaktische Wendungen der Theorie transformatorischer Bildungsprozesse«, in: Dies. (Hg): Irritation als Chance. Bildung fachdidaktisch denken, Wiesbaden 2019, S. 3-39.

versammelt sind die Textbeiträge aus den Bereichen Kunstgeschichte, Kunstdidaktik und der Praxis künstlerischer sowie kuratorischer Vermittlung, Politikwissenschaften und politischer Bildung, Erziehungswissenschaften sowie postkolonialen und queertheoretischen Studien. Für das Feld der Politikwissenschaften und Politischen Bildung stehen die Beiträge von Prof. Dr. ANJA BESAND (TU Dresden), Dr. SABINE DENGEL und LINDA KELCH (Bundeszentrale für politische Bildung), Dr. WERNER FRIEDRICHS (Universität Bamberg) sowie Prof. Dr. DOROTHÉE DE NÈVE (Universität Gießen). Einer vorwiegend kunst- bzw. kulturwissenschaftlichen Perspektive entsprechen die Texte von JULIA HAGENBERG (Kunstsammlung Nordrhein-Westfalen), Prof. Dr. KATJA HOFFMANN (Alanus Hochschule Alfter), OLIVER KLAASSEN (Universität Oldenburg), Prof. Dr. VERENA KRIEGER (Universität Jena) und JANA TIBORRA (Universität Gießen). Ebenfalls kunstbezogene, jedoch darin verstärkt auf Vermittlung bzw. Bildungstheorie bezogene Fragestellungen entwickeln die Beiträge von Jun. Prof. Dr. ULAŞ AKTAŞ (Kunstakademie Düsseldorf), CHRISTOPH KERN (Berlin/Universität Gießen), Prof. Dr. HANS-CHRISTOPH KOLLER (Universität Hamburg) und AURORA RODONÒ (Rautenstrauch-Joest-Museum Köln) sowie Prof. Dr. ANSGAR SCHNURR (Universität Gießen).

Die Beiträge dieses Bandes widmen sich unter je einem eigenen Blickwinkel Dimensionen der Ambiguität und ihrer bildenden Perspektiven. Dabei wird die Thematik mal als klare These konturiert, mal eher befragend oder auch sehr kritisch entwickelt, mal argumentativ auf die Praxis der Vermittlung bezogen. Als wissenschaftliche Texte sind sie bestrebt, eine klare Argumentation und eine geschärfte Darstellung zu bieten – das ist gute wissenschaftliche Konvention und dient fraglos der erkenntnisreichen Wissenschaftskommunikation. Doch diese erwünschte und hilfreiche Klärung der Dinge im Beschreiben und Vermitteln führt notgedrungen zu einer grundsätzlichen Paradoxie, nämlich dem thematisch Vieldeutigen, offen Gehaltenen und Unbestimmten mit wissenschaftlicher Klarheit und Trennschärfe zu begegnen. Die Herausgeber*innen[22] sind sich dieser Grundspannung und den unvermeidlichen Tendenzen der *Disambiguierung* durchaus bewusst und

---

22 Dieser Band ist in geschlechtsgerechter Schreibweise verfasst. Da die verschiedenen, geläufigen Genderschreibweisen jedoch je eigene Argumentationen und Absichten verfolgen, sollen die Beiträge auch in diesem Punkt, gerade bei der Thematik, nicht auf einen Minimalkonsens reduziert werden, sondern vielstimmig bleiben. Den Autor*innen wurde folglich die Entscheidung für eine ihnen konzeptionell stimmige Genderschreibweise überlassen.

werben dafür, auch die Widersprüche und ambigen Spannungsbeziehungen *zwischen* den einzelnen Texten wahrzunehmen und als Beitrag zur Thematik zu werten.

Demgemäß ist dieser Band auch nicht linear nach disziplinären Ordnungskriterien aufgebaut. Um die Ambiguität als Strukturprinzip auch auf Ebene der Gliederung abzubilden, wurden Trios und Quartette zusammengestellt,[23] die interdisziplinär jeweils die Bereiche Kunst, Politik und Pädagogik einbeziehen. Jenseits der genannten fächerbezogenen Zuordnungen lassen sich jedoch auch andere, gewissermaßen querliegende Verbindungslinien erkennen, entlang derer sich neue Nachbarschaften und Debatten wahrnehmen lassen. Eine dieser Linien bildet sich durch machtkritische, postkoloniale und antirassistische Konzeptionen, die in verschiedenen Texten in den Fokus rücken. Eine andere ist die Beschäftigung mit den Institutionen Museum, Schule und Hochschule, die sich wiederum durch die machtkritische Perspektive herausgefordert sehen. Grundlagenbezogene Theorieansätze auf der einen, auf pädagogische Anwendung und Vermittlung bezogene Interessen auf der anderen Seite wären weitere Verbindungslinien, die quer die Reihung der Beiträge dieses Bandes durchziehen. Die entstehenden polyvalenten Bezüge, Ergänzungen, aber auch Gegenreden können als Prinzip des Ambigen in diesem Band gelesen werden.

Diese Buchpublikation geht auf eine Tagung zurück, die am 23. Februar 2019 im Rahmen der Ausstellung *museum global – Mikrogeschichten einer ex-zentrischen Moderne* in der Kunstsammlung Nordrhein-Westfalen stattgefunden hat. Ausgehend von einer kritischen Auseinandersetzung mit der museumseigenen Sammlung, konzentrierte sich die Schau auf ausgewählte Beispiele einer transkulturellen Moderne jenseits des westlichen Kanons und stellte Mikrogeschichten aus Japan, Georgien, Brasilien, Mexiko, Indien, dem Libanon und Nigeria vor. Mit der Problematisierung des eurozentristischen Nar-

---

23   Auf der diesem Buchprojekt zugrunde liegenden Tagung wurden als experimentelles Vortragsformat sogenannte »Zankduette«, angelehnt an einem Werktitel von Paul Klee, 1938, initiiert. Zu je einem Werk aus der Projektausstellung *museum global* der Kunstsammlung Nordrhein-Westfalen als zentralen Bezugspunkt wurden zwei Impulse aus unterschiedlichen Fachdisziplinen heraus formuliert, die ohne vorherige Absprache, gewissermaßen als »blind date«, in eine Debatte über die jeweiligen Perspektiven, Kontraste und Verbindungslinien gerieten. Es debattierten Katja Hoffmann und Dorothée de Nève zu Lasar Segalls *Encontro* (1924, siehe Umschlagabbildung), Oliver Klaassen und Werner Friedrichs über *Ana Mmuo (Land of the Dead)* (1961) von Uche Okeke sowie Verena Krieger und Georg Herzberg über *Agony* von Colette Omogbai (1963).

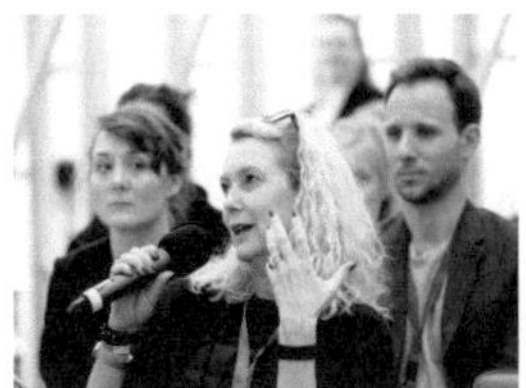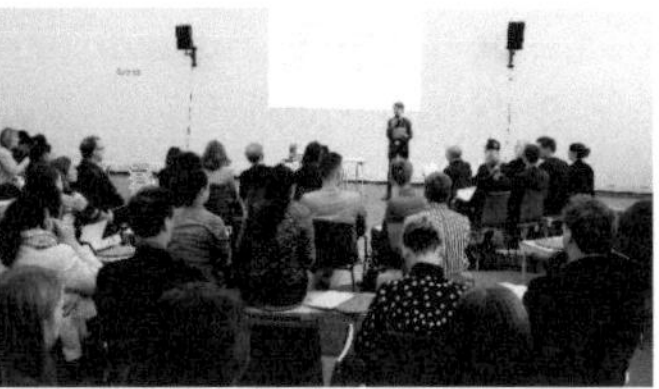

Abb. 1 und Abb. 2: Tagung Ambiguität. Demokratische Haltungen bilden in Kunst und Pädagogik, Düsseldorf, 23.02.2019.

rativs der Kunstgeschichte der Moderne rückten auch die kolonial geprägten Machtstrukturen in den Fokus, die den Kanon prägen und nicht zuletzt durch die Museen selbst repräsentiert werden. In der Ausstellung fanden sich zahlreiche Werke, die von Fragen der Identität, Kultur und Nationenbildung handeln, darunter das auf dem Umschlag abgebildete Gemälde *Encontro* von Lasar Segall. Es zeigt eine Begegnung, die auf den ersten Blick von der Verschiedenheit der Protagonist*innen geprägt ist: Eine Frau und ein Mann, eine *weiße* Person und eine Person of Color[24] treffen aufeinander. Doch die Unterschiede, die der Künstler hier in Szene gesetzt hat, erweisen sich bei genauerer Untersuchung als eine ambige Setzung. Denn in dem 1924 entstandenen Werk, das den Maler mit seiner Frau Margarete Quack zeigt, hat Segall seine Hautfarbe abgedunkelt und ein Bild seiner selbst als eines ›Anderen‹ entworfen. Mit dieser Darstellung machte der in Vilnius geborene Künstler, der im Jahr zuvor aus Deutschland nach Brasilien emigriert war, seine Erscheinung zum Gegenstand einer Auseinandersetzung mit Fragen der Zugehörigkeit. Damit griff er einerseits damalige Diskurse der brasilianischen Avantgarde auf, die um das Problem der nationalen Identität und den »mestiço« als Symbolfigur kreisten; andererseits rekurrierte er auf seine eigene Situation und Zwischenstellung als europäischer Künstler, der in diesen Kreisen Mitglied und Außenseiter zugleich war.[25] Was also in diesem Bild zunächst als symbolhafte Gegenüberstellung anmutet, offenbart sich als eine vielschichtige und mehrdeutige Verhandlung der Fragen, was Differenzen überhaupt ausmacht,

---

24   »Person/People of color« wird hier im Sinne die Selbstbezeichnung von Menschen verwendet, die Rassismuserfahrungen machen.

25   Vgl. Vietmeier, Melanie: »Migration, Exil, Diaspora. Lasar Segall als ›Ewiger Wanderer‹ und Grenzgänger der Moderne«, in: S. Gaensheimer et al. (Hg.): museum global 2018, S. 146f.

ob und wie wir sie wahrnehmen, erleben und einordnen, und wie wir sie uns machtvoll aneignen oder auf sie reduziert werden. Ambiguität ist dabei nicht nur Teil der Bedeutungsproduktion, sie ist auch Sujet der künstlerischen Auseinandersetzung.

Die in die Ausstellung *museum global* eingebettete Tagung fand als Kooperation zwischen der Justus-Liebig-Universität Gießen, der Bundeszentrale für politische Bildung (bpb) und der Kunstsammlung Nordrhein-Westfalen statt, die als Partnerinnen diesen Band herausgeben. Unser Dank gilt allen, die an diesem Buchprojekt mit wertvollen Beiträgen und Unterstützungen mitgewirkt haben. Allen voran danken wir herzlich allen Autor*innen, die mit ihren Manuskripten zur Vielstimmigkeit dieses Buches beigetragen haben. Wolfgang Delseit sei für das sorgfältige Korrektorat gedankt. Ein ebenso herzlicher Dank gilt Jakim Eckert, Regula Erpenbach, Thorbjörn Fries, Niko Gäb, Stefanie Klein, Isabelle Malz, Elisa Mosch, Maria Müller-Schareck, Alexandra Pfeifer, Annika Plank, Jessica Sauerborn, Hannah Schareck, Annkathrin Schwedhelm, Jana Tiborra und Kristina Weimann.

Sabine Dengel, Julia Hagenberg, Linda Kelch und Ansgar Schnurr im Juli 2020

Literaturverzeichnis

Adorno, Theodor W./Frenkel-Brunswik, Else/Levinson, Daniel J./Sanfort, R. Newitt: The Authoritarian Personality., New York: New Harper und Brothers 1949.

Adorno, Theodor W.: Ästhetische Theorie, Frankfurt a.M. 2003.

Bähr, Ingrid/Gebhard, Ulrich/Krieger, Claus/Lübke, Britta/Pfeiffer, Malte/Regenbrecht, Tobias/Sabisch, Andrea/Sting, Wolfgang: »Irritation im Fachunterricht. Didaktische Wendungen der Theorie transformatorischer Bildungsprozesse«, in: dies. (Hg): Irritation als Chance. Bildung fachdidaktisch denken, Wiesbaden 2019, S. 3-39.

Babka, Anna/Posselt, Gerald (Hg.): Ambivalenz. Bhabha: Über kulturelle Ambiguität. Tradition und Übersetzung, Wien 2012.

Bauer, Matthias/Knape, Joachim/Koch, Peter/Winkler/Susanne: »Dimensionen der Ambiguität«, in: Zeitschrift für Literaturwissenschaft und Linguistik 158 (2010): Ambiguität, S. 7-75.

Bauer, Thomas: Die Vereindeutigung der Welt. Über den Verlust an Mehrdeutigkeit und Vielfalt, Dietzingen 2018.

Baumann, Zygmunt: Moderne und Ambivalenz. Das Ende der Eindeutigkeit, Frankfurt a.M. 1995.

Bode, Christoph: Art. »Ambiguität«, in: Klaus Weimar (Hg.): Reallexikon der deutschen Literaturwissenschaft, Bd. 1, Berlin/New York 1997, S. 67-70.

Castro Varela, María do Mar/Heinemann, Alisha M. B.: »Ambivalente Erbschaften. Verlernen erlernen!«, in: Zwischenräume #10 (2016) o. P.

Duncker, Ludwig: Wege zur ästhetischen Bildung. Anthropologische Grundlegungen und schulpädagogische Orientierungen, München 2018.

Eco, Umberto: Das offene Kunstwerk, Frankfurt a.M. 1973.

Frenkel-Brunswik, Else: »Tolerance toward ambiguity as a personality variable«, in: Journal of Personality 18 (1949), S. 108-143.

Koller, Hans-Christoph: Bildung anders denken. Einführung in die Theorie transformatorischer Bildungsprozesse, Stuttgart 2012.

Kravagna, Christian/Kunstsammlung Nordrheinwestfalen: »Gedanken zum Konzept einer Transmoderne. Christian Kravagna im Dialog mit den Kuratorinnen der Ausstellung museum global«, in: Susanne Gaensheimer/Kathrin Beßen/Doris Krystof/Isabelle Malz/Maria Müller-Schareck: museum global – Mikrogeschichten einer ex-zentrischen Moderne, Köln 2018, S. 28-36.

Krieger, Verena: »›At war with the obvious‹ – Kulturen der Ambiguität. Historische, psychologische und ästhetische Dimensionen des Mehrdeutigen«, in: Dies./Rachel Mader (Hg.): Ambiguität in der Kunst. Typen und Funktionen eines ästhetischen Paradigmas, Köln/Weimar/Wien 2010.

Schnurr, Ansgar: »Störungen lieben – Störungen fürchten: Zur Verschiedenheit der Weltsicht in unterschiedlichen Milieus«, in: Schultheater 23 (2015), S. 38-41.

Schnurr, Ansgar: »Weltsicht im Plural. Über jugendliche Milieus und das ›Wir‹ in der Kunstpädagogik, in: zkmb – onlineZeitschrift Kunst Medien Bildung, Text im Diskurs 2011, www.zkmb.de/index.php?id=42 (Zugriff 15.09.2020).

Schnurr, Ansgar: »Wandlungen gestalten lernen. Zum Prinzip Transkulturalität in der Kunstpädagogik«, in: Kunst+Unterricht 425/426 (2018): Prinzip Transkulturalität, S. 4-14.

Vietmeier, Melanie: »Migration, Exil, Diaspora. Lasar Segall als ›Ewiger Wanderer‹ und Grenzgänger der Moderne«, in: Susanne Gaensheimer et al. (Hg.): museum global. Mikrogeschichten einer ex-zentrischen Moderne, Köln 2018, S. 146f.

Ziegler, René: »Ambiguität und Ambivalenz in der Psychologie. Begriffsverständnis und Begriffsverwendung«, in: Zeitschrift für Literaturwissenschaft und Linguistik 158 (2010): Ambiguität, S. 125-171.

I

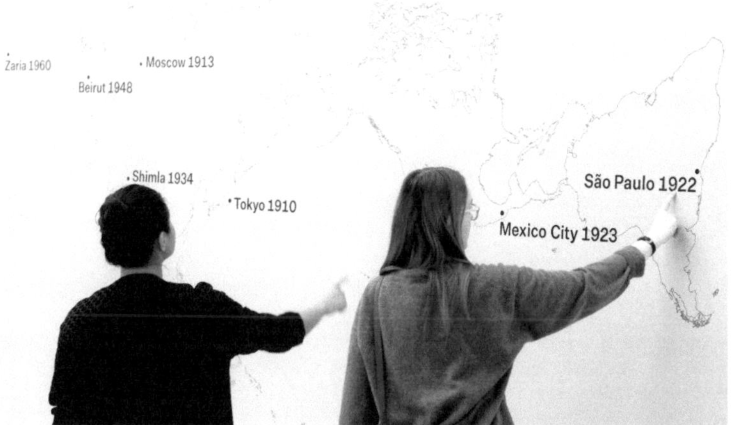

Žaria 1960
Moscow 1913
Beirut 1948
Shimla 1934
Tokyo 1910
São Paulo 1922
Mexico City 1923

Die bildende Seite der Ambiguität
Zum ästhetischen und demokratischen Bildungspotenzial mehrdeutiger Kunsterfahrung

Ansgar Schnurr

Kronleuchter erhellen im Gemälde *Wallstraße* von Walerija Beitmann[1] einen weitläufigen Sakralraum (Abbildung 1). Zusammen mit dem einfallenden Sonnenlicht lösen sie Pfeiler, Bögen und Bodenbereiche aus der Dunkelheit. Das atmosphärische Spiel des gemalten Lichts in den teils deutlichen, teils nur schemenhaft erkennbaren architektonischen Elementen bildet eine ruhige, erhebende Raumwirkung. Durch die illusionistische Raumtiefe und die sensible Darstellung von Materialien und deren Oberflächen ist es leicht, in diesen Sakralraum gedanklich einzutreten und den Bildraum wie einen wirklichen Innenraum zu erfahren. Zugleich – wirklich völlig gegensätzlich – bricht die Malerei, welche diese immersive Wirkung schafft, selbst die Illusion: Vor allem in der Nahsicht dieser großformatigen Malerei gerät die Farbe an sich auf der Leinwand in den Blick und gibt ihr eigenes Spiel zu sehen. Gerade wo Stellen betont unterbestimmt gemalt werden oder die Farbe sich, von der Gegenständlichkeit befreit, spielerisch als Materialität auf der Fläche zeigen darf, verschwindet der Eindruck des illusionistischen Bildraums. Somit lässt sich dieses Gemälde wie ein *Kippbild* betrachten, das mindestens diese beiden gänzlich verschiedenen Sichtweisen zulässt: Es lässt sich als illusionistischer Innenraum und als Diskussion von Farbe auf der Fläche wahrnehmen. Der Eindruck eines sakralen Gebäudes wird erzeugt und entschwindet zugleich.

Die Bildserie *Wi(e)derstehend* entwickelt Walerija Beitmann aus einer Auseinandersetzung mit historischen Bildvorlagen von Synagogen, die in der

---

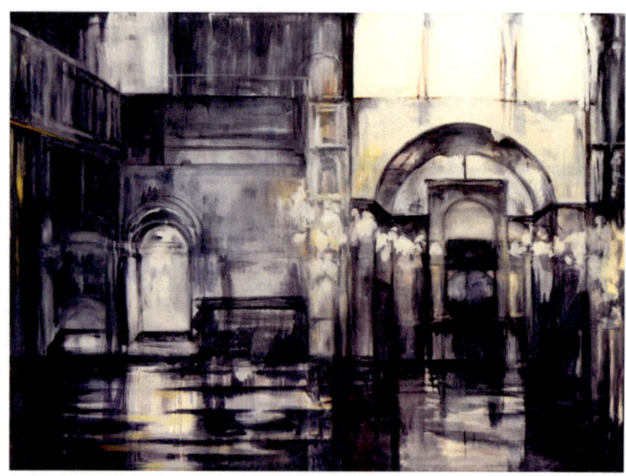

Abb. 1: Walerija Beitmann: Wallstraße. Öl/Leinwand, 160 x 220 cm. (2019)

Zeit des Nationalsozialismus zerstört wurden. Den malerisch konstruierten Synagogeninnenraum in der Wallstraße gibt es also nicht mehr. Seine Darstellung verweist auf eine Leerstelle, auf einen Verlust. Mit den Mitteln der Malerei gelingt es Beitmann, exakt den schmalen Grat zwischen Erscheinen und Entzug zu sehen zu geben: Die verlorenen Sakralräume der Synagogen werden für Augenblicke der Rezeption scheinbar wiederhergestellt, als ob die Bauten wieder stünden, um dann die Betrachtenden mit dem Verlorenen und zugleich der Unmöglichkeit der Wiederherstellung zerstörten Kulturerbes zu konfrontieren. Das Bild widersteht der völligen Illusion und positioniert sich darin subtil als Kritik: als Kritik gegenüber allen Versuchen des Abschließens und Vergessens und als Entgegenhalten des Fragmentarischen und Verlorenen. Es ist gerade dieses Ineinander und Gegeneinander konkurrierender Sichtweisen, in der die eindrucksvolle Wirkung der Malerei liegt. Gegensätzliche Deutungen und Weisen des Sehens werden hier in der Spannung gehalten und nicht aufgelöst. Insofern ist der Rezeptionsprozess von einer höchst spannungsvollen *Ambiguität* gekennzeichnet – und in dieser Uneindeutigkeit liegt ihr besonderer Erfahrungswert.

Solcherart mehrdeutige, ambige Bildwelten findet man freilich nicht nur in der Malerei. Auch sind sie nicht an die genannte Thematik gebunden, die bei Beitmann so präzise mit künstlerischen Mitteln entwickelt wird. Die US-

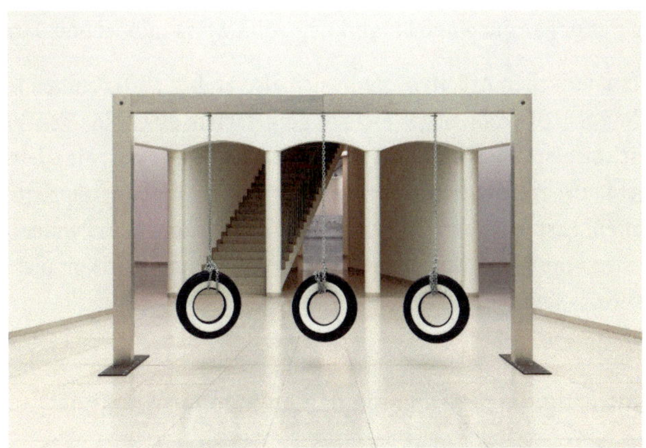

Abb. 2: Cady Noland, Publyck Sculpture (1994). Installationsansicht, MUSE-UM MMK FÜR MODERNE KUNST 2019, Foto: Axel Schneider.

amerikanische Bildhauerin Cady Noland beispielsweise installierte 2018 im Frankfurter Museum für Moderne Kunst MMK drei Weißwandautoreifen, wie man sie von prachtvollen amerikanischen Oldtimern kennt, die mit Ketten befestigt an einem Edelstahlgerüst hängen (Abbildung 2). Auch diese Installation lässt verschiedene Zugänge zu, die sich widerstreitend und mehrdeutig zueinander verhalten: Schnell entstehen schöne Assoziationen an »Reichtum und Opulenz [...] gigantische[r] Straßenkreuzer mit Haifischflossen«[2], gemischt mit Erinnerungen an Kinderspielplätze mit baumelnden Reifenschaukeln. Gegenläufig jedoch schleicht sich angesichts des kalten und aseptisch wirkenden Materials und der seltsam freigestellten Installationsweise auch eine bohrende Anmutung ein, die Niklas Maak wie folgt formuliert:

[A]ber dann [...] kippt das positive Bild der Weißwandreifen; dreht man sich jetzt nach ihnen um, wirkt das Gestell plötzlich wie ein Galgen mit drei Erhängten, die Reifen selbst sehen auf einmal brutal und gewalttätig aus, als sei ihnen der zerstörerische Effekt der benzinsaufenden amerikanischen Trucks in die Gummiprofile eingeschrieben. Auch das spiegelnde

---

2   Maak, Niklas: »Mysterium Cady Noland: Amerikanisches Requiem mit Weißwandreifen« (19.11.2018), o. S., www.faz.net/aktuell/feuilleton/kunst/sensationelle-ausstellung-ueber-cady-noland-im-mmk-15877342.html (Zugriff 15.09.2020).

Chrom, das glänzende Metall in den Einkaufskörben nebenan wirken wie Vorbereitungen auf einen Bürgerkrieg: Alles wird Knüppel und Barriere.[3]

Beide künstlerischen Arbeiten lassen sich also ambig wahrnehmen und deuten. Mehr noch: Sie können gar nicht angemessen in einer einzigen, eindeutigen Sichtweise erschlossen werden, sondern fordern es ein, die Gleichzeitigkeit gegenläufiger Bedeutungen in spannungsvoller und unauflösbarer Weise auszuhalten. Erst in dieser vieldeutigen, offengehaltenen und widersprüchlichen – eben ambigen – Bedeutungslagerung entfalten sich Komplexität und Qualität ihrer Sinndeutungen.

Allgegenwärtig: Das Paradigma des Ambigen in der Kunst

In beiden künstlerischen Arbeiten ist das Moment des Ambigen Programm und Ziel. Damit stehen sie keineswegs allein, vielmehr besteht ein breiter Konsens in gegenwärtigen ästhetischen Diskursen, dass Strukturen der Ambiguität für die Kunst insgesamt und allgemein *konstitutiv* seien. Eine eindeutig auszudeutende und rein linear wahrzunehmende künstlerische Arbeit scheint gegenwärtig schwer vorstellbar. Wie sich genau dieses Paradigma der Ambiguität als weitgehend konstitutives Merkmal der Kunst in kunsttheoretischen und philosophischen Diskursen herausgebildet und verfestigt hat, rekonstruiert die Kunsthistorikerin Verena Krieger in geschichtlichem Fokus: Bereits seit dem Mittelalter und der Frühen Neuzeit seien vereinzelt künstlerische und rezeptionsästhetische Modelle der Mehrdeutigkeit in der Kunst erkennbar, bevor in der Romantik die rezeptive Unergründbarkeit des Kunstwerks zum bestimmenden Paradigma erklärt wurde, etwa durch Novalis' Diktum, ein Gedicht müsse »ganz unerschöpflich sein« (Fragment Nr. 94).[4] Seit den 1960er-Jahren wird in ästhetischen Diskursen verstärkt auf die Position des Semiotikers Umberto Ecco Bezug genommen. Er beobachtete vorrangig in der Gegenwartskunst die prinzipielle »Offenheit des Kunstwerks«, der zufolge Polyvalenz und Vieldeutigkeit nicht mehr nur im gedanklichen Spielraum der Rezipierenden möglich seien, sondern auch produktionsästhetisch

---

3   Ebd.

4   Krieger, Verena: »At war with the obvious« – Kulturen der Ambiguität. Historische, psychologische und ästhetische Dimensionen des Mehrdeutigen, in: Dies./R. Mader (Hg.), Ambiguität in der Kunst. Typen und Funktionen eines ästhetischen Paradigmas, Köln/Weimar/Wien 2010, S. 27.

als Programm der Kunst gelten könnten. Das offene Kunstwerk sei also nur als ambiges angemessen zu rezipieren.[5] Dass diese sehr normativ aufgestellte Setzung, eben, dass gute Kunst prinzipiell offen zu sein habe und nur vielperspektivisch wahrgenommen werden könne, von Ecco als ein überzeitliches, universelles Prinzip beschrieben wird, kritisiert Krieger als historisch wenig differenziert.[6]

Wie zentral und paradigmatisch das Postulat des Ambigen in der Kunst für die Moderne und Postmoderne ist, wird auch von Theodor W. Adorno in seiner Ästhetischen Theorie beschrieben, jedoch in ganz anderer Herleitung. Adorno verortet die Unergründbarkeit gegenwärtiger Kunst in den gesellschaftlichen und kulturellen Grunderfahrungen des 20. Jahrhunderts. Die allgegenwärtige Zerrissenheit und Fragmentiertheit, die Erfahrungen von Zerstörung und Vernichtung sowie das Scheitern eindeutiger Sinnangebote haben seinen Spiegel und Widerhall in der aktuellen Kunst gefunden. Ambiguität versteht er also nicht nur als ein letztlich harmloses intellektuell-ästhetisches Spiel mit Mehrdeutigkeit, sondern als existenzielle, kritische und widerständige Auseinandersetzung mit der gegenwärtigen Welt.[7] Außerhalb dieses »Nichtidentischen«[8], außerhalb dieses »Rätselcharakters«[9] der Kunst, der sich dem vereinnahmenden Zugriff stets entziehe, also außerhalb solcher irritierenden Wirkung auf den Menschen, habe die Kunst nach Auschwitz ihre Berechtigung verwirkt.

Von wieder anderer Seite, nämlich einer erkenntnistheoretischen, nähert sich der Philosoph Nelson Goodman den ambigen Strukturen von Kunstwerken. Auf der Grundlage konstruktivistischer Skepsis setzt Goodman einen Schritt vor den Strukturen des Kunstwerks an, nämlich erkenntnistheoretisch bei der zu erschließenden »Welt«, die in der Kunst eine Ausdeutung erfährt. Da die Welt nie eindeutig und abschließbar erkannt werden könne, sondern nur in konstruierenden Annäherungen durch ganz verschiedene Erkenntniswege und -systeme, könne es auch in der Kunst keine Wahrheit, keine Eindeutigkeit oder Geschlossenheit geben. Kunst komme nach Goodman die Funktion zu, die Welt zu *charakterisieren*, also sie in Bezug auf bestimmte

---

5   Vgl. Eco, Umberto: Das offene Kunstwerk, Frankfurt a.M. 1973.

6   V. Krieger, »At war with the obvious«, 2010, S. 36.

7   Adorno, Theodor W.: Ästhetische Theorie, Frankfurt a.M. 2003, S. 41-43.

8   Ebd., S. 14.

9   Ebd., S. 14f. und 188f.

symbolische Bedeutungen sinnerzeugend auf vielfältige Weise zu interpretieren und zu exemplifizieren.[10] In dieser Weise spiele Kunst im Konzert sich ergänzender und auch widersprüchlicher »Weisen der Welterzeugung« mit. Ihre Funktion liege nach Goodman eben nicht in der Festigung einer klaren Überzeugung, sondern darin, diverse und auch gegeneinander widersprüchliche Erkenntniszugänge zum unabschließbaren »Erkunden und Durchdringen der Welt«[11] anzubieten. Dass dies nur in ambigen Strukturen zu denken ist, liegt hier auf der Hand.

Zu einem ähnlichen Schluss kommt auch der Philosoph Wolfgang Welsch, der wie Goodman davon ausgeht, dass Wirklichkeit sich als »nicht realistisch, sondern ästhetisch«[12] erweist. Um der postmodern zergliederten Welt angemessen begegnen zu können, seien ästhetische Wahrnehmungsmodi vonnöten, die sich tolerant gegenüber Widersprüchen und diskontinuierlichen Deutungsprozessen verhalten. Welsch beschreibt insbesondere Kippmomente in der Wahrnehmung als »Wahrnehmungssprung – ein Umschlag des Hörens, Lesens, Auffassens«[13]. In genau diesem Sinne kommt Niklas Maak angesichts der eingangs vorgestellten Installation der hängenden Reifen zu dem Schluss: »Man kann Nolands Werk [...] lesen wie Kippbilder, die immer wieder umschlagen zwischen Versprechen und Verbrechen, Traum und Trauma.«[14] Diese Kippmomente, die bekannte Sichtweisen durch plötzlich neu entstehende Deutungen verändern, wertet Welsch als »Nukleus imaginativer Prozesse«[15] und damit als Beginn von Erkenntnisprozessen. Folgt man dieser Spur, so lässt sich das reichhaltige Erfahrungs- und Erkenntnispotenzial der Kunsterfahrung gerade entlang solcher Brüche und Diskontinuitäten begreifen, die Ambiguität entstehen lassen. Paradigmatisch beschreibt Welsch solche kognitiven Prozesse als »Aktualität ästhetischen Denkens« und formuliert hieraus betont normativ den Anspruch, dass »ein Denken, das unserer Zeit sich stellen [...] will, sich Phänomenen der Unübersichtlichkeit und Ambivalenz zuwenden und mit Denkfiguren des Umschlags, der Verflechtung, der Divergenz operieren muss«.[16]

---

10   Vgl. Goodman, Nelson: Sprachen der Kunst. Entwurf einer Symboltheorie, Frankfurt a.M. 1997, S. 62.

11   Ebd., S. 237.

12   Welsch, Wolfgang: Ästhetisches Denken, Dietzingen 1990 (5. Aufl. 1998), S. 7.

13   W. Welsch: »Zur Aktualität Ästhetischen Denkens«, in: Ebd., S. 51.

14   N. Maak, »Mysterium Cady Noland«, 2018.

15   W. Welsch: »Zur Aktualität Ästhetischen Denkens«, 1998, S. 52.

16   Ebd., 1990, S. 30.

In der Zusammenschau dieser kunsttheoretischen Positionen stellt sich klar ein recht einheitliches Bild scharf, das die Ambiguität zentral setzt. Dabei sei ausdrücklich darauf verwiesen, dass dort überwiegend europäisch-nordamerikanische Kunstverständnisse vor allem seit der Romantik beachtet werden und als ästhetische Norm verhandelt werden. Nichteuropäische und ältere Kunst dezentrieren und erweitern in diesem Zusammenhang den Blick durch teils kontrastierende Selbstverständnisse und Funktionen.[17] Trotz der geistesgeschichtlich unterschiedlichen Zugänge und Kontextualisierungen zielen alle genannten Ansätze darauf, ambige Strukturen in der Kunst und dementsprechend ein vieldeutiges und irritierendes Erleben im Rezeptionsprozess als konstitutiv zu verstehen. In den skizzierten kunsttheoretischen Positionen wird als klarer Umriss erkennbar, dass Kunst, die nicht auf ihre jeweilige spezifische Art[18] mehrdeutig, offen, rätselhaft oder widersprüchlich ist und die nicht eine ganze Breite unterschiedlicher Sinndeutungen zulässt, zumindest in der Gegenwart kaum denkbar, ohne Funktion und damit belanglos sei. Verschiedene Strukturen der Ambiguität aktueller Kunst erscheinen also in diversen ästhetischen Diskursen als allgegenwärtiges Paradigma und als weitreichende ästhetische Norm.[19]

Kontraste: Bildkultur und gesellschaftliche Tendenzen

Bewegt man sich, wie im bisherigen Verlauf dieses Textes, innerhalb kunstbezogener Diskurse, übersieht man jedoch leicht, wie begrenzt das Feld ist, in dem verschiedene Formen der Ambiguität als beinahe universelle und weithin bestimmende Phänomene gelten. In vielen anderen Lebensbereichen sehen die Welt, die Bilder und ihre Gebrauchsweisen vielfach völlig anders aus.

---

17   Ausstellungskonzepte wie das Projekt *museum global – Mikrogeschichten einer anderen Moderne* in der Düsseldorfer Kunstsammlung des Landes NRW können den bislang weitgehend eurozentisch verengten Blick auf die Kunstgeschichte durch alternative Erzählungen anderer Modernen produktiv irritieren und erweitern. Auf der Grundlage postkolonialer Theorie werden hier Macht- und Dominanzverhältnisse, weltweit wandernde Narrative und sich widerständig behauptende Phänomene der Kunst in den Fokus gerückt.

18   Verena Krieger nimmt in ihrem Beitrag dieses Bandes aufschlussreiche Differenzierungen verschiedener Strukturen ästhetischer Ambiguität vor.

19   V. Krieger: »At war with the obvious«, 2010, S. 14.

Eine Fotografie aus dem Jahr 2018 ist ein gutes Beispiel, wie Bilder so inszeniert und gerahmt werden können, dass sie ein sehr geringes Potenzial für Ambiguität eröffnen – eine Tendenz, die Auftrieb zu erhalten scheint: Die Fotografie zeigt einen gewaltigen militärischen Zaun, grell beleuchtet gegen die Dunkelheit der Nacht (Abbildung 3). Drei Personen und zwei mächtige Baumaschinen sind mit Bau und Sicherung der Grenzziehung beschäftigt. Da Hintergrund und Umraum in der Schwärze der Nacht versinken, stört kein weiteres Detail diese Deutung des Bauwerks als massiv gesicherte Trennlinie zwischen drinnen und draußen. Alles, was potenziell chaotisch sein könnte, scheint streng beherrscht. Hier wird Ordnung demonstriert, Kontrolle und Macht. Es kostet einige Mühe, dieses Bild anders, mit alternativen Deutungen oder als unergründbare Darstellung zu rezipieren. In seiner Gestaltung ist das Bild ausgesprochen konsequent und präzise. Es ist auch durchaus nicht einfach, solcherlei Bilder zu produzieren, die in allen Details Vagheit, Pluralismus und Mehrdeutigkeit vermeiden. Die Eindeutigkeit der Bildwirkung liegt auf einer Linie mit dem bildbegleitenden Kommentar, den Donald Trump auf der Plattform Twitter am 19. November 2018 zu dem von ihm geposteten Bild des Grenzzauns schreibt: »The Fake News is showing old fottage of people climbing over our Ocean Area Fence. This is what it really looks like – no climbers anymore under our Administration!«[20] Trump, der sich bei Twitter »@realDonaldTrump« nennt, stellt damit einer als bedrohlich dargestellten Ungewissheit in Bild und Wort eine Behauptung des Echten, Wahren und Eindeutigen entgegen. Unmissverständlich führt er hier eine Machtgeste auf, mit der er das Alternativlose verkündet und jede Abweichung unterbindet. Die Behauptung von Alternativlosigkeit erscheint hier im Sinne eines autoritär gefärbten *Sprechakts*, mit dem eine eindeutige soziale Wirklichkeit herzustellen versucht wird.[21]

Solche machtvollen Verkündigungen einfacher und eindeutiger Weltdeutungen finden in Trumps Präsidentschaft innerhalb der USA gegenwärtig erstaunlichen Zuspruch. Fraglos liegt eine Entlastungsfunktion in solchen autoritären Gesten des Deutens und des Beschützens gegen die unüberschaubar pluralistischen Herausforderungen der Welt. Vergleichbare Mechanismen

---

20   Tweet von Donald Trump am 19. November 2018, https://twitter.com/realdonaldtrump
?lang=de (Zugriff: 15.09.2020).

21   Zur Sprechakttheorie vgl. Austin, John L.: »Performative Äußerungen«, in: Ders., Gesammelte philosophische Aufsätze. Übersetzt und hg. von Joachim Schulte, Ditzingen 1986, S. 310.

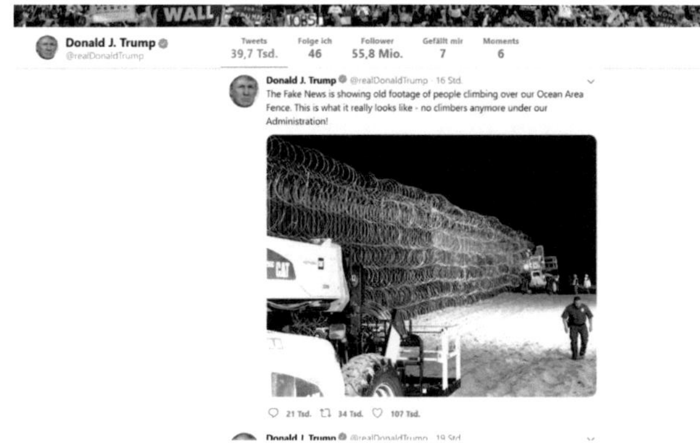

Abb. 3: *Tweet von Donald Trump vom 19. November 2018*

greifen aktuell weltweit und damit auch in Deutschland um sich. Beste Wahlergebnisse werden bei bundesdeutschen Wahlen mit ähnlicher Verheißung machtvoller Kontrolle des Fremden, Uneindeutigen und Abweichenden erzielt. Entgegen einem (allerdings ausgesprochen nebulösen) Nationalen, das als geschlossen proklamiert wird, werden ausgrenzende Schließungsmechanismen versprochen. Immer wieder wird gegen das Abweichende polemisiert, oder es wird Vielfalt angstvoll zum Bedrohungsszenario erklärt. Zwar werden keine physischen Zäune errichtet, anders an der Südgrenze der USA und entlang der Balkanfluchtroute, jedoch durchaus politische Schutzmauern gegen die Bedrängnis des Andersartigen versprochen.

Gegenreaktionen bedienen dabei jedoch vielfach dieselben antipluralistischen Muster: Aufgeschreckt von dieser Vehemenz und Aggressivität des gegenwärtigen Rechtspopulismus, stürmten linksorientierte Hamburger Studierende im Oktober 2019 die wissenschaftlichen Vorlesungen des AfD-Mitgründers Bernd Lucke und verhinderten seine Lehrveranstaltung – ein Vorgehen, was aufgrund der Einschränkung freier und damit pluralistischer Meinungsäußerung im Rahmen wissenschaftlichen Diskurses breit kritisiert wurde.[22] Zuvor war bereits im Mai 2019 an der Goethe-Universität Frankfurt eine Debatte über Redefreiheit ausgebrochen, nachdem eine Gruppe Aktivist*innen eine wissenschaftliche Tagung zum Thema »Das islamische

---

22   Vgl. www.zeit.de/gesellschaft/zeitgeschehen/2019-10/universitaet-hamburg-afd-bernd-lucke-professor-vorlesung-abbruch-protest (Zugriff 15.09.2020).

Kopftuch. Symbol der Würde oder der Unterdrückung?« zu verhindern suchte.[23] Obwohl das Podium im Hinblick auf Meinungsvielfalt und die Ausleuchtung der unterschiedlichen Positionen besetzt war und die Frage ausdrücklich ein ambiges Spannungsfeld pluraler Positionen eröffnete, wurde die Veranstaltung seitens der Aktivist*innen offenbar als *microaggression*[24] antizipiert – ein Konzept, das vor allem im US-amerikanischen Kontext bereits Andeutungen verbaler Übergriffe als unzulässig einordnet, was dort wiederholt potenziell kontroverse Debatten bereits im Kern verhindert hat.

Die genannten Handlungsweisen unterscheiden sich stark im politischen Spektrum. Jedoch verbindet sie die Tendenz, das pluralistische Nebeneinander und diskursive Gegeneinander konkurrierender Positionen zu bekämpfen. Sie sind insofern *antipluralistisch*. Noch expliziter kann hier auch von *antidemokratischen* Strukturen gesprochen werden, da der politische Dissens und der freie Austausch über diese widerstreitenden Positionierungen in Aushandlung tragfähiger Kompromisse zu verdrängen versucht wird.[25]

All diese politisch-autoritären Abwehrbewegungen, die Meinungspluralismus und überhaupt die Konfrontation mit dem Abweichenden zu verhindern suchen, zeigen sich eingebettet in ein übergreifendes Muster der *Ambiguitätsabwehr*. Der Islamwissenschaftler Thomas Bauer beobachtet in ganz unterschiedlichen Lebensbereichen, inwiefern Vielfalt gegenwärtig markant abnehme. Weltweit sei ein allgemeiner »Verlust von Mehrdeutigkeit und Vielfalt« zu beklagen, womit »die Vereindeutigung der Welt« voranschreite.[26] Solche Rückgänge an Pluralität stellt er in der abnehmenden biologischen Artenvielfalt, in Sprachen und Dialekten wie in kulturellen Selbstverständnissen fest.[27] Zugleich beschreibt er die allgemein schwindende Ambiguitätstoleranz in verbreiteten Verhaltensnormen wie etwa der verbreiteten Erwartung, in der Darstellung der eigenen Identität eben nicht facettenreich und hintergründig aufzutreten, sondern authentisch, eindeutig und geradlinig profi-

---

23   Vgl. www.faz.net/aktuell/rhein-main/streit-um-kopftuch-konferenz-in-frankfurt-eska liert-16157556.html (Zugriff 15.09.2020).

24   Pierce, Charles: »Psychiatric Problems of the Black Minority«, in: Silvano Arieti (Hg.), American Handbook of Psychiatry, New York 1974, S. 512-523.

25   De Nève, Dorothée: »Pluralismus und Antipluralismus«, in: Österreichische Zeitschrift für Politikwissenschaft, 44 (2015), H.2, 45-48.

26   Bauer, Thomas: Die Vereindeutigung der Welt. Über den Verlust an Mehrdeutigkeit und Vielfalt, Dietzingen 2018.

27   Ebd. S. 7-12.

liert,[28] vgl. »@realDonaldTrump«. Als mächtige Werkzeuge der Disambiguierung werden gegenwärtig die Auswirkungen von Social-Media-Algorithmen diskutiert, die die unendliche Vielfalt an Information im Hinblick auf ein personalisiertes Informationsprofil filtern und somit vorwiegend vertraute und bestärkende Inhalte anbieten. Dieser *Filterblasen*-Effekt kann dazu führen, dass in einem weitgehend geschlossenen und kanalisierten Informationssystem die eigenen Überzeugungen gewissermaßen als das eigene Echo widerhallen (*Echokammern*) und damit vertieft, gefestigt und gegebenenfalls sogar radikalisiert werden können.

Befremdungen: Erfahrungen ästhetischer Ambiguität

In dieser Gegenüberstellung zeichnet sich das Bild einer erheblichen Grundspannung zwischen pluralismusaffinen Lebensbereichen (für die hier exemplarisch künstlerische Diskurse angeführt wurden) und ambiguitätsvermeidenden Dynamiken und Positionen in Politik und Bereichen des gesellschaftlichen Lebens. Der eine Bereich *schätzt* die Ambiguität als konstitutives Merkmal und intellektuell-ästhetische Bereicherung, während der andere die Mehrdeutigkeit fürchtet und zu verdrängen versucht.[29] Doch sind auch die hier modellhaft abgesteckten Diskurse und Lebensbereiche in sich keineswegs homogen und eindeutig. Auch innerhalb der an sich höchst ambiguitätsfreundlichen Kunst zeichnet sich ein ganz anderes Bild, wendet man den Blick von der künstlerischen Produktion und den daran geknüpften Fachdiskursen hin zu den Menschen, die solche Kunst erfahren. Hier ist keineswegs von einer einzigen und fraglos für alle gültigen Rezeptionsweise auszugehen. Denn dort, im Erleben des Subjekts, stellt sich die Ambiguität vielfach ganz anders und weitaus kritischer dar: In kunstpädagogischen Vermittlungssituationen und in Forschungssettings zu ästhetischen Präferenzen fällt immer wieder auf, dass die auf Ebene des Kunstdiskurses selbstverständliche Vieldeutigkeit nicht von allen Menschen

---

28   Ebd. S. 62-70.

29   Zwischen diesen kontrastierenden Polen bestehen freilich diverse Grauwerte: Selbstverständlich wird in vielen gesellschaftlichen und politischen Feldern auch außerhalb der Kunst Vielfalt und Pluralismus kultiviert. Auch arbeiten zunehmend rechtsextreme und daher grundständig antipluralistische Gruppierungen mit unkenntlichen Zeichensystemen.

gleichsam als Bereicherung und interessante Herausforderung erlebt wird.[30] Dies ist insofern nicht verwunderlich, da explizit vieldeutige Kunst geradezu darauf abzielt, Eindeutigkeit vorzuenthalten und das Gefühl von *Vagheit* im Erfahrungsraum des Rezipienten zu gestalten. In jedem Fall wird die Komfortzone verlassen, in der die stabilen und eindeutigen Sichtweisen Raum haben. Bernhard Waldenfels beschreibt in Bezug auf die Erfahrungen des Fremden eine »Ambivalenz, [die] als verlockend und bedrohlich zugleich« erscheint[31]. Hans-Christoph Koller führt diesen Gedanken fort, dass ein Erleben des Unklaren »als Konkurrenz für das Eigene erscheinen [kann], aber auch als Eröffnung neuer Möglichkeiten«[32].

Dort, wo solche Erfahrungen als unangenehm erlebt werden, wird dies in Vermittlungssituationen rasch hörbar: Oftmals äußern Kinder und Jugendliche aber auch Erwachsene angesichts uneindeutiger Bildfindungen Irritationen, die sich mal als vorsichtig vorgetragene Unsicherheit, als erkennbare Ablehnung oder sogar als hoch emotional vorgebrachter Gegenangriff äußern. Kunst wird in solchem Erleben als »komisch«, »eklig«, »merkwürdig« oder sogar als »schrecklich« bezeichnet oder als irrelevant oder absurd abgetan.[33] Ambiguität in der Kunst kann leicht als gefährlicher Verlust von Kontrolle und Stabilität des eigenen Blicks erfahren werden. Die genannten emotional gefärbten Aussagen werden häufig als regelrechte *Abwehrgesten* positioniert. Sie machen damit deutlich, wie wirkmächtig ambig wahrzunehmende Kunst im Erfahrungsraum von Menschen ist.[34]

---

30   Die Ablehnung ambiger Phänomene ist ausgesprochen milieuspezifisch, indem bestimmte (ästhetische) Sozialisationen und Milieuzugehörigkeiten als wirkmächtige Voraussetzungen die konkreten Verhaltensweisen rahmen und vorprägen. Bestimmte soziale Milieus sind als eher ambigitätsablehnend und andere als sehr pluralitätsaffin einzuschätzen. Vgl. Schnurr, Ansgar: »Störungen lieben – Störungen fürchten: Zur Verschiedenheit der Weltsicht in unterschiedlichen Milieus«, in: Schultheater 23 (2015), S. 38-41.

31   Waldenfels, Bernhard: Topographie des Fremden. Studien zur Phänomenologie des Fremden 1, Frankfurt a.M. 1997, S. 44.

32   Koller, Hans-Christoph: Bildung anders denken. Einführung in die Theorie transformatorischer Bildungsprozesse, Stuttgart 2012, S. 83.

33   Vgl. A. Schnurr: Störungen lieben – Störungen fürchten, 2015.

34   Dieser Abwehreffekt gegenüber dem, was uns befremdet, ist mächtig und schwer zu kontrollieren, da hier hirnorganisch, als den komplexeren Verarbeitungssystemen vorgeschaltete Eingangsschwelle, das *Limbische System* wirkt, das die eingehenden Reize blitzartig und emotional codiert nach vertraut und fremd einordnet und gemäß der Kategorien gut und schlecht wertet.

In den emotional vorgetragenen Abwehrgesten gegenüber unvertrauter Kunst wird erkennbar, dass die Ambiguität als Freiraum für ganz unterschiedliche Deutungen einen markanten Preis hat, nämlich die *Verunsicherung* des Ordnungssystems: Gerade indem Kunst nicht eindeutig identifizier- und auslegbar ist, konfrontiert sie die Betrachtenden mit einer bleibenden Unsicherheit. Ihre ästhetisch gestalteten Widersprüche und Offenheit zielen vielfach darauf, zu irritieren, Unruhe zu stiften und den stabilen, abgesicherten Modus der Sehweise zu unterlaufen. Mit Waldenfels lässt sich solche Ambiguitätserfahrung als ein *krisenhaftes* Hereinbrechen des Fremden in die bisherigen Ordnungsstrukturen verstehen, indem Sicherheit und Orientierung versprechende Identifikationen infrage gestellt werden. Hier wird die Stabilität durch etwas Eigensinniges aufgestört, das dem Vertrauten spannungsvoll und eigensinnig entgegensteht.[35] Koller beschreibt diesen Moment in Anlehnung an Waldenfels als »Außerkraftsetzung meiner Ordnung«[36]. In Konfrontation mit mehrdeutigen Phänomenen der Kunst wird dieser Verlust von eindeutiger Orientierung und Sicherheit offenbar. Spürbar wird, etwa in Vermittlungssituationen, dass solche Vagheit der Darstellung und Aussage von vielen Menschen eben nicht als interessante intellektuelle Herausforderung oder als Spielfeld vielfältiger Möglichkeiten erfahren wird, sondern als bedrohliche Zumutung. Überschreiten also die von der Kunst gestifteten Irritationen und Verunsicherungen des eigenen Blicks eine gewisse Toleranzschwelle, scheint, zumindest bei bestimmten, häufig unterprivilegierten Personengruppen„ ein Abwehrmechanismus gegenüber der empfundenen Bedrohung des eigenen Ordnungssystems zu greifen. Abweichend dazu erfahren Personen mit anderer Orientierung, Vorerfahrung und Toleranzschwelle gerade solche Irritationsmomente und Befremdungen des Vertrauten in der Kunsterfahrung als interessante Herausforderung und intellektuell-sinnliche Bereicherung.

Einen Schritt zurück treten: ambiguitätstolerante Haltungen bilden

Auch wenn sich die skizzierten ambiguitätsaffinen Umgangsweisen bspw. mit Kunst und die diversen antipluralistischen Reaktionsmuster weitreichend

---

35   Waldenfels gebraucht den Terminus der »Diastase«, vgl. Waldenfels, Bernhard: Bruchlinien der Erfahrung, Frankfurt a.M. 2002, S. 173f.

36   H.-C. Koller: Bildung anders denken, 2012, S. 82.

unterscheiden, so verbindet sie eine wesentliche Struktur: Ob Mehrdeutigkeit als Türöffner für interessante Blickwinkel oder als bedrohliche Verunsicherung erfahren wird – beide Formen des Handelns und Wertens entstehen aus der Konfrontation mit ambig erlebten Phänomenen. Sie nötigen dazu, die gewohnte Komfortzone zu verlassen. In jedem Fall tritt hier die Notwendigkeit auf, das Ereignis zu werten, sich dazu zu positionieren und damit zu handeln. Gleichgültigkeit oder Handlungsroutinen scheinen angesichts dieser uneindeutigen Phänomene ausgeschlossen. Solche situativen Handlungsnotwendigkeiten als Reaktionen auf das Unklare und Vage kann man als *Stresstests*[37] für die eigene Orientierung verstehen. Stresstests können demzufolge in der Begegnung mit uneindeutiger Kunst liegen, aber auch in kulturell-gesellschaftlichen Prozessen, etwa wenn in Folge von Migrationsbewegungen ehemals sinnstiftende Figuren von nationalstaatlicher Identität oder abgrenzbarer kultureller Zugehörigkeit erodieren.[38] In beiden Fällen ist das Subjekt mit dem Wegfall klarer Orientierung und eindeutiger Identifikation konfrontiert und muss außerhalb der vertrauten Systeme navigieren. Noch eines eint die unterschiedlichen Verhaltensmuster in Bezug auf Ambiguität: Beide holen sich in der Situation des Stresstests eine mächtige Hilfe herbei, nämlich tief sitzende *Grundorientierungen*, die gewisse Verhaltensmuster bereitstellen und teilweise die Navigation übernehmen können.

Diese Grundorientierungen sind als allgemeine Wertedispositionen und Lebensstilmuster zu verstehen, die kognitive, affektive und verhaltensleitende Elemente enthalten. Sie sitzen tiefer und sind wirkmächtiger als *Einstellungen*, die sich leicht zu bestimmten Fragestellungen artikulieren lassen. Einstellungen, die etwa im Gespräch vorgebracht werden, können eher einer erwünschten Erwartung angepasst werden, da sie vom Subjekt weitgehend kontrollierbar und modellierfähig sind. Sie entsprechen dem *expliziten Wissen*, das zugänglich ist und klar geäußert werden kann. Darunter liegt jedoch eine weit weniger zugängliche Form, die als *implizites Wissen* oder auch *schweigendes Wissen* zwar alle Äußerungen und Handlungen grundiert, färbt und lenkt, jedoch

---

37   Dieser Begriff im Verwendungszusammenhang demokratischer Fragestellungen wurde u.a. als Titel einer Veranstaltung der Bertelsmann Stiftung am 28. Januar 2019 verwendet: »Demokratie im Stresstest. Die Europäische Union vor den Wahlen«.

38   Vgl. den Beitrag von Hans-Christoph Koller in diesem Band; vgl. auch Schnurr, Ansgar: »Zwischen Transkulturalität und nationalistischen Fliehkräften: Demokratische Haltungen in kunstpädagogischen Prozessen bilden«, in: Ulrike Blumenreich et al. (Hg.), Jahrbuch für Kulturpolitik 2017/18. Welt. Kultur. Politik. – Kulturpolitik in Zeiten der Globalisierung, Bielefeld 2018, S. 151-162.

selbst kaum artikuliert werden kann. »Das schweigende Wissen ist unseren Urteilen und Entscheidungen, Verhaltensweisen und Handlungen implizit. Es wirkt im Hinblick auf explizit, bedacht Vollzogenes oder herbeigeführtes als Hintergrundwissen«[39], beschreibt Anja Kraus. Dieses Hintergrundwissen stellt eine intuitive Orientierung in verunsichernden Situationen bereit, wie man sich lebenspraktisch erfolgreich verhalten, etwas werten oder sich äußern kann. »Menschliche Handlungsfähigkeit basiert daher auf sozialer Erfahrung und der Ausbildung eines *praktischen Sinns*, der wie eine Intuition oder ein sozialer Instinkt funktioniert«[40], so Kathrin Audehm. Dieser soziale Sinn entwickelt sich in Sozialisationsprozessen »durch Teilnahme an sozialen Spielen« und bildet sich sowohl als »typisches Verhalten (*habit*) als auch geistige Grundhaltungen (*dispositions*) aus, die wiederum das weitere Handeln lenken und strukturieren«[41]. Jedoch lässt sich dieser lebensgeschichtlich gewachsene, leiblich wie kollektiv rückgebundene und damit habituell ausgeprägte Bestand an Wissen und Handlungsmustern nicht direkt benennen und ist dem Menschen oftmals nicht bewusst. Der Naturwissenschaftler und Philosoph Michael Polany, der im englischen Original von *tacit knowing* spricht, erklärt, »im Akt der Mitteilung [...] offenbart sich ein Wissen, das wir nicht mitzuteilen wissen«[42].

Solche habitualisierten Wahrnehmungs-, Entscheidungs- und Handlungsdispositionen lassen sich unter dem Begriff der *Haltung* zusammenfassen und wie folgt definieren: »Haltungen sind grundlegende, normative und sich lebensgeschichtlich herausbildende Orientierungen, die das Selbst- und Weltverhältnis von Menschen, deren Denken und Handeln sowie deren Präferenzen prägen. [...] Sie werden in einem interaktiven Prozess hergestellt, reproduziert, verfestigt und transformiert.«[43] Eine wichtige Funktion liegt darin, dass Haltungen gerade in konfliktiven und herausfordernden

---

39   Kraus, Anja: »Einführung ›schweigendes‹ Wissen«, in: Dies. et al. (Hg.), Handbuch Schweigendes Wissen. Erziehung, Bildung, Sozialisation und Lernen, Weinheim/Basel 2017, S. 18.

40   Audehm, Kathrin: Art. »Habitus«. In A. Kraus et al.: Handbuch Schweigendes Wissen, 2017, S. 167.

41   Ebd. S. 168, unter Verweis auf John Dewey: Demokratie und Erziehung. Eine Einleitung in die philosophische Pädagogik, Weinheim 2008.

42   Polany, Michael: Implizites Wissen, Frankfurt a.M. 1985, S. 14.

43   Die Definition bildet den Kern eines interdisziplinären Forschungsprojekts an der Universität Gießen. Im Rahmen des Forschungsverbundes *Antidemokratische Haltungen* werden »Herausforderungen für Bildung und Sozialisation« erforscht und beschrie-

Situationen entlasten und die Komplexität soweit reduzieren können, dass man handlungsfähig wird.

> [Die Haltung] gibt uns Halt, wenn alles andere wegbricht. Man könnte Haltung definieren als inneren Kompass, der die Richtung auf ein bestimmtes ethisches »Sollen« weist – etwa [...] kooperativ zu arbeiten, tolerant mit anderen umzugehen, verantwortlich zu leben. Eine Haltung ist nichts Abstraktes. Sie zeigt sich in konkreten Situationen, sie ist mit dem Leben verwoben. [...] Wer Haltung zeigt, muss nicht jede Situation bis ins Letzte durchdenken. In einer komplexen Welt ist das auch gar nicht möglich. Eine Haltung zu haben, kann uns helfen, diese Komplexität zu reduzieren und die innere Grundorientierung in Handeln zu übersetzen.[44]

Haltungen sind also tief sitzende Muster, die sich im Lebenslauf herausgebildet und immer weiter erfahrungsgebunden verfestigt haben. Insofern zeichnen sie sich durch ihre relative Beständigkeit aus. Haltungen müssen robust sein, um gerade in krisenhaften Situationen abrufbar und stabil zu sein. Indem sie sich lebensgeschichtlich aus diversen Lern- und Bildungssituationen geformt haben, sind sie jedoch grundsätzlich weiterhin *bildbar und transformierbar*, wenn auch träge. Es ist also möglich, habitualisierte Haltungen in Bildungssituationen zu verändern,[45] wenn wiederholt in bestimmten Situationen solche Denk- und Handlungsweisen probeweise erfahren werden, die der intuitiven Haltung zunächst einmal widersprechen und sich dem Subjekt somit als alternative Möglichkeiten eröffnen.

Die bisherigen Überlegungen zu grundlegenden Haltungen, die alle konkreten Handlungen, Äußerungen und Wertungen färben, eröffnen besondere pädagogische Perspektiven. Sie richten sich darauf, dass sich ein neuer Ansatzpunkt für ganz unterschiedliche Problemlagerungen auftut: Sowohl die Schwierigkeiten vieler Menschen in der Auseinandersetzung mit mehrdeutiger Kunst als auch die ambiguitätsabwehrenden Handlungen in Lebenswelt, Gesellschaft und Politik zeigen nun einen verbindenden Bezug auf: Sie alle,

---

ben, vgl. www.uni-giessen.de/fbz/fb03/forschung/antidemokratische-haltungen (Zugriff 15.09.2020).

44 Reinhard, Rebekka/Vasek, Thomas/Hürter, Tobias: »Worauf wir bauen können. Oder: Warum wir in haltlosen Zeiten vor allem eines brauchen: eine eigenen Haltung, die uns durchs Leben navigiert«, in: Hohe Luft 3 (2017), S. 21f.

45 Vgl. Rosenberg, Florian von: Bildung und Habitustransformation. Empirische Rekonstruktionen und bildungstheoretische Reflexionen, Bielefeld 2011.

obschon sie sich ganz unterschiedlich zeigen und artikulieren, entspringen vermutlich einem Bereich unterliegender *Grundhaltung*. Es ist anzunehmen, dass dieses komplex gebildete Feld der Orientierung zunächst nicht je nach Lebensbereichen je ganz spezifische Wertungsimpulse bereitstellt. Eher werden aus allgemeinen und unspezifischen Haltungen heraus alle besonderen situativen Handlungen geformt. Es ist also anzunehmen, dass hier Koppelungen und Transfereffekte zum Tragen kommen: Wenn diese Orientierung Vagheit und Pluralität grundsätzlich als suspekt, bedrohlich und gefährlich einschätzt, werden wohl auch viele konkrete ambig wahrgenommene Situationen abschlägig behandelt. Umgekehrt wird eine ambiguitätsaffine Haltung viele Begegnungen mit Uneindeutigkeit eher als interessante Herausforderungen einordnen, sei es in der Kunst, in der postmigrantischen Gesellschaft oder in demokratischen Erprobungsfällen. Daraus ergibt sich die weiter zu klärende Annahme,[46] dass sich die Ablehnung ambiger Kunst aus derselben ambiguitätsvermeidenden Haltung speist wie die empfundene Befremdung durch Mehrdeutigkeiten im kulturell-gesellschaftlichen Bereich. Insofern sind die beiden Bereiche der Kunst und des gesellschaftlichen Lebens, die beide je eigene Verunsicherungen bereithalten, erstaunlich *strukturähnlich*: Beide bieten Momente der Mehrdeutigkeit und der Vagheit und fordern damit das Orientierungssystem im Sinne eines Stresstests heraus. Beide aktivieren damit die je eigene Haltung, die anbahnt, ob auf die wahrgenommene Ambiguität als interessante Herausforderung oder als belastende Bedrohung reagiert wird. Ambiguitätsaffinität und Ambiguitätsabwehr haben also in der Kunst wie in politisch-gesellschaftlichen Feldern häufig je denselben Bezug.

Die sich eröffnende pädagogische Perspektive besteht also darin, zunächst einen Schritt zurück zu treten und *sich auch* der unterliegenden Haltung zuzuwenden und nicht nur den konkreten Symptomen. Dies bedeutet, dass die sich ganz unterschiedlich zeigenden ablehnenden Handlungen nicht unbedingt in ihrer jeweiligen Situation ganz spezifisch pädagogisch angegangen werden müssen. Eine Pädagogik, die entlang der unterliegenden Haltungen interveniert, kann im gelingenden Fall weitaus breitere Wirkung in ganz unterschiedlichen Lebensbereichen entfalten. Damit eng verbunden ist die pädagogische Perspektive von möglichen *Transfereffekten*: Demnach können Bildungswirkungen, die beispielsweise im Bereich der

---

46   Zum Forschungsstand und den entsprechenden Desiderata vgl. den Beitrag von Verena Krieger in diesem Band.

Kunst erarbeitet wurden und dazu beigetragen haben, die unterliegende Haltung ambiguitätstoleranter auszubilden, auch in gesellschaftlichen Konfliktsituationen Auswirkungen entfalten. Es ist gerade die Unspezifik der Haltung, die solche produktiven Übertragungswirkungen von einem Bereich in den anderen nahelegt. Auf den Punkt gebracht bedeutet dies die Möglichkeit, in Auseinandersetzung mit *Kunst* pluralismusfreundliche und damit *demokratische Haltungen zu bilden*, die eine weitaus breitere Wirkung entfalten können. In diesem Sinne kann Kunstpädagogik auch einen politisch relevanten Beitrag dazu leisten, antidemokratische Haltungen schrittweise zu transformieren und zu öffnen. Hierzu gibt es wohl kaum ein geeigneteres Spiel- und Bildungsfeld als die Kunst, die Ambiguität in allen Facetten in den Erfahrungsraum der Menschen stellt.

Die hier eröffnete Perspektive, in Bildungsprozessen tief an die Haltungen der Menschen zu gehen und daher weitreichend pädagogisch zu intervenieren, ist erklärungsbedürftig. Kritisch zu diskutieren ist sicherlich die Frage der Legitimität einer Pädagogik, die sich tiefgreifend mit den Grundorientierungen von Subjekten auseinandersetzt und auf deren Veränderung zielt. Dieser sensible Aspekt muss aufgrund der weitreichenden Einmischung und auch Veränderung in eine gewünschte und intendierte Richtung hin ernst genommen und geklärt werden. Ebenfalls kritisch muss diskutiert werden, inwiefern die Pädagogik bei der Bildung solcher Grundhaltungen auf einen bestimmten Bereich, nämlich die Anbahnung ambiguitätsfreundlicher und pluralistischer Orientierungen, zielen darf. In ausgesprochen normativer Weise wird hier ein für alle gültiges und verbindliches Ziel als Grundhaltung definiert und darauf abgezielt. Läuft diese Allgemeingültigkeit den gewichtigen Forderungen entgegen, Subjekte eben nicht zu vereinheitlichen, sondern ihnen jede Dimension von Diversität zuzubilligen sowie ihre individuellen Interessen und Identitätsdimensionen zu würdigen? In dieser Weise skeptisch lassen sich Kwame Anthony Appiahs ethische Überlegungen zu Möglichkeiten eines friedlichen und gerechten Zusammenlebens in einer entgrenzten Welt als *Kosmopoliten* lesen. Appiah argumentiert gleichermaßen strikt gegen jeden Fundamentalismus einseitiger Partikularinteressen wie auch gegen eine gleichmachende Vereinnahmung. Ein gerechtes Weltbürgertum sei nur zu erreichen, wenn auf unnötig gleichmachende Zurichtungen verzichtet und zugleich aber auch die Universalität menschlicher Grundrechte anerkannt und gewahrt würde. In diesem Spannungsfeld erst sei es möglich, gemeinschaftlich in Vielfalt zu leben.[47] Vor diesem theoretischen Hintergrund ist also kritisch zu fragen, ob die Forderung nach einer für alle verbindlichen pluralistischen Grundhaltung statthaft ist. Hierzu kann eine Antwort gegeben werden, die allerdings ausdrücklich die Kritik nicht vollständig zurückweisen, sondern wachhalten möchte: Haltungen, so wie sie hier entfaltet werden als Offenheiten für Vielfalt und die Gleichzeitigkeit von Differenzen, entsprechen grundlegenden demokratischen Prinzipien, die für das gesellschaftliche Zusammenleben konstitutiv sind. Diese sind wohl Appiahs universellen menschlichen Grundrechten zuzuordnen, die als unhintergehbare Setzungen Gültigkeit haben müssen. Von hier, von dieser auf Gerechtigkeit und gegenseitige Toleranz ausgerichteten Haltung aus, können sich Diversität und Individualität in Vielfalt überhaupt erst entfalten. Es entspricht dem allgemeinen Bildungsauftrag demokratischer Gemeinschaften, diese Grundlage und ihre Widerstandfähigkeit gegenüber autoritären Prinzipien zu bilden.

Freilich lassen sich Haltungen nicht direkt durch pädagogische Interventionen transformieren: Gerade da sie nur implizit wirken und relativ abstrakte mentale und inkorporierte Strukturen sind, entziehen sie sich auch der unmittelbaren Auseinandersetzung. Lediglich indirekt können sie transformiert werden. Es ist daher hilfreich, nach ihren eher greifbaren und erkennbaren Form zu suchen. Als Operationalisierung von Haltungen in Bezug auf Pluralität wird die *Ambiguitätstoleranz* beschrieben. Die Psychologin Else Frenkel-Brunswiks hat Ende der 1940er-Jahre die Ambiguitätstoleranz als Persönlichkeitsmerkmal beschrieben.[48] Zusammen mit Theodor W. Adorno beschreibt sie diese Disposition als grundlegenden Zug der *autoritären Persönlichkeit*, die besonders empfänglich für eindeutige Weltdeutungen sei und Abweichungen als gefährlich werte.[49] Mit Ambiguitätstoleranz

ist gemeint, wie eine Person Informationen über ambige Situationen oder Stimuli wahrnimmt und verarbeitet. Personen mit geringer Ambiguitätsto-

---

47   Vgl. Appiah, Kwame Anthony: Cosmopolitanism: Ethics in a world of strangers, New York/London 2006. Diesen kritischen Bezug verdanke ich dem Austausch mit Jana Tiborra.

48   »[A] tendency to resort to black-white solutions, to arrive at premature closure as to valuative aspects, often at the neglect of reality, and to seek for unqualified and unambiguous overall acceptance and rejection of other people.« Frenkel-Brunswik, Else: »Tolerance toward ambiguity as a personality variable«, in: Journal of Personality 18 [1949], S. 115

49   Vgl. Theodor W. Adorno et al.: The Authoritarian Personality, New York 1949.

leranz erleben bei Ambiguität Stress, Angst und Unwohlsein (affektive Ebene), reagieren voreilig und vermeiden ambige Stimuli bzw. weisen ambige Situationen ab (behaviorale Ebene). Personen mit hoher Ambiguitätstoleranz nehmen ambige Situationen oder Stimuli als angenehm, herausfordernd und interessant wahr, und verleugnen oder verzerren die ihr zugrunde liegende Komplexität oder Inkongruenz nicht.[50]

Diese Ambiguitätstoleranz zu bilden, ist ein bedeutsames Ziel der Pädagogik und insbesondere auch der Kunstpädagogik. Hiermit ist weit mehr als eine technische Kompetenz etwa zur kreativwirtschaftlich interessanten Leistungssteigerung gemeint.[51] Ambiguitätstoleranz zu bilden bedeutet, sich in vielen unterschiedlichen Lebensbereichen, in denen Phänomene von Vielfalt und Diversität Stresstests für die eigene Orientierung bereithalten, in gelingender Weise verhalten zu können, nämlich offen, intellektuell handlungsfähig und gerecht. Damit verknüpft ist die Fähigkeit, abweichende Perspektiven wahrzunehmen, diese bestehen zu lassen und schließlich probeweise empathisch einnehmen zu können. Ebenfalls damit verbunden ist die Fähigkeit der Emotionskontrolle, um in Situationen der unvermeidlichen Befremdung und Verunsicherung nicht reaktiv in Ablehnung und Abgrenzung zu verfallen. Dies wäre eine Voraussetzung, einen offenen Umgang mit Phänomenen der Befremdung finden zu können. Es ist somit kein leichter, aber eben ein lohnender und wichtiger Weg, Ambiguitätstoleranz zu bilden. Im Medium der Kunst kann sich ein pädagogischer Möglichkeitsraum auftun, der spielerischen Erprobungen, ausschweifenden Suchbewegungen und hochdynamischen Transformationsprozessen Raum gibt. Es ist also ein wesentliches kunstpädagogisches Bildungsziel, neugierig und deutungsoffen auf Fremdes zugehen zu können und Vielfalt wie konkurrierende Deutungen auszuhalten, auch wenn man schließlich nicht alles einordnen und festlegen kann. Dies muss als eine aktuelle Schlüsselkompetenz gelten, die die Kunstpädagogik anbahnen kann.

---

50   Ziegler, René: »Ambiguität und Ambivalenz in der Psychologie. Begriffsverständnis und Begriffsverwendung«, in: Zeitschrift für Literaturwissenschaft und Linguistik 40 (2010), H. 2, S. 144f.

51   In der Lernpsychologie wird beispielsweise die Ambiguitätstoleranz als messbare Größe begriffen, etwa um das sinnvolle Maß an Fremdheitserfahrung für produktive Lernprozesse zu bestimmen. Im Bereich von Kreativitätstheorien wird ebenfalls diese Toleranz als wichtiger Teilaspekt diskutiert, um sich auf das Neue und Innovative überhaupt einlassen zu können und damit kreativere Leistungen erbringen zu können.

Kunstpädagogische Perspektiven: Haltungen in ästhetischen Erfahrungsprozessen irritieren und demokratisieren

Ambiguitätstoleranz im Zusammenhang der Kunst zu bilden, kann freilich kaum gelingen in einem pädagogischen Setting, das nur auf eindimensionale Deutungen und vorgefertigte Erfahrungsangebote zielt. Der Erziehungswissenschaftler Ludwig Duncker plädiert nachdrücklich für eine Pädagogik, die sich aus ästhetischen Dimensionen heraus auch dem Offenen zuwendet und damit den Verlockungen allzu stromlinienförmiger, passgenauer Anwendbarkeit widersteht:

> Es geht um eine Bildung, die nicht nur fertige Antworten auf vorgegebene Fragen erzeugt, sondern auch neue Fragen aufwirft, sogar dann, wenn wir gar keine schnellen und in kalkulierbaren Zeiträumen erreichbaren Antworten erarbeiten können. [...] Bildung ist deshalb immer angewiesen auf Verständigung und Offenheit für das Neue, sie sensibilisiert uns für das Staunenswerte und Überraschende. Das offene Suchen und Abtasten, das Ausprobieren und Erkunden, das Innehalten und Auskosten, das spielerische Sondieren von Ideen und Wegen – all dies sind Momente eines bildenden Lernens, die sich nicht zweckrational verdichten und effizient auf eine gerade Linie bringen lassen.[52]

Allgemein formulierte jüngst eine Gruppe Hamburger Fachdidaktiker*innen in der Publikation »Irritation als Chance«, »dass die Auseinandersetzung mit fachlichen Gegenständen im Fachunterricht – vielleicht nicht immer, aber immer wieder – über die bloße Aneignung von Gewissheiten hinausgehen muss und Momente des Aushaltens von bzw. des Umgehens mit Irritation berücksichtigen sollte.«[53] Gerade gegenüber dem von den Autor*innen beobachteten Trend, in der Schule das Uneindeutige zu marginalisieren,[54] plädieren sie nachdrücklich dafür, »irritierende Situationen im Fachunterricht bewusst zuzulassen, anzuerkennen, willkommen zu heißen oder gezielt zu

---

52 Duncker, Ludwig: »Schulkultur und ästhetische Bildung«, in: Marc Fritzsche/Ansgar Schnurr (Hg.), Fokussierte Komplexität. Ebenen von Kunst und Bildung, Oberhausen 2017, S. 126.

53 Ingrid Bähr et al.: Irritation als Chance. Bildung fachdidaktisch denken, Wiesbaden 2019, S. 4.

54 Ebd., S. 3

versuchen, diese zu inszenieren«.[55] Diese Überlegungen sind unter anderem von Theorien getragen, wie sie Hans-Christoph Koller als »Theorie transformatorischer Bildungsprozesse« formuliert. Der Irritation kommt in diesem Zusammenhang eine wesentliche Funktion als Initiationsmoment von solchen Bildungsprozessen zu, die die bislang bekannten Verständnisse erweitern, verändern und damit transformieren. Bildung ohne ein anfängliches Moment der Verunsicherung, auch des Scheiterns der eigenen eingeschliffenen Routinen, ist unmöglich, da erst hieraus die Entstehung des Neuen möglich wird.[56] Bildungsprozesse dieses Verständnisses sind ferner nur in *tentativen*, also tastenden und versuchsweise erprobten Bewegungen zu denken, kaum aber in jederzeit überschaubaren oder zielgerichteten Prozessen. Die Irritation also lockt in ein unbekanntes Terrain, das nur in Such- und Tastbewegungen durchschritten und in *Probehandlungen* erschlossen werden kann. Solche kleinen Störungen können pädagogisch vorbereitet und begleitet werden. Die Hamburger Fachdidaktiker*innen sehen hierzu folgende, zunächst allgemeine Ansätze:

> Die Möglichkeiten einer Inszenierung irritationsfreundlicher Unterrichtssettings könnten in der der Durchbrechung institutioneller Routinen, im Verlangsamen schneller Deutungsprozesse, in der Konfrontation mit Ungelöstem, Unfertigen, Widersprüchlichem, in der Konfrontation mit radikal Neuem, aber auch im Zeigen von bereits Bekanntem in verfremdeter Weise liegen.[57]

Dies zeigt bereits deutlich erkennbare Anschlüsse an die entlang der Kunst dargestellten Kipp- und Störungsmomente, die in ihrer wahrnehmbaren Ambiguität liegen. Gerade mit Bezug auf ästhetische Phänomene und Erfahrungsprozesse lassen sich die genannten pädagogischen Ansatzpunkte noch deutlicher benennen. Denn in ästhetischen Erfahrungsprozessen tritt dem Subjekt eine wahrnehmbare Form wirklich entgegen und fordert gedanklich

---

55   Ebd., S. 9.

56   Vgl. Koller, Hans-Christoph: »Über die Notwendigkeit von Irritationen für den Bildungsprozess. Grundzüge einer transformatorischen Bildungstheorie«, in: Andreas Lischewski (Hg.), Negativität als Bildungsimpuls? Über die pädagogische Bedeutung von Krisen, Konflikten und Katastrophen, Paderborn 2016, S. 213-235.; vgl. auch den Beitrag von Hans-Christoph Koller in diesem Band.

57   I. Bähr et al.: Irritation als Chance, 2019, S. 31.

erfahrenden wie leiblich heraus. Diese Vieldeutigkeit des ästhetischen Objekts bezieht dabei den ästhetisch erfahrenen Menschen ganzheitlich ein, wie Hans Robert Jauß formuliert:

> Dabei ist der Verstand in höchster Aktivität, denn was mich stutzen oder staunen lässt, ist deshalb so irritierend, weil ich es nicht mit den mir bereits bekannten Mustern zur Deckung bringen kann. Ich muss also immer wieder hinsehen, ob ich vielleicht etwas übersehen, ein bestimmtes Merkmal nicht beachtet habe. Ästhetische Erfahrung entsteht also über ein lebendiges Wechselspiel von Sinnlichkeit und Verstand, und am Ende dieses Spieles der Reflexion steht immer etwas Neues, d.h. ich habe gelernt, die Welt ein klein wenig anders zu sehen und mich vielleicht auch selbst im Anderen neu zu verstehen[...][58]

Die Kunst ist sicherlich ein besonders reichhaltiges Feld für eine solche Begegnung mit dem Unbekannten. Gerade indem sie Vieldeutigkeit und die eingangs beschriebenen Kippmomente zwischen konkurrierenden Deutungen konstitutiv beinhaltet und dazu verleitet, die einzelnen Sichtweisen eben nicht gegeneinander aufzulösen und alles restlos zu klären, birgt sie ein erhebliches Bildungspotenzial. Dieses allerdings muss genutzt werden, indem auch und gerade in pädagogischen Settings die Vagheit und Rätselhaftigkeit der Kunst inszeniert und schließlich auch offen gelassen wird. Es gilt hierbei der verbreiteten didaktischen Bestrebung zu widerstehen, Komplexität über die Maßen zu reduzieren und schließlich eine klare, eindeutige Erkenntnis zu sichern. Denn eine solche Zurichtung des Gegenstandes Kunst auf eine alternativlose Wahrheit hin widerspricht sowohl ihrem sachlichen Gehalt und Anspruch als auch den didaktischen Zielen einer Bildung, die auf die Förderung von Ambiguitätstoleranz als demokratische Haltung zielt. Eine neugierig fragende, tastende und auch den Merkwürdigkeiten gegenüber offene Zugangsweise im Verbund mit insgesamt eher offenen Spielräumen des Umgangs mit der Kunst ist hier deutlich bildungsfördernder. Im selben Maße, wie das Aufsuchen und Zulassen von Irritation zu allgemeinen Bildungsprozessen anregen kann, wächst auch die Nähe zu Prozessen demokratiefördernder Bildung. Denn in der Wahrnehmung, dem Aushandeln und der Gestaltung von Vieldeutigkeit, grundsätzlicher Offenheit und Dissens liegen wesentliche Grundbausteine demokratischen Handelns. Gegenteilig dazu wären solche kunstpädagogischen Vorhaben in Bezug auf ihre demokra-

---

58   Jauß, Hans Robert: Wege des Verstehens, München 1994, S. 34.

tiefördernde Wirkung kritisch zu befragen, die in autoritärer Weise Eindeutigkeit von Verständnis- und Darstellungsmöglichkeiten vorgeben, künstlerische Entscheidungsanlässe in ihrer Vielgestaltigkeit umgehen und Formen des Abweichenden disqualifizieren. Wenn also in ästhetischen Konfrontationen mit Irritation und Befremdung erfahren wird, dass entgegen dem eigenen Abwehrmuster auch schrittweise Auseinandersetzungen, Annäherungen und Befragungen möglich sind, die schadlos überstanden werden können und sogar freiheitliche Handlungsspielräume eröffnen, lassen sich selbst eingeschliffene Haltungen langsam bilden und damit verändern. Letztlich geht es darum, einen *Möglichkeitssinn* zu entwickeln:[59] Dies bedeutet, weniger in alternativlosen Mustern, sondern auch in verschiedenen Potenzialen denken zu können, das Neue und Unbekannte zu erwarten, es zu bewältigen, um darin sich und die Welt zu bilden.

In der Begegnung mit Kunst[60] werden nicht nur im Konkreten die Mehrschichtigkeit kultureller Phänomene und künstlerischer Formen erfahrbar, sondern sicherlich auch grundlegend die eigenen Haltungen in Bezug auf die Toleranz von Ambiguität modelliert. Von hier aus ist es schließlich als Transferwirkung wahrscheinlich, dass die ästhetisch transformierte Haltung auch in den Stresstests des gesellschaftlich-politischen Lebens komplexeren und mehrdeutigen Phänomenen gegenüber aufgeschlossener und wertschätzender ausfällt. Wenn also die ambigen Potenziale der Kunst ernst genommen

---

59   Vgl. Schnurr, Ansgar: »Uneindeutige Wesen. Zur Potenzialität ambiger Phänomene in Kunst und Bildung«, in: Iris Kollhoff-Kahl (Hg.), Odradek – Fetzen, Flussel, Fitzen. Alltags-, künstlerische und wissenschaftliche Annäherung an das Phänomen des Odradeks in Kafkas Erzählung »Die Sorge des Hausvaters«. Münster 2020, S. 31-40.

60   Auch wenn prinzipiell weite Bereiche der Kunst Ambiguität beinhalten und zulassen, so legen bestimmt inhaltliche Zusammenhänge eine auf Vieldeutigkeit zielende Beschäftigung besonders nahe. Exemplarisch dürfen hier *transkulturelle* und unter dem Fokus von *Postkolonialität* stehende künstlerische Zusammenhänge herausgestellt werden. Hier werden die kulturellen Phänomene eben nicht als feststehende und eindeutig abgrenzbare Entitäten begriffen, sondern als Zwischenprodukte einer dauerhaften Prozedur der Wanderung, Mischung und Überlagerung, bei der auch maßgeblich verschiedene machtvolle Prozesse wirken (vgl. den Beitrag von Jana Tiborra in diesem Band), Kunstpädagogik, die also die Bilder in einer solchen Weise kritisch und aus Wanderungsprozessen heraus ausdeutet und vermittelt, wird immer ein Wechselspiel verschiedener Sichtweisen eröffnen. Insbesondere wird hier ein Kulturbegriff vermittelt, der eben nicht auf klare und alternativlose Identifikationen zielt, sondern vielmehr die Ambiguität widerstreitender und spannungsvoller kultureller Zugehörigkeiten als wesentliche Bestandteile im Bunde führt.

und ausgeschöpft werden, kann eine kunstpädagogische Bildung auch als politische Bildung Wirksamkeit entfalten.

Literaturverzeichnis

Adorno Theodor W./Frenkel-Brunswik, Else/Levinson, Daniel J./Sanfort, R. Newitt: The Authoritarian Personality, New York 1949.

Adorno, Theodor W.: Ästhetische Theorie, Frankfurt a.M. 2003.

Audehm, Kathrin: »Habitus«, in: A. Kraus/J. Budde/M. Hietzge/C. Wulf (Hg.), Handbuch Schweigendes Wissen. Erziehung, Bildung, Sozialisation und Lernen, Weinheim/Basel 2017, S. 167-178.

Austin, John L.: »Performative Äußerungen« [1961], in: Ders., Gesammelte philosophische Aufsätze. Übersetzt und hg. von Joachim Schulte, Ditzingen 1986.

Bähr, Ingrid/Gebhard, Ulrich/Krieger, Claus/Lübke, Britta/Pfeiffer, Malte/Regenbrecht, Tobias/Sabisch, Andrea/Sting, Wolfgang: Irritation als Chance. Bildung fachdidaktisch denken, Wiesbaden 2019.

Bauer, Thomas: Die Vereindeutigung der Welt. Über den Verlust an Mehrdeutigkeit und Vielfalt, Dietzingen 2018.

Dewey, John: Demokratie und Erziehung. Eine Einleitung in die philosophische Pädagogik [1916], Weinheim 2008.

Duncker, Ludwig: »Schulkultur und ästhetische Bildung«, in: Marc Fritzsche/Ansgar Schnurr (Hg.), Fokussierte Komplexität. Ebenen von Kunst und Bildung, Oberhausen 2017, S. 125-136.

Eco, Umberto: Das offene Kunstwerk, Frankfurt a.M. 1973.

Frenkel-Brunswik, Else: Tolerance toward ambiguity as a personality variable, in: Journal of Personality 18 (1949), S. 108-143.

Goodman, Nelson: Sprachen der Kunst. Entwurf einer Symboltheorie, Frankfurt a.M. 1997.

Jauß, Hans Robert: Wege des Verstehens, München 1994.

Kehler, Marie Lisa: Hetze im Netz. Kampagne gegen Kopftuch-Konferenz in Frankfurt (26.04.2019), www.faz.net/aktuell/rhein-main/streit-um-kopftuch-konferenz-in-frankfurt-eskaliert-16157556.html (Zugriff: 15.09.2020).

Koller, Hans-Christoph: Bildung anders denken. Einführung in die Theorie transformatorischer Bildungsprozesse, Stuttgart 2012.

Koller, Hans-Christoph: »Über die Notwendigkeit von Irritationen für den Bildungsprozess. Grundzüge einer transformatorischen Bildungstheorie«, in: Andreas Lischewski (Hg.), Negativität als Bildungsimpuls? Über die pädagogische Bedeutung von Krisen, Konflikten und Katastrophen, Paderborn 2016, S. 213-235.

Kraus, Anja: »Einführung ›Schweigendes‹ Wissen«, in: Dies./Jürgen Budde/Maud Hietzge/Christoph Wulf (Hg.), Handbuch Schweigendes Wissen. Erziehung, Bildung, Sozialisation und Lernen, Weinheim/Basel 2017.

Krieger, Verena: »›At war with the obvious‹ – Kulturen der Ambiguität. Historische, psychologische und ästhetische Dimensionen des Mehrdeutigen«, in: Verena Krieger/Rahel Mader (Hg.), Ambiguität in der Kunst. Typen und Funktionen eines ästhetischen Paradigmas, Köln/Weimar/Wien 2010, S. 13-49.

Maak, Niklas: »Mysterium Cady Noland: Amerikanisches Requiem mit Weißwandreifen« (19.11.2018), www.faz.net/aktuell/feuilleton/kunst/sensationelle-ausstellung-ueber-cady-noland-im-mmk-15877342.html (Zugriff 15.09.2020).

De Nève, Dorothée: »Pluralismus und Antipluralismus«, in: Österreichische Zeitschrift für Politikwissenschaft 44 (2015), H. 2, S. 45-48.

Pierce, Charles: »Psychiatric Problems of the Black Minority«, in: Silviano Arieti (Hg.), American Handbook of Psychiatry, New York 1974, S. 512-523.

Polany, Michael: Implizites Wissen, Frankfurt a.M. 1985.

Reinhard, Rebekka/Vasek, Thomas/Hürter, Tobias: »Worauf wir bauen können. Oder: Warum wir in haltlosen Zeiten vor allem eines brauchen: eine eigenen Haltung, die uns durchs Leben navigiert«, in: Hohe Luft 3 (2017), S. 19-25.

Rosenberg, Florian von: Bildung und Habitustransformation. Empirische Rekonstruktionen und bildungstheoretische Reflexionen, Bielefeld 2011.

Schnurr, Ansgar: »Soziale Skripte. Milieubedingte Weltsichten in der Kunstpädagogik vermessen«, in: Sidonie Engels/Ansgar Schnurr/Rudolf Preuss (Hg.), Feldvermessung Kunstdidaktik. Positionsbestimmungen zum Fachverständnis, München 2013, S. 273-288.

–: »Störungen lieben – Störungen fürchten: Zur Verschiedenheit der Weltsicht in unterschiedlichen Milieus«, in: Schultheater 23 (2015), S. 38-41.

–: »Zwischen Transkulturalität und nationalistischen Fliehkräften: Demokratische Haltungen in kunstpädagogischen Prozessen bilden«, in: Ulrike Blumenreich/Sabine Dengel/Wolfgang Hippe/Norbert Sievers (Hg.), Jahrbuch für Kulturpolitik 2017/18. Welt. Kultur. Politik. – Kulturpolitik in Zeiten der Globalisierung, Bielefeld 2018, S. 151-162.

–: »Uneindeutige Wesen. Zur Potenzialität ambiger Phänomene in Kunst und Bildung«, in: Iris Kollhoff-Kahl (Hg.), Odradek – Fetzen, Flussel, Fitzen. Alltags-, künstlerische und wissenschaftliche Annäherung an das Phänomen des Odradeks in Kafkas Erzählung »Die Sorge des Hausvaters«. Münster 2020, S. 31-40.

Tweet von Donald Trump am 19. November 2018, https://twitter.com/realdo naldtrump?lang=de (Zugriff: 15.09.2020).

Waldenfels, Bernhard: Topographie des Fremden. Studien zur Phänomenologie des Fremden 1, Frankfurt a.M. 1997.

–: Bruchlinien der Erfahrung, Frankfurt a.M. 2002.

Welsch, Wolfgang: Ästhetisches Denken, Dietzingen 1990 (5. Aufl. 1998).

Zeit Online: »Lucke bricht auch zweite Vorlesung wegen Protests ab. Der frühere AfD-Chef und Gründer einer liberal-konservativen Partei ist im Hörsaal erneut gescheitert. Trotz Einlasskontrollen gab es an der Uni Hamburg Protest« (23.10.2019), www.zeit.de/gesellschaft/zeitgeschehen/2019-10/universitaet-hamburg-afd-bernd-lucke-professor-vorlesung-abbruch-protest (Zugriff 15.09.2020).

Ziegler, René: »Ambiguität und Ambivalenz in der Psychologie. Begriffsverständnis und Begriffsverwendung«, in: Zeitschrift für Literaturwissenschaft und Linguistik 40 (2010), H. 2, S. 125-171.

»Es ist kompliziert. Dazu guter Pop«[1]
Ambiguität, politische Bildung und Kultur

Sabine Dengel, Linda Kelch

> »Denn genau dies ist unsere Welt: un-
> eindeutig.«[2]

Aber was geht diese Uneindeutigkeit politische Bildung an? »Ambiguitätstoleranz« ist in den letzten zehn Jahren zu einem der zentralen Bildungsan-
liegen in der politischen Bildung avanciert – und dies aus guten Gründen.
Ein demokratisches politisches System organisiert Erfahrungen auf eine ganz
bestimmte Weise: Menschen innerhalb des Geltungsbereiches einer Verfas-
sung imaginieren oder einigen sich darauf, eine Gesellschaft zu sein. Dies
ist das oft aufgerufene »Wir«, das in den letzten Jahren nicht nur von Medi-
envertreter:innen oftmals vermisst wird. Ein demokratisches politisches System braucht kein Wir im Sinne eines autoritären Staates (»Ich kenne keine
Parteien mehr, ich kenne nur noch Deutsche.«[3]). Es braucht aber eine Art
Minimalverständigung über die grundsätzlichen Regeln des Zusammenlebens und seiner staatlichen Organisation. Der Liberalismus hat in den letz-

---

1   Im Motto von Dlf Nova ist nicht nur eine affirmative Haltung zu komplexen, mehr-
     deutigen Zusammenhängen zu erkennen. Das »junge Infoprogramm aus dem Hause
     Deutschlandradio« will diesen zudem nach eigener Aussage außer mit »Wissen« v.a.
     durch »gut recherchierte Inhalte, anspruchsvolle Popmusik jenseits des Mainstream,
     verständliche Nachrichten und Moderationen auf Augenhöhe« kritisch begegnen – As-
     pekte, die sich im Folgenden sinngemäß wiederfinden, vgl. www.deutschlandfunkno-
     va.de/beitrag/dradio-wissen-heisst-jetzt-deutschlandfunk-nova (Zugriff 15.09.2020).
2   Bauer, Thomas: Die Vereindeutigung der Welt. Über den Verlust an Mehrdeutigkeit
     und Vielfalt, Stuttgart 2018, S. 12.
3   Reichstagsrede von Wilhelm II. am 4. August 1914 anlässlich der deutschen Kriegser-
     klärung an Russland. Ableitung eines Zitats aus seiner zweiten »Balkonrede« vom 1.
     August 1914.

ten Jahrzehnten – darauf wird später noch zu kommen sein – in mancher Hinsicht Unterschiedlichkeit forciert und damit Nicht-Verstehbares, Nicht-Übersetzbares, Uneindeutiges und Unvereinbares in den Fokus gerückt. Was für den Islamwissenschaftler Thomas Bauer zunächst die grundlegende Beschreibung eines gewissermaßen natürlichen Zustands und damit noch keineswegs erkenntnisleitend, normativ oder appellativ zu verstehen ist (Die Welt ist uneindeutig.), stellt sich nicht nur im Alltag vieler Menschen als gefühlsmäßig problematisch und damit zunehmend als Herausforderung dar. Es zeigt auch erhebliche politische Konsequenzen. Am Beispiel der Ambiguitätsproblematik lässt sich geradezu paradigmatisch aufarbeiten, wie das Kulturfeld in den letzten Jahren zum Austragungsort politischer und gesellschaftlicher Konflikte avanciert ist, die sich auch als Kontroversen um Vereindeutigungsstrategien lesen lassen: Werke von Künstler:innen mit politisch ambivalenten Vergangenheiten sollen abgehängt, deutungsoffene Gedichte an Häuserwänden übermalt werden. Die Freiheit von Kunst, die ja vor allem auch Freiheit zu Ambiguität ist, wird angefochten. Künstler:innen und Kulturakteure sind in Debatten wie denen um die BDS-Bewegung oder den Antisemitismusvorwurf an den führenden Theoretiker des Postkolonialismus Achille Mbembe federführend; Kultureinrichtungen und kulturelle Events bilden die Bühnen. Im Kunstfeld kulminieren aber auch die Konflikte um gesellschaftliche Vielfalt und Diversität, die sich als am stärksten »ambiguitätssensibel« erweisen. Dass es aktuell vielerorts zum zentralen Gefühl unserer Zeit gehört, sich mit Uneindeutigkeit in steigendem Maße konfrontiert zu sehen, lässt sich also an diesen in Kultur, Gesellschaft, Politik und Wissenschaft debattierten Szenarien ablesen. Sie sind weitgehend von Erfahrungen des Alteritären und des Ambigen dominiert. Viele Menschen sehen sich angesichts dessen mit einer Komplexität aller Lebensbereiche konfrontiert und fühlen sich herausgefordert, das eigene Leben und Selbst immer wieder mit der (demokratischen) Frage nach dem Anderen zu verhandeln. Politische Protagonist:innen reaktionärer oder antidemokratischer Couleur nehmen subjektive Verunsicherungen auf und verarbeiten sie programmatisch. Im Zentrum steht dabei regelhaft die Vision *eines* Volkes und *einer* Lesart seiner Geschichte und Zukunft. So sind die allgegenwärtige Beschäftigung mit Vielfalt, Diversität und Identität sowie Phänomene der Radikalisierung und Diskriminierung allesamt auf die Gretchenfrage zurückzuführen, wie *Wir* es mit der Uneindeutigkeit halten. Politische Bildung sah sich diesen Phänomenen zuletzt ohne adäquate Strategien gegenüber.[4] Auf der Suche nach demokratischen Allianzen und innovativen Methoden zur Bearbeitung der genannten aktuellen Herausforderungen vor dem Hintergrund ihres überparteilichen Auftrags beschreitet die Bundeszentrale für politische Bildung/bpb vielfach neuartige Pfade.[5] In diesem Kontext entstand 2018 die Konzeption zur Tagung »Ambiguität. Demokratische Haltungen bilden in Kunst und Pädagogik«, die in Kooperation mit der Kunstsammlung Nordrhein-Westfalen und dem Institut für Kunstpädagogik der Universität Gießen im Februar 2019 durchgeführt wurde. Der vorliegende Beitrag des Tagungsbandes beleuchtet zentrale Vorannahmen, Fragestellungen und Herangehensweisen, die dabei aufseiten der bpb Berücksichtigung fanden, wirft einen Blick auf erzielte Zwischenergebnisse und verweist auf weiterhin bestehende Desiderate.

Für die Bearbeitung der Frage nach unserem Umgang mit Ambiguität ist zunächst der Blick zurück auf Bauers Deskription notwendig: Uneindeutigkeit als Normalzustand. Aus seinen Ausführungen, Menschen seien ständig Eindrücken ausgesetzt, die unterschiedliche Interpretationen zuließen, unklar erschienen, keinen eindeutigen Sinn ergäben, sich zu widersprechen schienen, widersprüchliche Gefühle auslösten und widersprüchliche Handlungen nahezulegen schienen,[6] folgt der Schluss: »Die Welt ist voll von Ambiguität«.[7] Diese Tatsache gilt Bauer gleichsam als anthropologische Bedingung bzw. »Menschenschicksal«[8]. Demnach müssen wir diesem Schicksal auch immer schon begegnen, es bewerten, deuten und mit ihm umgehen. Hier verweist Bauer auf eine grundlegende, wiederum quasi anthropologische Dimension: Auf individuell-psychologischer Ebene ist zu konstatieren, dass Menschen in der Tendenz Situationen der Uneindeutigkeit meiden. Wo Mehrdeutigkeit, Vagheit und Widersprüchlichkeit herrschen, stellt sich gemeinhin ein Gefühl des Unbehagens ein. Wir sind »tendenziell ambigui-

---

4   Im gesamten Angebot der Bundeszentrale für politische Bildung/bpb wird auf vielfältige Weise versucht, diesen Herausforderungen adäquat zu begegnen. Die unterschiedlichen Formate und Herangehensweisen gehen dabei von unterschiedlichen Prämissen und Zielsetzungen bspw. hinsichtlich Zielgruppe, Nutzungsweise, Reichweite und konkreter Fragestellung aus. Einen Einblick eröffnet www.bpb.de.

5   Zum *Erlass über die Bundeszentrale für politische Bildung (BpB)* vom 24. Januar 2001 vgl. www.bpb.de/die-bpb/51244 (Zugriff 15.09.2020).

6   Th. Bauer: Die Vereindeutigung der Welt, 2018, S. 12.

7   Ebd.

8   Ebd., S. 15.

tätsintolerant«[9]. Ambige Situationen sind nicht nur immer schon da, sie fordern uns auch immer schon heraus. Bezugnehmend auf die Feststellung abnehmender Vielfalt, der sich Bauer bereits im Titel seines Essays annimmt, interessiert sich politische Bildung vor allem für die gesellschaftliche Dimension. In den Blick kommt so, wie sich abseits der individuellen Ebene die Wahrnehmung von und der Umgang mit Ambiguität in Gesellschaft(-en) verändert hat. Denn die Frage der sozialen Ambiguitätstoleranz hat eine eindeutige Zeit-Raum-Dimension: Vielfalt wurde und wird von unterschiedlichen Gesellschaften im Zeitverlauf unterschiedlich beurteilt. So wird die Frage nach dem Umgang mit Ambiguität in unserer Zeit zentral. Unter den Bedingungen, die mit Globalisierung und Kapitalismus beschrieben werden,[10] nimmt Uneindeutigkeit aufgrund faktisch sinkender Vielfalt ab. Zugleich nimmt die Wahrnehmung von Mehrdeutigkeit als Herausforderung zu.[11] Während also Vielfalt in etlichen Bereichen der uns umgebenden Welt schwindet[12] und die Mannigfaltigkeit an Tierarten, Pflanzensorten, Sprachen und vieles mehr einer »Scheinvielfalt«[13] weicht, tun wir uns immer schwerer damit, die verbleibende Uneindeutigkeit auszuhalten. Beides kann als zwei Seiten derselben Medaille verstanden werden, mit deren Verleihung Bauer der Moderne gleichsam unumwunden eine »Disposition zur Vernichtung von Vielfalt«[14] attestiert. Dieser These mag manche:r entgegenhalten, dass in der Regel eine zunehmende Komplexität von Problemen und Lösungsansätzen konstatiert wird. Tatsächlich lenken seine Beobachtungen den Blick auf eine

---

9   Ebd.

10   Globalisierung, Modernisierung, Kapitalismus, Digitalisierung und Migration bilden die narrativen Rahmenbedingungen unserer Zeit und sind damit die Folie, vor deren Hintergrund wir über die Art sprechen, wie wir unsere Welt betrachten und uns in ihr verhalten. Die Begriffe können auf unterschiedliche Art in Zusammenhang gestellt werden mit der alltäglichen Präsenz von Uneindeutigkeit und der wachsenden Herausforderung, als die sie wahrgenommen wird. Ob also eine fortschreitende Globalisierung tatsächlich, wie vielfach zu vernehmen, ursächlich dafür oder gar »Schuld daran« ist, dass wir uns von Uneindeutigkeit herausgefordert sehen, hängt davon ab, wie tief die Argumentationsebene liegt. Für die Behandlung der Frage nach dem Umgang mit Uneindeutigkeit ist dies jedoch nicht vorrangig relevant.

11   Die Begriffe »Vielfalt«, »Mehrdeutigkeit«, »Uneindeutigkeit« und »Ambiguität« werden hier, Bauer folgend, synonym verwendet. Vgl. dazu auch die Einleitung dieses Bandes.

12   Vgl. Th. Bauer: Die Vereindeutigung der Welt, 2018, S. 7ff.

13   Ebd., S. 9.

14   Ebd. S. 12.

schwer aufzulösende Paradoxie bzw. einen Zirkelschluss: Globalisierung verursacht Vereinheitlichung von Welt, welche sie aber zugleich durch die mit ihr einhergehende Verstädterung, Vernetzung und wachsende Mobilität so greifbar macht, dass es zu einer gesteigerten Wahrnehmung von oder überhöhten Sensibilität gegenüber Vielfalt kommt. Dies kann aufgrund eines sich bei Manchen einstellenden Gefühls des Herausgefordert-Seins zu Ablehnung und Gegenwehr führen, also wiederum zu Vereinheitlichung und folglich zu fortschreitender, aber nicht intendierter »Globalisierung«. Wie ist diesen Argumenten analytisch beizukommen?

Kulturalisierte Konflikte und negative Emotionen

In seiner Studie *Die Gesellschaft der Singularitäten* hat der Soziologe Andreas Reckwitz eine Makrotheorie zum Verständnis der zentralen Strukturprinzipien von Gesellschaft im Wandel von Moderne zu Spätmoderne vorgelegt, die auch deshalb in den letzten Jahren so stark beachtet wurde, weil sie die Gleichzeitigkeit von zwei – sich vordergründig widersprechenden – Mechanismen verstehbar macht, die in der heutigen Spätmoderne als Vordergrund- und Hintergrundstruktur wirksam sind: der *Kulturalisierung* unter den Vorzeichen der *Rationalisierung*. Laut Reckwitz findet seit etwa den 1970er-/1980er-Jahren ein gesellschaftlicher Strukturwandel statt, dem zufolge die Vorherrschaft einer sozialen Logik des Allgemeinen von einer sozialen Logik des Besonderen, nicht Austauschbaren, Singulären abgelöst wird.[15] Während die gesamte Gesellschaft in all ihren Dimensionen (räumlich, zeitlich, kollektiv, individuell etc.) von Singularisierung erfasst ist, steht in ihrem Hintergrund nach wie vor die Logik des Allgemeinen, die formale Rationalisierung der klassischen, industriellen Moderne.[16] »Wenn die soziale

---

15   Vgl. Reckwitz, Andreas: Gesellschaft der Singularitäten. Zum Strukturwandel der Moderne, Berlin 2017, S. 11.

16   Vgl. ebd., S. 12ff. Für die beiden sozialen Logiken identifiziert Reckwitz Ökonomie und Technologie als ihre »machtvollsten gesellschaftlichen Motoren«, die auch in Beschreibungen von »Globalisierung« zentral sind. Für Reckwitz werden beide Motoren in der Spätmoderne zu »paradoxen Agenten des massenhaft Besonderen« (ebd., S. 15.). Ökonomie und Technologie sind es demzufolge, die als Beschleuniger eines strukturellen Wandels wirken, der sich umfassend auf Gesellschaften sowie Subjekte und ihre Handlungsweisen in sozialen Zusammenhängen unter den Bedingungen fortschreitender Singularisierung niederschlägt.

Logik des Allgemeinen ihren Ausdruck in einem gesellschaftlichen Prozess der Rationalisierung findet«, so Reckwitz, dann findet die soziale Logik der Singularitäten ihren Ausdruck in »einem gesellschaftlichen Prozess der Kulturalisierung«[17].

Reckwitz' Studie erlaubt eine Erklärung, wie innerhalb des von den Sozialwissenschaften bis in die jüngste Vergangenheit postulierten sozialen Prozesses sukzessiver Rationalisierung Momente des Irrationalen, Affekte, Emotionen, Stimmungen und Bewertungen so dominant werden konnten. Die spätmodernen Gesellschaften des »globalen Westens« haben sich nach seiner Auffassung aufgrund des durch die klassische Moderne forcierten Affektmangels – nüchterne Architektur, nüchterne Politik »für alle«, ökonomischer Fordismus – auf die Erzeugung positiver Affekte fokussiert. Es entwickelt sich ein Kulturbegriff, der solche Phänomene in den Blick nimmt, denen gesellschaftlich Wert zu- oder abgesprochen werden kann (Valorisierung) und die gleichzeitig zu affizieren vermögen, also »in beträchtlichem Umfang (positive) Affekte«[18] produzieren. In diesem Prozess des *doing value* wird denjenigen Objekten/Subjekten/Orten/Ereignissen/Kollektiven Wert zugeschrieben, die als außergewöhnlich, als singulär ausgezeichnet werden.[19] Sowohl Wertzuschreibung als auch Affizierung sind dabei nicht von Dauer, sondern unterliegen vielmehr permanenter Überprüfung und Erneuerung. Eindeutigkeit herrscht nur solange, wie die soziale Übereinkunft über Wert- und Unwerthaftigkeit gilt und der Eindruck der momentan erlebten affektiven Ansprache anhält. Reckwitz identifiziert nun zwei tendenziell antagonistische Regime der Kulturalisierung, die für die Ambiguitätsthematik jeweils unterschiedliche Zugänge erlauben: Das erste Regime wird von Reckwitz mit dem Begriff der »Hyperkultur« belegt; der Politikwissenschaftler Wolfgang Merkel nutzt dafür den gängigeren Begriff »Kosmopolitismus«[20]. Das zweite Regime, das weiter unten im Text aufgegriffen wird, wird mit dem Begriff »Kulturessenzialismus« belegt. Im Kontext des ersten Regimes wird eine kosmopolitische neue »Mittelklasse« beschrieben, die in den urbanen Zentren des Westens

---

17   Ebd., S. 75.

18   Ebd., S. 76.

19   Vgl. Reckwitz, Andreas: Das Ende der Illusionen. Politik, Ökonomie und Kultur in der Spätmoderne, Berlin 2019, S. 33.

20   Merkel, Wolfgang: »Bruchlinien Kosmopolitismus, Kommunitarismus und die Demokratie«, in: WZB Mitteilungen, H. 154 Dezember 2016, S. 11-14, https://bibliothek.wzb.eu/artikel/2016/f-20214.pdf (Zugriff 15.09.2020).

oder auch in den Räumen zu finden ist, die mit »globalem Westen« bezeichnet werden. Menschen und Güter konkurrieren hier auf kulturellen Märkten um Bedeutung, positive Bewertung und Aufmerksamkeit. Interessant ist eine Pluralität von kulturellen (kulturell diversen) Gütern, die auf globalen Märkten vorhanden sind und Menschen Ressourcen für ihre Selbstentfaltung bieten. Wertvoll werden Handys, Kleidungsstile, Restaurantbesuche, Urlaube, Erlebnisse, Wohnungsausstattungen, Kulturkonsum etc. In *Das Ende der Illusionen. Politik, Ökonomie und Kultur in der Spätmoderne* analysiert Reckwitz die Individuen der Hyperkultur als soziale Wesen mit einer komplexen Struktur, die unter einer spezifischen Ambiguitätsproblematik leiden: die Prinzipien Singularisierung, Valorisierung und Affizierung haben zwar eine konstitutive Funktion für die Lebensstile der spätmodernen Subjekte als Angehörige der neuen Mittelklasse.[21] Sie drohen diese aber gleichzeitig in eine Enttäuschungsspirale zu führen. In komplexem Zusammenspiel finden sich hier zwei historisch zunächst gegenläufige kulturelle Muster, nämlich das »Modell eines Selbst, dessen primäres Ziel es ist, sich in seinen Wünschen und Möglichkeiten zu entfalten, *und* das Modell eines Selbst, das auf hohen sozialen Status und so auch auf eine entsprechend gelungene Selbstdarstellung vor anderen ausgerichtet ist«, also das »›romantische‹ Ideal der Selbstverwirklichung [...] und das ›bürgerliche‹ Ideal einer Lebensform, die nach sozialem Status qua Leistung und qua Investition in den eigenen Status strebt«.[22] Beide gilt es, für andere sichtbar zu verwirklichen.[23] Die Norm performativer Selbstentfaltung spätmoderner Subjektivität führt jedoch gerade über ihre Verknüpfung mit Phänomenen wie der Struktur digitaler Aufmerksamkeitskultur im Konsumentenkapitalismus und der Normierung der Psyche zu Selbstreflexion und -optimierung zu Paradoxien. So steht dem Recht des Individuums auf subjektive Erfüllung die ständig offenkundige Unerreichbarkeit derselben gegenüber.[24] Während die Verheißung lautet, ein Leben voller positiver Affekte (Genuss, Lust, Spannung, Harmonie etc.) zu führen und

---

21   Vgl. dazu A. Reckwitz: Gesellschaft der Singularitäten, 2017, Kap. V 1 und ders.: Das Ende der Illusionen, 2019, Kap. 2.

22   Ebd., S. 210, (Hervorh. im Orig.). Das spätmoderne Subjekt ist demnach »weder Hippie noch Anarchist; es ist Realist. Es weiß, dass Selbstentfaltung nicht *gegen* oder *außerhalb* der Gesellschaft erreicht werden kann (und soll), sondern nur mithilfe der *durch* die Gesellschaft vermittelten Kapitalformen.« (S. 216:, Hervorh. im .Orig.)

23   Vgl. zur Performanz ebd., S. 217.

24   Vgl. ebd., S. 204.

darüber Sinn zu erfahren, bringt die spätmoderne Lebensform faktisch permanent und systematisch negative Affekte (Überforderung, Frustration, Neid und Sinnlosigkeit) hervor – und dies ohne Rezept, wie damit umzugehen sei.[25] Die klassische Moderne stellte Berechenbarkeit durch Planbarkeit im Bereich staatlicher und ökonomischer Prozesse wie auch der privaten Lebensführung her, die Unwägbarkeiten sowie Uneindeutigkeiten und damit verbundene negative Gefühle weitgehend vermieden. Demgegenüber zeigt sich die Kultur der Spätmoderne als »struktureller Enttäuschungsgenerator«[26] angesichts eines überfordernden Imperativs der Selbstentgrenzung, also der maximalen Ausschöpfung aller jeweiligen Potenziale und Optionen zur dynamisierten – und damit notwendig immer nur flüchtigen – Selbstverwirklichung.[27] Das spätmoderne Mittelklassesubjekt sieht sich »verwirklicht, wenn es als authentisch empfundene Erfahrungen macht und sein Leben insgesamt als ein authentisches wahrnimmt«[28], ein zugleich volatiler, subjektiver und emotionaler, kurz: fragiler Zustand.[29] Ob dies gelingt und Selbstentfaltung und Lebensqualität steigen, ist ungewiss und stellt sich selbst dann nicht notwendig ein, wenn alle Parameter gegeben scheinen.[30] Dieser Ungewissheit

---

25   Vgl. ebd., S. 205f.

26   A. Reckwitz: Gesellschaft der Singularitäten, 2017, S. 345. Zum ebenfalls für die Enttäuschungsspirale ursächlichen Aspekt der Kulturökonomisierung weiter Bereiche des Sozialen vgl. ebd., S. 345f.

27   Vgl. A. Reckwitz: Das Ende der Illusionen, 2019, S. 229f.

28   A. Reckwitz: Gesellschaft der Singularitäten, 2017, S. 346. Mit »authentisch« meint Reckwitz dabei, »›echt‹ oder ›stimmig‹ im Sinne von: sich in dem, was man tut, möglichst ohne Kompromisse an seinem eigenen, ›wahren‹ Selbst mit seinen Wünschen, Emotionen und Wertvorstellungen zu orientieren, also nicht ›wie alle anderen‹ zu sein und ›individuell‹ zu agieren.« Es geht im Sinne von Valorisierung und Singularisierung also immer darum, »ins eigene Leben Bestandteile einzufügen, welche aus sich heraus wertvoll erscheinen und als einzigartig erlebt werden« (A. Reckwitz: Das Ende der Illusionen, 2019, S. 214.), vom Yoga-Retreat und der Montessori-KiTa bis zum speziellen Wohnviertel und dem personalisierten Job (vgl. ebd., S. 215).

29   Vgl. A. Reckwitz: Gesellschaft der Singularitäten, 2017, S. 346. Er identifiziert und erörtert insgesamt sechs soziokulturelle Mechanismen, die die spätmoderne Enttäuschungsproduktion bedingen: »das Romantik-Status-Paradox; die Wettbewerbsstruktur großer Teile des sozialen Lebens; die Perpetuierung sozialer Techniken des Vergleichens; die Fragilität des Bewertungsmaßstabs des ›subjektiven Erlebens‹; das kulturelle Ideal des ›Ausschöpfens aller Möglichkeiten‹; schließlich der Mangel an kulturellen Ressourcen, um mit negativen Unverfügbarkeiten umzugehen.« (A. Reckwitz: Das Ende der Illusionen, 2019, S. 221)

30   Vgl. ebd., S. 227f.

bietet die Kultur der Spätmoderne jedoch kaum eine adäquate Weise der Begegnung oder Bewältigung – oder auch nur kulturelle Ressourcen zur Enttäuschungstoleranz, die das Subjekt diese ständige Uneindeutigkeit aushalten ließe. Genauso wie die Kultur positiver Emotionen kaum noch den Blick frei werden lässt für die Nachtseiten des Kulturkapitalismus, so hat sie ein nur noch rudimentäres Verständnis für Ambivalenzen oder Nicht-Verfügbares. Infolgedessen weist die spätmoderne Subjektkultur eine geringe Ambiguitätstoleranz auf.[31]

Bei dieser Analyse sollten aber nicht ausschließlich die kosmopolitisch orientierten Individuen im Regime der Hyperkultur befragt werden, sondern gerade auch diejenigen, die sich als Gruppen oder Gemeinschaften formiert haben und für die Kultur als Mittel ihrer kollektiven Identität genutzt wird. Sozialstrukturell betrachtet sind dies die Mitglieder der traditionellen Mittelschicht sowie Teile einer neuen prekären Unterschicht, für die der Kosmopolitismus der neuen urbanen Mittelschicht eine Angelegenheit der »Eliten« ist. Ihr Kampf ist einer der kulturell abgewerteten Peripherien gegen das »Zentrum«, »die kollektiven Identitätsbewegungen hingegen das Medium, in dem die Deklassierten, die Entwerteten und Gekränkten, die in ihrer Wahrnehmung zu Unrecht um sozialen Status und kulturellen Einfluss Betrogenen sich sammeln«[32]. So unterschiedlich diese Gruppen im Einzelnen auch sein mögen, so ähnlich sind ihre Kulturalisierungsstrategien, die eine Aufwertung des Kollektivs, seiner singulären Herkunft und Identität sowie eine scharfe Abgrenzung nach außen beinhalten. Reckwitz nennt sie »Kulturessenzialisten«, Merkel »Kommunitaristen«. In diesen Neo-Gemeinschaften wird nicht das Individuum, sondern die ganze – homogen gedachte – Community als singulär präpariert. Ist Vielfalt für die Subjekte der »Hyperkultur« noch primär interessante Bereicherung, so wird sie im kulturessenzialistischen Lager nur schwer ertragen.[33] Es ist vor allem die Mobilisierung über die Identitäts-

---

31   Vgl. ebd., S. 228.

32   Vgl. ebd., S. 46.

33   Naika Foroutan stellt in ähnlicher Weise fest, »dass eine derzeit zentrale Bruchlinie zwischen PluralitätsbefürworterInnen und PluralitätsgegnerInnen verläuft. Wird Pluralität ertragen, akzeptiert und befürwortet oder verängstigt sie und ruft Widerstand hervor? Das scheint der dynamische Konfliktkern in der postmigrantischen Gesellschaft zu sein, der die Gesellschaft um zwei Pole gruppiert. Migration ist dabei nur eine Chiffre für Pluralität, hinter der sich vieles versteckt: Umgang mit Gender-Fragen, Religion, sexueller Selbstbestimmung, Rassismus, Schicht und Klasse, zunehmende Ambiguität und Unübersichtlichkeit.« (Foroutan, Naika: »Die postmigrantische Per-

kämpfe dieser Gruppen, mit der es politischen – rechtspopulistischen, nationalistischen und identitären – sowie religiös-fundamentalistischen Strömungen zunehmend gelingt, Wähler- und Anhängerschaften zu generieren.
Thomas Bauers Frage nach dem gesellschaftlichen Umgang mit Vielfalt, mit
ihrem Schwinden, mit unserer zunehmenden Unfähigkeit, sie auszuhalten,
kurz: unsere »Bereitschaft oder unsere[m] Unwillen [sie] zu ertragen«[34] ist vor
dem Hintergrund dieser Beobachtungen neu zu formulieren. Reckwitz selbst
verweist hier mit Blick auf die Möglichkeit einer »kritischen Weiterentwicklung der spätmodernen Lebensform«[35] auf zwei Strategien zur Überwindung
des psychischen Kerns der Selbstentfaltungskultur und damit der Enttäuschungsspirale: »einerseits eine Strategie, die auf Reflexion und das Aushalten von Widersprüchen setzt; andererseits eine Strategie, welche eine stärkere
Distanz zu den eigenen (negativen und positiven) Emotionen übt«[36]. Neben
einer gewissen Affektkontrolle durch -distanzierung geht es um das Erlernen, Widersprüche auszuhalten.[37] Um zu erreichen, dass wir »Widersprüche
und Ambivalenzen nicht als aufzulösende Probleme« wahrnehmen, sondern
als »zu akzeptierende Gegebenheit, zu der man reflexiv Distanz gewinnt«, ist
jedoch zunächst eine umfassende Analyse notwendig, die »die gesellschaftliche Bedingtheit mancher Paradoxien herausarbeitet und so dem Individuum
ein umfassendes Verständnis seiner Situation«[38] und damit schließlich eine Lebensform ermöglicht, die »*Ambiguitätstoleranz* gegenüber dem eigenen
Leben entwickelt«[39]. Dieser stark individualpsychologische Ansatz greift zugleich auf die Gesellschaft als ganze aus, indem er neben der möglichen Vermeidung oder Verringerung depressiven auch auf das Schwinden aggressiven
Verhaltens abzielt und damit auch Hassrede oder andere gewalttätige Handlungsformen reduzieren kann.[40] Es zeichnet sich weiterhin ab, warum wir
überhaupt auf gesellschaftlicher Ebene (wieder) lernen sollten, Ambiguität

---

spektive: Aushandlungsprozesse in pluralen Gesellschaften«, in: Marc Hill/Erol Yildiz
[Hg.], Postmigrantische Visionen Erfahrungen – Ideen – Reflexionen, Bielefeld 2018,
S. 15-28, hier S. 18)

34   Th. Bauer: Die Vereindeutigung der Welt, 2018, S. 12.
35   A. Reckwitz: Das Ende der Illusionen, 2019 Reckwitz: Das Ende der Illusionen, 2019,
S. 233.
36   Ebd., S. 235.
37   Vgl. ebd., S. 237.
38   Ebd., S. 235.
39   Ebd., S. 236 (Hervorh. im Orig.).
40   Vgl. ebd., S. 206 u. 233.

auszuhalten, warum wir Vielfalt ertragen und dies als Ziel politischer Bildung ausgeben sollten.

Norm und Fakt: Pluralismus in der Migrationsgesellschaft

Es lohnt sich, an dieser Stelle grundsätzlich und demokratietheoretisch zu argumentieren: Politik beruht an sich laut Hannah Arendt bereits »auf der Tatsache der Pluralität der Menschen« und handelt von »dem Zusammen- und Miteinander-Sein der *Verschiedenen*«.[41] Die Anerkennung von Verschiedenheit ist in dem Sinne Wesensmerkmal eines politischen Systems wie der bundesdeutschen Demokratie, als diese normativ durch den im Grundgesetz verankerten Wertepluralismus sowie die Grundsätze von Freiheit und Gleichheit in faktischer Verschiedenheit gekennzeichnet ist. Diese Vielfalt meint jedoch nicht ein »harmonisches Nebeneinander von unterschiedlichen Sichtweisen, sondern Dissens und Streit. Die verschiedenen Lebensweisen und Weltanschauungen [...] geraten regelmäßig in Konflikte«[42]. Zudem zeichnet sich das bundesdeutsche System prozesshaft durch wechselnde Mehrheiten im Wettbewerb um Macht zur revidierbaren Durchsetzung und zum Ausgleich von Interessen aus. Im Wahlakt werden diese unterschiedlichen Mehrheiten vollzogen, er bringt damit die »kollektive demokratische Selbstbestimmung zu ihrem legitimen – wenngleich auch immer nur vorläufigen – Abschluss«[43]. Auch hierin ist dem politischen System wesensmäßig ein bestimmter Grad an Ungewissheit eingeschrieben. Dennoch wird keineswegs jede Norm, auf der die konkreten Gesetze zur Regelung des gemeinschaftlichen Lebens beruhen, dem Willen der Mehrheit gleichermaßen ausgesetzt. Neben dem im deutschen Fall durch Ewigkeitsklausel als unantastbar erklärten Verfassungskern gilt der besondere Schutz von Minderheiten als wesenhaft demokratisch

---

41   Arendt, Hannah: Was ist Politik? Fragmente aus dem Nachlass, München 1993, S. 9 (Hervorh. im Orig.).

42   Westphal, Manon: »Kritik- und Konfliktkompetenz. Eine demokratietheoretische Perspektive auf das Kontroversitätsgebot«, in: Aus Politik und Zeitgeschichte (APuZ) 13/14 (2018), S. 12-17, hier S. 12.

43   Kneip, Sascha/Merkel, Wolfgang: »Garantieren Wahlen demokratische Legitimität?«, in: APuZ 38/39 (2017), S. 18-24, hier S. 18. Merkel/Kneip verweisen zugleich auf den »Abgesang auf die Legitimationskraft des demokratischen Wahlakts« etwa durch Colin Crouch oder Pierre Rosanvallon.

und verweist auch hierin auf Vielfalt und immanente Uneindeutigkeit.[44] Das Spannungsfeld dieser Widersprüchlichkeit von normativen, als unhintergehbar verstandenen Grundsätzen und einer prinzipiellen Offenheit ist es, was den Raum demokratischer Gesellschaft aufspannt.[45] Fundamentalismus eliminiert jegliche Uneindeutigkeit und damit das Wesen gesellschaftlicher Phänomene, die von ihr geprägt sind; sie dennoch nach dem Muster wahr/unwahr, richtig/falsch, gültig/ungültig anzugehen, führt zu politischem Fundamentalismus, der dem Kern von Politik (die »Tatsache der Pluralität«) nicht gerecht wird und somit ihr Wesen eliminiert. So gesehen ist eine auf fundamentalistischen Grundsätzen basierende Gesellschaft eine entkernte, eine bloße Hülle, während eine plurale immanent ambig ist. Für plurale Gesellschaften stellt es eine existenzielle Herausforderung dar, wenn vermehrt und in gesteigertem Maße Ambiguitätsvermeidungsstrategien[46] Anwendung finden. Wenn also Ambiguität in diesem Sinne Kern einer pluralen, demokratischen Gesellschaft ist, ist das Aushalten derselben für deren Erhalt erforderlich und Ambiguitätstoleranz damit seitens ihrer Bürger:innen als »Schlüsselkompetenz«[47] zu verstehen.

Nicht gehen kann es dabei um Toleranz im Sinne einer Haltung, die »widerwillig die Existenz von dem, was wir aus vollem Herzen ablehnen«, dul-

---

44   Das zeigt sich nicht zuletzt in der Unübersichtlichkeit an empirischen, deskriptiven und normativen Demokratietheorien, die zunehmend zu einem »Unbehagen in der Demokratietheorie« führte. (Buchstein, Hubertus/Jörke, Dirk: »Das Unbehagen an der Demokratietheorie«, in: Leviathan, 31 [2003], H. 4, S. 470-495)

45   Vgl. dazu zentral Friedrichs in diesem Band.

46   Als eine solche bezeichnet Bauer auch das Streben nach Authentizität, welches nicht nur angesichts der zentralen Rolle, die der Kompromiss in Demokratien spielt, eng mit der Erosion derselben in Verbindung gebracht werden kann. Noch grundlegender ersichtlich wird die Problematik des »Authentizitätswahns« angesichts der kaum haltbaren Teilung des individuellen Menschen in das authentische Natur- oder unauthentische Kulturwesen sowie die Ausdehnung dieses Gedankens auf kollektive Identitäten, der zu »Rassentheorien« führen muss (vgl. Th. Bauer: Die Vereindeutigung der Welt, 2018, Kap. 7-9). Die Gegenüberstellung vom authentischen mit dem autonomen Subjekt zeigt für Bauer zudem, um welches von beiden es im Lifestyle-Kapitalismus geht, was ihn mit Blick auf Kunst zu einem bedrückenden Fazit bringt: »Das authentische Subjekt findet seine Erfüllung in der Stillung seiner authentischen Bedürfnisse im Konsum. Deshalb muss […] Kunst, die vor dem authentischen Subjekt Bestand haben soll […] konsumierbare Kunst sein.« (S. 69)

47   Besand nennt sie die »zentrale Bürger/-innentugend« und beschreibt sie als »Basisressource und deshalb grundsätzlich knapp«. (Vgl. ihren Beitrag in diesem Band)

det.[48] Eine Ambiguitätstoleranz in diesem Sinne wäre nicht demokratisch, da ihr eine klare Hierarchie eingeschrieben ist von denen, die die Macht haben zu dulden gegenüber denen, die zu Objekten der Duldung gemacht werden. Ohne eine eingehende Beschäftigung mit *Othering*, struktureller Machtasymmetrie und Privilegien, muss die Forderung nach Ambiguitätstoleranz somit in der Reproduktion bestehender Machtverhältnisse verbleiben. Demgegenüber ist Ambiguitätstoleranz in einer postmigrantischen Gesellschaft notwendig mit der Dezentrierung machtvoller Perspektiven und Positionen verbunden.[49] Foroutan zufolge ist solchen Gesellschaften »ein signifikantes Konfliktpotenzial inhärent. Die zunehmende Hybridisierung und Heterogenisierung der Gesellschaft stößt bei weiten Teilen der Mehrheitsbevölkerung auf Ablehnung.«[50] Während Bauer diese Hybridisierung wohl als Scheinvielfalt verstünde, ist ihre Wahrnehmung und die daraus entstehende Konfliktlinie mit Reckwitz als Symptom fortschreitender Kulturalisierung zu begreifen. Die Aushandlungsprozesse, die in einer postmigrantischen Gesellschaft stattfinden, drehen sich im Kern um die Realisierung des zentralen Versprechens pluraler Demokratien: die Gleichheit aller. Dabei werden »Minderheitenrechte und -positionen [...] in postmigrantischen Gesellschaften offensiver ausgehandelt und Fragen nach nationaler Identität, Zugehörigkeit, Repräsentation und Privilegien neu gestellt.«[51] Als einen Schritt auf diesem Weg betont Foroutan das Sichtbarwerden von »*Ambivalenzen* und *Ambiguitäten*, die insbesondere die Fähigkeit einer Gesellschaft herausfordern, mit Mehrdeutigkeiten ohne negative Abwertung umzugehen«[52]. Damit konkretisiert sich, was Ambiguitätstoleranz unter machtkritischer Perspektive (nicht) sein soll und wohin sie führen kann. Sie ist mit der Vision eines neuen, wirklich pluralen Gesellschaftsverständnisses verbunden.[53]

---

48   Th. Bauer: Die Vereindeutigung der Welt, 2018, S. 79.

49   Wobei ›postmigrantisch‹ mit Naika Foroutan eben nicht »für einen Prozess der beendeten Migration [steht], sondern für eine Analyseperspektive, die sich mit gesellschaftlichen Konflikten, Narrativen, Identitätspolitiken sowie sozialen und politischen Transformationen auseinandersetzt, die nach erfolgter Migration einsetzen, und die über die gesellschaftlich etablierte Trennlinie zwischen MigrantInnen und NichtmigrantInnen hinaus Gesellschaftsbezüge neu erforscht.« (Die postmigrantische Perspektive, 2018, S. 15)

50   Ebd., S. 23.

51   Ebd., S. 20.

52   Ebd. (Hervorh. im Orig.).

53   Vgl. ebd., S. 25.

Während also Phänomenen des Uneindeutigen mit einem für ein demokratisches Grundverständnis unerlässlichen Kosmopolitismus begegnet werden sollte, gewinnen gleichzeitig reaktionäre, antidemokratische Strukturen weltweit an politischer Bedeutung. Spätmoderne Gesellschaften befinden sich an der Schwelle zwischen weiteren gesellschaftlichen Öffnungs- und wiederkehrenden Schließungsprozessen. Diese Prozesse und vor allem ihre Bedeutung für die sie betreffenden Subjekte werden dabei zunehmend kulturalisiert: So werden politische Konflikte längst nicht mehr nur mit politischen Maßnahmen beantwortet, sondern immer intensiver mittels Emotionen, Affekten und Symbolen oder Identitätspolitiken artikuliert. Kosmopolitische, bewusst mehrdeutige Lebensentwürfe konfligieren hier zunehmend mit kommunitaristischen Forderungen nach einer homogenen, eindeutigen Gemeinschaft. Thomas Bauer zufolge sollte es angesichts der Tatsache, dass unsere Welt uneindeutig ist, wir aber als Menschen Uneindeutigkeit tendenziell zu meiden bestrebt sind, Ziel sein, Ambiguität auf ein »lebbares Maß zu reduzieren, ohne dabei zu versuchen, sie gänzlich zu eliminieren«[54]. Ambiguität ist demnach ein »graduelles Phänomen«[55] und lässt sich entsprechend zwischen zwei Polen gedanklich aufspannen, an denen sie jeweils in etwas anderes überschlägt, also eliminiert wäre. Da ist einerseits der Pol vollständiger Eindeutigkeit: Es gilt allein richtig oder falsch, wahr oder unwahr, und dies in einer überzeitlichen, ewigen Gültigkeit. Diesem fundamentalistischen Pol[56] gegenüber steht der Pol unendlich großen Bedeutungsüberschusses.[57] Hier hat jede Interpretation gleiche Gültigkeit, was vollständiger Bedeutungslosigkeit gleichkommt.[58] Ambiguität aber, die bereichert, findet »nur zwischen den Polen«[59] statt, so Bauer. Was aber ist der Zwischenweg, wie lässt sich das lebbare Maß an Ambiguität in einer pluralen Gesellschaft erreichen, persönlich-individuell und kollektiv-gesellschaftlich? Und welche Rolle können politische Bildung und Kultur dabei spielen?

---

54   Th. Bauer: Die Vereindeutigung der Welt, 2018, S. 15.

55   Ebd., S. 50.

56   Vgl. ebd., S. 29.

57   Vgl. ebd., S. 50.

58   Vgl. ebd., S. 29f. In diesem Sinne kann es auch bei der Forderung nach Ambiguitätstoleranz nicht um eine Relativierung oder Haltungslosigkeit gehen, s. dazu unten und auch Besand in diesem Band.

59   Th. Bauer: Die Vereindeutigung der Welt, 2018, S. 50.

Politische Bildung und Kultur: Multiperspektivische Annäherungen

In einer begrifflichen Annäherung daran, was politische Bildung ist, betont Alexander Wohnig, dass es bereits einen Unterschied mache, ob sich dieser Frage über einen wissenschaftlichen oder einen praktischen Fokus angenähert werde: »Mit dem ersten würden wir einen Blick darauf werfen, wie ›Politik‹ und/oder ›das Politische‹ sowie ›Bildung‹ definiert wird; mit dem zweiten Fokus würden wir in die Praxis politischer Bildung schauen und untersuchen, was dort, womöglich auf der Basis wissenschaftlicher Theorien, geschieht.«[60] Eine solche Annäherung ist, wie dieser erste Gedanke zeigt, nicht ohne Propädeutik sinnvoll möglich. Neben der Frage, was betrachtet wird, kann die Einbindung des Begriffsumfelds aufschlussreich sein. Angesichts einer Vielzahl von Begrifflichkeiten, die u.a. in Papieren von Ministerien und der Kultusministerkonferenz in ähnlichen Zusammenhängen teilweise in abgrenzender, teilweise synonymer Verwendung zu finden sind,[61] ist jedenfalls nicht ohne Weiteres davon auszugehen, dass jederzeit dasselbe gemeint wird, wenn von politischer Bildung die Rede ist. Die Frage danach, wie *politische Bildung* zu positionieren ist gegenüber *Demokratielernen, Demokratiedidaktik, Demokratiebildung* oder *Demokratieförderung* (u.a.), verweist auf eine in- und außerhalb der Profession immer wieder Verwirrung stiftende »neue Unübersichtlichkeit«[62]. In der Fachdebatte, insbesondere hinsichtlich außerschulischer politischer Bildung, wurde infolgedessen ein Verständigungsprozess über »Kernelemente politischer Bildung«[63] angestoßen, der angesichts der Breite und Aktivität des Felds sowie seiner immanenten Verschränkung mit gesellschaftlichen Dynamiken notwendig unabgeschlossen, aber keineswegs beliebig ist für die Arbeit an der Schnittstelle von politischer Bildung und (politisierter) Kultur. Politische Bildung steht also zwar »mitten im gesellschaftlichen und kommunikativen Widerstreit«[64], ist selbst jedoch im Kern keine Politik – sie »folgt einer eigenen Logik, die durch ihre besondere Geschichte, aber

---

60 Wohnig, Alexander: »Was ist politische Bildung? Eine begriffliche Annäherung über verschiedene Zugänge«, in: Außerschulische Bildung. Zeitschrift der politischen Jugend- und Erwachsenenbildung 3 (2019), S. 11-17, hier S. 11.

61 Vgl. Widmaier, zit.n. A. Wohnig: Was ist politische Bildung?, 2019, S. 11.

62 Ebd.

63 Ebd.

64 Ciupke, Paul: »Politische Bildung in der Demokratie ist demokratische Bildung«, in: Außerschulische Bildung. Zeitschrift der politischen Jugend- und Erwachsenenbildung 3 (2019), S. 18-23, hier S. 18.

vor allem durch den pädagogischen Rahmen bestimmt ist«[65]. In ihren Vermittlungsbemühungen und Formaten ist sie geprägt von »Ungewissheit, Irrtumsanfälligkeit, Pluralität und Kontingenz« sowie vom »Eigensinn der Teilnehmerschaft«.[66] Ein Verständnis politischer Bildung als Wahrheiten verkündende Menschenverbesserungsanstalt – und sei es auch im Sinne der Heranbildung besserer Demokrat:innen bzw. demokratischerer Menschen – ist mit dieser Offenheit nur schwerlich vereinbar. Sie darf jedoch weder mit Neutralität noch mit Wertungebundenheit verwechselt werden. Dem pädagogischen Grundsatz der Selbstbildsamkeit und – zentral – der Autonomie der Subjekte, die als Teilnehmer:innen (außerschulischer) politischer Bildung eben nicht demokratieförderlich erzogen werden müssen,[67] steht die grundgesetzorientierte Bindung hiesiger politischer Bildung an demokratischen Werten und Menschenrechten beiseite. Waldmann schreibt: »Politische Bildung basiert auf den grundlegenden Werten einer demokratischen, freiheitlichen und pluralen Gesellschaft: den Grundrechten des Grundgesetzes, die auf die allgemeine Erklärung der Menschenrechte und die europäische Menschenrechtskonvention verweisen.«[68] Den Rahmen bilden demnach Werte wie Freiheit und Gleichheit sowie Unbestimmtheit bzw. Vorläufigkeit und Konflikt, die Demokratien wesenhaft charakterisieren.[69] Eine neutrale, unparteiische oder

---

65   Ebd., S. 19. Insbesondere vor dem Hintergrund wachsender Angriffe und der Infragestellung von Grundlagen politischer Bildung durch rechtspopulistische Akteure kann dieser Punkt nicht deutlich genug gemacht werden, legen diese doch, basierend auf einem phänomenalen Miss- oder Fehlverständnis eben dieser Grundlagen, scheinbar zwingend das Mandat nahe, eine vermeintliche eigene Agenda in Angeboten und hinter Akteuren politischer Bildung erkennen und entlarven zu müssen, was dieser nicht nur nicht gerecht wird, sondern in der Konsequenz, nämlich dem Ausschluss bestimmter Gegenstandsbereiche seinerseits ihrem demokratischen und am Beutelsbacher Konsens ausgerichteten Auftrag entgegensteht. Siehe dazu auch weiter unten.

66   Ebd.

67   Zur Kritik der Defizitorientierung in Konzepten der »Demokratieförderung«, die häufig Grundlage von Bundesprogrammen zur Extremismusprävention sind, schreibt Wohnig: »Viele Passagen dieser Programme […] lassen sich so lesen, als sei die Jugend potentiell antidemokratisch, weshalb erzieherisch interveniert werden müsse.« (Was ist politische Bildung?, 2019, S. 15; vgl. dazu auch das Interview mit Anja Besand in diesem Band)

68   Waldmann, Klaus: »Kann wertfrei über Demokratie informiert und diskutiert werden?«, in: Journal für politische Bildung 2 (2019), S. 26-31, hier S. 27.

69   Einen Umgang mit diesen Werten und Voraussetzung zu finden, bildet zugleich eine zentrale Herausforderung für politische Bildung. Wie Aladin El-Mafaalani betont: »Solange wir Komplexität und Konflikte negativ konnotieren, spielen alternative Fakten

gar unpolitische Haltung ist demnach weder Erfordernis seitens politischer Bildner:innen noch die Herausbildung einer solchen Haltung Zielsetzung politischer Bildungsangebote.[70] Dennoch ist politische Bildung (im Bereich Kultur) nicht mit politisierter (kultureller) Bildung zu verwechseln.

Im Zusammenhang mit der weitreichenden Kulturalisierung gesellschaftlicher Debatten konnte in den letzten Jahren auch eine zunehmende Politisierung von Kulturkontexten beobachtet werden. Vertreter:innen von Kultureinrichtungen und kulturelle Bildner:innen veränderten ihr Selbstbild und Rollenverständnis dahingehend, sich als dezidiert »politisch« zu beschreiben. Anlass waren zum einen politisch und medial scharf ausgetragene soziale Kontroversen im Zusammenhang mit der überdurchschnittlich hohen Zahl geflüchteter Menschen, die im Herbst 2015 (auch) nach Deutschland kamen, sowie rassistisch motivierte Hetze und Gewalt gegenüber Schutzsuchenden und als »fremd« markierten Personen wie zuletzt beim Anschlag im hessischen Hanau mit zehn Opfern.[71] Zum anderen wurde die durch den erstarkenden Rechtspopulismus wachsende Polarisierung innerhalb des politischen Spektrums als Problem begriffen, das den sozialen Konsens hinsichtlich fundamentaler Verfassungsprinzipien wie Meinungs- und Kunstfreiheit infra-

---

und gefühlte Realitäten eine immer größere Rolle. Vielmehr erfordern die gesteigerte Komplexität der Gesellschaft und das zunehmende Konfliktpotenzial einen Perspektivwechsel. Der Kitt, der die offene Gesellschaft zusammenhält, bildet sich aus Konflikten und dem konstruktiven Umgang mit ihnen.« (»Alle an einem Tisch. Identitätspolitik und die paradoxen Verhältnisse zwischen Teilhabe und Diskriminierung«, in: APuZ 9-11 [2019]), S. 41-45, hier S. 45)

70   Mit Blick auf die in Landesverfassungen und Schulgesetzen formulierten Bildungsaufträge konstatiert Anja Besand: »Die normative Perspektive schulischer Bildung und Erziehung ist damit klar bestimmt: Lehrkräfte sollen sich in der Schule nicht neutral verhalten. Ihnen ist vielmehr die Aufgabe übertragen, junge Menschen für demokratische Werte zu sensibilisieren, für ein diskriminierungsfreies Miteinander einzutreten sowie verantwortungsvolle Wege zu finden, sich an die deutsche Geschichte zu erinnern und einen antitotalitären Grundkonsens zu vertreten.« »Zum Umgang mit Rechtspopulismus in der Institution Schule«, in: APuZ 14/15 (2020), S. 4-9, hier S. 5.

71   Wie in der europäischen Presse auf die Ermordung von Ferhat Ü., Mercedes K., Sedat G., Gökhan G., Hamza K., Kalojan W., Vili P., Said H. und Fatih S. sowie Gabriele R. reagiert wurde (Stand 20.02.2020) und weitere Informationen zum Thema »Rechtsextremismus« finden sich unter www.bpb.de/305581/bpb-26-02-2020 (Zugriff 15.09.2020). Die gemeinsame Chronik der Amadeu Antonio Stiftung und PRO ASYL dokumentiert fortlaufend Übergriffe auf und Demonstrationen gegen Geflüchtete und ihre Unterkünfte unter www.mut-gegen-rechte-gewalt.de/service/chronik-vorfaelle (Zugriff 15.09.2020).

ge stellt.[72] Zahlreiche Kultur-Akteure, Institutionen des Kulturfeldes und Akteure der kulturellen Bildung gingen als Reaktion auf die Suche nach handlungsorientierten Ansätzen und (politischer) Selbstpositionierung. Der Kulturbereich sieht sich hier, wie Hanno Rauterberg in seinem Essayband *Wie frei ist die Kunst? Der neue Kulturkampf und die Krise des Liberalismus*[73] herausstellt, in einem politisch hochgradig umkämpften Feld zwischen rechtspopulistischen Angriffen einerseits und Moralisierungstendenzen und Vereinnahmungen andererseits. Kulturakteure treten vor diesem Hintergrund immer häufiger als politisierte Akteure auf, wie sich etwa an den zahlreichen regionalen und bundesweiten Initiativen der »Erklärung der Vielen« ablesen lässt. Auch Akteure kultureller Bildungs- und Vermittlungsarbeit versuchen ähnliche Bestrebungen der politischen Positionierung in ihre pädagogische Arbeit zu integrieren und treten dabei nicht selten mit dem Anspruch auf, gesellschaftspolitisch zu bilden. Die Politisierung von Kulturkontexten ist somit auf zwei Ebenen zu beobachten: der Ebene der kulturellen Bildung, die in Zukunft auch politische Bildung sein soll und der Ebene der Positionierung der Institution als öffentlicher Akteur, der zukünftig auch politischer Akteur sein will. Die Institutionen wollen öffentlich »Haltung« zeigen; sie wollen aber auch mittels Bildung »Haltung« vermitteln, was vielfach mit politischer Bildung gleichgesetzt wird. Während Ersteres im Sinne eines politisierten Selbstbildes den Akteur:innen in ihrer Autonomie obliegt, ergibt sich für den Bildungsbereich ein seitens der Kulturinstitutionen diagnostizierter umfassender Beratungsbedarf, um die Öffnung der Bildungsprogramme zu gesellschaftspolitischen Fragestellungen mit Blick auf Gelingensbedingungen und Qualitätsstandards aus Sicht politischer Bildung zu begleiten. Für die bpb galt es, hierauf beratend und mit begleitenden Maßnahmen zu reagieren, wobei am konkreten Vorhaben eine Abgrenzung der Grundsätze und Ziele politischer Bildung zur angestrebten Haltungsbildung und Politisierung eröffnet werden sollte. Dem widmete sich die bpb insbesondere in der Projektgruppe »Politische Bildung und Kultur«. Während ihrer zweijährigen Laufzeit

---

72   Zur Analyse der ›Popularität des Populismus‹ und den zwei ihm zugrunde liegenden differenten Kulturverständnissen vgl. Knobloch, Jörn: »Die Identitäten des Populismus. Die Politisierung der Kultur und der neue Kampf der Kulturen«, in: Wolfgang Bergem/Paula Diehl/Hans J. Lietzmann (Hg.), Politische Kulturforschung reloaded. Neue Theorien, Methoden und Ergebnisse, Bielefeld 2019, S. 227-248.

73   Rauterberg, Hanno: Wie frei ist die Kunst? Der neue Kulturkampf und die Krise des Liberalismus, Berlin 2018.

(2018/19) wandten sich zahlreiche Vertreter:innen kultureller Institutionen an die bpb mit der Absicht, Unterstützung für Maßnahmen zu erhalten, die der Bildung von Haltung (z.B. gegen Rechtspopulismus und Kulturrevisionismus oder i. S. der Unterstützung für Geflüchtete) und/oder der Übernahme von gesellschaftlicher Verantwortung dienen sollten.[74] Insbesondere Theater und Museen sehen sich hierzu aufgefordert, sei es in der Frage ihrer Öffnung zur und Positionierung in der Stadtgesellschaft oder hinsichtlich der Notwendigkeit, die Geschichte und Gegenwart der eigenen Institution und ihr Repertoire bzw. ihre Sammlungsbestände, aber auch die eigene Vermittlungsarbeit zu dekolonisieren. Der selbst gegebene Auftrag lautet, normalisierte Praktiken gewaltvoller Aneignung und Repräsentation aufzubrechen und die eigene Perspektivität und Positionierung innerhalb eines von Asymmetrien geprägten, hegemonialen Kanons einer nicht nur symbolischen Kritik zu unterziehen, wie dies beispielhaft mit der Konzeption des *museum global* der Kunstsammlung NRW unternommen wurde.[75]

Neben der Dezentrierung, Reflexion und Selbstbefragung innerhalb der Kunst ist aus Sicht politischer Bildung der öffentliche Umgang mit Kunst und Kultur von bestimmter Relevanz. Mit Blick auf den Ausschluss bestimmter Kunstwerke und Künstler:innen aus öffentlichen (Debatten-)Räumen, der Umbenennung von Straßen und Instituten sowie weiteren Phänomenen, die beispielhaft für die Austragung politischer Konflikte im Feld der (Alltags-)Kultur stehen, ist dabei eine notwendige Unterscheidung zu treffen: die zwischen realen politischen Forderungen und *Handlungen* (in Form eben von Ausladungen, Übermalungen oder Umbenennungen) einerseits und der *Debatte* über den »richtigen« Umgang mit als problematisch identifizierten Gedichten, Denkmälern oder Künstler:innen als Moment politischer Bildung im Sinne einer Situation abwägender Urteilsfindung andererseits. So kann mit Bauer das Übermalen eines Gedichts an einer Hauswand als ein die Debatte schließendes politisches Handeln und damit als fundamentalistisch verstanden werden, da es die Situation der Ambiguität einseitig auflöst. Dabei mag

---

74   Zu den zahlreichen Kooperationsveranstaltungen, die sich im Zuge dessen ergaben, gehörten beispielsweise 2018 »Mit Bestimmung! Politische Dimensionen musealer Vermittlung« mit dem Bundesverband Museumspädagogik (BVMP) und dem Deutschen Hygienemuseum Dresden und 2019 »Vielstimmigkeit?! Verhandlungen des Politischen im Theater« mit der Bundesakademie für Kulturelle Bildung Wolfenbüttel.

75   Vgl. hierzu den Beitrag von Julia Hagenberg in diesem Band.

die Begründung für diese Handlung im legitimen Spektrum politischer Positionen liegen und muss aus rechtlicher Sicht keineswegs Ausdruck einer grundgesetzwidrigen Einschränkung der Kunst- oder Meinungsfreiheit sein (was im Zweifelsfall der Entscheidung eines Gerichts obliegt). Man kann eine solche Handlung als rechtlich legitim, moralisch geboten und gesellschaftspolitisch notwendig beurteilen. Es können sich bei solchen Entscheidungen jedoch auch Ansätze eines Dogmatismus zeigen – eine (selbst-)kritische Analyse scheint jeweils unabdingbar.[76] Abseits der Frage, ob dies im gesellschaftlichen Diskurs insgesamt eher zu einer Verhärtung und damit letztlich zur Verfestigung struktureller und institutioneller Diskriminierung führe, muss für Zusammenhänge politischer Bildung konstatiert werden, dass es nicht Momente der Auflösung von Ambiguität im politisch-gesellschaftlichen Raum, sondern unaufgelöste, ambige Situationen sind, die in ihrer Kontroversität politisch bildend wirken. Die Aufbereitung und Rahmung dieser Kontroverse in Lernsituationen gehören zentral zur Aufgabe politischer Bildung. In diesen werden Aspekte von Mehrdeutigkeit zueinander in Beziehung gebracht und offengelegt. Dabei verbleibt die Behandlung nicht auf der Ebene der jeweiligen Sache selbst (Ist das Gedicht sexistisch?) oder bei der Frage danach, ob Kunst das (dennoch) darf. Sondern es geht mithin auch um den Wert der Kunstfreiheit selbst im Verhältnis zu weiteren Aspekten, die in der Abwägung für ein etwaiges Urteil einzubeziehen sind (Reproduktion oder Bekämpfung von Sexismus bzw. Schutz Marginalisierter) und welche Rückschlüsse über gesellschaftliche Strukturen jeweils gezogen werden könnten: »Wer darf urteilen, wessen Urteil wiegt mehr, wer entscheidet, was angebracht ist, und was zu viel, sind es Institutionen, einzelne Personen, ist es die Gesellschaftsstruktur, ist es der aktuelle Zeitgeist?«[77] Produktiv sind daher vor allem das Ambige und der Konflikt, nicht dessen Auflösungen.

Die Identifikation mit demokratischen Werten und das Eintreten für diese ist, wie oben beschrieben, durchaus eine seitens der vermittelnden Personen erforderliche Rahmung und seitens der Lernenden eine Zielsetzung

---

76   Beispiele für dogmatische Haltungen und Handlungen finden sich bei Cheema, Saba-Nur: »Es gibt doch ein Richtig oder Falsch?! Antideutsche und andere Dogmaten«, in: Eva Berendsen/Dies./Meron Mendel (Hg.), Trigger Warnung. Identitätspolitik zwischen Abwehr, Abschottung und Allianzen, Berlin 2019, S. 91-104, hier S. 98.

77   Gorelik, Lena: »Oder kann das weg? Über Sexismus, Rassismus und die Freiheit der Kunst«, in: E. Berendsen/S. Nur Cheema/M. Mendel (Hg.), Trigger Warnung, 2019, S. 143-150, hier S. 146.

politischer Bildung in der Demokratie. Damit kann die Ausbildung einer demokratischen Haltung als habitualisierte »Wahrnehmungs-, Entscheidungs- und Handlungsdisposition«[78] durchaus als (Teil-)Aufgabe politischer Bildung gesehen werden. In der postmigrantischen Gesellschaft und einer postmigrantischen politischen Bildung geht es denn auch um *postmigrantische Allianzen*, die sich laut Foroutan eben »nicht mehr über migrantische Biografien, Nationalität oder Religionszugehörigkeit (definieren), sondern über eine geteilte Haltung«, die auf »Gleichheit, pluraler Demokratie und der aktiven Akzeptanz von Diversität und Vielfalt« beruht.[79] Dennoch bildet nicht Einvernehmen, sondern Konflikt den Kern der Demokratie und nicht Affirmativität, sondern Kritik den Kern politischer Bildung. Im Hintergrund steht dabei zentral die normative Leitidee der Mündigkeit, die in der Demokratie v.a. Kritikfähigkeit bedeutet, also die Fähigkeit, »die bestehenden gesellschaftlichen Verhältnisse kritisch in den Blick zu nehmen, zu analysieren und diese zu demokratisieren«[80]. Lebensweltlich relevantes politisches Wissen stellt dann die Basis dar für selbstständige, kritische Urteilsbildung und politische Handlungsfähigkeit. Damit wird letztlich die Selbstbestimmung der Subjekte ermöglicht über die Eröffnung von Wegen zu einem, wie Besand es nennt, individuellen »Politisch-Werden und Politisch-Sein«[81]. Perspektivwechsel und Reflexion sind zentrale Wege dahin und können insbesondere über Momente der Irritation initiiert werden. Anders als in der Kunst sind diese in Zusammenhängen politischer Bildung jedoch eingehegt vom sogenannten Überwäl-

---

78   Vgl. Ansgar Schnurr in diesem Band.

79   N. Foroutan: Die postmigrantische Perspektive, 2018, S. 23. Neben der Frage nach dem Weg – Stichwort »Indoktrination« – stellt sich hier die schwierige Frage nach Wirkungserwartungen und -analysen in Zusammenhängen politischer Bildung sowie die Frage, auf welcher Ebene gemessen werden sollte. Foroutan verweist auf eine relevante Paradoxie. Wie sie in ihren empirischen Untersuchungen feststellen konnte, gibt es durchaus eine Gleichzeitigkeit von Ablehnung und Akzeptanz demokratischer Grundsätze: »Auch wenn Pluralität und Heterogenität kognitiv akzeptiert und auf konstitutioneller Ebene […] als Normalität empfunden werden, können fundamentale Grundrechte emotional abgelehnt werden, wenn sie von Minderheiten beansprucht werden. Diese Dissonanz zwischen kognitiver Akzeptanz und emotionaler Distanz schafft konflikthafte Ambivalenzen und Unklarheiten in postmigrantischen Gesellschaften.« (S. 22)

80   Wohnig, Alexander/Sturzenhecker, Benedikt: »Begriffsvielfalt, Entgrenzung, Aufmerksamkeitskultur. Kommentare zur neuen Unübersichtlichkeit auf dem Arbeitsfeld der politischen Bildung«, in: Journal für politische Bildung 2 (2019), S. 10-15, hier S. 13.

81   Besand in diesem Band.

tigungsverbot.[82] Dieser erste von drei formalen Grundsätzen, die als geteilter Konsens der Profession schulischer wie außerschulischer politischer Bildung gelten, muss daher in gemeinsamen Projekten in seiner Reichweite und materiellen Konsequenzen überprüft und verhandelt werden. Eine solche Aushandlung stellt sich auch deshalb vielfach als nicht banal dar, da der sog. Beutelsbacher Konsens gerade mit Blick auf Fragen hegemonialer Machtasymmetrien seit einigen Jahren innerhalb der Disziplin umfassend kritisch diskutiert und erweitert wird.[83] Mit den Grundsätzen des Indoktrinations- bzw. Überwältigungsverbots, des Kontroversitätsgebots[84] und der Schülerorientierung[85] kann der *Beutelsbacher Konsens* zwar als formaler Minimalstandard politischer Bildung gelten. Über die konkrete Ausgestaltung von Lernsituationen, -inhalten sowie Methoden und pädagogischen Prinzipien ist damit jedoch

---

82   »Es ist nicht erlaubt, den Schüler – mit welchen Mitteln auch immer – im Sinne erwünschter Meinungen zu überrumpeln und damit an der ›Gewinnung eines selbständigen Urteils‹ zu hindern. Hier genau verläuft nämlich die Grenze zwischen Politischer Bildung und Indoktrination. Indoktrination aber ist unvereinbar mit der Rolle des Lehrers in einer demokratischen Gesellschaft und der – rundum akzeptierten – Zielvorstellung von der Mündigkeit des Schülers.« (www.bpb.de/die-bpb/51310/beutelsbacherkonsens [Zugriff 15.09.2020])

83   Vgl. dazu insgesamt den Band von Widmaier, Benedikt/Zorn, Peter (Hg.): Brauchen wir den Beutelsbacher Konsens? Eine Debatte der politischen Bildung, Bonn 2016, sowie explizit die *Frankfurter Erklärung. Für eine kritisch-emanzipatorische politische Bildung*, die deren Mitinitiatorin Bettina Lösch charakterisiert als »weniger deutungsoffen und deutlicher normativ bestimmt, oder besser gesagt, die Autor*innen machen ihre gesellschaftstheoretische Positionierung transparent« (»Wie politisch muss und darf politische Bildung sein? Ein Beitrag zur ›Frankfurter Erklärung. Für eine kritisch-emanzipatorische Bildung‹«, in: Außerschulische Bildung. Zeitschrift der politischen Jugend- und Erwachsenenbildung 3 [2019]), S. 24-26, hier S. 25.)

84   Kurz: »Was in Wissenschaft und Politik kontrovers ist, muss auch im Unterricht kontrovers erscheinen.« (Ebd.) Eine machtkritische Ausbuchstabierung bietet Westphal, indem sie darauf hinweist, dass es beim Kontroversitätsgebot nicht darum gehen kann, »bestehende Pluralität abzubilden, sondern vor allem auch darum, die Grenzen infrage zu stellen, innerhalb derer Pluralität politisch sichtbar und wirksam ist. Was es braucht, ist eine Kritikkompetenz, die danach fragt, welche Gruppen und Perspektiven von der gesellschaftlich anerkannten Pluralität ausgeschlossen sind« (M. Westphal: Kritik- und Konfliktkompetenz, 2018, S. 12).

85   Kurz: »Der Schüler muss in die Lage versetzt werden, eine politische Situation und seine eigene Interessenlage zu analysieren, sowie nach Mitteln und Wegen zu suchen, die vorgefundene politische Lage im Sinne seiner Interessen zu beeinflussen.« Der gesamte Wortlaut sowie eine knappe Rahmung des *Beutelsbacher Konsens* sind zu finden unter www.bpb.de/die-bpb/51310/beutelsbacher-konsens (Zugriff 15.09.2020).

noch wenig ausgesagt. Da es bisher keinen etablierten Kriterienkatalog gibt, der kritik- und diskursorientierte politische Bildung von Präventiv- und Abwehrmaßnahmen gegenüber vermuteten, bereits geschehenen oder zukünftig befürchteten rechten und rechtspopulistischen Interventionen sowie von institutionellen Fragen der politischen Aktion und der »Haltung« abgrenzt, kann die Politisierung von Kulturkontexten seitens der bpb nur bedeuten, diese als zentrale Motivation von Akteuren und Institutionen aufzugreifen und sie in ihren Bildungsbestrebungen mit den Aspekten Kontroversität, Urteilsbildung und Kritik insoweit vertraut zu machen, als über die Benennung jeweiliger theoretischer Standards hinaus eine gemeinsame Praxis entwickelt und erprobt wird, die sich durch Offenheit auszeichnet und beispielsweise hinsichtlich des Kriteriums der Überwältigung immer wieder selbst befragt. Die gemeinsame Entwicklung von Projekten und darin die gemeinsame Festlegung auf Standards ist daher der pragmatische Weg. Die durch Kulturalisierung induzierte Politisierung von Kulturinstitutionen und -akteuren fordert neue Bildungsansätze einer (trans-)kulturellen Pädagogik, die aus der Zusammenarbeit von politischer und kultureller Bildung hervorgehen.

Einem kritischen Bildungsverständnis gemäß ist die Dimension der Vergesellschaftung des Subjekts und damit auch die gesellschaftliche Dimension jeder Lernsituation vorauszusetzen und zu reflektieren. Indem sich gesellschaftliche Verhältnisse im Subjekt einschreiben, ist der in Abgrenzung zu Propaganda und Indoktrination verankerte und auch heute weithin in der politischen Bildung vertretene Ansatz kognitiv-rationaler, aufklärerischer Methoden um solche zu erweitern, die »die emotionale und körperliche Seite im Bildungsprozess«[86] reflektieren und einbeziehen.[87] Diese Methoden zu eruieren, zu erproben und in die Profession zu geben, ist eine Aufgabe, der sich die bpb an der Schnittstelle von politischer Bildung und Kultur stellt. Dabei geht es nicht um ein bloßes Neben- oder Nacheinander »orthodoxer« kognitiv-rationaler Methoden politischer Bildung und solcher aus Theater-, Kunst- oder Museumspädagogik. Sondern es geht um die Ergänzung und Erweiterung des Methodenrepertoires politischer Bildung durch Nutzbarmachung anderer Zugänge zum Subjekt. Ästhetische Gegenstände haben dabei »den Vorteil,

---

86   B. Lösch: Wie politisch muss und darf politische Bildung sein?, 2019, S. 25.

87   Und zwar auch schon deshalb, weil die Dichotomie Rationalität–Emotionalität als überholt gelten kann und zudem für Bildungszusammenhänge unter Berücksichtigung aktueller, affizierter Debattenlagen wenig fruchtbar scheint, wie vielfältig der o.g. Band von Widmaier/Zorn darlegt.

Menschen oft recht unmittelbar anzusprechen. Sie funktionieren häufig nicht allein – ja nicht einmal vornehmlich – im Medium Sprache und bieten damit andere Zugangschancen, als wir sie in der politischen Bildung im Regelfall eröffnen können.«[88] Hierin liegt eine Möglichkeit der Verbindung von ästhetischer und politischer Bildung, die nach wie vor in der Disziplin politischer Bildung marginalisiert ist, obwohl ihre Prämissen jederzeit direkt ins Auge springen: »Am Ausgang der meisten politischen Erfahrungen steht ein sinnlicher Eindruck.«[89] Individuelle wie kollektive Verständigung – und damit auch Machtausübung – verläuft heute mehr denn je über visuelle Darstellungen und Symbole. Gestritten wird in der Gegenwartsgesellschaft, die sich nach *iconic* bzw. *visualistic turn* vor allem als visuelle Kultur beschreiben lässt,[90] nicht mehr nur über kognitiv geäußerte Argumente, sondern vermehrt über ästhetisch (v)erfasste Bilder. Dabei geht es nicht mehr um den hinter Bildern (aus Werbung, Politik, Kultur etc.) stehenden (mutmaßlichen) Realgehalt, sondern um den bildlichen Ausdruck selbst. Wer Einfluss auf Bilder hat, hat demnach auch politischen Einfluss. Daneben ist die umfassende Ästhetisierung der Gesellschaft folgenreich: »Politische Kommunikation, Wahlen, Akteure, Protest, soziales Handeln, Gruppenzugehörigkeiten oder Einstellungen folgen einer ästhetischen Grammatik, die Handlungsspielräume, Denkweisen und Situationsbeschaffenheiten konfiguriert.«[91] Wenn sich also Gemeinschaft über die Art und Weise unserer Wahrnehmung konstituiert und Bildlichkeit und Ästhetik zentral werden, muss dies Konsequenzen für politische Bildung haben.[92] Hier kann für ein Umdenken auf mehreren Ebenen plädiert werden: Gerade weil verschiedene politische Akteure, aber auch andere Interessensvertreter:innen der Gesellschaft (aus Sport, Kunst, Social Media etc.) mit Bildern und ästhetischen Erfahrungen um die Zustimmung von Bürger:innen wetteifern, sollte politische Bildung ihnen Mittel und Möglichkeiten bieten, darauf selbstbestimmt zu reagieren. Das Bild oder eine ästhetische Erfahrung ist dann nicht mehr nur ein Instrument, um politische Sachverhalte zu illustrieren oder anschaulich zu vermitteln, sondern wird selbst zum Gegenstand

---

88   Besand in diesem Band.

89   Friedrichs, Werner: Der politische Blick: Über das langsame Zusammenwachsen politischer und ästhetischer Bildung, in: Markus Gloe/Tonio Oeftering (Hg.), Politische Bildung meets Kulturelle Bildung. Baden-Baden 2020 (in Vorber.).

90   Vgl. ebd.

91   Ebd.

92   Vgl. ebd.

politischer Bildungsarbeit: Kritische Decodierung von Bildlichkeit sowie die Fähigkeit, sich selbst ästhetisch zu äußern und mit anderen in Kontakt zu treten, wird zur Grundkompetenz der politischen Mitbestimmung und Partizipation. Während politische Bildung in ihrer konventionellen Ausrichtung das Ästhetische und Kulturelle – wenn überhaupt – nur als Mittel gesehen hat, um die eigenen (politischen) Bildungsinhalte transportieren und vermitteln zu können, scheint angesichts einer sich stark visualisierenden und kulturalisierenden Gesellschaft ein differenzierteres Verhältnis zur ästhetischen Bildung notwendig.[93] Es deutet sich an, dass sich sozialer Zusammenhalt, politisches Bewusstsein und zivilgesellschaftliches Engagement durch politische Bildung zukünftig nur dann sinnvoll fördern lassen, wenn sie ihr rein kognitives Bildungssetting um produktiv-ästhetische Vermittlungspraktiken erweitert.[94] Damit dieses Unternehmen Erfolg hat, ist es naheliegend, dass politische Bildung ihre Themen und Agenda verstärkt in Kooperation mit bisher eher unkonventionellen kulturellen Partnern wie Museen, Theatern und Literatur- und Kulturzentren bearbeiten muss. Im Zuge des *emotional turn*, der wachsenden Bedeutung von Affekten in Politik und Gesellschaft und der Verwischung der Grenzen von Realität und Fiktion, gilt es sowohl in der Wahl der Themen als auch Methoden und Formate zu reagieren.[95] Strategien der

---

93   Sie ist mithin aus dem »Stand einer methodischen Hilfestellung für den Umgang mit bildlichen Darstellungen« herauszuholen (ebd.).

94   Zudem ist neu zu verhandeln, worum es im Kern demokratischer politischer Bildung gehen muss. Denn: »Bürger*/-innen bilden ihr demokratisches Weltverhältnis nicht auf einer theoretisch-begrifflichen Folie aus, sondern in einem imaginären Dispositiv.« So ist es vor allem die imaginierte Vorstellung eines Gemeinsamen, das jedem Handeln und Urteilen unterliegt. Innovative Zugriffe für politische Bildung zeichnen sich hierbei z.B. ab über die Bildhaftigkeit sprachlicher Ausdrücke und damit über die Eröffnung von Zugängen zum Demokratisch-Imaginären (vgl. Friedrichs in diesem Band).

95   Kulturvermittlung und kulturelle Bildung arbeiten zunehmend mit immersiven Vermittlungsmethoden; Künstler:innen schaffen immersive Inszenierungen oder Umgebungen; Innenstädte werden nach Prinzipien des Immersiven umgestaltet. Es geht dabei um die Schaffung von – digital hinterlegten bzw. analog-digital verschränkten – Umgebungen, die Menschen multisensorisch stimulieren, emotional beeinflussen und dabei kritisch-distanzierte Haltungen nahezu verunmöglichen, da alle eingesetzten Mittel auf ein »Eingetauchtsein« zielen. In der Regel beinhalten immersive Strategien auch Elemente von Partizipation oder Handeln innerhalb der künstlichen Welten oder Umgebungen (Computerspiele, Co-Akteur im immersiven Theater, Konsument:in in Shopping Malls, Arbeitnehmer:in in postindustrieller Arbeitsumgebung etc.). Vgl Mühlhoff, Rainer/Schütz, Theresa: »Verunsichern, Vereinnahmen, Verschmelzen. Eine affekttheoretische Perspektive auf Immersion«, in: SFB 1171 Working Paper 05/17

Kunstvermittlung sind hierbei höchst relevant, um sich methodisch mit dem Phänomen eines erhöhten gesellschaftlichen Affektlevels und der sukzessiven Auflösung vormals separierter Bereiche auseinandersetzen zu können. Immersive Kunstwerke verdeutlichen einerseits die Auflösung von Abgrenzungen, von gesellschaftlichen Grenzen (z.B. öffentlich/privat, Wahrheit/Fiktion, innen/außen etc.) und bisher gültigen sozialen Ordnungsmustern, in dem sie künstlerische sowie künstliche Räume eröffnen, in denen Menschen (schein-) authentische Erlebnisse haben und außeralltägliche Erfahrungen generieren können.[96] Anders aber als bei strategischen immersiven Inszenierungen lassen die künstlerischen Räume Partizipation zu und dienen als heterotopische Orte dazu, Wirklichkeit aus einer alternativen Sicht zu erleben und dadurch utopische Potenziale freizusetzen.[97] Hier treffen sich immersiv-künstlerische Formate mit der Zielsetzung »Utopiefähigkeit« politischer Bildung. Diese ermöglicht idealerweise einen Lernprozess der Selbst- und Weltaneignung, »um Wege zu finden, das Bestehende nicht nur mitzugestalten und zu reproduzieren, sondern individuell und kollektiv handelnd zu verändern«.[98] Im Falle immersiver Kunst ergibt die übliche Trennung – hier Kunstwerk/Produktion, dort diskursive Vermittlung – keinen Sinn, weil das Kunstwerk nicht

---

(Berlin 2017). Inke Arns qualifiziert Immersion nicht mehr nur als künstlerische oder technische Strategie, sondern als »Normalzustand« (»Qualityland, oder: Der Immersion begegnen«, in: Ulrike Blumenreich et al. (Hg. für das Institut für Kulturpolitik der Kulturpolitischen Gesellschaft e.V.), Jahrbuch für Kulturpolitik 2017/18, Bielefeld 2018, S. 211-220.

96   In einem Working Paper des Sonderforschungsbereichs »Affective Societies« an der Freien Universität Berlin wird Immersion »als eine bestimmte Qualität relationaler Affizierungsvollzüge« verstanden. Das Phänomen zeichnet sich demnach »dadurch aus, dass ein Individuum durch reziproke Affizierungsdynamiken ganz in eine lokale Umgebung eingebunden und in seinem Denken, Fühlen und Handeln situativ moduliert wird« (R. Mühlhoff/Th. Schütz: Verunsichern, Vereinnahmen, Verschmelzen, 2017, S. 1).

97   Arns nennt hier als Beispiel die Performance »Transformellae ikeae« (2015) von Johannes Paul Raether (Qualityland, 2018, S. 218). Der Begriff der Partizipation bedarf hier allerdings einer neuen Einordnung. Mühlhoff und Schütz stellen am Beispiel der Inszenierungen von SIGNA heraus, dass eine »Logik der Illusion« den Hintergrund bildet, vor dem es zu eintauchender Mitwirkung nach einem »zumeist krisenhaft verlaufenden Modus der affektiven Vereinnahmung« kommt. (Verunsichern, Vereinnahmen, Verschmelzen, 2017, S. 4f. u. 9.)

98   B. Lösch: Wie politisch muss und darf politische Bildung sein?, 2019, S. 26.

aus der Distanz passiv rezipiert wird, sondern das Erleben und Agieren innerhalb des Kunstwerkes als der eigentlich bildende Prozess verstanden werden muss.

Komplexität und Ambiguität als Strukturelemente in Bildungssettings

Wenn Bauer es zu einem vernünftigen Versuch erklärt, Ambiguität auf ein lebbares Maß zu reduzieren,[99] lassen sich zwei Stellschrauben festmachen: das Maß und die Wahrnehmung dessen als lebbar. Die Welt selbst kann nicht weniger komplex und vieldeutig gemacht werden durch Bildung. Zwar ist das Prinzip didaktischer (Komplexitäts-)Reduktion[100] auch in Zusammenhängen politischer Bildung eine zentrale Methode, um einen fachwissenschaftlichen Sachverhalt bzw. komplexe Wirklichkeit an die Erfordernisse der Lernenden angepasst zu vermitteln. Jedoch ist eine entsprechende Entdifferenzierung im Sinne einer Vereindeutigung (nicht: Simplifizierung!) nicht (rück-)übertragbar auf den politischen Raum außerhalb des Seminar- oder Klassenzimmers. Vielmehr muss es auch Ziel von Bildung – zumal politischer – sein, die Tatsache der Komplexität gesellschaftlicher Sachverhalte an sich zu thematisieren – im Sinne des Beutelsbacher Konsenses ist dies sogar insoweit grundlegende Aufgabe politischer Bildung, als eine unsachgemäße Vereinfachung auch dem Gebot widerspräche, Kontroversität darzustellen. In diesem Sinne konfrontiert politische Bildung gerade auch mit Komplexität. Aber sie tut dies im Rahmen einer angeleiteten Lernsituation, die darauf ausgerichtet ist, den lernenden Subjekten Gelegenheit zur Ausbildung kritischer Urteilsfähigkeit zu

---

99   Vgl. Th. Bauer: Die Vereindeutigung der Welt, 2018, S. 15.

100   Komplexität und Ambiguität sind nicht als Synonyme zu verstehen, können aber in bestimmten Bereichen eng verbunden sein. Ein technisches System, ein medizinischer Sachverhalt oder ein ungelöstes mathematisches Problem stellen sich meist hochkomplex dar, ohne dass sie von Uneindeutigkeit geprägt oder mehrdeutig wären. Alles kann völlig klar und eindeutig aber als Ganzes sehr anspruchsvoll sein. In gesellschaftlichen, politischen, künstlerischen Zusammenhängen ergibt sich demgegenüber ein Ineinandergreifen von Komplexität und Ambiguität, weil die dort zu verortenden Sachverhalte ihrem Wesen nach eben nicht nach dem Schema wahr/unwahr, richtig/falsch, gültig/ungültig zu entscheiden sind, also mehrdeutig und zugleich aufgrund des Charakters der Moderne, sich durch differenzierte, arbeitsteilige Systeme auszuzeichnen, hochkomplex sind.

bieten, mit der die ungefilterte Komplexität der Welt handhabbar wird. Woran politische Bildung also arbeitet, wobei sie einen Beitrag leisten kann, ist die Wahrnehmung von Uneindeutigkeit als lebbar. Die Vieldeutigkeit gesellschaftlicher Phänomene auf einen der Pole (Gleichgültigkeit oder Fundamentalismus) hin zu reduzieren, kann Zielsetzung von Politik sein und von politischen Subjekten, nicht aber von politischer Bildung. Wenn es jedoch gelingt, dass Menschen sich auf die Komplexität der sie umgebenden Welt einlassen, ist auch ein Schritt dahin getan, die mit dieser Komplexität einhergehende Uneindeutigkeit auszuhalten. Die Fähigkeit dazu kann als Ambiguitätstoleranz verstanden werden, Menschen, die diese Fähigkeit aufweisen, als ambiguitätskompetent. Bauer schlägt hierfür ein Ambiguitätstraining vor, das sich vorrangig auf den Feldern abspielt, die großes Ambiguitätspotenzial innehaben: Kunst, Musik, Literatur.[101] »Neben dem Bereich der Religion stellt wohl Kunst als Lebensbereich die höchsten Ambiguitätsanforderungen.«[102] Um gedeihen zu können, ist sie entsprechend auf ein hohes Maß an Ambiguitätstoleranz angewiesen. Da Bauer dieses im Schwinden begriffen sieht, hält er auch für die Kunst kein erfreuliches Urteil bereit: »Vielmehr scheinen sich Kunst, Musik und Literatur vorwiegend nahe dem fundamentalistischen Pol markierter ambiguitätsfreier Eindeutigkeit einerseits und dem Gleichgültigkeitspol andererseits zu bewegen, der entweder durch Bedeutungslosigkeit oder durch eine allzu belanglose Eindeutigkeit erreicht wird.«[103] Kunst markiert demnach für ihn keineswegs per se ein Rückzugsgebiet für Ambiguität in einer ansonsten ambiguitätsintoleranten Gesellschaft, gleichwohl kann sie nur in einem ambiguitätstoleranten Umfeld gedeihen. Kunst braucht und bietet das Potenzial zu Ambiguität und eröffnet damit die Möglichkeit zur Auseinandersetzung mit Uneindeutigkeit. An dieser Stelle lässt sich eine erste Strukturähnlichkeit zwischen Kunst und Gesellschaft vermuten, ist doch die plurale Gesellschaft ebenso zugleich angewiesen auf und Merkmalsträgerin von Ambiguität. Und schließlich gilt für Kunst: »Kunst kann nicht exakt definiert werden. Niemand kann und soll angeben können, wo Kunst anfängt und wo sie aufhört. Moderne Kunsttheorien sehen in der Polyvalenz von Kunstwerken ein zentrales Wesensmerkmal von Kunst.«[104] Demzufolge

---

101   Vgl. Th. Bauer: Die Vereindeutigung der Welt, 2018, S. 95f.
102   Ebd., S. 41.
103   Ebd., S. 41f.
104   Ebd., S. 41.

kann Kunst dabei helfen, Ambiguitätstoleranz auszubilden, also die Fähigkeit, »Mehrdeutigkeiten, unlösbare Widersprüche und Ungewissheiten auszuhalten, nicht nur bei anderen, sondern auch bei sich selbst. Kunst hilft uns, eine differenzierte Gefühlskultur zu entwickeln.«[105] Voraussetzung dafür ist, dass es sich um Kunst handelt, die sich weder am Pol der Beliebigkeit noch am Pol der Eindeutigkeit befindet. Die Expertise zu solchen Urteilen liegt in der Kunst und Kunstdidaktik (jedenfalls nicht mehrheitlich in der politischen Bildung). Es ergibt sich hier also der Ausblick auf Kooperationen zwischen politischer Bildung und Akteuren bzw. Institutionen im Feld der Kunst, der Synergieeffekte verspricht. Dabei wirkt die Annahme einer weiteren, bildungstheoretischen Strukturparallele erkenntnisleitend, die die oben beschriebene Ähnlichkeit von Kunst und Gesellschaft als vom Potenzial zu Ambiguität(-stoleranz) durchdrungen ergänzt: Wenn es gelingt, dieses Potenzial in einem der Bereiche zu aktualisieren, würde dies das lernende Subjekt nicht zu mehr Ambiguitätstoleranz allein in diesem Bereich anleiten, sondern es auf der Ebene unterliegender Haltungen befähigen, in allen Bereichen des Lebens Uneindeutigkeit auszuhalten.[106] Doch wie genau können angesichts dieser Rahmensetzung sowie im Lichte der beschriebenen Strukturparallele Kunstpädagogik und politische Bildung gemeinsam Bildungsgelegenheiten (Lernräume, Unterrichtsmaterialien, Workshopkonzepte) schaffen, um diese zu nutzen?

Dem Konzept der *education through art* als Bildung durch Kunst und Kultur nach Anne Bamford[107] zufolge ermöglicht Kunst die Durchdringung und Erschließung auch von solchen Gegenstandsbereichen, die nicht primär dem künstlerischen Spektrum zugeordnet werden, wie beispielsweise die grundlegende politische Fragestellung eines gesamtgesellschaftlichen Konsenses, also danach, in welcher Welt wir leben wollen und wie unsere Welt gestaltet werden soll und kann, um darin ein gutes Leben zu führen. Wo die Zielsetzung mündiger Partizipation am kulturellen Leben, wie sie von einer *education in art* (als Kunstunterricht) angestrebt wird, nicht ohne ein Verständnis für den ambigen Kern von Kunst erreichbar scheint, kann Kunst als Vehikel zur Erschließung des ambigen Kerns anderer Lebensbereiche wie Politik und

---

105   Saehrendt/Kittl, zit.n. ebd., S. 96.

106   Zur These der Strukturparallele und dem Begriff der Haltung siehe den Beitrag von Ansgar Schnurr in diesem Band.

107   Vgl. Bamford, Anne: »Motivationsfaktor kulturelle Bildung« (2011), www.bpb.de/60198 (Zugriff 15.09.2020).

Gesellschaft erfahrbar sein. So können auch Gegenstandsbereiche der politischen Bildung durch Kunst erschlossen werden, indem Lernende über Gelegenheiten, in denen sie mit Kunst in Berührung kommen, die sie umgebende Welt untersuchen und als gestaltbar erleben. Diese Exposition unterstützt darin, die künstlichen (und künstlerischen) Codes der eigenen Umwelt aufzubrechen und zu lesen, ihre Begrenzungen als kontingent und überschreitbar zu erfahren und ihre Lenkungswirkungen i. S. der eigenen Interessenlage zu dekonstruieren – allesamt Ziele politischer Bildung. Hierbei scheinen Kunstobjekte als pädagogisches Werkzeug instrumentalisiert zu werden – jedoch kaum in einem anderen Sinn, als es im Kunstunterricht der Fall ist.[108] Vielmehr tritt hier »lediglich« der Effekt einer Beschäftigung mit Kunst, nämlich Welten zu öffnen, explizit außerhalb des Kunstunterrichts, hervor. Kunst wird also hier nicht genutzt, um Welt zu erschließen, sondern: Kunst erschließt *per se* Welten – jedoch erschließt sie für eine breite Öffentlichkeit nur dann auch andere als die Welt der Kultur selbst, wenn ihr dies eröffnet wird. Zielsetzung der Kooperation zwischen bpb und Kulturakteuren sowie kunstpädagogischen Institutionen ist es daher, eine solche Öffnung im wissenschaftlichen Fachaustausch und der pädagogischen Praxis zu versuchen, indem gesellschaftlichen Ambiguitäten und subjektiven Erfahrungen des Alteritären mit einem Bildungsansatz begegnet werden, der Anknüpfungspunkte bietet für die Anforderungen einer postmigrantischen und machtkritischen Perspektive. Dafür gilt es, ein prozesshaftes Kulturverständnis ins Zentrum zu stellen, das die »historische und synchrone Vernetztheit von Kulturen«[109] in den Blick nimmt.

Pädagogik und Gesellschaft: transkulturelle (Un-)Übersetzbarkeiten und strukturelle Desiderate

Interkulturelle Bildungskonzeptionen beruhen vielfach auf der Vorstellung unterschiedlicher und klar voneinander getrennter »Kulturen«, die

---

108   Zur Kunst in der Funktionslogik der Demokratie bzw. den utilitaristischen Blick auf den »funktionalen Beitrag, den Kunst potentiell leisten kann, um mit den Zumutungen der Demokratie klar zu kommen« vgl. den Beitrag von Dorothée de Nève in diesem Band.

109   Dätsch, Christiane: »Zu diesem Sammelband«, in: Dies. (Hg.): Kulturelle Übersetzer. Kunst und Kulturmanagement im transkulturellen Kontext, Bielefeld 2018, S. 9-17, hier S. 11.

sich auf der Grundlage wissensbasierter Ansätze verstehend aneinander annähern, aber dennoch je verschieden sind. In der postmigrantischen Einwanderungsgesellschaft sind diese Trennlinien nicht gegeben, sondern sämtliche Bildungssubjekte sind einer Vielzahl von kulturellen Einflüssen ausgesetzt, und ihre kulturellen Identitäten sind in der Regel fließend und hybride. Konfliktaustragung und sozialer Zusammenhalt stehen in enger Beziehung mit der Fähigkeit, Alterität und Ambiguität auszuhalten und auch Phänomene des vor dem eigenen Hintergrund nicht Versteh- oder Übersetzbaren, kulturell Differenten, zu akzeptieren. Transkulturelle Bildungsansätze versprechen hier eine inklusive, integrative, machtkritische und handlungspraktische Alternative. Ihnen liegt das prozesshafte Verständnis zugrunde, dass »sich Kulturen ständig im Wandel befinden«[110]. Es stellt sich daher die Frage, inwieweit eine transkulturelle Bildung, ausgehend von einem mit Hybridität verbundenen Kulturbegriff, zukünftig für Zusammenhänge an der Schnittstelle von politischer Bildung und Kultur Bedeutsamkeit erlangen kann.[111]

Mit Verweis auf bisherige Formen der Verhandlung von »Transkulturalität« in der Kunstpädagogik und »Diversität« in der kulturellen Bildung macht Carmen Mörsch *weiße* Flecken aus, die über bestimmte Formen unkritischer Vermittlung Asymmetrien (re-)produzieren, solange die fast ausschließlich *weißen* mehrheitsangehörigen Akteur:innen im Feld »die eigenen Privilegien und damit ihr eigenes Verstricktsein in Ungleichheitsverhältnisse«[112] nicht in den Blick nehmen. Das von Wolfgang Welsch[113] dem der »Interkulturalität« als reflexives Konzept im deutschsprachigen Raum entgegensetzte Konzept

110   Elke aus dem Moore: »Imagination, Joy & Trust – Collective Wisdom. Kulturelle Übersetzung im Feld internationaler Kulturarbeit«, in: Ch. Dätsch (Hg.): Kulturelle Übersetzer, 2018, S. 54.

111   Florian Mittelhammer entfaltet auf Bachmann-Medick zurückgreifend einen Kulturbegriff, der als Übersetzungsprozess verstanden werden kann und prüft ihn anhand theoretischer wie praktischer Kriterien auf seine Überzeugungskraft hinsichtlich solcher Anforderungen, die mit einer postmigrantischen Gesellschaft in Verbindung stehen (»Kultur als Übersetzungsprozess. Annäherungen an einen Begriff«, in: Ch. Dätsch [Hg.]: Kulturelle Übersetzer, 2018, S. 21-36).

112   Prabha Nising, Lena/Mörsch, Carmen: »Statt ›Transkulturalität‹ und ›Diversität‹: Diskriminierungskritik und Bekämpfung von strukturellem Rassismus. Ein Gespräch von Lena Prabha Nising und Carmen Mörsch«, in: U. Blumenreich et al. (Hg.), Jahrbuch für Kulturpolitik, 2018, S. 139-149, hier S. 140.

113   Vgl. Welsch, Wolfgang: »Transkulturalität – Lebensformen nach der Auflösung der Kulturen«, in: Information Philosophie 2 (1992), 5-20.

der »Transkulturalität« weist Mörsch zufolge selbst blinde Flecken in Bezug auf Machtasymmetrien auf und wird mithin vielfach als machtvergessen kritisiert.[114] Im Kunstunterricht käme hier in erster Linie die Kompetenzentwicklung der Schüler:innen in den Blick. Auch wenn der mündige Umgang mit und das Aushalten von Differenz und Ambiguität als Lernziel transkultureller Pädagogik von unbestreitbarer Relevanz sei – und zwar für alle an der Herstellung einer Lehr-Lern-Situation Beteiligten. Allein: Die Entwicklung dieser Fähigkeit ändere nichts an strukturellen Ungleichheiten. Im Gegenteil, so Mörsch, könne eine kosmopolitische Haltung und Informiertheit, wie Analysen seit Langem zeigten, Akteur:innen auch gerade dazu verhelfen, ihre dominante Position zu festigen.[115] Mörsch bringt demgegenüber das Ziel ins Spiel, in deutschen Schulen die demografische Zusammensetzung der Lehrpersonen proportional an die Schüler:innen anzupassen. Lena Prabha Nising empfiehlt darüber hinaus Öffentlichkeitsarbeit, Personalzusammensetzung und Programminhalt näher unter die Lupe zu nehmen und anhand konkreter Reflexionsfragen bewusst in eine diskriminierungskritische Konzeption von Bildungsangeboten einzubeziehen.[116]

Der Notwendigkeit von Veränderungen im Zeichen ernsthafter Diskriminierungskritik muss ein Konzept transkultureller Bildung demnach pädagogisch-didaktisch *und* strukturell-bildungspolitisch gerecht werden. Zwar sind die programmatische und explizite Thematisierung von Konflikten und die (pädagogisch angemessene!) Bearbeitung machtvoller Ungleichheiten und Ausschlüsse hierbei zentral. Nicht hinreichend jedoch ist ein kritisches Abarbeiten an den frühen Ansätzen Wolfgang Welschs zur Transkulturalität, da in diesem Wissenschaftsfeld seit den 1990er-Jahren viel Bewegung war. Für die Ambiguitätsthematik besonders fruchtbar sind solche Ansätze, die sich mit der Frage der Schwierigkeiten, Brüche oder Missverständnisse kultureller Übersetzungsprozesse auseinandersetzen und dabei auch das Unvorhersehbare, das in Prozessen kultureller Übersetzung mittels Kunst entstehen kann, in den Blick nehmen.[117] Hier werden die ›transmigrierenden‹ Potenziale der Kunst in Bezug auf Zeit, Raum und Gesellschaft genauso fokussiert, wie die möglichen Bildungserträge kultureller ›Unübersetzbarkeit‹, in deren

---

114   Vgl. L. Prabha Nising/C. Mörsch: Statt ›Transkulturalität‹ und ›Diversität‹, 2018, S. 142.

115   Ebd.

116   Vgl. ebd.

117   E. aus dem Moore: Imagination, Joy & Trust, 2018, hier vor allem S. 54f., mit Bezug auf Homi K. Bhabha, Bruno Latour und Edar Morin.

Zentrum Imaginationen mit ihren gesellschaftsveränderten Kräften stehen können.[118] Elke aus dem Moore nennt als zentrale Elemente einer neuen Lernkultur u.a. Kooperation, Ko-Kreation, Dialog, permanentes Lernen und Verlernen, Offenheit, Anerkennung von Ambiguität, Perspektivwechsel und Einfühlungsvermögen.[119]

All diese Aspekte liegen im Kern politischer Bildung, sofern dieser im oben beschriebenen Sinne einer Kritik bestehender Verhältnisse ernst genommen wird, und sind daher für Konzepte und Projekte politischer Bildung im Bereich Kultur von zentraler Bedeutung. Inwiefern ihre Beachtung gelingt, ist dabei stets neu und multiperspektivisch zu eruieren. Daneben gilt es, interdisziplinär demokratische Verbindungen und postmigrantische Allianzen einzugehen und zu stärken. Dem versucht die bpb auf verschiedenen Wegen nachzugehen, wovon einer das gemeinsame Projekt mit der Kunstsammlung NRW und dem Institut für Kunstpädagogik der Universität Gießen ist. Indem die eintägige Tagung im Februar 2019 künstlerische Produktion zum einen selbst als Medium der Erfahrung von Ambigem und Alteritärem reflektiert und zum anderen als Mittel der Decodierung dieser Erfahrungen begreift, leistet sie einen essenziellen Beitrag zur Vernetzung der Kunst und -pädagogik mit politischer Bildung. Dieser bisher noch sehr junge, interdisziplinäre Ansatz muss weiterführend in gemeinsamen theoretischen Standards fixiert werden, die sich sowohl in die Praxisfelder der kulturellen als auch in die der politischen Bildung sinnvoll übersetzen und anwenden lassen. Die gemeinsame Aufgabe besteht in der Grundlegung didaktischer Thesen für ein Zusammengehen von politischer und kultureller Bildung sowie Kunst-, Museums- und Theaterpädagogik, um mit ambigen Phänomenen in schulischen und außerschulischen Kontexten pädagogisch arbeiten und ihnen gesellschaftlich mit einer demokratisch-pluralistischen Grundhaltung begegnen zu können. Die Beiträge dieses Bandes gelten uns als vielfältige Impulse auf diesem Weg.

---

118   Ebd, S. 55 und 58, mit Bezug auf Appaduraj, Arjun: Modernity at Large: Cultural Dimensions of Globalization, Minneapolis 1996.

119   Ebd., S. 54.

Literaturverzeichnis

Arendt, Hannah: Was ist Politik? Fragmente aus dem Nachlass, München 1993.

Arns, Inke: »Qualityland, oder: Der Immersion begegnen«, in: Ulrike Blumenreich/Sabine Dengel/Wolfgang Hippe/Norbert Sievers (Hg. für das Institut für Kulturpolitik der Kulturpolitischen Gesellschaft e.V.), Jahrbuch für Kulturpolitik 2017/18, Bielefeld 2018, S. 211-220.

aus dem Moore, Elke: »Imagination, Joy & Trust – Collective Wisdom. Kulturelle Übersetzung im Feld internationaler Kulturarbeit«, in: Christiane Dätsch (Hg.): Kulturelle Übersetzer. Kunst und Kulturmanagement im transkulturellen Kontext, Bielefeld 2018, S. 53-63.

Bamford, Anne: »Motivationsfaktor kulturelle Bildung« (2011), www.bpb.de/-60198 (Zugriff 23.06.2020).

Bauer, Thomas: Die Vereindeutigung der Welt. Über den Verlust an Mehrdeutigkeit und Vielfalt, Stuttgart 2018.

Besand, Anja: »Zum Umgang mit Rechtspopulismus in der Institution Schule«, in: Aus Politik und Zeitgeschichte APUZ 14-15 (2020), S. 4-9.

Bundeszentrale für politische Bildung: Erlass über die Bundeszentrale für politische Bildung (BpB) vom 24. Januar 2001 (2001), https://www.bpb.de/die-bpb/51244/der-bpb-erlass (Zugriff 16.06.2020).

Buchstein, Hubertus/Jörke, Dirk: »Das Unbehagen an der Demokratietheorie«, in: Leviathan, Vol. 31, No. 4 (2003), S. 470-495.

Cheema, Saba-Nur: »Es gibt doch ein Richtig oder Falsch?! Antideutsche und andere Dogmaten«, in: Eva Berendsen/Saba-Nur Cheema/Meron Mendel (Hg.), Trigger Warnung. Identitätspolitik zwischen Abwehr, Abschottung und Allianzen, Berlin 2019, S. 91-104.

Ciupke, Paul: »Politische Bildung in der Demokratie ist demokratische Bildung«, in: Außerschulische Bildung. Zeitschrift der politischen Jugend- und Erwachsenenbildung 3 (2019), S. 18-23.

Dätsch, Christiane: »Zu diesem Sammelband«, in: Christiane Dätsch (Hg.): Kulturelle Übersetzer. Kunst und Kulturmanagement im transkulturellen Kontext, Bielefeld 2018, S. 9-17.

El-Mafaalani, Aladin: »Alle an einem Tisch. Identitätspolitik und die paradoxen Verhältnisse zwischen Teilhabe und Diskriminierung«, in: Aus Politik und Zeitgeschichte APUZ 9-11 (2019), S. 41-45.

Friedrichs, Werner: »Der politische Blick: Über das langsame Zusammenwachsen politischer und ästhetischer Bildung«, in: Markus Gloe/Tonio Oeftering (Hg.), Politische Bildung meets Kulturelle Bildung. Baden-Baden 2020 (in Vorber.).

Foroutan, Naika: »Die postmigrantische Perspektive: Aushandlungsprozesse in pluralen Gesellschaften«, in: Marc Hill/Erol Yildiz (Hg.), Postmigrantische Visionen Erfahrungen – Ideen – Reflexionen, Bielefeld 2018, S. 15-28.

Gorelik, Lena: »Oder kann das weg? Über Sexismus, Rassismus und die Freiheit der Kunst«, in: Eva Berendsen/Saba-Nur Cheema/Meron Mendel (Hg.), Trigger Warnung. Identitätspolitik zwischen Abwehr, Abschottung und Allianzen, Berlin 2019, S. 143-150.

Kneip, Sascha/Merkel, Wolfgang: »Garantieren Wahlen demokratische Legitimität?«, in: Aus Politik und Zeitgeschichte APUZ 38-39 (2017), S. 18-24.

Knobloch, Jörn: »Die Identitäten des Populismus. Die Politisierung der Kultur und der neue Kampf der Kulturen«, in: Wolfgang Bergem/Paula Diehl/Hans J. Lietzmann (Hg.), Politische Kulturforschung reloaded. Neue Theorien, Methoden und Ergebnisse, Bielefeld 2019, S. 227-248.

Lösch, Bettina: »Wie politisch muss und darf politische Bildung sein? Ein Beitrag zur ›Frankfurter Erklärung. Für eine kritisch-emanzipatorische Bildung‹, in: Außerschulische Bildung. Zeitschrift der politischen Jugend- und Erwachsenenbildung 3 (2019), S. 24-26.

Merkel, Wolfgang: »Bruchlinien Kosmopolitismus, Kommunitarismus und die Demokratie«, in: WZB Mitteilungen Heft 154 (2016), S. 11-14, https://bibliothek.wzb.eu/artikel/2016/f-20214.pdf (Zugriff 15.09.2020).

Mittelhammer, Florian: »Kultur als Übersetzungsprozess. Annäherungen an einen Begriff«, in: Christiane Dätsch (Hg.): Kulturelle Übersetzer. Kunst und Kulturmanagement im transkulturellen Kontext, Bielefeld 2018, S. 21-36.

Mühlhoff, Rainer/Schütz, Theresa: Verunsichern, Vereinnahmen, Verschmelzen. Eine affekttheoretische Perspektive auf Immersion, SFB 1171 Working Paper 05/17, Berlin 2017.

Prabha Nising, Lena/Mörsch, Carmen: »Statt ›Transkulturalität‹ und ›Diversität‹: Diskriminierungskritik und Bekämpfung von strukturellem Rassismus. Ein Gespräch von Lena Prabha Nising und Carmen Mörsch«, in: Ulrike Blumenreich/Sabine Dengel/Wolfgang Hippe/Norbert Sievers (Hg. Für das Institut für Kulturpolitik der Kulturpolitischen Gesellschaft e.V.), Jahrbuch für Kulturpolitik 2017/18 Bielefeld 2018, 139-149.

Rauterberg, Hanno: Wie frei ist die Kunst? Der neue Kulturkampf und die Krise des Liberalismus, Berlin 2018.

Reckwitz, Andreas: Gesellschaft der Singularitäten. Zum Strukturwandel der Moderne, Berlin 2017.

–: Das Ende der Illusionen. Politik, Ökonomie und Kultur in der Spätmoderne, Berlin 2019.

Reichstagsrede von Wilhelm II. am 4. August 1914 anlässlich der deutschen Kriegserklärung an Russland. Ableitung eines Zitats aus seiner zweiten »Balkonrede« vom 1. August 1914.

Waldmann, Klaus: »Kann wertfrei über Demokratie informiert und diskutiert werden?«, in: Journal für politische Bildung 2 (2019), S. 26-31.

Welsch, Wolfgang: »Transkulturalität – Lebensformen nach der Auflösung der Kulturen«, in: Information Philosophie 2 (1992), 5-20.

Westphal, Manon: »Kritik- und Konfliktkompetenz. Eine demokratietheoretische Perspektive auf das Kontroversitätsgebot«, in: Aus Politik und Zeitgeschichte APUZ 13-14 (2018), S. 12-17.

Widmaier, Benedikt/Zorn, Peter (Hg.): Brauchen wir den Beutelsbacher Konsens? Eine Debatte der politischen Bildung, Bonn 2016.

Wohning, Alexander: »Was ist politische Bildung? Eine begriffliche Annäherung über verschiedene Zugänge«, in: Außerschulische Bildung. Zeitschrift der politischen Jugend- und Erwachsenenbildung 3 (2019), S. 11-17.

Wohning, Alexander/Sturzenhecker, Benedikt: »Begriffsvielfalt, Entgrenzung, Aufmerksamkeitskultur. Kommentare zur neuen Unübersichtlichkeit auf dem Arbeitsfeld der politischen Bildung«, in: Journal für politische Bildung 2 (2019), S. 10-15.

»Warum glaubt ihr, dass die Striche Kunst sind?«
Dis-/Ambiguierungen in Kontexten
der Kunstvermittlung im Museum

Julia Hagenberg

Die Frage, die ich im Titel meines Beitrags zitiere, stammt von einem Schüler, der mit seiner Klasse an einem Vermittlungsangebot in der Kunstsammlung Nordrhein-Westfalen teilnahm. In diesem Programm, das ich an anderer Stelle ausführlicher beschrieben habe, waren die Schüler*innen dazu eingeladen, Fragen und Kommentare rund um ihren Museumsbesuch zu notieren.[1] Für das Thema dieses Bandes – die Frage nach Ambiguität im Zusammenhang mit moderner und zeitgenössischer Kunst und ihren Potenzialen für die kulturelle und politische Bildung – sind ihre Kommentare insofern von Interesse, als viele Schüler*innen Aspekte der Ambiguität und Disambiguität ansprachen. Manche betrafen die Kunstwerke, andere das Museum selbst. Im Fachdiskurs wird Museen für Kunst nicht selten zugeschrieben, Horte des Ambigen zu sein, die durch die Möglichkeit der Auseinandersetzung mit Kunst einen Übungsraum für den Umgang mit Fremdheitserfahrungen bieten.[2] In meinem Beitrag möchte ich unter Bezugnahme auf einige Aussagen der Schüler*innen darlegen, dass Kunstmuseen keine neutralen Räume der Begegnung mit ambigen Phänomenen darstellen, sondern dass in ihnen machtvolle Mechanismen der Vereindeutigung und Verschleierung wirksam

---

1   Hagenberg, Julia: »Den Kanon verhandeln. Internationale Klassen in der Kunstsammlung Nordrhein-Westfalen«, in: Kunst und Unterricht 425/426 (2018), S. 53-57. Das Programm, das ich in Zusammenarbeit mit Janine Blöß, Pia Kalenborn und Karin Mohr konzipiert habe, fand von 2016 bis 2018 statt. Inzwischen kann das Angebot von allen Klassen weiterführender Schulen genutzt werden.

2   Vgl. Lorenz, Ulrike/Ullrich, Wolfgang (Hg.): Was muss das Museum? Was kann das Museum? Ein Streitgespräch zwischen Ulrike Lorenz und Wolfgang Ullrich, Köln 2018, S. 30.

werden, die bei der Konzeption von Vermittlungsangeboten zu berücksichtigen sind. Ohne den Beteiligten die Möglichkeit zu eröffnen, diese zu reflektieren, kann Kunstvermittlung nicht für sich beanspruchen, ihre Urteils- und Handlungsfähigkeit zu stärken.

Die Frage, was Kunst sei, wird häufiger von Besucher*innen im Museum gestellt. Die im Titel zitierte Variante lautet jedoch nicht: Warum sind Striche Kunst? Vielmehr stellt der Schüler die Fragestellung als solche und ihre Beantwortung als eine Haltung und Handlung dar. Er schildert den Akt einer Definition und Vereindeutigung, den er im Museum erlebt hat: Striche wurden zu Kunst erklärt, der Akt als solcher jedoch nicht zur Diskussion gestellt. Aufschlussreich ist dabei, dass der Schüler ein Gegenüber – ein »ihr« – adressiert, das er als aktiven Part begreift. Wer genau angesprochen ist – die Kunstvermittelnden, das Museum oder beide –, bleibt in der notierten Frage unklar. In der Formulierung »glaubt ihr« kommt zum Ausdruck, dass die Kunstvermittler*innen und/oder das Museum von ihrer Auffassung überzeugt sind; der Schüler selbst scheint sie nicht (oder noch nicht) zu teilen. Indem er seine Frage notiert, zweifelt er sie nicht nur an und fordert ein Gespräch darüber ein, er diagnostiziert auch einen Anspruch auf Deutungshoheit und stellt diesen ebenfalls infrage.

Die europäische Avantgarde hat den Kunstbegriff in den ersten Jahrzehnten des 20. Jahrhunderts auf immer neue Weise herausgefordert. Werke wie Duchamps Readymades provozieren, indem sie das Problem aufwerfen, ob und wie zwischen Kunst und Leben differenziert werden kann. Dabei sind sie selbst ohne eine Unterscheidung nicht als Kunst identifizierbar. Der Kommentar des Schülers zeigt, dass das provokative Potenzial, das vielen Werken der Moderne innewohnt, bis heute wirksam ist und Betrachter*innen beschäftigt. Gleichzeitig macht seine Frage deutlich, dass die Unterscheidung zwischen Kunst und Nicht-Kunst nicht nur für den kunstimmanenten Diskurs relevant ist. »Warum kann nicht jeder Kunst machen und ins Museum hängen?«, schließt der Schüler an und wirft damit ein weiteres Mal die Frage nach der Definitions- und Deutungshoheit auf. Auch andere Schüler*innen sprechen dieses Thema an. »Warum gibt es hier nicht mehr Malerinnen?« Sie benennen Leerstellen, die sie im Museum beobachtet haben, und reflektieren nicht nur die männliche, sondern auch eurozentristische Perspektive, die sich zum Zeitpunkt ihres Besuchs in der Sammlungspräsentation abbildete. »Warum kommen hier nur Europäer rein?« Die Ein- und Ausschlüsse, die das Kunstmuseum durch seine Sammlungs- und Ausstellungstätigkeit produziert, beziehen sich sowohl auf die Objekte als auch auf die sozialen Gruppen, die durch sie repräsentiert werden. Diesen Umstand brachte eine weitere Schülerin auf den Punkt, indem sie die Sammlungspräsentation im K20 in Relation zu sich selbst setzte: »Ich fühle mich hier nicht repräsentiert. Hier werden weder weibliche noch afrikanische Positionen gezeigt«, so ihr Fazit. Frauen waren ihr zufolge vielfach nackt, Schwarze Menschen gar nicht als Porträtierte auf den Bildern zu sehen. Ihre Analyse macht deutlich, dass die Idee ästhetischer Kontemplation, die seit dem 19. Jahrhundert die Konzeption zahlreicher europäischer und nordamerikanischer Museen geprägt hat,[3] aus einer privilegierten Perspektive entwickelt wurde. Denn sie geht von der Möglichkeit einer voraussetzungslosen Wahrnehmung der Objekte aus. Tatsächlich aber setzt diese Form der Wahrnehmung Privilegien voraus u.a. im Hinblick auf *Race* und *Gender*, wie die Schülerin aufzeigt.

Die Fragen und Kommentare der Schüler*innen veranschaulichen, dass das Museum Definitionen vornimmt, die eine gesellschaftliche Dimension und Bedeutung haben. Die Teilnehmenden stellten dies fest und nahmen wahr, dass die sozialen Ungleichheiten, die sich in der Sammlung widerspiegeln, im Museum untermauert und reproduziert werden. Ihre Stimmen korrespondieren mit dem museologischen Diskurs, der sich seit den 1970er-Jahren kritisch mit der Rolle und den Funktionsweisen der Institution auseinandersetzt. »Der Museumsraum schließt wie ein Rahmen ein und stellt etwas zur Schau. Er trennt ein Innen von einem Außen, schließt dieses Innen in sich selbst ab und umgibt es mit Wert«, so Roswitha Muttenthaler und Regina Wonisch.[4] Die Unterscheidung zwischen dem Innen und Außen, dem Alltagsobjekt und der Kunst ist nicht nur insofern entscheidend, als Letztere erst durch die Trennung als solche erkennbar wird; sie liefert auch die Legitimation für das Kunstmuseum selbst, das ohne diese Differenzierung keine Daseinsberechtigung hätte. Durch das Sammeln und Präsentieren der Objekte wird gleichzeitig definiert, was Nicht-Kunst ist: »[D]as, was gezeigt wird, und das, was unsichtbar bleibt, ist unlösbar miteinander verbunden. [...] [Museen] repräsentieren nicht nur das, was zu sehen ist, sondern auch, was dem öffentlichen Diskurs und der Wahrnehmung entzogen werden soll und damit ausgeschlossen wird.«[5] Die Frage danach wird zunehmend auch

---

3   Vgl. Klonk, Charlotte: *Spaces of Experience. Art Gallery Interiors from 1800-2000*, New Haven/London 2009, S. 20.

4   Muttenthaler, Roswitha/Wonisch, Regina: Gesten des Zeigens. Zur Repräsentation von Gender und Race in Ausstellungen, Bielefeld 2006, S. 13.

5   Ebd.

in den Kunstmuseen selbst verhandelt. Ein Beispiel dafür ist das von der Kulturstiftung des Bundes geförderte Forschungsprojekt *museum global*, an dem die Kunstsammlung Nordrhein-Westfalen beteiligt war.[6] Ausgehend von den eigenen Beständen, wurden im K20 Kunstzentren außerhalb von Europa und Nordamerika untersucht, die im Kanon der Moderne kaum berücksichtigt sind. Die abschließende Ausstellung beleuchtete die Hintergründe der Entstehung des Museums und stellte mit Mikrogeschichten aus Japan, Brasilien, Mexiko, Georgien, Indien, dem Libanon und Nigeria Beispiele einer transkulturellen Moderne jenseits des westlichen Kanons vor.[7] Neben dem Problem des Kanons steht im Zusammenhang mit der Frage nach Ausschlüssen auch die Aufteilung der Museumssparten in Kunst- und ethnologische Sammlungen im Fokus. Diesen Aspekt griff die Ausstellung *Hello World. Revision einer Sammlung* im Hamburger Bahnhof in Berlin (Museum für Gegenwart) auf, die im Rahmen desselben Forschungsprojekts entwickelt wurde und Leihgaben aus dem Ethnologischen Museum mit Beständen der Nationalgalerie zusammenführte.[8] Durch die Zuordnung zu einer der beiden Museumssparten, deren Trennung eine im Kolonialismus wurzelnde Unterscheidung zwischen dem »Eigenen« und dem »Fremden« zugrunde liegt, wurden und werden Objekte als »Kunst« oder »Kunsthandwerk« definiert und implizit bewertet.[9] Die Konstruktion dieser Differenz hat zur Folge, dass koloniale Machtverhältnisse bis heute fortwirken.

Das Sammeln, Ausstellen und Vermitteln von Kunst in Museen ist demnach auf vielfältige Weise mit Vereindeutigungen verknüpft. Sowohl durch die Verortung der Objekte in bestimmte Bestände als auch durch ihre Anordnung, Inszenierung und Kontextualisierung mit anderen Objekten und Texten im Raum können Disambiguierungen vorgenommen werden.[10] Auch die mediale und personale Vermittlung kann dazu beitragen. Mit dem Einordnen und Deuten der Objekte kommen die Museen den Erwartungen vieler

---

6   Vgl. www.kulturstiftung-des-bundes.de/de/projekte/archiv/detail/museum_global.html (Zugriff 15.09.2020).

7   Vgl. www.kunstsammlung.de/de/exhibitions-archive/museum-global-mikrogeschichten-einer-ex-zentrischen-moderne (Zugriff 15.09.2020).

8   Vgl. www.smb.museum/ausstellungen/detail/hello-world-revision-einer-sammlung.html (Zugriff 15.09.2020).

9   R. Muttenthaler/R. Wonisch, Gesten des Zeigens, 2006, S. 113.

10   Vgl. Groschwitz, Helmut: »Das Museum als Strategie der kulturellen Ambiguitätsbewältigung«, in: Hans Peter Hahn (Hg.), Ethnologie und Weltkulturenmuseum. Positionen für eine offene Weltsicht, Berlin 2017, S. 149ff.

Besucher*innen entgegen, die von der Expertise der Institution profitieren möchten. Gleichzeitig wird in vielen Kunstmuseen nicht offengelegt, welche Haltung und Motivation hinter Erwerbungen, Ausstellungen und Vermittlungsangeboten stehen. Ebenso werden die Hintergründe der Existenz der Institutionen und die Geschichte ihrer Entstehung nur selten vor Ort transparent gemacht. In der Zusammenarbeit mit den Schüler*innen wurde deutlich, dass diese Themen vom Publikum aber durchaus als relevant betrachtet werden. »Warum habt ihr das Museum gemacht?« – »Wem gehört das Museum?« lauteten entsprechende Fragen der Teilnehmenden. Darüber hinaus war es ihnen wichtig, mehr über die hinter den Kulissen agierenden Personen zu erfahren: »Wer arbeitet im Museum?« – »Was muss man lernen, um im Museum zu arbeiten?« Auch auf diese Fragen wird im musealen Raum nur selten eingegangen. Bei Wandtexten etwa ist oft nicht nachzuvollziehen, von wem und mit welchem Ziel sie geschrieben wurden. Dadurch werden nicht nur die Autorschaft, sondern auch die Tatsache verunklärt, dass »Gesten des Zeigens« im Museum immer aus einer bestimmten Perspektive vollzogen werden und nie objektiv sein können.[11] Wenn die Hintergründe des Sammelns und Ausstellens und die Positioniertheit dieser Handlungen verborgen bleiben, kann der Eindruck entstehen, sie hätten einen Anspruch auf Allgemeingültigkeit. »The apparent neutrality of museums‹ discourse and invisibility of their positioning can lead to a reinforcement of oppressive and exclusionary structures«, legt Emilie Sitzia dar.[12] Gerade die vermeintlich neutrale Präsentationsform des White Cube, die in Kunstmuseen als Standard gilt, kann in dieser Hinsicht eine machtvolle Wirkung entfalten.[13] Der Verzicht auf Kontextualisierung, durch den eine unvoreingenommene Wahrnehmung ermöglicht und das Einzelwerk in den Fokus gerückt werden soll, verschleiert die Subjektivität der kuratorischen Setzungen und die mit ihnen verbundene Definitionsmacht. Je weniger dabei auch die durch das Museum produzierten Ein- und Ausschlüsse adressiert werden, desto selbstverständlicher erscheinen sie. Dadurch, dass der White Cube die Informationen auf ein Minimum reduziert, werden überdies diejenigen bevorrechtet, die mit den Inhalten und

---

11   Vgl. Jaschke, Beatrice/Martinz-Turek, Charlotte/Sternfeld, Nora: »Vorwort«, in: Dies. (Hg.), Wer spricht? Autorität und Autorschaft in Ausstellungen, Wien 2005, S. 10.

12   Sitzia, Emilie: »The Ignorant Art Museum. Beyond Meaning-Making«, in: International Journal of Lifelong Education 37 (2018), H. 1, S. 74.

13   Vgl. O'Doherty, Brian: Inside the White Cube. The Ideology of the Gallery Space, Berkeley 1999.

Kulturtechniken der Institution vertraut sind.[14] Gleichzeitig wird kein Anlass geboten, die epistemische Autorität, die das Museum mit dem Akt des Ausstellens für sich beansprucht,[15] zu hinterfragen und herauszufordern.

Kunstmuseen arbeiten demnach sowohl mit Strategien der Ambiguierung als auch der Disambiguierung, die sich durchkreuzen und ineinandergreifen. Durch ihr spezifisches Zusammenwirken erzeugen die Museen Effekte, die in der politischen Bildung als Überwältigung diskutiert werden. Oliver Marchart beschreibt diese Strukturen als »Wissen-Macht-Dispositiv«, in dem das Museum »ein Wissen vermittelt, das nicht von den komplexen Macht- und damit Unterordnungsverhältnissen zu lösen ist, die von den institutionalisierten Diskursen produziert und reproduziert werden«.[16] Konzepte der Kunstvermittlung, die einen emanzipatorischen Anspruch haben, müssen auf diese Strukturen eingehen und die Gelegenheit bieten, sichtbare und verschleierte Differenzkonstruktionen und ihre Mechanismen zu reflektieren. Dass das Publikum diese Mechanismen auch von sich aus adressiert, zeigen Reaktionen der Schüler*innen, nachdem sie durch die Sammlungsräume im K20 gestreift waren. Diese verlangten Informationen zur Herkunft und zu den Auswahlkriterien der dort präsentierten Werke, die ihnen im White Cube des Museums vorenthalten worden waren: »Woher kommen diese Bilder?« – »Warum werden die Bilder ausgewählt?« Ihren Fragen war ein Vergleich der unterschiedlichen Settings in Schule und Museum sowie eine Analyse der ortspezifischen Bedingungen vorausgegangen. Wesentlich dabei war, dass die Schüler*innen die Rundgänge an beiden Orten selbst bestimmen konnten. Im Hinblick auf Effekte der Selbstermächtigung im Museum ist es entscheidend, dass nicht nur die Kunst, sondern auch die Kontexte, in denen ihre Vermittlung stattfindet, thematisiert und hinterfragt werden können. Dies bedeutet nicht zuletzt, dass sich Kurator*innen und Kunstvermittler*innen, die unvermeidlich Teil des »Wissen-Macht-Dispositivs« sind, positionieren müs-

---

14   Vgl. Ziese, Maren: »Wie viel Vermittlung braucht die Kunst? Plädoyer für mehr AdressatInnenorientierung in der kuratorischen Praxis«, in: Kai-Uwe Hemken (Hg.), Kritische Szenografie. Die Kunstausstellung im 21. Jahrhundert, Bielefeld 2015, S. 331.

15   Vgl. Bal, Mieke: Double Exposures. The Subject of Cultural Analysis, New York 1996, S. 2.

16   Marchart, Oliver: »Die Institution spricht. Kunstvermittlung als Herrschafts- und als Emanzipationstechnologie«, in: B. Jaschke/C. Martinz-Turek/N. Sternfeld(Hg.), Wer spricht?, 2005, S. 35.

sen.[17] Um Möglichkeiten des Widerspruchs und Räume der Verhandlung zu eröffnen, die wirkungsvolle Ansätze zum Ausbau von vielstimmigen und damit ambigen Dimensionen der Museumsarbeit wären, ist es notwendig, dass auch ich die Situiertheit meines Wissens und meiner Perspektive als *weiße* Kunstvermittlerin aus einem bürgerlich und akademisch geprägten Umfeld offenlege.[18] Es gilt also, die eingangs zitierte Frage nicht mit simplifizierenden Erklärungen zu beantworten. Vielmehr sollte sie als Anlass und Chance für Prozesse des Aushandelns begriffen werden, in denen unterschiedliche, sich gegebenenfalls widersprechende Positionen in Dialog treten, ohne dass notwendigerweise ein Konsens erzielt wird.

Literaturverzeichnis

Bal, Mieke: Double Exposures. The Subject of Cultural Analysis, New York 1996.

Groschwitz, Helmut: »Das Museum als Strategie der kulturellen Ambiguitätsbewältigung«, in: Hans Peter Hahn (Hg.), Ethnologie und Weltkulturenmuseum. Positionen für eine offene Weltsicht, Berlin 2017, S. 139-172.

Hagenberg, Julia: »Den Kanon verhandeln. Internationale Klassen in der Kunstsammlung Nordrhein-Westfalen«, in: Kunst und Unterricht 425/426 (2018), S. 53-57.

Haraway, Donna: »Situated Knowledges. The Science Question in Feminism and the Privilege of Partial Perspective«, in: Feminist Studies 3 (1988), S. 575-599.

Jaschke, Beatrice/Martinz-Turek, Charlotte/Sternfeld, Nora: »Vorwort«, in: Dies. (Hg.), Wer spricht? Autorität und Autorschaft in Ausstellungen, Wien 2005, S. 9-12.

Klonk, Charlotte: Spaces of Experience. Art Gallery Interiors from 1800-2000, New Haven/London 2009.

---

17 Vgl. Mörsch, Carmen: »Am Kreuzungspunkt von vier Diskursen: Die documenta 12 Vermittlung zwischen Affirmation, Reproduktion, Dekonstruktion und Transformation«, in: Dies./Forschungsteam der documenta 12 Vermittlung (Hg.), Kunstvermittlung 2. Zwischen kritischer Praxis und Dienstleistung auf der documenta 12, Zürich/Berlin 2009, S. 20f.; Lüth, Nanna: »Demokratiebildung. Kunst/Vermittlung gegen Rassismus«, in: Art Education Research 14 (2018), S. 1f.

18 Haraway, Donna: »Situated Knowledges. The Science Question in Feminism and the Privilege of Partial Perspective«, in: Feminist Studies 3 (1988), S. 575-599.

Lorenz, Ulrike; Ullrich, Wolfgang (Hg.): Was muss das Museum? Was kann das Museum? Ein Streitgespräch zwischen Ulrike Lorenz und Wolfgang Ullrich, Köln 2018.

Lüth, Nanna: »Demokratiebildung. Kunst/Vermittlung gegen Rassismus«, in: Art Education Research 14 (2018), S. 1-11.

Marchart, Oliver: »Die Institution spricht. Kunstvermittlung als Herrschafts- und als Emanzipationstechnologie, in: Beatrice Jaschke,/Charlotte Martinz-Turek/Nora Sternfeld (Hg.), Wer spricht? Autorität und Autorschaft in Ausstellungen, Wien 2005, S. 34-58.

Mörsch, Carmen: »Am Kreuzungspunkt von vier Diskursen: Die documenta 12 Vermittlung zwischen Affirmation, Reproduktion, Dekonstruktion und Transformation«, in: Dies./Forschungsteam der documenta 12 Vermittlung (Hg.), Kunstvermittlung 2. Zwischen kritischer Praxis und Dienstleistung auf der documenta 12, Zürich/Berlin 2009, S. 9-33.

Muttenthaler, Roswitha/Wonisch, Regina: Gesten des Zeigens. Zur Repräsentation von Gender und Race in Ausstellungen, Bielefeld 2006.

O'Doherty, Brian: Inside the White Cube. The Ideology of the Gallery Space, Berkeley 1999.

Sitzia, Emilie: »The Ignorant Art Museum. Beyond Meaning-Making«, in: International Journal of Lifelong Education 37 (2018), H. 1, S. 73-87.

Ziese, Maren: »Wie viel Vermittlung braucht die Kunst? Plädoyer für mehr AdressatInnenorientierung in der kuratorischen Praxis«, in: Kai-Uwe Hemken (Hg.), Kritische Szenografie. Die Kunstausstellung im 21. Jahrhundert, Bielefeld 2015, S. 325-344.

II

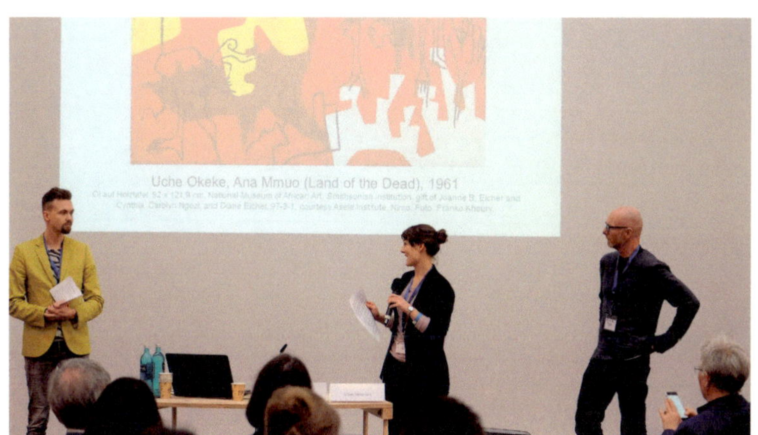

Uche Okeke, Ana Mmuo (Land of the Dead), 1961
Öl auf Holztafel, 92 x 121,9 cm, National Museum of African Art, Smithsonian Institution, gift of Joanne B. Eicher and
Cynthia, Carolyn Ngozi, and Diane Eicher, 97-3-1, courtesy Asele Institute, Nimo. Foto: Franko Khoury.

Steigert Kunst die Ambiguitätskompetenz?
Potenziale ästhetischer Ambiguität von Picasso bis zum Zentrum für Politische Schönheit

Verena Krieger

Die Ambiguität der Kunst

Wenn von Ambiguität die Rede ist, richtet sich die Aufmerksamkeit zuallererst auf die Kunst – und das mit gutem Grund. Sind doch die Künste in der Moderne gewissermaßen zu einem Reservat der Ambiguität geworden, zu dem gesellschaftlichen Feld, in dem Mehrdeutigkeit, Vagheit und Rätselhaftigkeit nicht nur zugelassen, sondern explizit erwünscht sind. Diese Mehrdeutigkeit, Vagheit und alle Formen von Uneindeutigkeit in der Kunst fasse ich unter dem Oberbegriff Ästhetische Ambiguität. Ein Beispiel für die ausgeprägte Beliebtheit und hohe Wertschätzung von Ambiguität in der Kunst ist der Leipziger Maler Neo Rauch, dessen Werk gerade dadurch charakterisiert ist, dass es eine Vielzahl von Deutungsangeboten bietet, jedoch letztlich deutungsoffen bleibt.

Wie das funktioniert, möchte ich exemplarisch an seinem Gemälde *Abstraktion* (2005, Abbildung 1) zeigen. Das Bild gibt einen Durchblick aus einer Loggia in eine Landschaft mit Häusern, wobei in der Loggia wie auch im Hintergrund verschiedene Figuren agieren. Dabei gibt es eine Reihe von Brüchen mit den Regeln perspektivischer Gestaltung: So steht der rechte vordere Pfeiler nicht auf der Brüstung, sondern mündet farblich verschwommen zwischen zwei Häusern, und die beiden Männer im Hintergrund sind viel größer als die Figuren im vorderen Bereich der Loggia. Diese Regelverstöße springen aber erst dadurch als solche ins Auge, dass die Regeln von Proportion und Perspektive im überwiegenden Bereich des Gemäldes wie selbstverständlich eingehalten sind. Für sich genommen sind die Figuren, Häuser und Bäume wirklichkeitsnah und akademisch korrekt wiedergegeben. Die systematische Brechung der akademischen Regeln ist also mit deren Einhaltung kombiniert – nur durch Letztere kann Erstere erfolgreich ihre Wirkung entfalten.

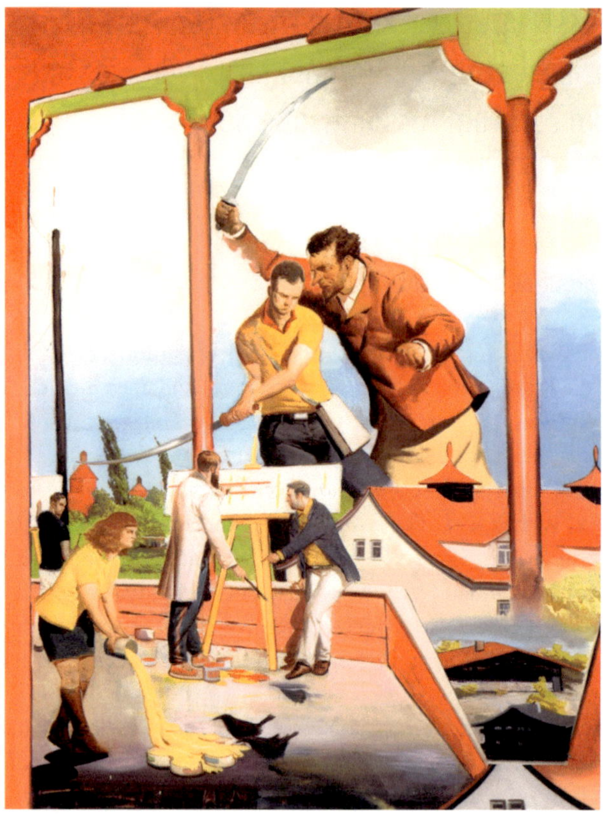

Abb. 1: Neo Rauch: Abstraktion, Öl auf Leinwand, 270 x 210 cm (2005)

Neben das Spiel mit Perspektive und Proportion tritt eine Ambiguität auf der narrativen Ebene: Die beiden Männer, die im Hintergrund einen Schwertkampf ausführen, bilden in ihren Körperhaltungen keinen plausiblen Kampfzusammenhang, ihre Bewegungen führen jeweils ins Leere. Sie werden auch von den Figuren in der Loggia nicht wahrgenommen, die wiederum untereinander kaum in Beziehung treten. Im Zentrum steht ein Maler an einer Staffelei, ein Lineal und einen Pinsel in den Händen haltend. Mit den Füßen steht er zwischen leeren Farbdosen in Lachen gelber und rotbrauner Farbe, aus welcher auch die senkrechten und waagrechten Linien seines Staffelei-bilds bestehen. Während er ganz auf seine Arbeit konzentriert ist, weist ein an die Brüstung gelehnter Mann mit dem Zeigefinger auf seine Pinselhand. Beide Figuren bilden dadurch eine optische Einheit, ohne tatsächlich zu in-teragieren. Im Vordergrund schüttet eine kräftige Frau in leuchtend gelbem Jackett zwei dunklen Vögeln eine Dose gelber Farbe entgegen, sodass vexier-bildhaft der Eindruck entsteht, sie wolle Hühner füttern.

Ich breche hier die Beschreibung ab, eine eingehende Analyse des Werks habe ich an anderer Stelle vorgelegt.[1] Für unseren Zusammenhang ist die Feststellung entscheidend, dass Neo Rauchs Gemälde Ambiguität systema-tisch und auf vielen Ebenen entfaltet. Es enthält zahlreiche Verweise, Analo-gien, Zusammenhänge und angedeutete Narrationen, doch fügen sich diese nicht in eine übergeordnete Logik, sondern die einzelnen Elemente bleiben letztlich isoliert und sperrig. Sinn-Kohärenz und Sinn-Offenheit halten sich in der Schwebe.

Ich habe Neo Rauch als Beispiel gewählt, weil die für sein Œuvre charak-teristische Ambiguität es nicht nur reizvoll macht, sich in die Betrachtung seiner Bilder zu versenken, sondern auch als Beleg für deren künstlerischen Wert gilt.[2] Das hängt damit zusammen, dass in der modernen Kunstauf-fassung Kunst *per definitionem* mit Ambiguität in Verbindung gebracht wird. Nachdem bereits in der Hochrenaissance das Uneindeutige in der Kunst zu-nehmende Wertschätzung erfährt, setzt sich die Koppelung von Kunst und Ambiguität mit der Begründung der philosophischen Ästhetik im 18. Jahr-hundert durch. Im Kunstdiskurs der Goethezeit, vor allem durch die Frühro-mantiker, werden Unbestimmtheit, Vieldeutigkeit und Rätselhaftigkeit zum grundlegenden Merkmal des Poetischen und Künstlerischen erhoben.[3] Da-

---

1   Eine ausführliche Werkanalyse vgl. Krieger, Verena: »Modes of Aesthetic Ambiguity in Contemporary Art. Conceptualizing Ambiguity in Art History«, in: Frauke Berndt/Lutz Koepnik (Hg.), Ambiguity in Contemporary Art and Theory, Hamburg 2018 (Zeitschrift für Ästhetik und allgemeine Kunstwissenschaft Sonderh. 16), S. 61-105, hier: S. 93-96.

2   Vgl. Mader, Rahel: »Produktive Simulationen. Über Ambivalenz in der zeitgenössi-schen Kunst am Beispiel von Neo Rauch, Aernout Mik und Santiago Sierra«, in: Verena Krieger/Dies. (Hg.), Ambiguität in der Kunst. Typen und Funktionen eines ästhetischen Paradigmas, Köln/Weimar/Wien 2010, S. 225-240., insbes. S. 226-231.

3   Ausführlich hierzu vgl. Seiler, Bernd W.: »Vieldeutigkeit und Deutungsvielfalt oder: das Problem der Beliebigkeit im Umgang mit Literatur«, in: Der Deutschunterricht 34 (1982), S. 87-104; Brunemeier, Bernd: Vieldeutigkeit und Rätselhaftigkeit. Die seman-

mit erlangt ästhetische Ambiguität eine normative Dimension, die für die Moderne konstitutiv wird und bis in die Gegenwart fortwirkt. Kunstphilosophen des 20. und 21. Jahrhunderts von Theodor W. Adorno über Umberto Eco bis Jacques Rancière gilt Ambiguität als das elementare Charakteristikum und Potenzial der Kunst.[4] Diese Normativierung ästhetischer Ambiguität hat sich auch in der Kunstkritik und schließlich im Alltagsbewusstsein durchgesetzt. In der modernen hoch- und postindustriellen Gesellschaft, in der alle Abläufe (zumindest vermeintlich) einer strengen Zweckrationalität unterliegen, wird der Kunst die Aufgabe zugeschrieben, gerade das Andere von Rationalität, Wissenschaftlichkeit und unmittelbaren Verwertungszwängen zu verkörpern.

Ambiguität und Ambiguitätskompetenz

Ambiguität gibt es jedoch nicht nur in der Kunst, sondern in allen gesellschaftlichen Feldern – auch jenen, in denen scheinbar strenge Rationalität herrscht. Denken wir an das Recht, wo z.B. unterbestimmte Gesetzestexte ständig Konflikte provozieren, an die Wirtschaft, wo z.B. uneindeutige Marktsignale unterschiedlich gedeutet werden können, an die Sozialstrukturen der Gesellschaft, wo z.B. geschlechtliche oder ethnische Identitäten immer wieder neu konstruiert und ausgehandelt werden, oder an die Politik, wo z.B. die Parteien genötigt sind, unterschiedliche Wählerschichten mit teils gegensätzlichen Interessen gleichzeitig zu adressieren. Auch im sozialen Lebensalltag ist Ambiguität allgegenwärtig: Ein Beispiel sind die gegensätzlichen Rollenerwartungen, die verschiedene Regelsysteme an ein Individu-

---

tische Qualität und Kommunikativitätsfunktion des Kunstwerks in der Poetik und Ästhetik der Goethezeit, Amsterdam 1983; Bode, Christoph: Ästhetik der Ambiguität. Zu Funktion und Bedeutung von Mehrdeutigkeit in der Literatur der Moderne, Tübingen 1988; Frank, Hilmar: Aussichten ins Unermessliche. Perspektivität und Sinnoffenheit bei Caspar David Friedrich, Berlin 2004.

4   Vgl. Blumenberg, Hans: »Die essentielle Vieldeutigkeit des ästhetischen Gegenstandes«, in: Friedrich Kaulbach/Joachim Ritter (Hg.), Kritik und Metaphysik. Heinz Heimsoeth zum 80. Geburtstag, Berlin 1960, S. 174-179; Adorno, Theodor W.: Ästhetische Theorie [1969], Frankfurt a.M. 1973; Eco, Umberto: Das offene Kunstwerk [1982], Frankfurt a.M. 1977; Rancière, Jacques: »Die Politik der Kunst und ihre Paradoxien«, in: Maria Muhle (Hg.), Die Aufteilung des Sinnlichen. Die Politik der Kunst und ihre Paradoxien, Berlin 2008, S. 75-99.

um richten – so kann ein und dieselbe Person zugleich Mutter und Geliebte, Kollegin und Chefin, Kundin und Patientin sein und muss sich in all diesen Rollen adäquat zu verhalten wissen. Ein anderes Beispiel sind die emotionalen Ambivalenzen in zwischenmenschlichen Beziehungen, wenn man etwa jemanden gleichzeitig liebt und fürchtet oder verachtet. Ambiguitäten sind also omnipräsent, und Menschen sind permanent damit beschäftigt, sie zu bewältigen.[5]

Ambiguität stellt für die Individuen, die mit ihr konfrontiert sind, eine ständige Herausforderung dar. Häufig wird sie als Problem, Belastung oder Bedrohung empfunden und mitunter sogar aktiv bekämpft. Schwarzweißdenken und fundamentalistische Tendenzen offenbaren das Bedürfnis nach Vereindeutigung des Uneindeutigen. So lassen sich aktuelle gesellschaftliche Konflikte wie z.B. die Dämonisierung von Flüchtlingen und das Schüren von Ängsten vor einer »Islamisierung des Abendlandes« als Abwehr von Ambiguität deuten. Ambiguität ist aber keineswegs nur anstrengend, belastend oder womöglich überfordernd, sondern sie verfügt über ein hohes konstruktives Potenzial. So dient sie zum Beispiel in der internationalen Diplomatie ebenso wie in der alltäglichen zwischenmenschlichen Interaktion als Mittel kommunikativer Konfliktreduktion. Uneindeutigkeit, der Verzicht auf ein hartes Entweder-oder, die Akzeptanz von Graustufen sind ein elementares Schmiermittel sozialer Prozesse.

Ob Ambiguitäten nun als hilfreich oder als belastend erlebt werden, in jedem Fall müssen Menschen mit ihnen leben und sie bewältigen. Für dieses Vermögen zur Bewältigung von Ambiguität hat Else Frenkel-Brunswik

---

5   Vgl. u.a. Loo, Hans van der/Reijen, Willem van: Modernisierung: Projekt und Paradox, München 1992; Beck, Ulrich/Beck-Gernsheim, Elisabeth (Hg.): Riskante Freiheiten. Individualisierung in modernen Gesellschaften, Frankfurt a.M. 1994; Boltanski, Luc/Chiapello, Ève: Der neue Geist des Kapitalismus [1999], Konstanz 2003; Junge, Matthias: Ambivalente Gesellschaftlichkeit. Die Modernisierung der Vergesellschaftung und die Ordnungen der Ambivalenzbewältigung, Opladen 2000; Berger, Peter A.: »Soziale Ungleichheiten und soziale Ambivalenzen«, in: Eva Barlösius et al.(Hg.), Gesellschaftsbilder im Umbruch. Soziologische Perspektiven in Deutschland, Opladen 2001, S. 203-227; Reckwitz, Andreas: Das hybride Subjekt. Eine Theorie der Subjektkulturen von der bürgerlichen Moderne zur Postmoderne, Weilerswist 2006; Bröckling, Ulrich: Das unternehmerische Selbst. Soziologie einer Subjektivierungsform, Frankfurt a.M. 2007; Heitmeyer, Wilhelm/Imbusch, Peter (Hg.): Desintegrationsdynamiken: Integrationsmechanismen auf dem Prüfstand, Wiesbaden 2012.

den Begriff Ambiguitätstoleranz eingeführt. Die österreichisch-jüdische Psychologin erforschte 1948/49 im amerikanischen Exil zusammen mit Theodor W. Adorno, unter welchen Voraussetzungen Menschen zu autoritären und intoleranten Haltungen neigen. Die berühmte, im Auftrag des Instituts für Sozialforschung entstandene Autoritarismusstudie bestimmte Ambiguitäts*intoleranz* als ein zentrales Merkmal der »autoritären Persönlichkeit«, mit welcher die breite Zustimmung der deutschen Bevölkerung zum Nationalsozialismus erklärt wurde.[6] In der Folgezeit hat die psychologische Forschung auch das positive Konzept der Ambiguitätstoleranz weiter ausdifferenziert.[7]

---

6   Frenkel-Brunswik, Else: »Intolerance of Ambiguity as Emotional and Perceptual Variable«, in: Journal of Personality 18 (1949), S. 108-143; Adorno, Theodor W. et al.: The Authoritarian Personality, New York 1949 (deutsche Teilübers.: Studien zum autoritären Charakter, Frankfurt a.M. 1973).

7   Vgl. u.a. Budner, Stanley: »Intolerance of ambiguity as a personality variable«, in: Journal of Personality 30 (1962), S. 29-50; Mac-Donald Jr., A. P.: »Revised Scale for Ambiguity Tolerance: Reliability and Validity«, in: Psychological Reports 26 (1970), S. 791-798; Norton, Robert W.: »Measurement of Ambiguity tolerance, in: Journal of Personality Assessment 39 (1975), S. 607-619. Einige Autoren ziehen die Begriffe »Ambivalenz« bzw. »Ambivalenztoleranz« vor: Otscheret, Elisabeth: Ambivalenz. Geschichte und Interpretation der menschlichen Zwiespältigkeit, Heidelberg 1988; Jekeli, Ina: Ambivalenz und Ambivalenztoleranz. Soziologie an der Schnittstelle von Psyche und Sozialität, Osnabrück 2002; Lüscher, Kurt: »Homo ambivalens‹. Herausforderung für Psychotherapie und Gesellschaft«, in: Der Psychotherapeut 55 (2010), S. 136-145. Dies hat seinen Grund darin, dass das psychoanalytische Ambivalenzkonzept von Beginn an in das Konstrukt mit eingegangen ist. Vgl. Bleuler, Eugen: »Die Ambivalenz«, in: Festgabe zur Einweihung der Neubauten der Universität Zürich, Zürich 1914, S. 95-106; Freud, Sigmund: »Zur Dynamik der Übertragung« [1912], in: Ders., Gesammelte Werke. Bd. 8: Werke aus den Jahren 1909-1913. Frankfurt a.M. 1990, S. 363-374; Jaeggi, Eva: Art. »Ambivalenz«, in: Angela Schorr (Hg.), Handwörterbuch der Angewandten Psychologie, Bonn 1993, S. 12-14; Waldvogel, Bruno: Art. »Ambivalenz«, in: Wolfgang Mertens/Bruno Waldvogel/Thomas Auchter (Hg.), Handbuch psychoanalytischer Grundbegriffe, Stuttgart 2000, S. 55-59. Andere Autoren sprechen von ›Ungewissheitstoleranz«, so z.B. Dalbert, Claudia/Radant, Matthias: »Ungewissheitstoleranz bei Lehrkräften«, in: Journal für LehrerInnenbildung (Innsbruck) 10 (2010), H. 2, S. 53-57, www.yumpu.com/de/document/read/11135902/ungewissheitstoleranz-bei-martin-luther-universitat-halle- (Zugriff 15.09.2020). Es handelt sich um verwandte, teils identische Konzepte, wobei der umfassendere Begriff »Ambiguitätstoleranz« vorherrschend blieb. Vgl. Reis, Jack: Ambiguitätstoleranz. Beiträge zur Entwicklung eines Persönlichkeitskonstruktes, Heidelberg 1997; Art. »Ambiguitätstoleranz«, in: Hartmut O. Häcker/Christian Becker-Carus (Hg.), Dorsch Psychologisches Wörterbuch. 14. Aufl., Bern 2004, S. 33f.; Ziegler, René: »Ambiguität und Ambivalenz in der Psychologie. Be-

Studien zeigten unter anderem Korrelationen zwischen Ambiguitätstoleranz und Intelligenz und psychischer Stabilität auf.[8] Heute besteht in der Forschung Einigkeit darüber, dass Ambiguitätstoleranz konstitutiv für die psychische Gesundheit und Reife des Individuums ist und eine unabdingbare Voraussetzung für die Bewältigung elementarer Lebensherausforderungen.[9]

---

griffsverständnis und Begriffsverwendung«, in: Zeitschrift für Literaturwissenschaft und Linguistik (Stuttgart) 40 (2010), S. 125-171. In der Soziologie wurde das Konzept mit Rollen- und Identitätskonzepten verbunden und für familiensoziologische Fragestellungen fruchtbar gemacht. Vgl. Krappmann, Lothar: Soziologische Dimensionen der Identität. Strukturelle Bedingungen für die Teilnahme an Interaktionsprozessen, Stuttgart 1971; Lüscher, Kurt/Hoff, Andreas: »Intergenerational Ambivalence. Beyond solidarity and conflict«, in: Isabelle Albert/Dieter Ferring (Hg.), Intergenerational relations. European perspectives in family and society, Bristol 2013, S. 39-64; Lüscher, Kurt/Fischer, Hans Rudi: »Ambivalenzen bedenken und nutzen«, in: Familiendynamik 39 (2014), S. 122-133.

8   Vgl. J. Reis: Ambiguitätstoleranz, 1997; eine Übersicht geben Furnham, Adrian/Marks, Joseph: »Tolerance of Ambiguity: A Review of the Recent Literature«, in: Psychology 4 (2013), S. 717-728. Trotz zahlreicher Einzelstudien bedarf das Konzept einer theoretischen Ausarbeitung; so ist ungeklärt, ob Ambiguitätstoleranz eine Persönlichkeitsvariable oder nicht vielmehr eine Kompetenz und damit erlernbar ist und welche kognitiven, motivationalen und Handlungskomponenten sie aufweist.

9   Vgl. Frenkel-Brunswik, Else: »Personality Theory and Perception«, in: Robert R. Blake/Glenn V. Ramsey (Hg.), Perception. An approach to Personality, New York 1951, S. 356-419; E. Otscheret, Ambivalenz, 1988, S. 68; J. Reis: Ambiguitätstoleranz, 1997; I. Jekeli: Ambivalenztoleranz, 2002; K. Lüscher: Homo ambivalens, 2010. Der Kreativitätsforschung gilt Ambiguitätstoleranz darüber hinaus als Merkmal besonders schöpferischer Persönlichkeiten. Vgl. etwa Bastick, Tony: Intuition. How we think and act, New York 1982; Urban, Klaus K.: TSD-Z. Manual zum Test zum Schöpferischen Denken – Zeichnerisch von Klaus K. Urban & Hans G. Jellen. Frankfurt a.M. 1993, S. 9. Ihrem Mangel werden gravierende negative Auswirkungen auf individueller wie gesellschaftlicher Ebene zugeschrieben, so von Bauman, Zygmunt: Moderne und Ambivalenz. Das Ende der Eindeutigkeit (1991), Hamburg 1992. Das Konzept der Ambiguitätstoleranz wurde auch für das Verständnis des Islams fruchtbar gemacht: Bauer, Thomas: Die Kultur der Ambiguität. Eine andere Geschichte des Islam, Frankfurt a.M. 2011. Der interkulturellen Pädagogik gilt Ambiguitätstoleranz als ein wichtiges Bildungsziel. Vgl. Hatzer, Barbara/Layers, Gabriel: »Interkulturelle Handlungskompetenz«, in: Alexander Thomas/Eva-Ulrike Kinast/Sylvia Schroll-Machl (Hg.), Handbuch Interkulturelle Kommunikation und Kooperation, Bd. 1: Grundlagen und Praxisfelder, Göttingen 2003, S. 138-148; Amos, Karin S./Treptow, Rainer: »Erziehungswissenschaftliche Perspektiven auf den pädagogischen Umgang mit Ambivalenz«, in: Dorothee Kimmich/Schamma Schahadat (Hg.), Kulturen in Bewegung. Beiträge zur Theorie und Praxis der Transkulturalität, Bielefeld 2012, S. 163-194.

Ich schlage vor, das Vermögen zur Bewältigung von Ambiguität unter dem erweiterten Begriff der Ambiguität*kompetenz* zu fassen. Zum einen wird durch diesen Begriff unterstrichen, dass es sich um eine erlernbare Fähigkeit handelt. Und zum anderen benennt er, dass es um weit mehr als nur das passive Aushalten von Ambiguität, nämlich um einen aktiven und gestaltenden Umgang mit ihr geht. Dementsprechend ist Ambiguitätskompetenz mehr als nur die Fähigkeit, Neues und Fremdes als bereicherndes Lernangebot zu begreifen. Sie umfasst im Einzelnen die Vermögen, Ambiguität wahrzunehmen, auszuhalten, produktiv zu nutzen oder selbst zu produzieren – aber auch sie erforderlichenfalls aufzulösen. Schließlich kann es in bestimmten Situationen notwendig sein, Uneindeutigkeiten mit Klarheit entgegenzutreten! Ambiguitätskompetenz bildet also eine Voraussetzung dafür, komplexe, widersprüchliche und offene Situationen differenziert wahrzunehmen, zu beurteilen und adäquat auf sie zu reagieren. Sie ist ein wichtiger Bestandteil der Persönlichkeitsentwicklung.

Einiges spricht für die Annahme, dass in den heutigen westlichen Gesellschaften das Maß an Ambiguität gegenüber traditionellen bzw. vormodernen Gesellschaften erheblich zugenommen hat. Dafür steht allein schon die Tatsache, dass soziale Identitäten in den letzten Jahrzehnten variabler geworden sind – was mit einem erheblichen Zugewinn an Freiheit, aber auch an Verunsicherung verbunden ist. Mangelnde Ambiguitätskompetenz kann in Intoleranz münden, Gewalt fördern und die Demokratiefähigkeit und Pluralität der Gesellschaft gefährden. Ambiguitätskompetenz ist also eine grundlegende Bedingung für das Zusammenleben in pluralistischen Gesellschaften und konstitutiv für die Demokratiefähigkeit ihrer Mitglieder. Insofern ist die Frage, wie die produktive Bewältigung von Ambiguität erlernt werden kann, hochaktuell.

Eine mögliche Antwort lautet, dass Kunst die Ambiguitätskompetenz besonders herausfordert und daher zu fördern vermag.[10] Ursula Brandstätter konstatiert: »Wenn wir uns auf ästhetische Phänomene einlassen,

---

10   Generell wird ästhetischer Bildung zugeschrieben, Toleranz und Offenheit zu fördern, so u.a. von Bamford, Anne: Der Wow-Faktor. Eine weltweite Analyse der Qualität künstlerischer Bildung, Münster 2010, S. 144ff.; Schorn, Brigitte/Timmerberg, Vera: Kompetenznachweis Kultur. Abschlussbericht für das BMBF zum Modellprojekt »Bewertung und Zertifizierung von Bildungswirkungen der kulturellen Bildung für das Arbeitsleben«, Remscheid/Hannover 2005, S. 46; Schlussbericht der Enquête-Kommission »Kultur in Deutschland« (2007). Deutscher Bundestag – 16. Wahlperiode, Drucksache 16/7000 vom 11.12.2007, https://dip21.bundestag.de/dip21/btd/16/070/1607000.pd

lernen wir mit Pluralität, Heterogenität, Differenzen und Widersprüchen umzugehen.«[11] In der Kunst können wir Mehrdeutigkeit, Vagheit, Ironie und Ambivalenz spielerisch erfahren und genießen. Der Philosoph Ludwig Wittgenstein beschreibt den Prozess, mit dem dies geschieht, mit dem Begriff »Aspektwechsel«.[12] Demnach kann man in der Betrachtung eines Bildes stets zwei oder mehrere Aspekte wahrnehmen und auch zwischen diesen Aspekten wechseln. Wie der Kunsthistoriker Michael Lüthy im Anschluss an Wittgenstein hervorhebt, ist die Produktion von Aspektwechseln die besondere Qualität und das eigentliche Ziel der modernen Kunst.[13] Ein genießendes Involviertsein in die Kunst ist aber nur möglich, wenn deren Ambiguität nicht als verstörend, sondern als anregend und bereichernd empfunden wird. Kunstgenuss ohne Ambiguitätskompetenz ist kaum möglich.

Die Vermutung, dass Kunst die Ambiguitätskompetenz fördere, ist bereits seit einigen Jahrzehnten geläufig, es wurde aber noch nie versucht, sie wissenschaftlich zu belegen.[14] Dabei stellen sich in diesem Zusammenhang

---

f (Zugriff 15.09.2020), S. 379; Tobias Fink et al. (Hg): Die Kunst, über kulturelle Bildung zu forschen. Theorie- und Forschungsansätze, München 2012, S. 115.

11 Brandstätter, Ursula: Art. »Ästhetische Erfahrung«, in: Hildegard Bockhorst/Vanessa-Isabelle Reinwand/Wolfgang Zacharias (Hg.), Handbuch Kulturelle Bildung, München 2012, S. 174-180, hier S. 179.

12 Wittgenstein, Ludwig: Philosophische Untersuchungen [1953], in: Ders., Werkausgabe. Bd. 1, Frankfurt a.M. 1989, S. 225-580, insbes. S. 518-552.

13 Lüthy, Michael: Die Produktion der modernen Kunst. Unveröffentlichte Habilitationsschrift Freie Universität Berlin 2009, S. 123. Eine Publikation bei diaphanes in Zürich ist vorgesehen.

14 Seit den 1950er-Jahren hat sich die Vorstellung etabliert, dass Ambiguitätskompetenz im Umgang mit Kunst geübt werden könne. Historischer Hintergrund war die Aufgabe, die Deutschen nach dem Nationalsozialismus zu demokratiefähigen BürgerInnen zu erziehen – hierbei galt den westlichen Besatzungsmächten Kunst und Kultur als wichtiges Mittel (Clemens, Gabriele: Britische Kulturpolitik in Deutschland: 1945-1949. Literatur, Film, Musik und Theater, Stuttgart 1997; Schieder, Martin: Im Blick des Anderen: deutsch-französische Kunstbeziehungen 1945-1959, Berlin 2005; Gillen, Eckhart: Feindliche Brüder? Der Kalte Krieg und die deutsche Kunst. 1945-1990, Berlin 2009). Der Förderung vor allem abstrakter Kunst ab den 1950er-Jahren durch westliche Besatzungsmächte und deutsche Kulturträger lag dabei u.a. die Auffassung zugrunde, dass deren Uneindeutigkeit ein Ausdruck von Freiheit, Demokratie und Pluralismus sei und daher zur Herausbildung mündiger Individuen beitragen könne (Trier, Eduard: Documenta 59: Kunst nach 1945, Bd. 1: Malerei, Köln 1959; U. Eco: Das offene Kunstwerk, 1962; Dengler, Steffen: Die Kunst der Freiheit: die westdeutsche Malerei im Kalten Krieg und im wiedervereinigten Deutschland, Paderborn 2010). Bis

etliche Fragen, die es zu untersuchen gälte: so etwa die Fragen, wie die Ambiguität in verschiedenen Kunstwerken konkret funktioniert, wie sie von verschiedenen sozialen Gruppen rezipiert wird und welche Wirkung die Rezeption auf die Ambiguitätskompetenz von Individuen tatsächlich hat. Im Jahr 2016 habe ich zusammen mit Wissenschaftlerinnen und Wissenschaftlern verschiedener Disziplinen ein Forschungsprojekt konzipiert, das dieser Frage nachgeht – leider wurde es vom Bundesforschungsministerium abgelehnt mit der Begründung mangelnder Relevanz. Die hier dokumentierte Tagung zeigt, dass eine Relevanz offensichtlich doch gegeben ist.

Funktionsweisen künstlerischer Ambiguität – zwei Beispiele

Wie funktioniert künstlerische Ambiguität genau und wie wirkt sie auf die Betrachtenden? Dies will ich im Folgenden an zwei Beispielen diskutieren: Picassos *Guernica* (1937) und *Die Toten kommen* des Zentrums für Politische Schönheit (2015). Diese beiden künstlerischen Arbeiten sind höchst unterschiedlich und haben doch einiges gemeinsam: Während die eine zur altehrwürdigen Gattung der Malerei zählt, ein Hauptwerk der klassischen Moderne ist und gut bewacht im Museum hängt, handelt es sich bei der anderen

heute wird in Kunsttheorie, Kunstwissenschaften und Kunstpädagogik von der Ambiguitätstoleranz-steigernden Wirkung von (moderner) Kunst ausgegangen (z.B. Franz, Erich: »Die zweite Revolution der Moderne«, in: Ausst.-Kat. Das offene Bild. Aspekte der Moderne in Europa nach 1945, Münster/Leipzig. Hg. von Erich Franz, Ostfildern-Ruit 1992, S. 11-23; Jürgens-Kirchhoff, Annegret: »Das ›offene‹ Bild. Überlegungen zu einer ästhetischen Kategorie«, in: Peter K. Klein (Hg.), Zeitenspiegelung: Zur Bedeutung von Traditionen in Kunst und Kunstwissenschaft, Berlin 1998, S. 347-362; Peez, Georg: »Kunstunterricht heute – und morgen auch. Argumente und Konzepte im Überblick«, in: Schulmagazin 5-10. Impulse für kreativen Unterricht (2007), H. 7/8, S. 5-8; Kirchner, Constanze: Kunstpädagogik für die Grundschule, Bad Heilbrunn 2009). Bislang wird diese Wirkung allerdings eher behauptet als bewiesen. Gleichwohl existieren Hinweise, dass der Umgang mit Kunst die Ambiguitätskompetenz zu steigern vermag. So haben einer Studie zufolge KunststudentInnen eine höhere Ambiguitätstoleranz als Studierende anderer Fachrichtungen (Tatzel, Miriam.: Tolerance for Ambiguity in Adult College Students, in: Psychological Reports 47 [1980], S. 377f.) und eine weitere Studie kam zu dem Ergebnis, Gegenwartskunst aktiviere »the quality of attention needed to sustain emergence, ambiguity and complexity« (Froggett, Lynn et al.: New Model Visual Arts Organisations & Social Engagement, in: University of Central Lancashire [Preston], Psychological Research Unit 2011, S. 8).

um eine Serie spektakulärer Aktionen, die heute nur mehr dokumentarisch vergegenwärtigt werden können. Gemeinsam ist ihnen, dass sich beide unmittelbar auf aktuelle gesellschaftspolitische Ereignisse beziehen und dazu Stellung nehmen. Gleichzeitig sind aber beide – trotz ihrer Parteilichkeit – durch eine bemerkenswerte Ambiguität gekennzeichnet.

Picassos weltberühmtes Monumentalgemälde (Abbildung 2) entstand in Reaktion auf die Bombardierung der baskischen Stadt Guernica, mit der im April 1937 Deutschland und Italien zugunsten des faschistischen Putschisten Franco in den Spanischen Bürgerkrieg eingriffen.

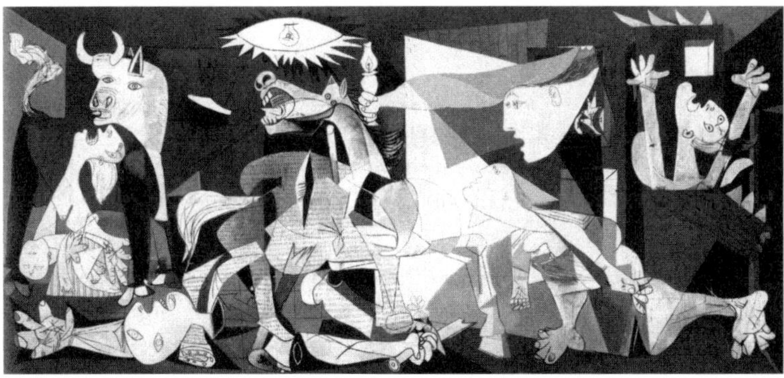

Abb. 2: Pablo Picasso: Guernica, Öl auf Leinwand, 349,3 x 776,6 cm (1937)

Es war ein brutaler Gewaltakt gegen die Zivilbevölkerung, bei dem die ganze Stadt flächendeckend bombardiert und in Schutt und Asche gelegt wurde, ein Kriegsverbrechen. Picasso, der zu dieser Zeit gerade an einem großen Wandbild für den spanischen Pavillon in der Weltausstellung in Brüssel arbeitete, änderte daraufhin seinen ursprünglichen Plan und schuf dieses Gemälde, das den brutalen Bombenangriff anprangert. Es ist ein hochkomplexes Werk, das ich hier nur in groben Zügen besprechen kann. Da die Fotografin Dora Maar verschiedene Stadien der Werkentstehung festgehalten hat, ist der Prozess gut dokumentiert und nachvollziehbar. Auffällig ist, dass Picasso eine fortwährende Elimination von erzählerischen Elementen und Details betrieb, die direkt auf Ort, Zeit und Handlung hinweisen. Einzig der Werktitel verweist noch auf das zugrunde liegende Ereignis. Picasso betrieb so eine stetige Verdichtung der Aussage bei gleichzeitiger Verunklärung des sachlichen Hintergrunds.

Das Bild ist komplett in Schwarzweißtönen gehalten. Auf den ersten Blick wirkt es unübersichtlich, bei näherem Hinsehen enthüllt sich eine triptychonale Struktur: Es handelt sich um eine Dreieckskomposition mit flankierenden Szenen. Menschliche und tierische Figuren befinden sich gedrängt in einem durch eine Glühbirne erhellten Innenraum, während rechts die Ansicht eines brennenden Hauses gegeben ist. Menschen wie Tiere zeigen expressives Leiden. Rechts vor dem brennenden Haus sieht man eine schreiende Frau, ihr korrespondierend weint links eine Frau mit einem toten Kind im Schoß. Von rechts stürmt eine Frau ins Bild, während am Boden ein Toter liegt. Die Figuren repräsentieren verschiedene Stadien des Leidens. Die Tiere – ein Stier, ein Pferd und ein Vogel – unterstreichen dies auf expressive Weise. Durch eine Tür dringt eine Figur in den Innenraum ein und erhellt ihn mit einer Kerze. Sie bringt Licht ins Geschehen und macht es so der Öffentlichkeit sichtbar.

Obwohl das Gemälde unmittelbar Bezug auf ein zeitgeschichtliches Ereignis nimmt, gibt es keine kohärente Schilderung des Vorgangs. Insbesondere fehlen, wie oft festgestellt worden ist, die Täter im Bild. Auch der republikanische Widerstand gegen die faschistischen Truppen ist – anders als noch in früheren Werkstufen – nicht sichtbar. Es handelt sich also keineswegs um ein »geschichtliches Ereignisbild«.[15] Eher hat es allegorische Züge, doch für eine Allegorie im traditionellen Sinne ist es viel zu uneindeutig. Zwar gibt es symbolisch aufgeladene Zeichen (Licht, zerbrochenes Schwert), doch diese transportieren keine identifizierbare Ikonografie, sondern nur Andeutungen. Inkohärent ist die innerbildliche Raumsituation, die zwischen Innen- und Außenraum changiert. Uneindeutig ist auch die Rolle der Tiere: Der Stier hat eine starre Haltung und wirkt zugleich innerlich bewegt, er schaut weg und scheint doch zu beobachten, und es bleibt unklar, ob er »gut« oder »böse« ist, zur Opfer- oder Täterseite gehört oder einfach ein neutraler Zeuge des Geschehens ist. Besonders eklatant ist diese Ambivalenz beim expressiv um sich schlagenden Pferd, das vom Zentrum aus die Komposition dominiert. Ist es leidend oder selbst gewalttätig? Seine Zunge wirkt wie ein scharfer Stachel, doch es scheint auch eine rautenförmige Wunde im Leib zu haben. Es könnte für die faschistische Aggression stehen, aber ebenso für die leidende spanische Bevölkerung – hier gibt es widersprüchliche Deutungen.[16]

---

15   Hager, Werner: Das geschichtliche Ereignisbild. Beitrag zu einer Typologie des weltlichen Geschichtsbildes bis zur Aufklärung, München 1939.

16   Vgl. Zeiller, Annemarie: Guernica und das Publikum. Picassos Bild im Widerstreit der Meinungen, Berlin 1996, S. 19.

So uneindeutig die dargestellte Szene ist, so stark ist sie emotional auf-
geladen. Die menschlichen Figuren artikulieren unzweideutig Gefühle wie
Angst, Schmerz, Trauer, Leid und Entsetzen. Offenkundig zielte Picasso mit
seinem Gemälde darauf ab, bei der Weltöffentlichkeit Empathie für die Opfer
des Luftangriffs zu wecken.[17] So diente die von rechts ins Bild hinein stolpern-
de, schreiende Frau dazu, die von dieser Seite her den Spanischen Pavillon
betretenden RezipientInnen visuell und emotional ins Bild hineinzuziehen.
Diese starke affektive Ansprache ist ganz unambig. Wie aber passt die emotionale Eindeutigkeit mit der sachlichen Ambiguität des Werks zusammen?

Eine interessante These über die Uneindeutigkeit von Picassos *Guernica*
hat der Schriftsteller Peter Weiss aufgestellt. In seiner berühmten *Ästhetik
des Widerstands* (1981), einem 1000-seitigen kunsttheoretischen Essay in Ro-
manform, diskutieren zwei junge Arbeiter, die als Freiwillige im Spanischen
Bürgerkrieg für die Republik kämpfen, über Kunst und Politik anhand von
bedeutenden Kunstwerken, darunter auch Picassos *Guernica*. Anders als man
erwarten könnte, geben sich die beiden jungen Revolutionäre nicht damit zu-
frieden, das Bild als parteiliche Stellungnahme für die spanische Republik
zu deuten, sondern sie interessieren sich gerade für die Bedeutungsambi-
valenz von Motiven wie etwa dem Pferd. Ihre Schlussfolgerung lautet, gerade die »Vieldeutigkeit« der Darstellung gebe einen »tieferen Aufschluß über
die Mechanismen, zwischen denen wir lebten, als die statische Anordnung
es vermochte«. Die Ambiguität des Gemäldes schaffe es, »die Phantasie dazu
[anzuleiten], nach Beziehungen, nach Gleichnissen zu suchen und damit den
Bereich der Aufnahmefähigkeit zu erweitern«.[18] In dieser Überlegung seiner
Protagonisten verknüpft Peter Weiss zwei verschiedene Argumente: Erstens
ist die Ambiguität des Gemäldes ein Spiegel der Komplexität der Wirklichkeit, und zweitens regt sie die Betrachtenden dazu an, sich mit dieser Komplexität reflexiv auseinanderzusetzen. Peter Weiss schreibt der Ambiguität
des Gemäldes also eine kritisch-aufklärerische Funktion zu. Reine emotionale Betroffenheit und reine Parteilichkeit für die republikanische Seite reichen
nicht aus, sondern es gilt, sich jenseits von Schwarzweißschemata mit den
vielfältigen Facetten des Geschehens auseinanderzusetzen. Das macht schon
deshalb Sinn, weil die auf der Seite der Republik Kämpfenden untereinander
dermaßen zerstritten waren und sich gegenseitig bekämpften, dass dies den

---

17   Dickel, Hans: »Picassos Guernica« [1937], in: Aida Bosch/Hermann Pfütze (Hg.), Ästhe-
      tischer Widerstad gegen Zerstörung und Selbstzerstörung, Wiesbaden 2018, S. 83-93.
18   Weiss, Peter: Die Ästhetik des Widerstands. Bd. 1, Frankfurt a.M. 1976, S. 336.

Faschisten in die Hände spielte. Es gab also Grund genug, über die Komplexität der Verhältnisse nachzudenken.

Die Ambiguität des Bildes, begriffen als Abbild gesellschaftlicher Komplexität und als Anstifter von Reflexion, in Kombination mit seiner emotionalen Eindeutigkeit ergibt eine überaus spannungsreiche Botschaft: Einerseits wird man als BetrachterIn massiv involviert, andererseits irritiert. Die Empathie wird geweckt und zugleich der Intellekt wachgehalten. Man wird zur Parteinahme aufgefordert, und gleichzeitig bleibt tendenziell offen, mit wem oder was genau man parteilich sein soll. Diese gegensätzliche Botschaft erzeugt gewissermaßen eine *double bind*-Situation, aus der die RezipientInnen nicht ohne Weiteres herauskommen. Sie führt dazu, dass die Werkbetrachtung an kein Ende kommt, es bleibt ein offenes, ungeklärtes Moment.

Ich komme zu meinem zweiten Beispiel: Das Zentrum für Politische Schönheit, eine Gruppe von Aktivisten um den Berliner Künstler und Kulturhistoriker Philipp Ruch, hat in den letzten Jahren mit spektakulären Aktionen große mediale Aufmerksamkeit erlangt. Zu den ersten, besonders erfolgreichen Aktionen zählte *Die Toten kommen* im Sommer 2015. Ähnlich wie Picassos *Guernica* stellte diese Kunstaktion eine unmittelbare Reaktion auf ein aktuelles politisches Ereignis dar, nämlich darauf, dass jährlich Tausende Menschen bei dem Versuch, vor Krieg und Not über das Mittelmeer nach Europa zu fliehen, ums Leben kommen. Diese Tragödie zu thematisieren und die auf Abschottung setzende Außenpolitik der Europäischen Union – die zu diesem Zeitpunkt ja bereits jahrelange Praxis war und nur im Herbst 2015 für einige Monate unterbrochen wurde – zu skandalisieren, war das Ziel der Aktion. Sie setzte sich aus verschiedenen Elementen zusammen:

Das zentrale Element war die Exhumierung von an den EU-Außengrenzen verstorbenen Flüchtlingen und ihre Überführung nach Berlin, wo sie auf einem Friedhof beigesetzt wurden (Abbildung 3). Darunter befand sich eine Syrerin, die mit ihrem zweijährigen Kind im Mittelmeer ertrunken war. Sie wurde nach muslimischem Ritus beigesetzt, und das Kleinkind symbolisch mit ihr, da man es nicht mehr hatte finden können. In diesem wie in anderen Fällen wurde für die Maßnahme das Einverständnis der betroffenen Familie eingeholt, die die Tote auch identifiziert hatte. Ein anderes Beispiel ist ein 60-jähriger Mann, dessen Leiche einige Wochen lang in einer Kühlkammer gelegen hatte. Finanziert wurde die Aktion durch eine Crowdfundingkampagne. Zu der Beerdigung der »europäischen Mauertoten« wurden zahlreiche PolitikerInnen eingeladen, denen das Zentrum für Politische Schönheit die Mitverantwortung für das massenhafte Sterben an den EU-Außengrenzen zuschreibt, darunter die Bundeskanzlerin. Für sie wurden auf dem Friedhof namentlich gekennzeichnete Stühle bereitgestellt und auch fertige Reden vorbereitet, die beide freilich nicht in Anspruch genommen worden sind.

Begleitend zu diesen Beisetzungen organisierte das Zentrum für Politische Schönheit einen *Marsch der Entschlossenen* (Abbildung 4) zum Bundeskanzleramt mit dem Ziel, dort Gräber für ertrunkene Flüchtlinge anzulegen. Die Ankündigung weckte nicht nur reges Medieninteresse, sondern bewirkte auch einige Aufregung bei den Behörden, die darauf hinwiesen, dass Beerdigungen außerhalb der dafür vorgesehenen Friedhofsareale verboten sind. Die Polizei untersagte die Mitführung von Leichen und setzte Spürhunde ein, um festzustellen, ob sich in den Särgen tatsächlich Leichen befanden. Auch wurde die Demonstration nur unter der Auflage gestattet, dass sie nicht zum Kanzleramt führt. Letztlich zogen mehrere Tausend Menschen zum Reichstagsgebäude, stürmten das eingezäunte Gelände und legten auf der Rasenfläche zahlreiche symbolische Gräber an. Auch in anderen deutschen Städten entstanden in der Folgezeit symbolische Grabstätten für verstorbene Geflüchtete.[19]

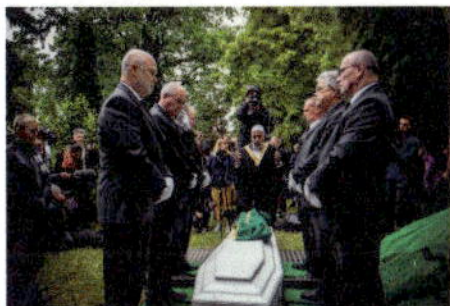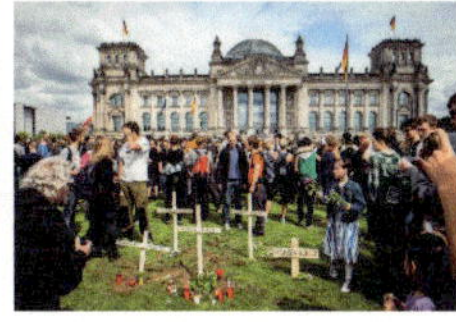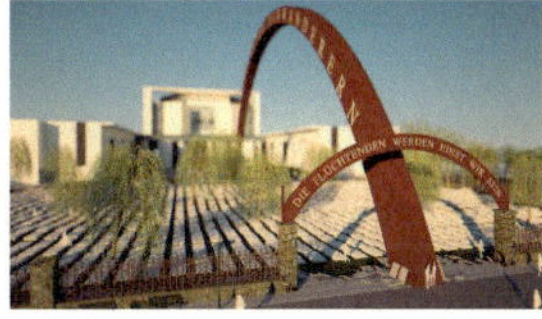

Abb. 3-5: Zentrum für Politische Schönheit: Die Toten Kommen (2015) – Beerdigung europäischer Mauertoter in der deutschen Hauptstadt – Der Marsch der Entschlossenen – Friedhofsfeld am Kanzleramt (»Den Unbekannten Einwanderern«)

Als dritter Bestandteil des Projekts wurden virtuelle Elemente eingesetzt. Dazu zählten zwei vorbereitete Reden für die Bundeskanzlerin, sofern diese an der Beerdigung teilnehmen würde. Sie enthielten verschiedene Optionen: während die eine Rede jede Verantwortung der Politik für die Flüchtlingstragödie im Mittelmeer zurückwies, nahm die andere Version diese Verantwortung an und endete mit einer Rücktrittserklärung. Zum virtuellen Mate-

---

19 Blakennagel, Jens/Meyer, Christine: »»Die Toten kommen‹ 5 000 Menschen vor Kanzleramt – Mahnmale in ganz Deutschland«, in: Kölner Stadt-Anzeiger vom 21.06.2015, www.ksta.de/politik/-die-toten-kommen--5000-menschen-vor-kanzleramt---mahnmale-in-ganz-deutschland-1181926 (Zugriff 15.09.2020).

rial zählt auch das auf der Webseite des Zentrums für Politische Schönheit präsentierte Modell einer angeblich von der Europäischen Union geplanten Gedenkstätte *Den unbekannten Einwanderern* in Gestalt einer Friedhofsanlage vor dem Kanzleramt (Abbildung 5). Sie trägt auf dem Portal die Inschrift »Die Flüchtlinge werden einst wir sein« und weist eine demonstrative Ähnlichkeit mit dem Holocaustmahnmal auf – bietet also starke Assoziationen, ohne diese weiter zu erläutern. Begleitet wurde das Gesamtprojekt durch pointierte Stellungnahmen, die seinen politisch-moralischen Anspruch erklären und es in eine Linie mit Antigone stellen, die gegen das Gesetz verstieß, um ihren Bruder zu beerdigen. Auf der Webseite heißt es: »Wir haben den gescheiterten Einwanderern die Würde zurückgegeben, die ihnen gebührt.«[20]

Charakteristisches Stilmittel des Projekts *Die Toten kommen* – wie überhaupt der meisten Projekte des Zentrums für Politische Schönheit – ist die Kombination von virtuellen und realen Elementen, aber auch die gezielte Verunklärung der Grenze zwischen Realität und Virtualität. Nicht nur war unklar, ob bei dem *Marsch der Entschlossenen* tatsächlich Leichen mitgeführt und vor dem Kanzleramt beerdigt werden sollten, unklar ist letztlich auch, ob die auf dem Friedhof Beigesetzten tatsächlich die Geschichten haben, die vom Zentrum für Politische Schönheit erzählt worden sind. Der gezielte Einsatz des Als-ob-Effekts digitaler Bildmontagen repräsentiert einerseits eine erwünschte Wirklichkeit und bewirkt zugleich, dass sämtliche Bilder, die im Zusammenhang der Aktion im Umlauf sind, fragwürdig werden. Kombiniert und verunklärt werden auch verschiedene Veranstaltungsformate, so war der *Marsch der Entschlossenen* als Trauerfeier gestaltet, tatsächlich aber eine angemeldete Demonstration, während die Beerdigungen zugleich den Charakter von Protestveranstaltungen hatten. Es handelt sich um ein Spiel an der Grenze zwischen Realität und künstlerischem Schein, um eine parareale Kunstaktion.[21] All diese Uneindeutigkeit ist aber mit einer starken affektiven und mo-

---

20   Vgl. www.politicalbeauty.de/toten.html (Zugriff 15.09.2020).

21   So bezeichne ich ein Genre in der zeitgenössischen Kunst, bei dem das Publikum gezielt in uneindeutige Situationen gebracht wird, in denen es keine ›richtige‹ Handlungsmöglichkeit gibt. Ein berühmtes Beispiel ist Christoph Schlingensiefs Aktion *Ausländer raus – bitte liebt Österreich* (2000), bei der er Container mit einem Schild »Ausländer raus« vor der Wiener Staatsoper aufstellte und in Anlehnung an die Reality-Fernsehserie *Big Brother* das Publikum über die Abschiebung von in diesen Containern lebenden AsylbewerberInnen abstimmen ließ (vgl. Lilienthal, Matthias/Philipp, Claus: Schlingensiefs »Ausländer raus«. Bitte liebt Österreich, Frankfurt a.M. 2000; Janke, Pia/Kovacs, Teresa [Hg.]: Der Gesamtkünstler Christoph Schlingensief, Wien 2011;

ralischen Rahmung versehen. Die Eindeutigkeit der verlautbarten Intention und die Ambiguität der Handlungen stehen konträr.

Die Toten kommen weist trotz aller medialen Unterschiede zahlreiche Gemeinsamkeiten mit Picassos *Guernica* auf. Beide künstlerischen Arbeiten befassen sich mit dem Leiden von Menschen, das durch Menschen verursacht ist. Beide wollen aufmerksam machen und aufrütteln, und bei beiden stehen nicht die Täter, sondern die Opfer im Vordergrund, wenngleich beim Zentrum für Politische Schönheit – anders als in Picassos Bild, das eher indirekt anklagt – die Verantwortlichen deutlich angesprochen werden. In beiden Fällen werden die Betrachtenden zu Empathie und moralischer Empörung aufgerufen. Und – das ist das Bemerkenswerte dabei – beide verbinden ihren eindeutigen moralischen Impetus mit einer Ambiguität, die zum Rätseln auffordert. Sie produzieren also eine widersprüchliche Erfahrung.

Fragen und Thesen

Ästhetische Ambiguität hat viele Spielarten.[22] Wirken sie alle im selben Maße förderlich auf die Ambiguitätskompetenz? Diese Frage lässt sich nicht ohne

---

Krieger, Verena: »Strategische Uneindeutigkeit. Ambiguierungstendenzen ›engagierter‹ Kunst im 20. und 21. Jahrhundert«, in: Rachel Mader (Hg.), Radikal ambivalent, Zürich/Berlin 2014, S. 29-56). Ein weiteres Beispiel ist *Ceci n'est pas …* von Dries Verhoeven. Gemeinsam ist diesen pararealen Kunstaktionen, dass sie im öffentlichen Raum stattfinden und nicht direkt als Kunst erkennbar sind, vielmehr reale Situationen mit realen Menschen erzeugen (vgl. Fritz, Elisabeth: Authentizität – Partizipation – Spektakel. Mediale Experimente mit ›echten Menschen‹ in der zeitgenössischen Kunst, Köln/Weimar/Wien 2014; Lang, Johannes: »Drei Wirklichkeitsbezüge künstlerischer Praxis. Eine Einleitung«, in: Lotte Everts et al. [Hg.], Kunst und Wirklichkeit heute. Affirmation – Kritik – Transformation, Bielefeld 2015, S. 7-15), unter Einsatz paradoxer Verfahren wie der subversiven Affirmation in gesellschaftliche Konflikte eingreifen (Hoffmann, Martin: SubversionsReader. Texte zu Politik & Kultur, Berlin 1988; Ernst, Thomas et al. [Hg.], SUBversionen. Zum Verhältnis von Politik und Ästhetik in der Gegenwart, Bielefeld 2008) und durch Berühren moralischer oder politischer (Schmerz-)Grenzen starke Emotionen hervorrufen. Ihr zentrales Merkmal ist eine strukturelle Ambiguität, die aus der unauflöslichen Spannung zwischen Kunst und Wirklichkeit sowie aus den durch sie aufgeworfenen, gleichfalls in eine unauflösliche Spannung getriebenen moralischen Fragen resultiert.

22   Ausführlich und systematisierend hierzu V. Krieger: Modes of Aesthetic Ambiguity, 2018, S. 85-102.

Weiteres beantworten, doch ich möchte hier abschließend einige Überlegungen dazu vorstellen.

Grundsätzlich zieht Ambiguität Aufmerksamkeit auf sich und macht die Dinge interessanter. Das ist ein Mechanismus, den die Werbebranche systematisch ausnutzt.[23] Er gilt aber auch für Kunstwerke. So hatte eine experimentelle Studie zum Ergebnis, dass als ambig erlebte Bilder – sofern sie in einem Museumskontext betrachtet werden – mehr Interesse und Zuspruch erfahren.[24] Offenbar gibt es eine Neigung, sich uneindeutigen oder widersprüchlich erscheinenden Gegenständen zuzuwenden, wenn dies im geschützten Rahmen einer Institution geschieht, die ein interesseloses Wohlgefallen gestattet.

Die Kunst von Neo Rauch bedient diese Neigung in hohem Maße. Sie ermöglicht ein genussvolles Rätseln. Der Verzicht auf eine starke affektive Ansprache oder einen hohen Aktualitäts- und Wirklichkeitsbezug trägt dazu sicher bei. Sich mit seinen Bildern auseinanderzusetzen, ihre Ambiguitäten zu durchspüren, hat keine unmittelbaren Konsequenzen für den eigenen Lebensalltag oder die gesellschaftliche Wirklichkeit. Es erfordert aber eine gewisse Ambiguitätskompetenz im Feld des Ästhetischen. Diese kann an Werken von Neo Rauch sicherlich gut gelernt werden. Unklar ist allerdings, ob die RezipientInnen die an solchen Werken gemachte Erfahrung auf andere Felder jenseits des Kunstkontextes übertragen und sich folglich mit gesteigerter Ambiguitätskompetenz in Politik und Lebensalltag bewegen.

Bei Picassos *Guernica* hingegen steht die Ambiguität explizit im Kontext eines politischen Konflikts. Selbst wenn dieser für uns heute nicht mehr aktuell ist, so trägt das Gemälde doch nachdrücklich dazu bei, ihn präsent zu halten. Mit seiner Parteilichkeit und Emotionalität fordert es den Rezipienten viel ab. Die Ambiguität der Motivik ist dadurch verwirrender, provokanter und schwerer auszuhalten. Anders als bei Rauchs Gemälde, das in seiner Uneindeutigkeit nicht auf einen definitiven Sinngehalt zu bringen ist, artikuliert *Guernica* durchaus eine Aussage. Gleichwohl wird diese nicht durch alle

---

23   Vgl. Krieger, Verena: »Rätselhafte Botschaften. Ambiguität als Strategie zur ›Verkunstung‹ von Werbung«, in: Hartmut Stöckl (Hg.), Werbung – keine Kunst!? Phänomene und Prozesse der Ästhetisierung von Werbekommunikation, Heidelberg 2013, S. 31-61.

24   Brieber, David et al.: »Art in Time and Space: Context Modulates the Relation between Art Experience and Viewing Time«, in: PLOS ONE 9 (2014), H. 6, https://journals.plos.org/plosone/article?id=10.1371/journal.pone.0099019 (Zugriff 15.09.2020).

Bildelemente durchbuchstabiert, sodass eine einzige »richtige« Lesart verunmöglicht wird. Es bleibt ein Moment des Zweifels, der Notwendigkeit weiterzudenken, die sich nicht allein auf die ästhetische Dimension des Werks bezieht.

Noch viel deutlicher ist dies bei der Aktion *Die Toten kommen* der Fall. Ein genießendes Involviertsein, wie es bei Neo Rauch vollständig und bei Picasso immerhin eingeschränkt möglich ist, wird hier unterbunden. Dazu trägt bei, dass es sich nicht um Gemälde handelt, die im institutionellen Kontext eines Museums kontempliert werden können, sondern um reale Handlung im öffentlichen Raum. Diese Handlung ist in mehrfacher Hinsicht ambig: Es bleibt unklar, ob es sich um Schein oder Wirklichkeit handelt, um Kunst oder um Politik, um ein moralisch hochstehendes Unterfangen oder um die politische Instrumentalisierung von Verstorbenen. Es handelt sich um eine Ambiguität, die wehtut, bei der die Entscheidung, welche Haltung man dazu einnehmen will, Konsequenzen hat, und die auch nicht restlos auflösbar ist.

Was folgt aus diesem Vergleich für meine Ausgangsfrage nach dem ambiguitätskompetenzsteigernden Potenzial von Kunst? Ich leite daraus folgende Hypothese ab: Die Existenz ästhetischer Ambiguität muss nicht zwingend und nicht *per se* dazu geeignet sein, die Ambiguitätskompetenz zu steigern, vielmehr scheinen mehr und komplexere Parameter dabei eine Rolle zu spielen – und diese bedürfen einer genaueren Erforschung. Konkret ist es meines Erachtens erforderlich, die Fragestellung nach zwei Richtungen hin zu differenzieren: Erstens ist zu hinterfragen, ob Ambiguitätskompetenz überhaupt ein feldunspezifisches Vermögen ist. Wir können nicht selbstverständlich davon ausgehen, dass die Fähigkeit zum interesselosen Wohlgefallen im Kunstfeld generell bewirkt, dass Menschen in den Feldern, die dezidiert durch Interessen geprägt sind und in denen interessegeleitetes Handeln üblich und erforderlich ist (also nahezu allen anderen), mit derselben Haltung an die Dinge herangehen. Mag sein, dass, wer erlernt hat, im ästhetischen Feld sensibel, tolerant und aktiv gestaltend mit Ambiguität umzugehen, dazu auch im sozialen Feld fähig ist. Doch ob das tatsächlich so ist und ob dieses Vermögen dann auch im konkreten Fall zum Einsatz kommt, gälte es mit den Mitteln der empirischen Sozialforschung zu untersuchen. Zweitens ist es aber auch erforderlich, die Ambiguität von Kunstwerken differenzierter zu erforschen. Es reicht nicht aus, allein das Vorhandensein oder ein bestimmtes Maß an Ambiguität in einem Kunstwerk zu konstatieren und daraus Schlüsse für seine Wirkung zu ziehen, sondern es gilt zu untersuchen, auf welche Art und Weise diese Ambiguität konkret organisiert und strukturiert ist und wie sie mit anderen Parametern wie z.B. Emotionalität oder Wirklichkeitsbezug interagiert. Dies sind Fragen, die sich mit einem werkanalytischen und rezeptionsästhetischen Zugang, den genuinen Mitteln der Kunstwissenschaft, untersuchen lassen.

Mein Text, der mit einer Frage begann, endet also mit neuen, präziseren Fragen. Wir stehen hier erst am Anfang der Diskussion. Eines aber möchte ich grundsätzlich festhalten: Ob, wie und wie sehr ein Kunstwerk nun die Ambiguitätskompetenz fördern mag, spielt für seine Bewertung als Kunstwerk keine Rolle. Kunst kann dieses Potenzial haben, sie muss es aber nicht. Sie hat ihren Wert in sich selbst.

Literaturverzeichnis

Adorno, Theodor W.: Ästhetische Theorie [1969], Frankfurt a.M. 1973.

Adorno, Theodor W./Frenkel-Brunswik, Else/Levinson, Daniel/Sanford, Nevitt: The Authoritarian Personality, New York 1949 (deutsche Teilübers.: Studien zum autoritären Charakter, Frankfurt a.M. 1973).

Amos, Karin S./Treptow, Rainer: »Erziehungswissenschaftliche Perspektiven auf den pädagogischen Umgang mit Ambivalenz«, in: Dorothee Kimmich/Schamma Schahadat (Hg.), Kulturen in Bewegung. Beiträge zur Theorie und Praxis der Transkulturalität, Bielefeld 2012, S. 163-194.

Art. »Ambiguitätstoleranz«, in: Hartmut O. Häcker/Christian Becker-Carus (Hg.), Dorsch Psychologisches Wörterbuch. 14. Aufl., Bern 2004, S. 33f.

Bamford, Anne: Der Wow-Faktor. Eine weltweite Analyse der Qualität künstlerischer Bildung, Münster 2010.

Bastick, Tony: Intuition. How we think and act, New York 1982.

Bauer, Thomas: Die Kultur der Ambiguität. Eine andere Geschichte des Islam, Frankfurt a.M. 2011.

Bauman, Zygmunt: Moderne und Ambivalenz. Das Ende der Eindeutigkeit (1991), Hamburg 1992.

Beck, Ulrich/Beck-Gernsheim, Elisabeth (Hg.), Riskante Freiheiten. Individualisierung in modernen Gesellschaften, Frankfurt a.M. 1994.

Berger, Peter A.: »Soziale Ungleichheiten und soziale Ambivalenzen«, in: Eva Barlösius et al. (Hg.), Gesellschaftsbilder im Umbruch. Soziologische Perspektiven in Deutschland, Opladen 2001, S. 203-227.

Blakennagel, Jens/Meyer, Christine: »›Die Toten kommen‹ 5000 Menschen vor Kanzleramt – Mahnmale in ganz Deutschland«, in: Kölner Stadt-Anzeiger

(21.06.2015), www.ksta.de/politik/-die-toten-kommen–5000-menschen-vor-kanzleramt–mahnmale-in-ganz-deutschland-1181926 (Zugriff 15.09. 2020).

Bleuler, Eugen: »Die Ambivalenz«, in: Festgabe zur Einweihung der Neubauten der Universität Zürich, Zürich 1914, S. 95-106.

Blumenberg, Hans: »Die essentielle Vieldeutigkeit des ästhetischen Gegenstandes«, in: Friedrich Kaulbach/Joachim Ritter (Hg.), Kritik und Metaphysik. Heinz Heimsoeth zum 80. Geburtstag, Berlin 1960, S. 174-179.

Bode, Christoph: Ästhetik der Ambiguität. Zu Funktion und Bedeutung von Mehrdeutigkeit in der Literatur der Moderne, Tübingen 1988.

Boltanski, Luc/Chiapello, Ève: Der neue Geist des Kapitalismus [1999], Konstanz 2003.

Brandstätter, Ursula: »Ästhetische Erfahrung«, in: Hildegard Bockhorst/Vanessa-Isabelle Reinwand/Wolfgang Zacharias (Hg.), Handbuch Kulturelle Bildung, München 2012, S. 174-180.

Brieber, David et al.: »Art in Time and Space: Context Modulates the Relation between Art Experience and Viewing Time«, in: PLOS ONE 9 (2014), H. 6, https://journals.plos.org/plosone/article?id=10.1371/journal.pone.00 99019 (Zugriff 15.09.2020).

Bröckling, Ulrich: Das unternehmerische Selbst. Soziologie einer Subjektivierungsform, Frankfurt a.M. 2007.

Brunemeier, Bernd: Vieldeutigkeit und Rätselhaftigkeit. Die semantische Qualität und Kommunikativitätsfunktion des Kunstwerks in der Poetik und Ästhetik der Goethezeit, Amsterdam 1983.

Budner, Stanley: »Intolerance of ambiguity as a personality variable«, in: Journal of Personality 30 (1962), S. 29-50.

Clemens, Gabriele: Britische Kulturpolitik in Deutschland: 1945-1949. Literatur, Film, Musik und Theater, Stuttgart 1997.

Dalbert, Claudia/Radant, Matthias: »Ungewissheitstoleranz bei Lehrkräften«, in: Journal für LehrerInnenbildung (Innsbruck) 10 (2010), H. 2, S. 53-57, www.yumpu.com/de/document/read/11135902/ungewissheitstoleranz-bei-martin-luther-universitat-halle- (Zugriff 15.09.2020)

Dengler, Steffen: Die Kunst der Freiheit: die westdeutsche Malerei im Kalten Krieg und im wiedervereinigten Deutschland, Paderborn 2010.

Dickel, Hans: »Picassos Guernica« (1937), in: Aida Bosch/Hermann Pfütze (Hg.), Ästhetischer Widerstand gegen Zerstörung und Selbstzerstörung, Wiesbaden 2018, S. 83-93.

Eco, Umberto: Das offene Kunstwerk [1982], Frankfurt a.M. 1977.

Ernst, Thomas/Gozalbez Cantó, Patricia/Richter, Sebastian/Sennewald, Nad-
ja/Tieke, Julia (Hg.): SUBversionen. Zum Verhältnis von Politik und Ästhetik in der Gegenwart, Bielefeld 2008.

Fink, Tobias/Hill, Burkhard/Reinwand, Vanessa-Isabelle/Wenzlik, Alexander
(Hg): Die Kunst, über kulturelle Bildung zu forschen. Theorie- und Forschungsansätze, München 2012.

Frank, Hilmar: Aussichten ins Unermessliche. Perspektivität und Sinnoffenheit bei Caspar David Friedrich, Berlin 2004.

Franz, Erich: Die zweite Revolution der Moderne, in: Ausst.-Kat. Das offene
Bild. Aspekte der Moderne in Europa nach 1945, Münster/Leipzig. Hg. von
Erich Franz, Ostfildern-Ruit 1992, S. 11-23.

Frenkel-Brunswik, Else: »Intolerance of Ambiguity as Emotional and Perceptual Variable«, in: Journal of Personality 18 (1949), S. 108-143.

–: »Personality Theory and Perception«, in: Robert R. Blake/Glenn V. Ramsey
(Hg.), Perception. An Approach to Personality, New York 1951, S. 356-419.

Freud, Sigmund: »Zur Dynamik der Übertragung« [1912], in: Ders., Gesammelte Werke. Bd. 8: Werke aus den Jahren 1909-1913. Frankfurt a.M. 1990,
S. 363-374.

Fritz, Elisabeth: Authentizität – Partizipation – Spektakel. Mediale Experimente mit ›echten Menschen‹ in der zeitgenössischen Kunst, Köln/Wei-
mar/Wien 2014.

Froggett, Lynn/Little, Robert/Roy, Alastair/Whitaker, Leah: »New Model Visual Arts Organisations & Social Engagement, in: University of Central
Lancashire (Preston), Psychological Research Unit 2011. http://clok.uclan.
ac.uk/3024/1/WzW-NMI_Report %5B1 %5D.pdf (15.09.2020).

Furnham, Adrian/Marks, Joseph: »Tolerance of Ambiguity: A Review of the
Recent Literature«, in: Psychology 4 (2013), S. 717-728.

Gillen, Eckhart: Feindliche Brüder? Der Kalte Krieg und die deutsche Kunst.
1945-1990, Berlin 2009.

Hager, Werner: Das geschichtliche Ereignisbild. Beitrag zu einer Typologie
des weltlichen Geschichtsbildes bis zur Aufklärung, München 1939.

Hatzer, Barbara/Layers, Gabriel: »Interkulturelle Handlungskompetenz«, in:
Alexander Thomas/Eva-Ulrike Kinast/Sylvia Schroll-Machl (Hg.), Handbuch Interkulturelle Kommunikation und Kooperation. Bd. 1: Grundlagen
und Praxisfelder, Göttingen 2003, S. 138-148.

Heitmeyer, Wilhelm/Imbusch, Peter (Hg.): Desintegrationsdynamiken: Integrationsmechanismen auf dem Prüfstand, Wiesbaden 2012.

Hoffmann, Martin: SubversionsReader. Texte zu Politik & Kultur, Berlin 1988.

Jaeggi, Eva: Art. »Ambivalenz«, in: Angela Schorr (Hg.), Handwörterbuch der Angewandten Psychologie, Bonn 1993, S. 12-14.

Janke, Pia/Kovacs, Teresa (Hg.): Der Gesamtkünstler Christoph Schlingensief, Wien 2011.

Jekeli, Ina: Ambivalenz und Ambivalenztoleranz. Soziologie an der Schnittstelle von Psyche und Sozialität, Osnabrück 2002.

Junge, Matthias: Ambivalente Gesellschaftlichkeit. Die Modernisierung der Vergesellschaftung und die Ordnungen der Ambivalenzbewältigung, Opladen 2000.

Jürgens-Kirchhoff, Annegret: »Das ›offene‹ Bild. Überlegungen zu einer ästhetischen Kategorie«, in: Peter K. Klein (Hg.), Zeitenspiegelung: Zur Bedeutung von Traditionen in Kunst und Kunstwissenschaft, Berlin 1998, S. 347-362.

Kirchner, Constanze: Kunstpädagogik für die Grundschule, Bad Heilbrunn 2009.

Krappmann, Lothar: Soziologische Dimensionen der Identität. Strukturelle Bedingungen für die Teilnahme an Interaktionsprozessen, Stuttgart 1971.

Krieger, Verena: »Rätselhafte Botschaften. Ambiguität als Strategie zur ›Verkunstung‹ von Werbung«, in: Hartmut Stöckl (Hg.), Werbung – keine Kunst!? Phänomene und Prozesse der Ästhetisierung von Werbekommunikation, Heidelberg 2013, S. 31-61.

–: »Strategische Uneindeutigkeit. Ambiguierungstendenzen ›engagierter‹ Kunst im 20. und 21. Jahrhundert«, in: Rachel Mader (Hg.), Radikal ambivalent, Zürich/Berlin 2014, S. 29-56.

–: »Modes of Aesthetic Ambiguity in Contemporary Art. Conceptualizing Ambiguity in Art History«, in: Frauke Berndt/Lutz Koepnik (Hg.), Ambiguity in Contemporary Art and Theory, Hamburg 2018 (Zeitschrift für Ästhetik und allgemeine Kunstwissenschaft Sonderh. 16), S. 61-105.

Lang, Johannes: »Drei Wirklichkeitsbezüge künstlerischer Praxis. Eine Einleitung«, in: Lotte Everts/Johannes Lang/Michael Lüthy/Bernhard Schieder (Hg.), Kunst und Wirklichkeit heute. Affirmation – Kritik – Transformation, Bielefeld 2015, S. 7-15.

Lilienthal, Matthias/Philipp, Claus: Schlingensiefs »Ausländer raus«. Bitte liebt Österreich, Frankfurt a.M. 2000.

Loo, Hans van der/Reijen, Willem van: Modernisierung: Projekt und Paradox, München 1992.

Lüscher, Kurt: »›Homo ambivalens‹. Herausforderung für Psychotherapie und Gesellschaft«, in: Der Psychotherapeut 55 (2010), S. 136-145.

–/Fischer, Hans Rudi: »Ambivalenzen bedenken und nutzen«, in: Familiendynamik 39 (2014), S. 122-133.

–/Hoff, Andreas: »Intergenerational Ambivalence. Beyond solidarity and conflict«, in: Isabelle Albert/Dieter Ferring (Hg.), Intergenerational relations. European perspectives in family and society, Bristol 2013, S. 39-64.

Lüthy, Michael: Die Produktion der modernen Kunst. Unveröffentlichte Habilitationsschrift, Freie Universität Berlin 2009.

Mac-Donald Jr., A. P.: »Revised Scale for Ambiguity Tolerance: Reliability and Validity«, in: Psychological Reports 26 (1970), S. 791-798.

Mader, Rachel: »Produktive Simulationen. Über Ambivalenz in der zeitgenössischen Kunst am Beispiel von Neo Rauch, Aernout Mik und Santiago Sierra«, in: Verena Krieger/Dies. (Hg.), Ambiguität in der Kunst. Typen und Funktionen eines ästhetischen Paradigmas, Köln/Weimar/Wien 2010, S. 225-240.

Norton, Robert W.: »Measurement of Ambiguity tolerance«, in: Journal of Personality Assessment 39 (1975), S. 607-619.

Otscheret, Elisabeth: Ambivalenz. Geschichte und Interpretation der menschlichen Zwiespältigkeit, Heidelberg 1988.

Peez, Georg: »Kunstunterricht heute – und morgen auch. Argumente und Konzepte im Überblick«, in: Schulmagazin 5-10. Impulse für kreativen Unterricht (2007), H. 7/8, S. 5-8.

Rancière, Jacques: »Die Politik der Kunst und ihre Paradoxien«, in: Maria Muhle (Hg.), Die Aufteilung des Sinnlichen. Die Politik der Kunst und ihre Paradoxien, Berlin 2008, S. 75-99.

Reckwitz, Andreas: Das hybride Subjekt. Eine Theorie der Subjektkulturen von der bürgerlichen Moderne zur Postmoderne, Weilerswist 2006.

Reis, Jack: Ambiguitätstoleranz. Beiträge zur Entwicklung eines Persönlichkeitskonstruktes, Heidelberg 1997.

Schieder, Martin: Im Blick des Anderen: deutsch-französische Kunstbeziehungen 1945-1959, Berlin 2005.

Schlussbericht der Enquête-Kommission »Kultur in Deutschland« (2007). Deutscher Bundestag – 16. Wahlperiode, Drucksache 16/7000 vom 11.12.2007, https://dip21.bundestag.de/dip21/btd/16/070/1607000.pdf (Zugriff 15.09.2020).

Schorn, Brigitte/Timmerberg, Vera: Kompetenznachweis Kultur. Abschlussbericht für das BMBF zum Modellprojekt »Bewertung und Zertifizierung von Bildungswirkungen der kulturellen Bildung für das Arbeitsleben«, Remscheid/Hannover 2005.

Seiler, Bernd W.: »Vieldeutigkeit und Deutungsvielfalt oder: das Problem der Beliebigkeit im Umgang mit Literatur«, in: Der Deutschunterricht 34 (1982), S. 87-104.

Tatzel, Miriam: »Tolerance for Ambiguity in Adult College Students«, in: Psychological Reports 47 (1980), S. 377f.

Trier, Eduard: Documenta 59: Kunst nach 1945. Bd. 1: Malerei, Köln 1959.

Urban, Klaus K.: TSD-Z. Manual zum Test zum Schöpferischen Denken – Zeichnerisch von Klaus K. Urban & Hans G. Jellen, Frankfurt a.M. 1993.

Waldvogel, Bruno: Art. »Ambivalenz«, in: Wolfgang Mertens/Bruno Waldvogel/Thomas Auchter (Hg.), Handbuch psychoanalytischer Grundbegriffe, Stuttgart 2000, S. 55-59.

Weiss, Peter: Die Ästhetik des Widerstands. Bd. 1, Frankfurt a.M. 1976.

Wittgenstein, Ludwig: Philosophische Untersuchungen [1953], in: Ders., Werkausgabe. Bd. 1, Frankfurt a.M. 1989, S. 225-580.

Zeiller, Annemarie: Guernica und das Publikum. Picassos Bild im Widerstreit der Meinungen, Berlin 1996.

Zentrum für Politische Schönheit: »Die Toten kommen«, www.politicalbeauty.de/toten.html (Zugriff 15.09.2020).

Ziegler, René: »Ambiguität und Ambivalenz in der Psychologie. Begriffsverständnis und Begriffsverwendung«, in: Zeitschrift für Literaturwissenschaft und Linguistik (Stuttgart) 40 (2010), S. 125-171.

(Zu-)Mutungen in der Demokratie[1]
Potenziale künstlerischer Interventionen

Dorothée de Nève

Zumutungen sind ungebührliche, schwer zu ertragende (Heraus-)Forderungen. Die Demokratie ist eine politische Herrschaftsform, die den Bürger_innen tatsächlich einiges abverlangt, da von ihnen erwartet wird, dass sie ihre politische Gestaltungsmacht wahrnehmen, ihre Interessen vertreten und zugleich zum Vorteil des Gemeinwohls agieren. Zu den Zumutungen, die sich daraus unvermeidlich ergeben, gehören die Toleranz für Heterogenität, die normative Erwartung der politischen Partizipation sowie der soziale Leistungsverzicht mit dem Ziel demokratischer Gerechtigkeit und Fairness. In diesem Kontext lässt sich das interventionistische Potenzial von Kunst, insbesondere in Zeiten der postdemokratischen Krise, funktionslogisch beschreiben und wertschätzen.

Im Folgenden werden zunächst die spezifischen Anforderungen erläutert, die das demokratische Herrschaftssystem an Bürger_innen an sich stellt. Anschließend werden die Zumutungen diskutiert, die sich daraus ergeben. Auf dieser Grundlage werden dann die Potenziale, die Kunst in dieser Funktionslogik der Demokratie innehat, erörtert.

Bürger_innen in der Demokratie

Abraham Lincoln formulierte in der »Gettysburg Adress« am 19. November 1863 seine Vorstellung von Demokratie als »the government of the people, by

---

1   Ich bedanke mich herzlich bei Leon Hering, Frauke Stiller, Nadyne Stritzke sowie Michel Zörb, die mich bei den Recherchen und der Arbeit an diesem Beitrag unterstützt haben.

the people, for the people«.[2] Demokratie als Regierung des Volkes basiert insofern auf dem Prinzip der Volkssouveränität sowie der politischen Gleichheit aller.

> Souveränität bedeutet auch in der Konnotation der »Volkssouveränität« eine *legibus-solutus*-Position, die die Aufklärungsphilosophie in der Forderung permanenter Verfassungsrevision durch das »Volk« artikulierte und in der Formel erläuterte, daß in dieser Hinsicht nur die Regierung, nicht aber das Volk an die Verfassung gebunden sei.[3]

Zu den wichtigsten Voraussetzungen dafür, dass Bürger_innen diese politische Gestaltungsmacht tatsächlich wahrnehmen können, gehören einerseits die bürgerlichen Rechte, jene substanziellen Grundrechte also, die in der Erklärung der Menschenrechte deklariert wurden, wie etwa das Recht auf Leben, der Schutz der Privatsphäre, der Schutz vor (staatlichen) Übergriffen sowie die Religionsfreiheit.[4] Andererseits müssen die politischen Freiheitsrechte gewahrt sein, die Meinungs- und Informationsfreiheit, die Pressefreiheit, die Versammlungsfreiheit sowie das Partizipationsrecht. Die politischen Freiheitsrechte »konstituieren die Arena der Öffentlichkeit als eine eigenständige politische Handlungssphäre, in der sich organisatorische und kommunikative Macht entfaltet. In ihr bestimmen und unterfüttern kollektive Meinungs- und Willensbildungsprozesse die Konkurrenz um politische Herrschaftspositionen.«[5] Gegenstand kontroverser gesellschaftlicher Aushandlungsprozesse bleibt dabei die Frage, wer letztlich als Teil des Volkes anerkannt wird und somit in den Genuss kommt, Anspruch auf Beteiligung an dieser souveränen Herrschaftsmacht des Volkes zu haben, bzw. wer außen vor bleibt. Demokratietheoretisch steht freilich die Forderung im Raum, dass alle Erwachsenen, die in dem entsprechenden demokratischen Staat einen permanenten Wohnsitz haben, auch die vollen Bürger_innenrechte genießen.[6] Dies begründet

---

2   Lincoln, Abraham: Gettysburg Address. South Bend 2000, S. 1.

3   Maus, Ingeborg: Über Volkssouveränität. Elemente einer Demokratietheorie, Berlin 2011, S. 25f.

4   Gunsteren, Dirk van/Fassbender, Bardo: Menschenrechteerklärung. The Universal Declaration of Human Rights – Allgemeine Erklärung der Menschenrechte, München 2009, S. 55ff.

5   Merkel, Wolfgang: Systemtransformation. Eine Einführung in die Theorie und Empirie der Transformationsforschung, 2., überarb. und erweit. Aufl., Wiesbaden 2010, S. 32.

6   Dahl, Robert A.: Polyarchie, New Heaven 1971, S. 38.

sich damit, dass alle Bürger_innen, die von politischen Entscheidungen betroffen sind, auch das Recht haben, an diesen Entscheidungsprozessen direkt oder indirekt beteiligt zu sein.[7] Praktisch ist dies jedoch in vielfacher Hinsicht begrenzt, insbesondere in Bezug auf das nationale Wahlrecht, das stets an die Staatsangehörigkeit gekoppelt bleibt.[8] Dies ist mit ein Grund, warum unkonventionelle Formen politischer Partizipation – und damit u.a. auch künstlerische Interventionen – in demokratischen Systemen eine besondere Bedeutung haben.

Die souveräne Herrschaft durch das Volk beschränkt sich nach Lincoln außerdem nicht auf das formale Rechte der Partizipation. Vielmehr geht es darum, dass Bürger_innen tatsächlich reelle Partizipationschancen haben. In einem demokratischen System ist der Herrschaftszugang insofern offen. »In der Idee der Souveränität des Volkes verwandelt sich die ursprüngliche, außergesellschaftliche Autonomie eines jeden Einzelnen in das gesellschaftliche Verfügungsrecht aller über alle. Man könnte auch sagen: Volkssouveränität ist die gesellschaftliche Erscheinungsform jeder ursprünglichen Autonomie.«[9] Zu Lincolns Formel gehört schließlich auch die Idee, dass in einer Demokratie im Interesse der Bürger_innen geherrscht werde. Es geht also um die Repräsentation der Interessen der Bürger_innen, um die Responsivität der politischen Akteure und deren Verantwortlichkeit. Zu dieser Vorstellung, dass die Demokratie im Interesse des Volkes funktioniert, gehört auch eine Gerechtigkeitsvorstellung, die jenseits der Verteilung von bürgerlichen Grundfreiheiten und politischen Freiheitsrechten auch die sozioökonomische Gerechtigkeit einschließt.[10] Offener Gegenstand gesellschaftspolitischer Aushandlungsprozesse bleibt dabei, welche politischen Prozesse und Entscheidungen tatsächlich im Interesse des Gemeinwohls sind bzw. der Gerechtigkeit dienen.

---

7   *Quod omnes tangit de omnibus approbetur* – Was alle betrifft, soll von allen gebilligt werden. Vgl. Blauböck, Rainer: »Wessen Stimme zählt? Thesen über demokratische Beteiligung in der Einwanderungsgesellschaft«, in: Wiener Hefte – Migration und Integration in Theorie und Praxis 1 (2003), H. 1, S. 26.

8   De Nève, Dorothée: NichtwählerInnen – eine Gefahr für die Demokratie?, Opladen 2009, S. 47f. und 51ff.

9   Kielmansegg, Peter: Volkssouveränität. Eine Untersuchung der Bedingungen demokratischer Legitimität, Stuttgart 1977, S. 230.

10 Merkel, Wolfgang: Soziale Gerechtigkeit: Theorie und Wirklichkeit, Berlin 2007, S. 6, http://library.fes.de/pdf-files/akademie/online/06078.pdf (Zugriff: 15.09.2020).

Die skizzierten idealtypischen Annahmen in Bezug auf die Demokratie werden mit Blick auf die politische Praxis der Gegenwart durch zahlreiche Symptome der postdemokratischen Krise[11] relativiert, die insbesondere konventionelle Partizipationsinstrumente und institutionalisierte Formen der Politik betreffen. Es geht also etwa um die sinkende Wahlbeteiligung, die niedrige Anzahl der Parteimitgliedschaften und die geringe Parteiidentifikation, die erhöhte Volatilität der Wählerpräferenzen, die erhöhten Schwierigkeiten bei der Erzielung und Erhaltung mehrheitsfähiger Unterstützung für Regierungen, das sinkende Vertrauen in Politiker_innen, Parteien und andere politische Institutionen, eine geschwächte Rolle des Parlaments und eine zunehmende Devolution von Kompetenzen an administrative Organe.[12] »Während Finanzmärkte psychologisiert und emotionalisiert werden, wird den Menschen unter dem Deckmantel unterstellter ökonomisch-deterministischer Zusammenhänge die Fähigkeit abgesprochen, ihre gesellschaftlichen Verhältnisse partizipativ und selbstbestimmt zu organisieren und den Raum des Sag- und Machbaren neu zu definieren.«[13] Eine wesentliche Ursache für diese politische Entfremdung der Bürger_innen als *unplugged citizens* dürfte die Tatsache sein, dass bereits die Wahrnehmung der eigenen Interessen und insofern das Motiv für die Partizipation an sich fehlen. Implizite Voraussetzung für politische Partizipation ist die Wahrnehmung bzw. das Bewusstmachen der eigenen Interessen und deren Transformation in politischen Handlungen. Außerdem ist ein Prozess der Sozialisierung des politischen Individuums notwendig, das sich mit seinen eigenen Interessen als Teil einer sozialen Gruppe wahrnehmen kann und Wege findet, diese im interaktiven Prozess und in Konkurrenz zu anderen Akteuren und Interessen kollektiv zu organisieren und zu artikulieren. Die hier genannten Krisensymptome, die insbesondere konventionelle Formen politischer Partizipation betreffen, gehen mit der geringen Problemlösungsbereitschaft und -kompetenz amtierender Regierungen, der Entgrenzung von Problemen und der wachsenden Ungleichheit in postmodernen Gesellschaften einher, die die Legitimität der Systeme zusätzlich infrage stellen.

---

11   Crouch, Colin: Postdemokratie, Frankfurt a.M. 2008.

12   Schmitter, Philippe C.: »Wie defekt sind die defekten Demokratien?«, in: Aurel Croissant/Sascha Kneip/Alexander Petring: Demokratie, Diktatur, Gerechtigkeit, Festschrift für Wolfgang Merkel, Wiesbaden 2017, S. 130.

13   Vgl. Bandi, Nina/Kraft, Michael G./Lasinger, Sebastian (Hg.): Kunst, Krise, Subversion. Zur Politik der Ästhetik, Bielefeld 2012, S. 21f.

Demokratie ist insofern wohl das voraussetzungsvollste politische Herrschaftssystem. Ungeachtet sich verändernder sozioökonomischer Rahmenbedingungen wie etwa Finanzkrisen, Migrationsbewegungen oder Naturkatastrophen und konjunktureller Veränderungen auf der Einstellungsebene, wie Präferenzen für bestimmte Kandidat_innen oder *policies*, bedarf es einer grundlegenden demokratischen Haltung. Haltungen sind grundlegende, normative und sich lebensgeschichtlich herausbildende Orientierungen, die das Selbst- und Weltverhältnis von Menschen, deren Denken und Handeln sowie deren Präferenzen prägen. Sie beeinflussen Interaktionsmodi von Menschen mit anderen Menschen bzw. Lebewesen, mit der Gesellschaft, mit Institutionen und Gegenständen. Sie werden in einem interaktiven Prozess hergestellt, reproduziert, verfestigt und transformiert. Sie zeichnen sich durch ihre relative Persistenz aus und entfalten ihre Wirkung kontextunabhängig bzw. -übergreifend. Diese demokratische Haltung als stabile Orientierungsbasis ist die Voraussetzung dafür, dass Bürger_innen die Zumutung, die die Demokratie potenziell bereithält, ertragen bzw. diese vielmehr als Herausforderungen begreifen und gestalten. Als staatliche Gemeinwesen bedürfen Demokratien

> den Tugenden der Loyalität (als der Bereitschaft, für die Gemeinschaft aller Mitbürger Verantwortung zu übernehmen) und des Mutes (als der Bereitschaft, das Gemeinwesen gegen Bedrohungen zu verteidigen). Als liberale Ordnungen sind sie auf Rechtsgehorsam (auf freiwilliger und daher reflexiver Basis), Kooperationsbereitschaft, Fairness und Toleranz (der Bereitschaft, ethische Differenzen auszuhalten) angewiesen. In ihrem demokratischen Moment bedürfen sie zusätzlich mindestens der Tugenden der Partizipation [...], der Verantwortlichkeit [...] sowie der Argumentation. Und in ihrem sozialstaatlichen Moment bedürfen sie der Tugenden des sozialen Gerechtigkeitssinns und der Solidarität.[14]

Zumutungen ertragen

Damit ist bereits angedeutet, worin die Zumutungen für die Bürgerinnen und Bürger bestehen. Ihnen wird, so schreibt Hubertus Buchstein, erstens

---

14   Buchstein, Herbert: »Die Zumutungen der Demokratie. Von der normativen Theorie des Bürgers zur institutionell vermittelten Präferenzkompetenz«, in: Klaus von Beyme/Claus Offe (Hg.), Politische Theorien in der Ära der Transformation (Politische Vierteljahresschrift, Sonderh. 26), Opladen 1995, S. 303.

ein hohes Maß an Toleranz abverlangt, die Heterogenität zu ertragen. Von ihnen wird zweitens die aktive Teilnahme und drittens die Bereitschaft zum sozialen Leistungsverzicht erwartet.[15] Diese Zumutungen bestehen, weil bzw. obwohl die Demokratie in der Praxis krisenanfällig ist und nicht die idealtypischen Erwartungen zu befriedigen vermag. Im Folgenden werden diese drei Aspekte näher erläutert.

1. Heterogenität bzw. Pluralismus gilt aus der Perspektive der Demokratie nicht nur als wünschenswert und legitim, sondern notwendig, denn Wettbewerb ist der Demokratie inhärent.[16] »Wie sich der totale Staat aus der Negation des Pluralismus rechtfertigt, so rechtfertigt sich die freiheitliche Demokratie vornehmlich aus dem Bekenntnis zum Pluralismus«, schreibt Steffani.[17] Die Annahme, die darunter liegt, ist, dass Menschen in unterschiedlichen Lebenswelten in Bezug auf ihre Sozialisation, ihre Kultur, ihre Interessen bzw. ihre ökonomischen Kontexte jeweils spezifische Interessen entfalten und sich diese unterschiedlichen Lebenswelten im repräsentativen Prozess abbilden. Der daraus resultierende Konflikt ist insofern vorprogrammiert und zugleich erwünscht.

Was für die Funktionslogik des demokratischen Systems wünschenswert und notwendig erscheint, kann indes für Bürger_innen zur Zumutung werden.

> Jede Handlungsfähigkeit lebt von einem Stück Einbildung über die eigenen Möglichkeiten, deren Richtigkeit sich nicht beweisen lässt. Die Fähigkeit, auch anders zu können, als man vermeintlich muss, will gelernt und geübt sein. Ohne das Zutrauen in die Fähigkeit, seine Angelegenheiten selbst zu regeln und Experten und Verwaltungen, überhaupt anderen Personen zu widersprechen, funktioniert keine Demokratie.[18]

Bürger_innen wird einerseits die Fähigkeit des Mentalisierens, also des Hineinversetzens in andere, andererseits die Selbstregulation der eigenen Emotionen und Interessen abverlangt. Zwischen dieser Erwartung an das Aus-

---

15   Ebd., S. 296.

16   Musil, Andreas: Wettbewerb in der staatlichen Verwaltung, Tübingen 2005, S. 385.

17   Steffani, Winfried: Pluralistische Demokratie. Studien zur Theorie und Praxis, Opladen 1980, S. 37.

18   Möllers, Christoph: Demokratie – Zumutungen und Versprechen, Bonn 2008, S. 115.

haltenkönnen und der in unseren Gesellschaften und Kulturen verankerten Sehnsucht nach Einheit und Harmonie besteht ein Spannungsverhältnis.[19]

2. Die Partizipation der Bürger_innen ist eine notwendige, wenn auch nicht hinreichende Notwendigkeit der Demokratie. Als manifeste Formen politischer Partizipation werden Handlungen von Bürger_innen beschrieben, mit denen diese gesellschaftliche Prozesse anregen, initiieren, gestalten, beeinflussen und letztlich Politik aktiv gestalten und entscheiden. Relevant sind darüber hinaus latente Formen der politischen Partizipation, bei denen Bürger_innen politische Prozesse aufmerksam verfolgen, sich als Teil eines politischen Kollektivs wahrnehmen und sich für soziales Engagement und/oder Lifestylepolitik entscheiden.[20] Wie die Bürger_innen also letztlich ihre souveräne Gestaltungsmacht nutzen, bleibt offen, denn diese ist nicht zwingend an konventionelle und institutionelle Formen der Partizipation gebunden.

Gleichzeitig agieren Bürger_innen in einem Spannungsfeld zwischen individuellen und kollektiven Interessen. Das politische Engagement der Bürger_innen ist – auch dies zeichnet Demokratien im Besonderen aus – freiwillig. Niemand kann zur Teilhabe gezwungen werden. Die offenkundigen Krisen der Demokratien im 21. Jahrhundert (siehe oben) erfordern insofern kreative neue Ideen, da die etablierten Institutionen und formalisierten Verfahren nicht (mehr?) in der Lage sind, die Politik im Interesse des Gemeinwohls zu gestalten und Bürger_innen zu mobilisieren. Die Demokratie als Lebens- und Herrschaftsform ist indes auf die Partizipationsbereitschaft der Bürger_innen und deren substanziellen Gestaltungswillen angewiesen. Dabei geht es nicht nur um die Interaktion zwischen sozialen Gruppen in einer Gesellschaft, sondern auch um die Ausbildung eines Habitus[21] sowie demokratische Grundprinzipien in alltäglichen Interaktionen bzw. eine demokratische Kultur des Zusammenlebens. Insofern erfordert es gelegentlich auch Mut, in gesellschaftspolitisch fragilen Situationen die eigene Angst und Lethargie zu überwinden, um politisch aktiv und sichtbar zu werden, denn »wer Haltung zeigt, tritt mit seinen inneren Grundwerten an die Öffentlichkeit und muss

---

19   Vgl. de Nève, Dorothée: »Pluralismus und Antipluralismus«, in: Österreichische Zeitschrift für Politikwissenschaft 44 (2015), H. 2, S. 47.

20   Vgl. de Nève, Dorothée/Olteanu, Tina: Politische Partizipation jenseits der Konventionen, Opladen 2013, S. 14 sowie Ekman, Joakim/Amnå, Erik: »Political Participation and Civic Engagement: Towards a New Typology«, in: Human Affairs 22 (2012), S. 292.

21   Reich, Kersten: »Demokratie und Erziehung nach John Dewey aus praktisch-philosophischer und pädagogischer Sicht«, in: Holger Burckhart/Jürgen Sikora (Hg.), Praktische Philosophie – Philosophische Praxis, Darmstadt 2005, S. 53.

sich gefallen lassen, massiven Gegenwind zu spüren«[22]. Haltung zu zeigen erfordert insofern Mut, jene virtuelle Kraft bzw. das innere Vermögen einer Person in Form von Kognitionen, Gefühlen und Motiven Ausdruck zu verleihen. Es bedarf eines Willensimpulses und der Willenskraft, der Risikobereitschaft und des couragierten Tuns.[23]

3. In dem letzten Punkt, der in dieser Auflistung der Zumutungen erläutert wird, geht es um die Bereitschaft zum sozialen Leistungsverzicht. Rawls definiert Gerechtigkeit als eine Tugend sozialer Institutionen.[24] Forderungen nach Vermeidung von Armut, gleichen Bildungschancen, der Inklusion in den Arbeitsmarkt, sozialen Sicherungsnetzen jenseits der Arbeit und der Vermeidung extremer Einkommensungleichheiten gehen automatisch mit einem Verzicht für andere einher. Leistungsverzicht im Interesse des demokratischen Kollektivs wird von Bürger_innen zuweilen als Zumutung wahrgenommen. Diese Forderungen stehen außerdem in einem schmerzhaften Widerspruch zur Idee der neoliberalen Leistungsgesellschaft, die lange Zeit gesellschaftspolitische Diskurse dominierte. In Bezug auf den freiwilligen Leistungsverzicht geht es zumindest um drei Konflikte: Wird die Gerechtigkeit aus der Perspektive des Individuums oder der Gesellschaft konzipiert? Wie selektiv ist bzw. soll das Gerechtigkeitsmodell sein? Und welcher Leistungsverzicht bzw. Transfer von Gütern findet aus Gründen der Fairness die Akzeptanz der Bürger_innen?[25] Im Sinne Rawls muss der Verzicht, d.h. eine weniger umfangreiche Freiheit, das Gesamtsystem der Freiheiten aller stärken.[26] Es bedarf dabei des Mutes, aus grundsätzlichen Erwägungen für einen sozialen Leistungsverzicht und Gerechtigkeit als demokratisches Grundprinzip einzustehen, obwohl evtl. persönliche (materielle) Nachteile zu erwarten sind.

---

22   Reschke, Anja: Haltung zeigen, Hamburg 2018, S. 19.

23   Meyer, Gerd: Mut und Zivilcourage. Grundlagen und gesellschaftliche Praxis, Opladen 2016, S. 28.

24   Rawls, John: Eine Theorie der Gerechtigkeit, Frankfurt a.M. 1975, S. 19.

25   W. Merkel: Soziale Gerechtigkeit, 2007, S. 16.

26   Rawls, John: Eine Theorie der Gerechtigkeit. 19. Aufl., Frankfurt a.M. 2014, S. 336f.

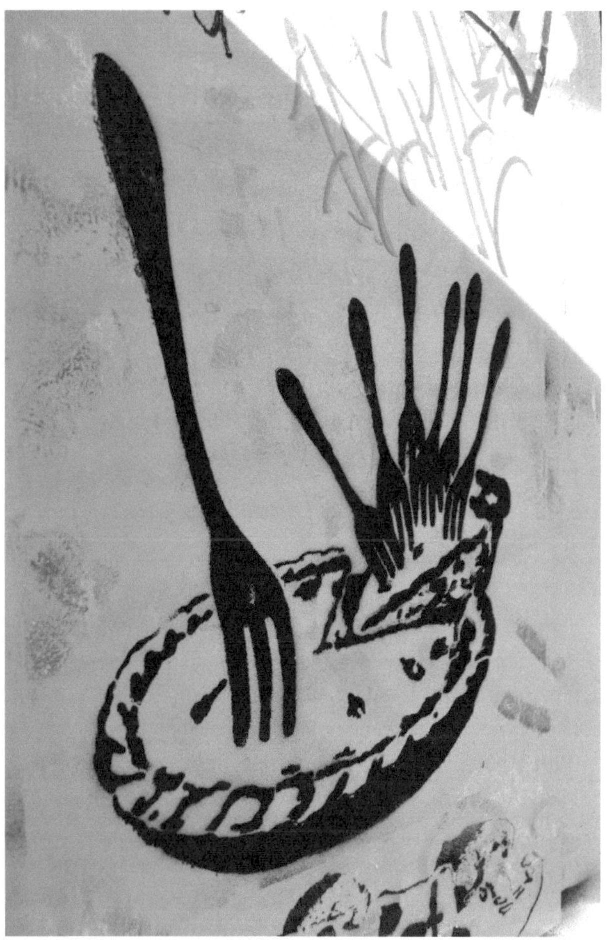

Abbildung 1: Street-Art Graffiti, Athen 2013.

Kunst in der Funktionslogik der Demokratie

Die Interdependenz zwischen Kunst und Politik im Allgemeinen bzw. Demokratie im Besonderen changiert zwischen Autonomie und der wechselseitigen

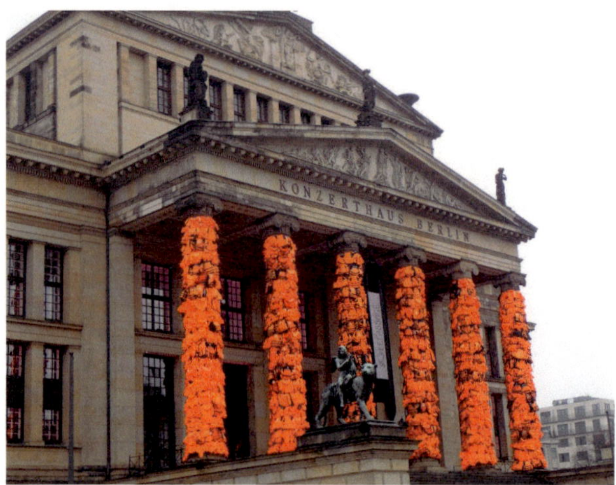

Abbildung 2: Ai Weiwei: Safe Passage (2016). Installationsansicht, Konzert-
haus Berlin.

Instrumentalisierung.[27] Aus einer politikwissenschaftlichen Perspektive werden im Folgenden nicht diese Abhängigkeiten, als vielmehr die Funktionen
von Kunst im demokratischen System aus einer einseitigen, utilitaristischen
Perspektive erläutert. Dabei geht es insbesondere um den funktionalen Beitrag, den Kunst potenziell leisten kann, um mit den Zumutungen der Demokratie klarzukommen. Dieser Ansatz des »Ineinanderverklammertsein[s]
von Kunst und Politik« lässt sich in Anlehnung an Luhmann[28] als eine »Ko-
Funktionalität autonomer Sphären in der funktional diversifizierten Gesellschaft – und damit als Vollzug des Gesellschaftlichen und Realisierung des
Politischen – fassen«.[29]

Schmücker unterscheidet zwischen kunstinternen Funktionen einerseits,
zu denen er etwa die Traditionsbildungsfunktion und Überlieferungsfunkti-
on zählt, sowie kunstexternen Funktionen andererseits. Bei Letzteren stellen
politische Funktionen neben ökonomischen, religiösen und therapeutischen

---

27   Heiser, Jörg: »Kunst, Politik, Peinlichkeit«, in: Leonhard Emmerling/Ines Kleesattel
      (Hg.), Politik der Kunst, Bielefeld 2016, S. 21.

28   Luhmann, Niklas: Schriften zur Kunst und Literatur, Frankfurt a.M.: 2008, S. 142f.

29   Emmerling, Leonhard/Kleesattel, Ines: »Politik der Kunst. Zur Einleitung«, in: Dies.
      (Hg.), Politik der Kunst, 2016, S. 14.

Funktionen etc. eine eigene Kategorie dar.[30] Auch wenn dieser Ansatz für weiterführende politikwissenschaftliche Analysen und auch für Bildungswissenschaften durchaus anregend ist, so ist diese typologische Trennung einzelner Funktionen aus politikwissenschaftlicher Sicht wenig zielführend. Im Kontext der oben diskutierten Zumutungen, die sich aus den normativen Erwartungen bzgl. der demokratischen Haltung von Bürger_innen ergeben, lassen sich deskriptiv im Folgenden zumindest sieben Funktionen beschreiben, die Kunst in der Logik demokratischer Herrschaftssysteme potenziell erfüllen kann, ohne dass diese Auflistung den Anspruch auf Vollständigkeit erhebt:[31]

1. Wenn Kunst als sinnliche Interventionen im öffentlichen Raum verstanden wird, die Bürger_innen visuell, akustisch oder auch gustatorisch reizt, dann könnten diese Interventionen dazu beitragen, dass den alltäglichen Zumutungen des Lebens Genuss entgegengesetzt und dass Pluralismus sinnlich erfahrbar wird. Dies gilt etwa für die Präsentation von Kunstobjekten aus anderen kulturellen und sozialen Kontexten oder thematische Ausstellungen, die unterschiedliche künstlerische Zugänge zu einer spezifischen Thematik zeigen. Ein anderes Beispiel hierfür sind Formate wie das Afrikafestival in Würzburg, die in ihren Programmen künstlerische Darbietungen, Essen und Musik mit politischen Diskussionsarenen verknüpfen, oder Dunkelrestaurants. Hierbei spielt der Aspekt der Unterhaltung eine wichtige Rolle, der es Bürger_innen erlaubt, sich von alltagsweltlichen Lebenskontexten zu distanzieren. In einem Moment der Entspannung und des Genusses verlieren im Idealfall gar die vermeintlich belastenden Zumutungen ihre Bedrohlichkeit.

2. Kunst bietet die Möglichkeit, individuelle und kollektive Wahrnehmungen in Bilder, Objekte oder Töne zu transformieren.

> [D]er französische Künstler Alexandre Dang verwebt Wissenschaft und Kunst eng miteinander, wenn er die Schönheit der Natur mit moderner Technik zusammenbringt. Er spielt seinen Reiz auf großen Flächen auf dem Boden oder an Wänden aus, auf denen ein mit Sonnenkraft angetriebenes Plastikblumenmeer umweltfreundlich in Bewegung gesetzt wird. [...]

---

30   Schmücker, Reinhold: »Funktionen der Kunst«, in: Bernd Kleimann/Reinhold Schmücker (Hg.), Wozu Kunst? Die Frage nach ihrer Funktion, Darmstadt 2001, S. 28.

31   In dem vorliegenden Beitrag wird dieses funktionalistische »Ineinanderverklammertsein« von Demokratie und Kunst ausschließlich in Bezug auf Potenziale und wünschenswerte Effekte erläutert. In der Weiterentwicklung dieses Forschungsansatzes ist es künftig sicherlich auch notwendig, problematische Entwicklungen der Vereinnahmung, Ökonomisierung und Pseudopartizipation kritisch einzubeziehen.

> Die Kunstinstallation soll auf die Einsatzmöglichkeiten der Solartechnik hinweisen [...], spricht [...] Kinder an und hat damit auch einen hohen Aufklärungsgrad.[32]

Solche Übersetzungsleistungen bergen aus demokratietheoretischer Perspektive das Potenzial, Menschen für bislang nicht oder kaum wahrgenommene gesellschaftliche Probleme zu sensibilisieren und sie zu erreichen. Dies könnte angesichts der grassierenden Politikverdrossenheit eine zusätzliche Bedeutung haben, wenn Bürger_innen, die sich von institutioneller, konventioneller Politik bereits losgesagt haben, über künstlerische Interventionen erreicht werden – was über andere Wege, etwa die politische Bildung, sonst vielleicht nicht möglich wäre. Eine künstlerische Intervention wird als Ausstellung, Konzert, Performance, Installation, Aufführung o.Ä. gelabelt. Die politische Bildung ist in diesem Kontext dann intendiertes, jedoch nicht unbedingt offensichtliches bzw. kommuniziertes Ziel. Insofern bietet die Transformation die Erweiterung des Adressant_innenkreises und der Agenda politischer Bildung. Diese Funktion wird freilich nur erfüllt, wenn künstlerische Interventionen die vermeintliche Geborgenheit »selbstgenügsamer Nachbarschaft«[33] tatsächlich verlassen, indem sie zum Beispiel in andere alltagsweltliche Räume wie Kneipen oder den öffentlichen Straßenraum vordringen, und gleichzeitig auch der Gefahr der Entpolitisierung entkommen.

3. Kunst eröffnet neue Räume für gesellschaftliche Diskurse und leistet einen Beitrag zur Konstruktion individueller und kollektiver Identität, wobei über Kunst zugleich symbolisches und soziales Kapital generiert werden kann. Die über Kunst geförderte Selbstverständigung sowie Erinnerungs- und Mythisierungsprozesse, beispielsweise in spezifische Musik- oder Filmszenen (z.B. *queer cinema*) oder Modewelten (*ethical fashion show*), sind diesbezüglich von entscheidender Bedeutung.[34] Diese Identitätsstiftung ist Voraussetzung dafür, dass sich Bürger_innen einerseits als Teil einer Gruppe identifizieren und sich andererseits als handelnde Subjekte wahrnehmen und ihre eigenen Interessen in demokratische Prozesse und Strukturen einbringen können.

4. Kunst ist Ausdruck der Freiheit – der demokratischen Freiheit. Der Spielraum zwischen Zwang und Freiheit wird durch künstlerische Interven-

---

32   Deutsche Gesellschaft für die Vereinten Nationen e. V. 2017, https://dgvn.de/meldung /kunst-begegnet-klimawandel (Zugriff 15.09.2020).

33   Vgl. N. Bandi/M. G. Kraft/S. Lasinger: Kunst, Krise, Subversion, 2012, S. 23.

34   R. Schmücker: Funktionen der Kunst, 2001, S. 29.

tionen neu entdeckt und entfaltet idealerweise einen Spill-over-Effekt in die politische Arena. Die Nutzung dieser Freiheitsrechte ist gelegentlich eine Provokation und Herausforderung, wenn etwa politische Graffiti als Schmierereien gebrandmarkt werden. Andererseits kann die in der Kunst materialisierte Freiheit zur Überwindung (gefühlter) Zumutungen führen, indem es beispielsweise in einer Demokratie erlaubt ist, sich in kabarettistischen Darbietungen oder Cartoons hemmungslos über die politischen Eliten lustig zu machen. Insofern kann Kunst auch Korrektiv für perzipierte Zumutungen sein.

5. Kunst bietet die Chance, bestehende gesellschaftspolitische Zustände zu kritisieren und Konventionen aufzubrechen. Wenn es gelingt, über künstlerische Interventionen beispielsweise Machtverhältnisse zu thematisieren, Verstrickungen zu enthüllen und Ungerechtigkeiten zu kritisieren,[35] kann dies nicht nur entlastend wirken und eine Ventilfunktion erfüllen, sondern auch zum Ausgangspunkt eines widerständigen Bewusstseins und Handelns werden. Zugleich setzt Kunst kreatives Potenzial für neue radikale, künstlerische Ansätze frei.[36] Kunst, die »ihre eigene Politik hat«, kann ein subversives Feld eröffnen und die impliziten Verschränkungen zu Politik, Gesellschaft und Ökonomie sichtbar machen.[37] Denn Kunst ist in besonderer Weise geeignet, normative Vorstellungen – die sie durchaus auch selbst generiert – kontinuierlich infrage zu stellen und zu unterlaufen.[38]

6. Über Kunst wird auch in einem demokratischen System Agendasetting betrieben. Die »soziale Plastik« übermittelt die politische Botschaft,[39] wie beispielsweise die Installation des chinesischen Künstlers Ai Weiwei mit Schwimmwesten von Geflüchteten in Berlin zeigte.[40] »Der Künstler will damit auf die dramatische Flüchtlingssituation an den Grenzen Europas aufmerksam machen und vor allem an das Schicksal der Ertrunkenen erinnern, die

---

35   L. Emmerling/I. Kleesattel: Politik der Kunst, 2016, S. 11.

36   Vgl. N. Bandi/M. G. Kraft/S. Lasinger: Kunst, Krise, Subversion, 2012, S. 14.

37   Vgl. ebd., S. 20.

38   Heiser, Jörg: »Kunst, Politik, Peinlichkeit«, in: L. Emmerling/I. Kleesattel (Hg.), Politik der Kunst, 2016, S. 23.

39   Ebd., S. 24.

40   Probst, Carsten: »Schwimmwesten von Flüchtlingen. Kunstaktion von Ai Weiwei in Berlin, in: Deutschlandfunk vom 15.02.2016, www.deutschlandfunk.de/kunstaktion-von-ai-weiwei-in-berlin-schwimmwesten-von.691.de.html?dram:article_id=345712 (Zugriff 15.09.2020).

in überladenen Booten auf ihrem Weg über das Mittelmeer ohne Chance waren.«[41] Über solche künstlerischen Interversionen kann es gelingen, mediale und politische Diskurse zu initiieren und/oder zu beeinflussen.

7. Künstlerische Interventionen sind letztlich auch partizipative Akte – dies gilt sowohl für Darstellungen röhrender Hirsche als auch für die Verhüllung des Reichstages durch Christo. Das künstlerische Spektakel habe dem »höchsten Ort der Demokratie« Akzeptanz verschafft, sagt Friedrich Schorlemmer. Der Tagesspiegel geht gar so weit zu behaupten, dass die Verhüllung des Reichstages das Land verändert habe.[42] Künstler_innen werden in dieser Situation zu Partizipationsagent_innen, die im Dienste von Kommunen, Unternehmen und anderen Institutionen arbeiten.[43] Das partizipative Moment ist insbesondere bei sogenannter Mitmachkunst ausgeprägt.[44] Selbst wenn Mitmachkunst sich dem Vorwurf der »Infantilisierung« und »Einlullung« ausgesetzt sieht,[45] so hat dieses *involvement* aus politikwissenschaftlicher Sicht einen Wert an sich, ganz unabhängig vom *output*.

Fazit

Anja Reschke schreibt in ihrem 2018 erschienen Band mit dem Titel »Haltung zeigen«, dass es gerade schwer in Mode sei, Haltung zu zeigen.[46] Ob diese vermeintliche Mode heute bereits die gewünschte Wirkung entfaltet, ist angesichts des gegenwärtigen Erstarkens antidemokratischer Tendenzen zweifelhaft. Den Bürger_innen wird unter den aktuellen politischen Bedingungen zugemutet, dass sie zu ihren demokratischen Haltungen stehen, selbst

---

41   Drassler, Sandra: Kunst als Mahnung in Berlin. Ai Weiwei hüllt Konzerthaus in Rettungswesten, in: Der Tagesspiegel vom 14.02.2020, www.tagesspiegel.de/berlin/kunst-als-mahnung-in-berlin-ai-weiwei-huellt-konzerthaus-in-rettungswesten/-12960188.html (Zugriff 15.09.2020).

42   Cullen, Michael S.: Verhüllung des Reichstags. Dieses erste deutsche Sommermärchen. in: Der Tagesspiegel vom 20.06.2015, www.tagesspiegel.de/kultur/verhuellung-des-reichstags-dieses-erste-deutsche-sommermaerchen/11945224.html (Zugriff: 15.09.-2020).

43   L. Emmerling/I. Kleesattel: Politik der Kunst, 2016, S. 12.

44   Siehe »Mitmachkunst im Städel-Museum«, in: Frankfurter Allgemeine Zeitung vom 15.05.2014, www.faz.net/aktuell/feuilleton/frankfurt-mitmachkunst-im-staedel-museum-12940670.html (Zugriff 15.09.2020)

45   J. Heiser: Kunst, Politik, Peinlichkeit, 2016, S. 27.

46   A. Reschke: Haltung zeigen, 2018, S. 9.

wenn Gegenwind zu befürchten ist, denn »Haltung zeigen bedeutet [...], sich für etwas starkzumachen, das für die Gemeinschaft von Wert ist«[47]. Angesichts der aktuellen politischen, ökonomischen und kulturellen Bedingungen sind demokratische Gesellschaften stets auf den Mut und die innere Stärke Einzelner angewiesen. Durch künstlerische Interventionen kann sich die individuelle und kollektive Wahrnehmung gesellschaftlicher Realitäten etwa in Bezug auf Pluralismus und Ungleichheit nachhaltig verändern und die Bereitschaft zur aktiven Teilhabe gestärkt werden. Insofern gilt es, auch in der politikwissenschaftlichen Forschung und der politischen Bildung den demokratiefördernden Potenzialen künstlerischer Interventionen mehr Beachtung zu schenken.

Literaturverzeichnis

Bandi, Nina/Kraft, Michael G./Lasinger, Sebastian (Hg.): Kunst, Krise, Subversion, Zur Politik der Ästhetik, Bielefeld 2012, S. 19-34.

Blauböck, Rainer: Wessen Stimme zählt? Thesen über demokratische Beteiligung in der Einwanderungsgesellschaft, in: Wiener Hefte – Migration und Integration in Theorie und Praxis 1 (2003), H. 1, S. 26-44, https://eif.univie.ac.at/downloads/workingpapers/IWE-Papers/WP35.pdf (Zugriff 15.09.2020).

Buchstein, Herbert: Die Zumutungen der Demokratie. Von der normativen Theorie des Bürgers zur institutionell vermittelten Präferenzkompetenz, in: Klaus von Beyme/Claus Offe (Hg.), Politische Theorien in der Ära der Transformation (Politische Vierteljahresschrift, Sonderh. 26), Opladen 1995, S. 295-324, http://hubertus-buchstein.de/buchstein1995.PDF (Zugriff 15.09.2020).

Crouch, Colin: Postdemokratie, Frankfurt a.M. 2008.

Cullen, Michael S.: Verhüllung des Reichstags. Dieses erste deutsche Sommermärchen. in: Der Tagesspiegel vom 20.06.2015, www.tagesspiegel.de/kultur/verhuellung-des-reichstags-dieses-erste-deutsche-sommermaerchen/11945224.html (Zugriff 15.09.2020). Cullen, Michael S.: Verhüllung des Reichstags. Dieses erste deutsche Sommermärchen, in: Der Tagesspiegel vom 20.06.2015, www.tagesspiegel.de/kultur/verhuellung-

---

47　Ebd., S. 19.

des-reichstags-dieses-erste-deutsche-sommermaerchen/11945224.html (Zugriff 15.09.2020).

Dahl, Robert A.: Polyarchie, New Heaven 1971.

De Nève, Dorothée: NichtwählerInnen – eine Gefahr für die Demokratie? Opladen 2009.

–: »Pluralismus und Antipluralismus«, in: Österreichische Zeitschrift für Politikwissenschaft 44 (2015), H. 2, S. 45-48.

–/Olteanu, Tina: Politische Partizipation jenseits der Konventionen, Opladen 2013.

Drassler, Sandra: Kunst als Mahnung in Berlin. Ai Weiwei hüllt Konzerthaus in Rettungswesten, in: Der Tagesspiegel vom 14.02.2020, www.tagesspiegel.de/berlin/kunst-als-mahnung-in-berlin-ai-weiwei-h-uellt-konzerthaus-in-rettungswesten/12960188.html (Zugriff 15.09.2020).

Ekman, Joakim/Amnå, Erik: »Political Participation and Civic Engagement: Towards a New Typology«, in: Human Affairs 22 (2012), S. 283-300.

Emmerling, Leonhard/Kleesattel, Ines: »Politik der Kunst. Zur Einleitung«, in: Leonhard Emmerling/Ines Kleesattel (Hg.), Politik der Kunst, Bielefeld 2016, S. 11-18.

Gunsteren, Dirk van/Fassbender, Bardo: Menschenrechteerklärung. The Universal Declaration of Human Rights – Allgemeine Erklärung der Menschenrechte, München 2009.

Heiser, Jörg: »Kunst, Politik, Peinlichkeit«, in: Leonhard Emmerling/Ines Kleesattel (Hg.), Politik der Kunst, Bielefeld 2016, S. 21-34.

Kielmansegg, Peter: Volkssouveränität. Eine Untersuchung der Bedingungen demokratischer Legitimität, Stuttgart 1977.

Lincoln, Abraham: Gettysburg Address. South Bend 2000.

Luhmann, Niklas: Schriften zur Kunst und Literatur, Frankfurt a.M. 2008.

Maus, Ingeborg: Über Volkssouveränität. Elemente einer Demokratietheorie, Berlin 2011.

Merkel, Wolfgang: Soziale Gerechtigkeit: Theorie und Wirklichkeit, Berlin 2007, http://library.fes.de/pdf-files/akademie/online/06078.pdf (Zugriff: 15.09.2020).

–: Systemtransformation. Eine Einführung in die Theorie und Empirie der Transformationsforschung. 2., überarb. Aufl., Wiesbaden 2010.

Meyer, Gerd: Mut und Zivilcourage. Grundlagen und gesellschaftliche Praxis, Opladen 2016.

Möllers, Christoph: Demokratie – Zumutungen und Versprechen, Bonn 2008.

Musil, Andreas: Wettbewerb in der staatlichen Verwaltung, Tübingen 2005.

Probst, Carsten: »Schwimmwesten von Flüchtlingen. Kunstaktion von Ai Weiwei in Berlin, in: Deutschlandfunk vom 15.02.2016, www.deutschlandfunk.de/kunstaktion-von-ai-weiwei-in-berlin-schwimmwesten-von.691.de.html?dram:article_id=345712 (Zugriff 15.09.2020).

Rawls, John: Eine Theorie der Gerechtigkeit, Frankfurt a.M. 1975 (19. Aufl. 2014).

Reich, Kersten: »Demokratie und Erziehung nach John Dewey aus praktisch-philosophischer und pädagogischer Sicht«, in: Holger Burckhart/Jürgen Sikora (Hg.), Praktische Philosophie – Philosophische Praxis, Darmstadt 2005, S. 51-64.

Reschke, Anja: Haltung zeigen, Hamburg 2018.

Schmitter, Philippe C.: »Wie defekt sind die defekten Demokratien?«, in: Aurel Croissant/Sascha Kneip/Alexander Petring (Hg.), Demokratie, Diktatur, Gerechtigkeit. Festschrift für Wolfgang Merkel, Wiesbaden 2017, S. 127-135.

Schmücker, Reinhold: »Funktionen der Kunst«, in: Bernd Kleimann/Ders. (Hg.), Wozu Kunst? Die Frage nach ihrer Funktion, Darmstadt 2001, S. 13-33.

Steffani, Winfried (1980): Pluralistische Demokratie – Studien zur Theorie und Praxis, Opladen 1980.

Widerstreitende Sichtweisen
Zum Bildungspotenzial uneindeutiger Kunst

Hans-Christoph Koller im Gespräch (Interview: Ansgar Schnurr)

Ansgar Schnurr: Herr Koller, mich interessiert sehr, welche Hinweise die von Ihnen formulierte Theorie transformatorischer Bildungsprozesse geben kann, um das Bildungspotenzial uneindeutiger Kunst zu verstehen. Bevor wir die besonderen Strukturen des Ambigen in der Kunst in Augenschein nehmen, scheint es mir sinnvoll zu sein, zunächst wesentliche Aspekte der Theorie transformatorischer Bildungsprozesse zu klären. Als eine ihrer Kernaussagen gilt, dass Bildungsprozesse eben dort nötig werden, wo Menschen mit Problemen konfrontiert werden, für deren Bearbeitung sich die eingespielten Figuren ihres Selbst- und Weltbezugs als unzulänglich erweisen. Wie kann man sich das krisenhafte Moment des Scheiterns vorstellen?

Hans-Christoph Koller: Das Konzept geht davon aus, dass Bildung nicht einfach die Ansammlung von Wissen, Kenntnissen oder Kompetenzen ist, sondern etwas mit der Veränderung unseres Welt- und Selbstverhältnisses zu tun hat. Solche Veränderungen werden ausgelöst durch Erfahrungen des Scheiterns, der Irritation und der Krise, in denen ein etabliertes Welt- und Selbstverhältnis an seine Grenzen kommt. Vielleicht kann man das an Beispielen verdeutlichen. Ein Beispiel, mit dem ich mich auch in meiner Forschung viel beschäftigt habe, ist Migration. Durch Migration werden Menschen – und zwar sowohl die Migranten selber als auch die Mitglieder der Aufnahmegesellschaft – mit Erfahrungen konfrontiert, in denen ihre etablierten Ordnungsmuster und Orientierungsfiguren nicht mehr greifen. Sie werden dadurch veranlasst, neue Orientierungsfiguren zu entwickeln. Ein anderes Beispiel, mit dem ich mich ebenfalls beschäftigt habe, ist die Adoleszenz, also die Lebensphase zwischen Kindheit und Erwachsensein, in der das kindliche Welt- und Selbstverhältnis nicht mehr funktioniert, aber ein erwachsenes auch noch nicht etabliert ist. Und beides, Migration und Adoleszenz, kann sich auch überlagern, wie ich zusammen mit meiner Kollegin Vera King in zwei Forschungsprojekten zur Adoleszenz unter Migrationsbedingungen untersucht habe, wo also zwei Anlässe zu solchen Transformationsprozessen zusammenkommen.

Schnurr: Beide Beispiele passen sehr gut zu der durch die Düsseldorfer Ausstellung museum global eröffneten Fragestellung, inwiefern gerade auch Faktoren des Globalen kulturelle Bildungsprozesse anbahnen und verändern können. Denn auch im Zusammenhang der Kunst können Konfrontationen, Irritationen, offenkundig werdende Machtstrukturen oder auch weltweite Handels- und Wanderungsbewegungen eben zu Prozessen des Um- und Andersdenkens führen. Aber wie kann man sich dann solche Transformationsprozesse vorstellen?

Koller: Das ist natürlich eine ganz wichtige Frage, nicht nur für die Erarbeitung einer Theorie transformatorischer Bildungsprozesse, sondern auch für deren empirische Erforschung. Was also sind typische Verlaufsmuster solcher Transformationsprozesse? Und vielleicht noch wichtiger: Was sind Bedingungen für das Zustandekommen solcher Transformationen? Denn ganz wichtig ist es, sich klarzumachen, dass solche irritierenden oder krisenhaften Erfahrungen der Fremdheit oder des Scheiterns, die ein etabliertes Welt- und Selbstverhältnis infrage stellen, keineswegs automatisch zu Transformationen führen. Solche Erfahrungen können vielmehr auch dazu führen, dass die etablierten Orientierungsmuster restabilisiert werden und sich sogar verhärten. Insofern ist es eine auch unter pädagogischen Gesichtspunkten wichtige Frage, was die Bedingungen dafür sind, dass es bei der Konfrontation mit solchen Irritationen oder Krisenerfahrungen zu Transformationen des Welt- und Selbstverhältnisses kommt. Ganz allgemein oder auf einer theoretischen Ebene würde ich sagen, dass dazu gehört, dass Menschen, die eine solche krisenhafte Erfahrung machen, einen gewissen Spielraum zum Ausprobieren brauchen. Das kann man an der Adoleszenz ganz gut verdeutlichen: Heranwachsende brauchen solche Spielräume des Experimentierens und Ausprobierens, in denen sie neue Verhaltensweisen, neue Orientierungsmuster erproben können. Das Zweite, damit eng verbunden, kann man ebenfalls am Beispiel der Adoleszenz verdeutlichen, nämlich dass es einen Rückhalt der Anerkennung durch wichtige Bezugspersonen braucht. In der Adoleszenz löst man sich ja gerade von den Eltern und braucht insofern einen gewissen Spielraum für solche Ablösungsprozesse. Andererseits ist es aber wichtig, dass Eltern oder andere erwachsene Bezugspersonen im Hintergrund zur Verfügung stehen und dass die Heranwachsenden wissen oder spüren, dass sie eine grundlegende Anerkennung und bedingungslose Unterstützung bekommen.

Schnurr: Die von Ihnen genannten Spielräume des Ausprobierens in einem begleiteten Rahmen werden sicherlich gerade in kunstpädagogischen Settings sehr konkret. Doch gerade im ästhetischen Umgang mit Kunst, Kunstwerken oder eigenen künstlerischen Prozessen fällt auf, dass es bestimmte Bedingungen gibt, die solches riskantes Erproben fördern oder hemmen können.

Koller: Da gibt es eine ganz interessante Denkfigur bei Charles Sanders Peirce, die aus der Wissenschaftstheorie stammt, man aber auch auf diese Bildungstheorie übertragen kann. Peirce entwickelt dies an Beispielen abduktiver Schlüsse: Er beschreibt fast paradox wirkende Formulierungen für die Bedingungen, unter denen die Entstehungen von Transformationsprozessen, also von neuen Orientierungsformen, erst möglich werden. Das Eine ist, dass das Neuartige in Situationen zustande kommt, in denen man unter Handlungsdruck steht, in denen etablierte Figuren nicht mehr greifen, aber jetzt und hier gehandelt werden muss. Die paradoxe Gegenüberlegung ist, dass es andererseits gerade Situationen braucht, in denen man vom Handlungsdruck entlastet ist. Spielräume des Experimentierens gibt es eben nur, wenn man etwas relativ gefahrlos ausprobieren kann. Und das heißt, wenn man vom unmittelbaren Handlungsdruck entlastet ist. Ich finde es eine ganz interessante Überlegung, dass es beides braucht. Vielleicht nicht unbedingt gleichzeitig, das würde sich ja ausschließen. Aber dass es beides braucht, einen gewissen Handlungsdruck und Entlastungen vom Handlungsdruck, damit solche Bildungs- und Transformationsprozesse gelingen können.

Schnurr: Lassen Sie uns noch einmal zum Begriff der Transformation kommen und damit natürlich dem Kern dessen, was als Bildungsprozess zu denken ist. Wohin führen solche Prozesse? Ich kann mir viele Lebensbereiche oder auch Problemlagerungen vorstellen, in denen solche Irritationsmomente als Ausgangspunkt von Bildungsprozessen durchaus zu einer gewissen Lösung des Problems führen können. Der Bildungsprozess würde also dazu führen, diesen Problemen besser als bisher gerecht zu werden, würde ihn also als Konflikt auflösen und somit in relative Stabilität hinein führen. Ich vermute jedoch, dass es durchaus auch Irritationen und Konflikte gibt, die sich letztlich nicht auflösen lassen. Liege ich mit der Annahme richtig, dass solche Situationen denkbar sind, in denen als Abschluss des Bildungsprozesses eine relative Stabilität eintritt, also eine Auflösung der

Spannung – und hingegen andere, in denen das unmöglich ist?

Koller: Das kommt natürlich darauf an, worin der Konflikt besteht und was man unter Lösung zu verstehen versucht. Insgesamt ist es eine wichtige Frage, die aber innerhalb der Vertreter dieser Theorie transformatorischer Bildungsprozesse umstritten ist. Ganz zugespitzt geht es dabei um die Frage, ob jede Transformation, ob jede grundlegende Veränderung von Welt- und Selbstverhältnissen ein Bildungsprozess ist oder man diesen Begriff nicht doch reservieren will für pädagogisch wünschenswerte Transformationen. Ich würde letztere Position beziehen. Dann ist die Frage, was sind die Kriterien solcher wünschenswerten Transformationen? Was wäre eine angemessenere Bearbeitung einer Herausforderung, als es mit den bisher zur Verfügung stehenden Mitteln möglich war? Ich beziehe mich dabei auf die Philosophie des Widerstreits von Jean-François Lyotard. Er geht davon, dass die weitentwickelten Gesellschaften, die er postmoderne Gesellschaften nennt, sich durch eine radikale Pluralität von Diskursarten auszeichnen – man könnte auch sagen durch eine radikale Pluralität von Orientierungsmustern. Und für den Umgang mit dieser Pluralität entwickelt Lyotard die ethische Perspektive, dass es darauf ankomme, dem Widerstreit, also dem Konflikt radikal pluraler Orientierungen, gerecht zu werden. Diese Perspektive von Gerechtigkeit kann man nun, so mein Vorschlag, auch als ein Kriterium für Bildungsprozesse verstehen. Das Kriterium für Transformationen von Welt- und Selbstverhältnissen, die den Namen Bildung verdienen, wäre also, dass sie dem Widerstreit im Sinne Lyotards gerecht werden, indem sie diese radikale Pluralität anerkennen und offenhalten. Das heißt, dass der Widerstreit nicht zu lösen versucht wird in dem Sinne, dass sich eines dieser Orientierungsmuster auf Kosten anderer durchsetzt. Insofern kann die Lösung eines solchen Konflikts auch darin bestehen, den Konflikt offen zu halten und anzuerkennen, dass es dafür keine eindeutigen Lösungen gibt. Natürlich müssen in konkreten Handlungssituationen Entscheidungen gefällt werden, aber das Entscheidende ist dann zu wissen, dass der Widerstreit, die radikale Pluralität, danach noch weiter besteht. Das ist in meinen Augen ein Kriterium für Transformationen, die den Namen Bildung verdienen.

Schnurr: Gerade diese von Ihnen geschilderten komplexeren Bildungsprozesse scheinen mir eine sehr gute Figur zu sein, um sie auf eine Situation der Auseinandersetzung mit Kunst zu beziehen, in denen eine eindeutige Sichtweise vielfach unmöglich ist. Vielmehr gehört die Eröffnung widerstreitender Sichtweisen zum konstitutiven Kern des Kunstwerks und dessen Rezeption. Gerade diese ambige Mehrperspektivität verschiedener spannungsvoller Zugänge kann ja zu bedeutsamen Erfahrungs- und Erkenntnisprozessen führen. Vermutlich ist die Kunst ein besonders geeignetes Spielfeld, um eben die verschiedenen Sichtweisen nicht aufzulösen, sondern offen zu halten.

Koller: Ich denke, die Kunst kommt noch auf eine andere Weise ins Spiel, wenn man sich klarmacht, dass Lyotard zwei Fälle von Widerstreit unterscheidet. Der eine ist der, dass zwei Anliegen in Konflikt geraten, die gleichermaßen artikuliert sind. Für beide gibt es also eine Diskursart, eine Sprache, in der sie formuliert werden können, und der Konflikt besteht darin, dass sich die beiden artikulierten Anliegen widersprechen. Dann gilt es, wie gerade gesagt, diesen Konflikt offen zu halten und anzuerkennen, dass es sich um einen unlösbaren Widerstreit handelt. Unlösbar in dem Sinne, dass es keine übergeordnete Urteilsregel gibt, die es erlauben würde, diesen Streit zu schlichten. Ein ebenso wichtiger Fall ist aber eine andere Art von Widerstreit, die darin besteht, dass zwei Anliegen aufeinandertreffen, jedoch nur eines der Anliegen sprachlich artikuliert ist und der Konflikt dann in dieser einen Diskursart ausgetragen werden muss, in der aber das Anliegen der anderen Konfliktpartei gar nicht artikuliert werden kann. Dann kommt es darauf an, nicht einfach den Widerstreit anzuerkennen, denn der ist ja noch gar nicht artikuliert, sondern eine Sprache, ein Ausdrucksmittel – ein Idiom, wie Lyotard sagt – zu finden für das Anliegen, das in der herrschenden Diskursart gar nicht artikuliert werden kann. In solchen Fällen kommt es also auf kreative Prozesse an, in denen neue Ausdrucksmöglichkeiten entwickelt werden. Und ich denke, dass es eine besondere Leistung der Kunst ist, für solche bislang nicht artikulierbaren Anliegen eine Sprache, ein Idiom oder Ausdrucksmittel zu finden.

Schnurr: Damit ist klar der Anteil des künstlerischen Werks am komplexen Prozess des Offenhaltens eines Widerstreits benannt. Ich würde das auch gerne auf den Rezeptionsprozess, auf den Erfahrungsprozess beziehen. Denn hier ist es häufig so, dass man sich zunächst in einem ersten Schritt einer künstlerischen Arbeit sicherlich auch sprachlich nähert. Dies kann in identifizierenden Benennungen dessen liegen, was man sieht, was vielleicht auch über titelgebende Stichworte oder eine vorliegende Beschreibung oder dergleichen angestoßen wird. Jedoch tut sich dann im weiteren Rezeptionsprozess eben auch eine weitere Ebene des Vorsprachlichen oder Nichtsprachlichen auf, die zwischen Werk und Subjekt vermittelt. Dies wäre die Ebene ästhetischer Erfahrung, die leiblich grundiert ist, assoziativ wirkt und mit emotionalen Anteilen angereichert ist. Diese Ebene kann andere Perspektiven auftun. Sie ergänzen vielleicht die erste Ebene, können aber auch zu widerläufigen Erschließungsarten, Sichtweisen oder Anmutungsqualitäten führen, die dann zueinander in ein komplexes Verhältnis treten.

Koller: Da bin ich sofort einverstanden. Lyotard formuliert das immer in einer sprachtheoretischen Terminologie, wenn er von Diskursarten, von Satzregelsystemen oder Ähnlichem schreibt. Er macht allerdings deutlich, dass Sprache für ihn nicht auf die gesprochene oder geschriebene Sprache beschränkt ist, sondern dass es um alle möglichen Artikulationsformen geht. Das müsste man vielleicht im bildungstheoretischen Kontext noch stärker deutlich machen. Auch, dass die bildende Kunst eine besondere Dimension von Ausdrucksmitteln oder Artikulationsformen entwickeln kann, müsste man noch deutlicher machen, als es mir in meinen Überlegungen zu Lyotard gelungen ist.

Schnurr: Besondere Herausforderungen entstehen in Erfahrungsprozessen und Vermittlungsprozessen mit Kunst häufig auch auf einer durchaus emotionalen Ebene. Bildungsprozesse fordern das irritierende künstlerische Werk natürlich sehr stark heraus. Es ist wohl das enthaltende Moment der Befremdung, das Vorenthalten von Sicherheit und das Beschreitens neuer Wege in ein Gebiet herein, in dem wir uns nicht sicher fühlen können, weil es schlichtweg neu für uns ist. Die Irritation etwa durch Kunst kann ja auch durchaus als unangenehm und verunsichert erlebt werden. An dieser Stelle scheint mir Lyotards Theorie zwar sehr erhellend zu sein, um das Offenhalten des Widerspruches ethisch zu konturieren, indem er sich dabei auf übergreifende theoretische Prinzipien wie Diskurslogik oder Gerechtigkeit bezieht. Nun haben wir es ja mit Subjekten zu tun, die an dieser Stelle sicherlich auch emotional herausgefordert sind. Meinen Sie, dass diese übergeordneten Prinzipien, die durchaus auch theoretischer Natur sind, in der konflikthaften Situation für den Menschen als Zielmarke tragfähig genug sind? Reichen sie wohl aus, um über die Empfindungen von Unsicherheit hinweg zu tragen?

Koller: Zunächst einmal denke ich, dass die Dimension des Emotionalen hier durchaus eine Rolle spielt. Lyotard spricht davon, dass jener zweite Fall des Widerstreits – in dem ein Anliegen gar nicht angemessen oder überhaupt nicht artikuliert werden kann, aber danach drängt, gesagt zu werden – angezeigt wird durch ein Gefühl. Nämlich durch das Gefühl, dass da etwas ist, für das es aber noch keine Sprache gibt, und dass es darauf ankommt, dafür eine Sprache zu finden. Das scheint mir ein wichtiger Gedanke zu sein, der auch die subjektive Perspektive von Menschen einbezieht, die in einer solchen Situation sind. Das kann ein sehr starkes Gefühl sein, zu spüren, dass es etwas gibt, was danach drängt, gesagt zu werden, aber wofür man keine Worte findet, wofür noch keine Mittel zur Verfügung stehen. Das wird bei Lyotard sehr deutlich, und dieses Gefühl ist in meiner Perspektive auch eine wichtige Qualität von Situationen, die zum Anlass für transformatorische Bildungsprozesse werden. Ob die Theorieangebote, die man bei Lyotard findet, auch hinreichend sind, um zu beschreiben, wie der Prozess des Erfindens eines Idioms zum Ausdruck für dieses Gefühl verläuft, scheint mir eher fraglich. Da reicht Lyotards Theorie wohl nicht aus.

Schnurr: Ich sehe die große theoretische Nähe zwischen Ihrer Darstellung komplexer Bildungsprozesse, die dazu führen, widerstreitende Diskurse offen zu halten und den in kunstphilosophischen und -didaktischen Bereichen beschriebenen Prozessverläufen ästhetischer Erfahrungen. In beiden Fällen werden Momente der Irritation und Fremdheitserfahrung durchschritten und Transformationen angeregt, die dann zu vielperspektivischen und ambigen Sichtweisen führen können. Diese Theorien nebeneinander zu legen, erscheint mir wirklich sehr sinnvoll. Noch einmal möchte ich zum Subjekt kommen. Die geschilderten komplexen Prozesse von Bildung, die darauf zielen, die widerstreitenden Sichtweisen offen zu halten, scheinen mir sehr herausfordernd und vermutlich auch recht voraussetzungsvoll zu sein. Hier handelt es sich wohl eher nicht um niedrigschwellige Entwicklungen oder Bildungsprozesse für Anfänger*innen? Welche Voraussetzungen, welche Vorerfahrungen, welche vorgängigen Bildungserfahrungen oder auch Haltungen sind als Bedingung notwendig, um dieses Offenhalten widerständiger Diskurse und Sichtweisen als Erfahrungsgewinn empfinden und wertschätzen zu können?

Koller: Wie vorhin gesagt, sehe ich eine wichtige Voraussetzung darin, dass es Spielräume des Experimentierens braucht. Das ist weniger eine individuelle Voraussetzung, also nicht ein Charaktermerkmal oder so etwas, sondern eher eine situative Bedingung. Und das Andere, dass es eine Grundsicherheit braucht, sodass für die Menschen, die sich in solchen Krisensituationen befinden, nicht ihre Existenz auf dem Spiel steht. Es ist wichtig, dass sie als Subjekte anerkannt werden. Das scheinen mir die zwei Grundbedingungen zu sein. Wobei natürlich, was die Frage der Anerkennung betrifft, auch gerade die Nichtanerkennung bestimmter Aspekte von Subjektivität ausschlaggebend sein kann. Etwa bei Formen des Begehrens, die von den gesellschaftlich-kulturell anerkannten Formen abweichen. Um ein Beispiel zu nennen: Bettina Kleiner, eine ehemalige Doktorandin von mir, hat untersucht, dass die Nichtanerkennung des homosexuellen Begehrens oder anderer Begehrensformen, die von den herrschenden Normen abweichen, ebenfalls zum Anlass für solche Bildungsprozesse werden kann. Aber auch in solchen Fällen braucht es Formen der Unterstützung, zum Beispiel durch Lehrerinnen und Lehrer oder andere erwachsene Bezugspersonen, die einen Rückhalt darstellen. Erst ein solcher Rückhalt erlaubt es, Neues auszuprobieren und sich gegen Diskriminierung oder Nichtanerkennung zur Wehr zu setzen.

Schnurr: Vielen Dank, Herr Koller.

III

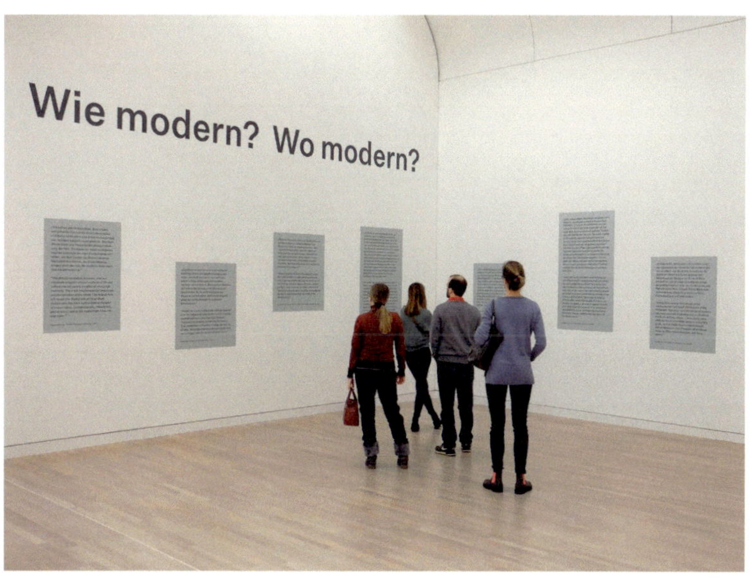
Wie modern? Wo modern?

Politisch-ästhetische Bildung(E)n im Demokratisch-Imaginären[1]
Demokratie *und* Ambiguität

Werner Friedrichs

Ambiguität und/oder Demokratie?

Was genau macht eine Demokratie aus? Eine erste reflexartige Antwort auf diese Frage besteht meist im Benennen rechtlich-institutioneller Rahmen, ihrer Einrichtungen und Akteur_innen. Allen voran das Demokratiemodell des Grundgesetzes mit den dazugehörigen Institutionen, die demokratisch legitimierte Abstimmungs- und Meinungsfindungsprozesse ermöglichen. Parteien, Wahlen, Vertreter_innen, Verfahren. Eine zweite, verbreitete Antwort besteht in der Aufzählung von formelhaften Allgemeinplätzen. Demokratie bestünde in der Freiheit aller, der Selbstbestimmung des Volkes, der Möglichkeit, seine Meinung zu vertreten, dem friedlichen Zusammenleben, der Gleichberechtigung, einer grundsätzlichen Verteilungsgerechtigkeit oder der Abwesenheit tyrannischer Machtstrukturen.

Das heißt, Demokratie tritt als eine mehrdeutige Lebens- und Denkform in Erscheinung, der eine grundsätzliche Pluralität eingeschrieben ist. Diese

---

1   Von »politischer Bildung« wird im Folgenden gesprochen, wenn es um den Bereich unterschiedlichster Aktivitäten rund um die Vermittlung demokratischen und politischen Wissens und/oder Kompetenzen als Handlungsmuster geht. Im Unterschied dazu werden mit »politischen Bildung(E)n« die konkreten Prozesse der Ausbildung bzw. Artikulation politischer Subjektivität bezeichnet. Hier geht es insbesondere um eine Abgrenzung von der in der politischen Bildung sehr verbreiteten Konzeption politischen Lernens, nachdem Lernfortschritte vor allem als Veränderung oder Erweiterung fachspezifischer, kognitiver Schemata mess- und abbildbar sind. In der politischen Bildung wird auf die punktierte Abfolge von Basis- und Fachkonzepten abgehoben, bei politischen Bildung(E)n geht es um die flüssige, offene, iterative und performative Artikulation politischer Subjektivität.

Pluralität wird nicht als Mangel gesehen, der zu beseitigen wäre. Vielmehr gilt es, die Besonderheit der Demokratie in Momenten der Vielheit, Polykontexturalität, Mehrdeutigkeit und Kontingenz zu pflegen. So wird in fast allen Bewegungen und Initiativen zur Stärkung der Demokratie auf Pluralität, Verschiedenheit, Ungebundenheit, Buntheit oder Polyphonie gesetzt. Jeder Versuch, die Demokratie auf bestimmte Formen festzulegen, scheint ihrem Eigenwert zu widersprechen.

Jenseits einer naiven Feier des Vielen erweist sich Pluralität aber auch als dauerhafte Herausforderung: Der Erhalt einer offenen Selbstbestimmung scheint nur dann zu gelingen, wenn Vielheit zugelassen und zugleich begrenzt wird. Daraus ist eine Praxis erwachsen, die einerseits Figuren einer grundsätzlichen Pluralität und Meinungsfreiheit fördert und anderseits bestimmte Normen und Prozeduren als unbestreitbare Voraussetzungen festlegt.[2] Ein solches Reservat nicht hinterfragbarer Grundsätze gibt schon seit Langem Anlass für hitzige Diskussionen.[3] Zwar scheint nur ein festgelegtes Mindestmaß an Grundüberzeugungen die demokratische Ordnung vor dem Zerfall in Beliebigkeiten zu schützen. Allerdings widerspricht das Einrichten normativ unverrückbarer Zonen einer prinzipiellen Offenheit und könnte im äußersten Falle sogar totalitären Machtfantasien Vorschub leisten.

Dieses *demokratische Paradox* wurde durch die vielfältigen Post-Ismen in der Krise der Moderne noch einmal verschärft. Jetzt wurde nicht nur die theologisch-tyrannische Verfügung, sondern jegliche Form der Behauptung eines unhintergehbaren Grundes fraglich. Spätestens mit Lyotards Studie zur *condition postmoderne*[4] wurde die moderne Begründungstrategie der Demokratie – das Ersetzen vormoderner Referenzen wie die Unsterblichkeit der Seele oder die Existenz Gottes durch transzendentale Denknotwendigkeiten (Verstand, Subjektivität oder Ideen der Vernunft) – radikal angezweifelt. Moderne Bezugsgrößen wie die Emanzipation des Subjekts oder die Aufklärung der Menschheit seien allenfalls *große Erzählungen* – und darin mythischen Narrativen nicht unähnlich –, die selbst keinerlei Begründungslasten

---

2   Vgl. für eine einschlägige Lesart etwa Grammes, Tilmann: »Kontroversität«, in: Wolfgang Sander (Hg.), Handbuch politische Bildung, Bonn 2007, S. 126-145.

3   Vgl. die Debatte um das »Konsensproblem in der politischen Bildung« in: Schiele, Siegfried/Schneider, Herbert (Hg.): Das Konsensproblem in der politischen Bildung, Stuttgart 1977.

4   Lyotard, Jean-François: Das postmoderne Wissen, Wien 1994.

übernehmen könnten. Fraglich wurde also, ob jene transzendentalen Größen, die als Bedingung der Möglichkeit eines vernunftgeleiteten Diskurses in Anspruch genommen wurden, nicht selbst Effekte einer diskursiven Praxis sind.[5] Wird nicht einfach ein neuer Götzendienst erwiesen? Werden metaphysische Monstrositäten weiter gefüttert? In einer radikal säkularisierten Welt, hinter die in voraufklärerischer Zeit ein Gott gestellt wurde, können moderne Unterstellungen von Subjektivität, Vernunft oder Autonomie als unsichtbare Gestalten nicht mehr überzeugen. Es folgt eine »[n]eue radikale Aufklärung [...] nach der Postmoderne«[6], in der die erfahrbare Wirklichkeit flacher, operativer und konkreter auftritt: Sie besteht aus Ereignissen, Wiederholungen, Praxen oder Prozessen.[7]

Damit geraten die bisherigen Umgangsstrategien mit Vielheit an ihre Grenzen. Das Vorgehen, eine Gruppe von Normen oder Mindestregeln als unhinterfragbare Grundlage abzuzirkeln, um einen diskursiven Umgang mit Pluralität abzusichern, büßt seine Legitimität ein. Jede Bezugnahme auf eine verbürgende, ideale Größe – sei es Gott, Subjektivität, Rationalität, Vernunft – ist eine Referenz, die sich allein *aus* der diskursiven Praxis ergibt. Kein Gott, keine Vernunft, keine Rationalität *zeigt sich selbst*. Letztlich handelt es sich damit bei jeder Begründung – und wenn sie auf noch so vermeintlich sichere externe Größen verweist – um eine Selbstbegründung. Eine Selbst*begründung* ist aber außerhalb paradoxer Figuren nicht möglich[8]: der sich selbst rasierende Babier oder der lügende Athener. Solche Paradoxien lassen sich nur vermeiden, wenn man sich auf eine der Seiten schlägt. Entweder auf die Seite des Grundes, indem man sich unverbrüchlich

---

5   In der Theoretisierung Lyotards: »Einsätze« von Diskursarten, vgl. Lyotard, Jean-François: Der Widerstreit, München 1989.

6   Garcées, Marina: Neue radikale Aufklärung. Wien 2019, S. 31ff. und passim.

7   Vgl. statt vieler zum Ereignis: Žižek, Slavoj: Was ist ein Ereignis? Frankfurt a.M. 2014; zur Wiederholung: Deleuze, Gilles: Differenz und Wiederholung, München 1992; zur Praxis: Schatzki, Theodore R.: The Site of The Social. A Philosophical Account of the Constitution of Social Life and Change, University Park (PA) 2002; zum Prozess: Whitehead, Alfred North: Prozess und Realität. Entwurf einer Kosmologie, Frankfurt a.M. 1979.

8   Vgl. statt vieler: Böckenförde, Ernst-Wolfgang: »Die Entstehung des Staates als Vorgang der Säkularisation«, in: Ders. (Hg.), Staat, Gesellschaft, Freiheit. Studien zur Staatstheorie und zum Verfassungsrecht, Frankfurt a.M. 1976, S. 41-64; Barel, Yves: Le paradoxe et le système. Essai sur le fantastique social, Grenoble 1979; Mouffe, Chantal: Das demokratische Paradox, Wien 2008.

an dessen absolute Geltung bindet, oder auf die Seite des Begründeten – dann ist alles möglich, weil ohne Letztgrund alles begründbar ist. Mit der Folge, dass die Pluralität entweder in einer fixierten Topologie festgelegter (transzendentaler) Argumentationsregeln zu erstarren droht oder in ihrer entgrenzten Variante in Beliebigkeit umschlägt. In beiden Fällen verliert die Demokratie ihre »Intensität«[9], die sich aus einer immanenten *Ambiguität* ergibt: dem gleichzeitigen Aufruf von Bestimmtem und Unbestimmtem. Ein Verlust, der für eine politische Bildung relevant ist, die nicht als kognitive Verinnerlichung und Reflexion von listenförmigem Orientierungswissen konzipiert wird, sondern als Raum für (Heraus-)Bildung(E)n von Subjektivität(en). Politische Bildung(E)n, die sich am Übergang von Unbestimmtem und Bestimmtem ereignen: als (politisch) ausgesetzte Artikulationen, die gleichzeitig ihre Nichtgeltung aufrufen – ihre grundsätzliche Vorläufigkeit, Fragilität, Kontestierbarkeit. Ein bildungswirksamer Zusammenhang zwischen Demokratie *und* Ambiguität ergibt sich somit *nicht* durch den Rückgriff auf die grundsätzliche Unverrückbarkeit von bestimmten ausgewiesenen Gründen – dann hieße die Alternative eher: Demokratie *oder* Ambiguität.

Entgründete Demokratie

Unter anderem als Folge der Aporien, die sich aus dem Versuch ergaben, Demokratie aus einem für letztgültig erklärten *Grund* (seien es Verfahren, Werte oder Prinzipien) zu legitimieren, entwickelte sich in den letzten Jahrzehnten der Diskurs der »Radikalen Demokratietheorie«[10], in dem nach Wegen gesucht wird, Demokratie auch in ihrer ambigen Architektur zu denken – als »post-fundamentale Ordnung«[11] und damit als »unendliche Aufgabe«[12]. Ein Ausgangspunkt der ausgesprochen heterogenen Denkbewegungen ist

---

9   Vgl. Flügel-Martinsen, Oliver/Friedrichs, Werner: »Intensive versus grundlose Demokratie«, in: Dagmar Comtesse et al. (Hg.), Handbuch Radikale Demokratietheorie, Berlin, S. 703-716.

10   Für einen Überblick vgl. die Beiträge in D. Comtesse et al. (Hg.): Handbuch Radikale Demokratietheorie, 2019.

11   Vgl. inzwischen klassisch Marchart, Oliver: Die politische Differenz, Frankfurt a.M. 2010.

12   Heil, Reinhard/Hetzel, Andreas (Hg.): Die unendliche Aufgabe. Kritik und Perspektiven der Demokratietheorie, Bielefeld 2006.

die Diagnose einer Krise der Demokratie, die vor allem in den vielfältigen Tendenzen, Ambiguität zu unterdrücken, ausgemacht wird. Denn in sogenannten postdemokratischen Praktiken und Politiken der Schließung verschwindet das demokratisch-vielfältige Moment des Politischen. So sind Bestrebungen zu verzeichnen, den demokratischen Artikulationsraum des Sicht- und Sagbaren hegemonial auszurichten[13] – in einer Einrichtung der Erfahrungsbedingungen, einer »Aufteilung des Sinnlichen«[14], einem »skopischen Regime«[15], in denen das »Unvernommene« unvernehmbar bleibt.[16] Die ambigen und grundsätzlich unbestimmten, politisch-singulären Existenzweisen werden im (genormten) Sozialen eingedampft[17] und die demokratische Wirkkraft fundamentaler Auseinandersetzungen auf der kalten Werkbank einer Konsensdemokratie in Alternativlosigkeiten abgefüllt[18].

Auch wenn die Diskussion in der *Radikalen Demokratietheorie* vor allem auf aktuelle Entwicklungen Bezug nimmt – die etwa unter dem Begriff der *Postdemokratie* oder dem *Verschwinden des Politischen* verhandelt werden –, verweist sie doch auf ein konstitutives Problem, das der *Form* Demokratie eigen ist: Die Selbstbestimmung im Gemeinsamen droht immer *im* Moment ihrer (institutionellen) Einrichtung verloren zu gehen. Die selbstbildende existenzielle Dimension der Demokratie, die auf einer grundlegenden Ebene des Common Sense zu denken ist und im sozialphilosophischen Diskurs als »das Politische«[19] bezeichnet wird, entzieht sich nämlich jeder Zählung, Darstellung oder Symbolisierung.[20] Der Gemeinsinn verschwindet, sobald versucht wird, ihm einen gegenständlichen Ausdruck zu geben. Dieser paradoxe Nullpunkt

---

13   Laclau, Ernesto/Mouffe, Chantal: Hegemonie und radikale Demokratie. Zur Dekonstruktion des Marxismus, Wien 1991.

14   Rancière, Jacques: Die Aufteilung des Sinnlichen. Die Politik der Kunst und ihre Paradoxien, Berlin 2008.

15   Jay, Martin: »Die skopischen Ordnungen der Moderne«, in: Leviathan 20 (1992), S. 178-195.

16   Rancière, Jacques: Das Unvernehmen. Politik und Philosophie, Frankfurt a.M. 2002.

17   Vgl. Lacoue-Labarthe, Philippe/Nancy, Jean-Luc : »Le ›retrait‹ du politique«, in : Dies. (Hg.), Le retrait du politique, Paris 1983, S. 183-205.

18   Vgl. Mouffe, Chantal : Über das Politische. Wider die kosmopolitische Illusion, Frankfurt a.M. 2007.

19   Vgl. Bedorf, Thomas: »Das Politische und die Politik – Konturen einer Differenz«, in: Ders./Kurt Röttgers (Hg.), Das Politische und die Politik, Berlin 2010, S. 13-37.

20   Vgl. Marchart, Oliver: »Undarstellbarkeit und ›ontologische Differenz‹«, in: Ders. (Hg.), Das Undarstellbare der Politik. Zur Hegemonietheorie Ernesto Laclaus, Wien 1998, S. 7-20.

der Demokratie, die Ambiguität von Bestimmtheit und Unbestimmtheit lässt sich von Anbeginn an nachzeichnen – im Moment der Ablösung monarchischer Ordnungen durch das Auftauchen einer *Leerstelle* der Macht inmitten der Gesellschaft:

> »Die im Fürsten verkörperte Macht verlieh [...] der Gesellschaft körperliche Gestalt. Somit bestand ein latentes, doch wirksames Wissen von der wechselseitigen Bedeutung des *Einen* für den *Anderen* im gesamten Umfang des gesellschaftlichen Feldes. Gemessen an diesem Modell zeichnet sich der revolutionäre und beispiellose Zug der Demokratie ab: der Ort der Macht wird zu einer *Leerstelle*.«[21]

Die Verbindung zwischen der Demokratie und einer konstitutiven Leerstelle der Macht ist *ent*gründender Grund: Niemand, keine Referenz oder sonstige Gründe, kann eine radikale Offenheit einer Demokratie, die ihr einbeschriebene Unbestimmtheit, besser garantieren als die grundsätzliche Abwesenheit einer gründenden Autorität selbst. Aber nur wenn die Leerstelle wirklich offenbleibt und nicht durch eine *spezifische Logik der Leere* besetzt wird, bleibt das demokratische Moment und damit insbesondere demokratische Ambiguität erhalten. Sobald die Leere eingenommen wird, jemand für sie, in ihrem Namen sprechen oder handeln kann, verliert sie ihre demokratische Wirkkraft. Damit wird die theoretische und praktische Einbindung der Leerstelle, das Offenhalten ihrer eigenen, nicht linearen, nicht hierarchischen Logik von entscheidender Bedeutung für die Konstitution und Verstetigung der Demokratie.

Ohne Anspruch auf Vollständigkeit lassen sich mindestens drei verschiedene, lineare, hierarchische *Logiken* ausmachen, auf deren Grundlage sich jeweils eine exklusive Vermessung der Leerstelle behaupten lässt.

a. Die Leerstelle als *Nullelement* einer formalen Repräsentation: In der Null reflektiert sich das Zählen selbst und wird zum »Ort einer systematischen Mehrdeutigkeit«[22]. »Die Zahl [der Wähler_innen] tritt an die Stelle der Substanz«[23] (etwa Gottes Gnade). Dass gezählt, dass eine Zählung behauptet werden kann (mit allen machttheoretischen Konsequenzen) – dass die Zahl

---

21   Lefort, Claude: »Die Frage der Demokratie«, in: Ulrich Rödel (Hg.), Autonome Gesellschaft und libertäre Demokratie, Frankfurt a.M. 1990, S. 293 (Hervorh. im Orig.).

22   Rotmann, Brian: Die Null und das Nichts. Eine Semiotik des Nullpunkts, Berlin 2000, S. 12.

23   C. Lefort: Die Frage der Demokratie, 1990, S. 295.

selbst eine Größe ist und nicht mehr eine notwendige Eigenschaft von Dingen – verdankt sich der Einführung eben jenes Nullelements.

b. Die Leerstelle als *Spur* der Abwesenheit des (vorgestellten) Gemeinschaftlichen: Die Leerstelle fungiert hier als Erinnerung und Mahnung eines gemeinschaftlichen Seins, das nie gegenwärtig, verwirklicht oder zählbar sein kann, aber in einem abwesenden Imago wirksam ist. Eine Spur, die sich in unterschiedlichste Ausdrücke, Repräsentationen oder Symboliken einschreibt, die das gemeinschaftliche Sein in den Horizont des Abwesenden stellt (typische Figurationen des Abwesenden sind: Gemeinschaft, Nation oder Volk).[24]

c. Die Leerstelle als *Unfassbarkeit* der Realität: Die Leerstelle als absolute Leere, als das reine Nichts (im Unterschied zur Null), als Negativität, die auch noch die Leerstelle selbst zu nichten droht. Eine absolute Unfassbarkeit markiert, dass jede versuchte Verkörperung unzureichend ist. Jede Berührung eines Realen, eines Dings zeigt vor allem, dass sich die Realität immer wieder entzieht.[25] Jede bestimmte, bezeichnete, protokollierte Dinghaftigkeit fällt hinter die Realität zurück. Damit ist jede noch so real oder notwendig erscheinende Institution kontestierbar, die systematische Einrichtung eines radikalen Zweifels notwendiges Momentum von Demokratie.[26]

Es lassen sich für jede Reduktion der Leerstelle auf eine der hier genannten Logiken Folgen angeben. (a) Wenn die Leerstelle allein als Nullelement – als Prinzip formaler Repräsentation – in der Praxis wirksam ist, droht Politik *entleert* zu werden und sich in Allgemeinplätzen, formalen Alternativen und unterschiedlichen Möglichkeiten zu verlieren.[27] Die Leerstelle wird zu einem neutralen Element. Auseinandersetzungen um das Unbestimmte, die Leerstelle verlieren ihre (antagonistische) Bindungskraft und ihr Identifikationspotenzial – Affekte und Leidenschaften verschwinden, die Ambiguität

---

24 Vgl. dazu statt vieler die Beiträge in: Frank, Thomas et al. (Hg.): Des Kaisers neue Kleider. Über das Imaginäre politischer Herrschaft. Texte – Bilder – Lektüren, Frankfurt a.M. 2002.

25 Vgl. dazu Nancy, Jean-Luc: Der Sinn der Welt, Zürich 2014, S. 89ff. und passim.

26 Vgl. dazu auch Rosanvallon, Pierre: Counter-Democracy: Politics in an Age of Distrust, Cambridge (UK) 2008.

27 Diese Bedrohung ist für Demokratie in digitalen Kulturen von besonderem Gewicht. Hier wären Strategien der *Ent*möglichung zu entwerfen – vgl. für erste Überlegungen: Soltro, Maria G.: Atopische politische BildungEn – Wie wir Werden, in: Werner Friedrichs (Hg.), A-topische politische Bildungen, Bielefeld 2021.

des Vielen erstarrt in seiner Zählung.[28] (b) Würde sich die Leerstelle einzig auf die Spur eines gemeinschaftlichen Moments beziehen, eignete sie sich als Wegmarke für einen »Jargon der Eigentlichkeit«[29]. Die Leerstelle ließe sich in einer Ansammlung konkreter Bildlichkeit zu einem Altar umgestalten. Ein Altar zur Anrufung eines Jenseitigen, in dessen Namen Bedeutung verkündet werden könnte. Vor antidemokratischer Willkür gäbe es keinen Schutz. Die Spur würde in einer Politik der Bildlichkeit zu einem machtvollen Imago verdichtet, in dessen Namen Ambiguität gebannt werden kann. (c) Die Leerstelle allein als reine Unfassbarkeit, als radikale Unverfügbarkeit, transformierte *die* Leere in Beliebigkeit, in leere, radikale Kontingenz. Ein spielerisches *anything goes* überdeckte die Ernsthaftigkeit des sich ereignenden, demokratischen Moments. Werte, Ethiken, Hinsichtnahmen und Orientierungen würden zu Ergebnissen eines ludischen Würfelwurfs. Die Negativität verkäme zu einem »Exerzitium«[30], das nicht mehr über die verpflichtende Kraft der Ambiguität verfügt. Die sich in der Berührung ankündigende, verbindliche Alterität würde zu einem: Mensch kann dies, jenes oder Sonstiges machen!

Das Demokratisch-Imaginäre in der Leerstelle der Demokratie

Die Leerstelle der Macht, systematischer Ausgangspunkt der Demokratie, wird in ihrer Wirkkraft also offenbar entscheidend eingeschränkt, wenn sie auf eine einzelne Logik verkürzt wird.[31] Demokratisch wirksam ist die

---

28   Vgl. die entsprechende Argumentation bei Mouffe, Chantal: Agnostik. Die Welt politisch denken, Berlin 2014.

29   Adorno, Theodor W.: Jargon der Eigentlichkeit. Zur deutschen Ideologie, Frankfurt a.M. 1964.

30   So von Habermas prominent geäußerte Skepsis gegenüber dem Versuch (hier in Adornos »Negativer Dialektik«), sich dem Unfassbaren möglichst weit zu nähern, vgl. Habermas, Jürgen: Theorie des Kommunikativen Handelns, Frankfurt a.M. 1981, S. 515f.

31   In einer vielleicht etwas überheblichen Bezugnahme ließe sich in Anlehnung an Derrida eine *Laerstelle* von einer Leerstelle unterscheiden. Eine *Laerstelle*, die der Leere unterliegt, die oberflächliche Leerstellen der formalen Leere, des Verweises oder der Ungreifbarkeit antreibt, wiederholt, verschiebt, verräumlicht und verzeitlicht, die das gemeinsame operative, wirksame Moment der Leerstellen – ihre Ambiguität – herstellt (vgl. Derrida, Jacques: »Die Différance«, in: Ders. (Hg.), Randgänge der Philosophie, Wien 1988, S. 29-52).

Leerstelle in ihrer Offenheit und Ambiguität nur dann, wenn sich die Topologie der Leere permanent vielschichtig entfaltet: sowohl im politisch-repräsentativen System als Nullelement (symbolische Ebene), um Verfahren überhaupt zu ermöglichen, als sinnstiftendes Versprechen eines nie voll anwesenden Gemeinsamen (imaginäre Ebene) und als dauerhafte, tatsächliche Möglichkeit des Infragestellens eingerichteter Teilinstitutionen, als systematisiertes Misstrauen bzw. organisierte Negativität (reale Ebene). Die drei Ebenen sind miteinander vernäht, verknotet, ohne ineinander überzugehen; ihr spannungsreiches Zusammenspiel setzt das demokratische Momentum frei.[32]

Im Zusammenhang mit Bildungsprozessen verdient die imaginäre Ebene besondere Beachtung, weil sie eine zentrale Sphäre für die Ausprägung von Selbst- und Weltverhältnissen ist.[33] Das Gesellschaftlich-Imaginäre ist eine morphologische Zone für politisch subjektive Bildung(E)n. Es entzieht sich einer konkreten Bildlichkeit und ist als das Unsichtbare »vor einem Bild«[34] zu situieren. Gleichzeitig handelt es sich nicht um ein Phantasma oder ein »Fiktives«[35], das als imaginativer Reflex über/neben den Abbildungen der Welt läge. Das Gesellschaftlich-Imaginäre kann vielmehr in seiner Materialität als ein »Gesellschaftlich-Geschichtliches«[36] theoretisiert werden, in dem sich (imaginäre) Effekte »wiederholter Praxen« und »materieller Arrangements«[37] verdichtet haben. Das heißt, das Imaginäre ist keine virtuelle Sphäre, die aus dem Nichts entsteht, sondern es durchzieht als »Magma« (Castoriadis) die gesellschaftliche Praxis in ihren Wiederholungen, Anordnungen, Handlungen, Ansprachen, Abläufen, Perspektiven, Haltungen, Präferenzen,

---

32 Zum Zusammenspiel der Ebenen vgl. einschlägig die Studien von Diehl, Paula: Das Symbolische, das Imaginäre und die Demokratie. Eine Theorie politischer Repräsentation, Baden-Baden 2015 oder Wörler, Frank: Das Symbolische, das Imaginäre und das Reale. Lacans drei Ordnungen als erkenntnistheoretisches Modell, Bielefeld 2015.

33 Denn die »Formierung von Identität vollzieht sich sowohl individuell (etwa in Ideen und Ängsten) als auch im Kollektiv im Medium des Imaginären« (Rauwald, Johannes: Politische und literarische Poetologie[n] des Imaginären. Zum Potential der Selbstveränderungskräfte bei Cornelius Castoriadis und Alfred Döblin, Würzburg 2013, S. 12).

34 Didi-Hubermann, Georges: Vor einem Bild, München 2000.

35 Iser, Wolfgang: Das Fiktive und das Imaginäre. Perspektiven literarischer Anthropologie, Frankfurt a.M. 1991.

36 Castoriadis, Cornelius: Gesellschaft als imaginäre Institution, Frankfurt a.M. 1990, S. 285f. und passim.

37 Schatzki, Theodore R.: The Site of The Social. A Philosophical Account of the Constitution of Social Life and Change, University Park (PA) 2002, passim.

Intentionen und Versammlungen. Das Imaginäre ist insoweit deutlich ontologischer zu denken, als es ein verbreitetes Verständnis von Imagination nahelegt. Es entzieht sich aber gleichzeitig der strikten Alternative von Sein und Nichtsein.

Innerhalb der Topologie der Leerstellen richtet sich der Übergang vom Unbestimmten (dem ungreifbaren Nichts) in das Bestimmte (dem Nullelement) am Imaginären aus. Eine politische Form im engeren Sinne erhält dieser Übergang vom Unbestimmten ins Bestimmte durch seine epistemologische Einrichtung als Repräsentation. Durch die Repräsentation wird ein unbestimmtes Abwesendes mit der Bedeutung des präsenten Anwesenden verbunden. Die Schaffung eines solchen Ausdrucks ist in der Regel mit dem Einrichten einer bestimmten Zählung, dem Einführen eines spezifischen Nullelements sowie einer politischen Ikonografie verbunden. Die politische Repräsentation, als Einrichtung eines Raumes der Politik, steht damit in einem produktiven Spannungsverhältnis zum Imaginären: Durch einen symbolisch eingerichteten Übergang wird ein bestimmtes, gesellschaftliches Imaginäres mindestens nahegelegt, präfiguriert oder im äußersten Fall sogar erzwungen. Und genau durch diese Verbindung erhält die Repräsentation ihre politische Bedeutung: »Repräsentation und Macht sind von derselben Natur«[38]. Ohne eine eingerichtete Repräsentation funktionierte die Verkörperung von Macht nicht. Anwesenheit und Abwesenheit, Bestimmtes (Null) und Unbestimmtes (Nichts) werden in einer Repräsentation eingerichtet, die im Zentrum jeder politischen Ordnung steht. Eine postdemokratische Tendenz ergibt sich, wenn sich der eingerichtete Übergang vom Imaginären abkapselt. Der Anspruch einer lebendigen Demokratie lässt sich demnach nur einlösen, wenn die Repräsentation an ein Demokratisch-Imaginäres anschließt, ohne sie ideologisch gänzlich zu überschreiben.

Von Neuem – wiederholt: Das Demokratisch-Imaginäre ist kein Ding und kein Nichts. Es befindet sich am Übergang vom Unbestimmten in das Bestimmte, vom Nichts in die Null. Das Imaginäre ist eins, ohne identisch mit sich zu sein. Es ist von einer spezifischen Logik – der des »Magmas«.[39]

---

38   Marin, Louis: Das Portrait des Königs, Berlin 2005, S. 12.

39   Vgl. hier insbesondere Castoriadis, Cornelius: Das imaginäre Element und die menschliche Schöpfung, Lich 2010, S. 25ff., 118ff. und passim. Anschlussfähig für die mögliche Logik des Imaginären dürften auch die Überlegungen von Badiou sein. Vgl. dazu Tasić, Vladimir: »Mathematics and Revolutionary Theory: Reading Castoriadis after Badiou«, in: Cosmos and History: The Journal of Natural and Social Philosophy 8 (2012), S. 60-77.

Das Demokratisch-Imaginäre weist eine originäre Ambiguität auf, die weder in metrisierter Vielheit noch in abstrakter Beliebigkeit aufgeht. Es stellt eine morphologische Zone dar, in der sich subjektive, demokratisch-imaginäre Dispositive ausprägen können. Denn Bürger_innen *bilden* ihr demokratisches Weltverhältnis nicht auf einer theoretisch-begrifflichen Folie aus, sondern in einem imaginären Dispositiv.[40] Das *Kollektiv-Demokratisch-Imaginäre* ist dabei die Sphäre für die Bildung(E)n subjektiver demokratisch-imaginärer Dispositive.[41] Das Imaginäre ist durch eine fundamentale Ambiguität gekennzeichnet: Es ist flüssig, vielschichtig, rhizomatisch, offen, verknotet, ausflockend, deterritorial, dislokalisiert, mäandernd, verschiebend, wiederholend. Die Ambiguität schreibt sich damit in die Bildung(E)n des *Subjektiv-Demokratisch-Imaginären* ein – noch *vor seinen Erscheinungsweisen* in unterschiedlichen Haltungen, Meinungen oder Einstellungen. Das Demokratisch-Imaginäre ist nicht autonom – es hat eine Geschichte. Es *zeigt* sich in vielschichtiger Bildlichkeit, wird aber auch durch Bild-, Symbol- oder Sprachgebrauch beständig erneuert, verschoben und umgeschrieben.

Für die politische Bildung erwachsen daraus zwei Zugriffe. Zunächst gibt die Bildhaftigkeit des sprachlichen Ausdrucks Auskunft über das Imaginäre und damit über Welthaltungen bzw. nahegelegte Welthaltungen. Das Imaginäre hat einen *caractère métaphorique*.[42] Die Arbeit an politisch-ästhetischen BildungEn setzt hier an: die Entwicklung eines Zugangs zum bildhaften Ausdruck des Subjektiv-Demokratisch-Imaginären. Etwa lässt die metaphernanalytische Betrachtung politischer Ausdrücke Rückschlüsse auf das Imaginäre zu.[43] In welchen Figuren, Tropen, Übertragungen, Narrativen und Iko-

---

40   Vgl. dazu auch die Überlegungen von Taylor, Charles: »Modern Social Imaginaries«, in: Public Culture 14 (2002), S. 106: »I speak of imaginary because I'm talking about the way ordinary people ›imagine‹ their social surroundings, and this is often not expressed in theoretical terms; it is carried in images, stories, and legends. […] [T]he social imaginary is that common understanding that makes possible common practices and a widely shared sense of legitimacy.«

41   Die Medialität, die Sphäre weiter zu erschließen, bildet ein Forschungsdesiderat für eine Philosophie politischer Bildung. Anschlussfähig wären hier sowohl einfache Schematisierungen (vgl. etwa Heider, Fritz: Ding und Medium, Berlin 2005) als auch komplexe Entwürfe (vgl. etwa Badiou, Alain: Das Sein und das Ereignis, Berlin 2005).

42   Godelien, Maurice: L'imaginé, l'imaginaire et le symbolique, Paris 2015, S. 54.

43   Vgl. für erste Überlegungen dazu: Männer, Verena: Sprachbilder als Spiegel und Formierungselemente bildlicher Anteile politischer Vorstellungen. Eine Metaphernanalyse zum Thema Europa, Unveröffentlichte Masterarbeit, Bamberg 2018.

nen zeigt sich das »Imaginäre? Welche Erkenntnisse lassen sich aus der metaphorischen Anordnung über Themen wie Gerechtigkeit, Gesellschaft, Wirtschaft, Gemeinschaft über das demokratische Imaginäre gewinnen?

Außerdem ist die Arbeit am demokratischen Bildraum der Repräsentation[44], aus dem sich Figurationen des Demokratisch-Imaginären ergeben, notwendig. Dies erfordert den Übergang von einem (bisher bevorzugten) rezeptionstheoretischen zu einem produktionsorientierten Zugang zur Bildlichkeit.[45] Es geht nicht um die Frage, wofür ein bestimmtes Bild steht, was darin zu sehen ist. Sondern darum, welches demokratische Imaginäre durch eine bestimmte Zusammenstellung von Bildern erzeugt wird und welche politischen Bildung(E)n dadurch (nicht) ermöglicht werden. Hier kann etwa an den »Curatorial Turn«[46] angeschlossen werden. In ikonografisch-repräsentativen Konstellationen *bildet* sich das Subjektiv-Demokratisch-Imaginäre als Einbildungskraft, auf dessen Grundlage sich das spezifisch demokratische Weltverhältnis konkretisiert.

Am Schluss darf es keinen Schluss geben: Das momenthafte Sein der Leerstelle muss immer in Richtung des Werdens der *Laerstelle*[47] geöffnet bleiben. Demokratische politische Bildung(E)n sind aussichtsreich nur möglich in einem ambigen Demokratisch-Imaginären. Logische oder symbolische Versteifungen und Abschließungen in demokratischer Repräsentation sowie die damit zusammenhängende Ablösung vom Imaginären führen zu Abkopplungen, Entgegenstellungen oder Radikalisierungen. Das Demokratisch-Imaginäre ist Ausgangspunkt für demokratische politische Bildung(E)n – politische Bildung(E)n sind Voraussetzung für eine lebendige Demokratie.

---

44   Vgl. einschlägig hierzu nach wie vor Holert, Tom: Regieren im Bildraum, Berlin 2008.

45   Vgl. dazu weiterführende Überlegungen mit entsprechenden Nachweisen: Friedrichs, Werner: Der politische Blick: Über das langsame Zusammenwachsen politischer und ästhetischer Bildung, in: Markus Gloe/Tonio Oeftering (Hg.), Politische Bildung meets Kulturelle Bildung. Baden-Baden 2020, S. 17-31..

46   Meyer, Torsten: »The Next Art Educator«, in: Lerchenfeld 46 (2018), S. 3-8.

47   Vgl. Anm. 31.

Literaturverzeichnis

Adorno, Theodor W.: Jargon der Eigentlichkeit. Zur deutschen Ideologie, Frankfurt a.M. 1964.

Badiou, Alain: Das Sein und das Ereignis, Berlin 2005.

Barel, Yves: Le paradoxe et le système. Essai sur le fantastique social, Grenoble 1979.

Bedorf, Thomas: »Das Politische und die Politik – Konturen einer Differenz«, in: Thomas Bedorf/Kurt Röttgers (Hg.), Das Politische und die Politik, Berlin 2010, S. 13-37.

Böckenförde, Ernst-Wolfgang: »Die Entstehung des Staates als Vorgang der Säkularisation«, in: Ders. (Hg.), Staat, Gesellschaft, Freiheit. Studien zur Staatstheorie und zum Verfassungsrecht, Frankfurt a.M. 1976, S. 41-64.

Castoriadis, Cornelius: Gesellschaft als imaginäre Institution, Frankfurt a.M. 1990.

–: Das imaginäre Element und die menschliche Schöpfung, Lich 2010.

Comtesse, Dagmar/Flügel-Martinsen, Oliver/Martinsen, Franziska/Nonhoff, Martin (Hg.): Handbuch Radikale Demokratietheorie, Frankfurt a.M. 2019.

Deleuze, Gilles: Differenz und Wiederholung, München 1992.

Derrida, Jacques: »Die Différance«, in: Ders. (Hg.), Randgänge der Philosophie, Wien 1988, S. 29-52.

Didi-Hubermann, Georges: Vor einem Bild, München 2000.

Diehl, Paula: Das Symbolische, das Imaginäre und die Demokratie. Eine Theorie politischer Repräsentation, Baden-Baden 2015.

Flügel-Martinsen, Oliver/Friedrichs, Werner: »Intensive versus grundlose Demokratie«, in: Dagmar Comtesse et al. (Hg.), Handbuch Radikale Demokratietheorie, Berlin 2019, S. 703-716.

Frank, Thomas/Koschorke, Albrecht/Lüdemann, Susanne/Matala de Mazza, Ethel (Hg.): Des Kaisers neue Kleider. Über das Imaginäre politischer Herrschaft. Texte – Bilder – Lektüren, Frankfurt a.M. 2002.

Friedrichs, Werner: »Der politische Blick: Über das langsame Zusammenwachsen politischer und ästhetischer Bildung«, in: Markus Gloe/Tonio Oeftering (Hg.), Politische Bildung meets Kulturelle Bildung, Baden-Baden 2020, S. 17-31.

Garcées, Marina: Neue radikale Aufklärung, Wien 2019.

Godelien, Maurice: L'imaginé, l'imaginaire et le symbolique, Paris 2015.

Grammes, Tilmann: »Kontroversität«, in: Wolfgang Sander (Hg.), Handbuch polititische Bildung, Bonn 2007, S. 126-145.

Habermas, Jürgen: Theorie des kommunikativen Handelns, Frankfurt a.M. 1981.

Heider, Fritz: Ding und Medium, Berlin 2005.

Heil, Reinhard/Hetzel, Andreas (Hg.): Die unendliche Aufgabe. Kritik und Perspektiven der Demokratietheorie, Bielefeld 2006.

Holert, Tom: Regieren im Bildraum, Berlin 2008.

Iser, Wolfgang: Das Fiktive und das Imaginäre. Perspektiven literarischer Anthropologie, Frankfurt a.M. 1991.

Jay, Martin: »Die skopischen Ordnungen der Moderne«, in: Leviathan 20 (1992), S. 178-195.

Laclau, Ernesto/Mouffe, Chantal: Hegemonie und radikale Demokratie. Zur Dekonstruktion des Marxismus, Wien 1991.

Lacoue-Labarthe, Philippe/Nancy, Jean-Luc: »Le ›retrait‹ du politique«, in: Dies. (Hg.), Le retrait du politique, Paris 1983, S. 183-205.

Lefort, Claude: »Die Frage der Demokratie«, in: Ulrich Rödel (Hg.), Autonome Gesellschaft und libertäre Demokratie, Frankfurt a.M. 1990, S. 281-297.

Lyotard, Jean-François: Der Widerstreit, München 1989.

–: Das postmoderne Wissen, Wien 1994.

Männer, Verena: Sprachbilder als Spiegel und Formierungselemente bildlicher Anteile politischer Vorstellungen – Eine Metaphernanalyse zum Thema Europa. Unveröff. Masterarbeit, Bamberg 2018.

Marchart, Oliver: »Undarstellbarkeit und ›ontologische Differenz‹«, in: Ders. (Hg.), Das Undarstellbare der Politik. Zur Hegemonietheorie Ernesto Laclaus, Wien 1998, S. 7-20.

–: Die politische Differenz, Frankfurt a.M. 2010.

Marin, Louis: Das Portrait des Königs, Berlin 2005.

Meyer, Torsten: »The Next Art Educator«, in: Lerchenfeld 46 (2018), S. 3-8.

Mouffe, Chantal: Über das Politische. Wider die kosmopolitische Illusion, Frankfurt a.M. 2007.

–: Das demokratische Paradox, Wien 2008.

–: Agnostik. Die Welt politisch denken, Berlin 2014.

Nancy, Jean-Luc: Der Sinn der Welt, Zürich 2014.

Rancière, Jacques: Das Unvernehmen. Politik und Philosophie, Frankfurt a.M. 2002.

–: Die Aufteilung des Sinnlichen. Die Politik der Kunst und ihre Paradoxien, Berlin 2008.

Rauwald, Johannes: Politische und literarische Poetologie(n) des Imaginären. Zum Potential der Selbstveränderungskräfte bei Cornelius Castoriadis und Alfred Döblin, Würzburg 2013.

Rosanvallon, Pierre: Counter-Democracy Politics in an Age of Distrust, Cambridge (UK) 2008.

Rotmann, Brian: Die Null und das Nichts. Eine Semiotik des Nullpunkts, Berlin 2000.

Schatzki, Theodore R.: The Site of The Social. A Philosophical Account of the Constitution of Social Life and Change, University Park (PA) 2002.

Schiele, Siegfried/Schneider, Herbert (Hg.): Das Konsensproblem in der politischen Bildung, Stuttgart 1977.

Soltro, Maria G.: Atopische politische BildungEn – Wie wir Werden, erscheint in: Werner Friedrichs (Hg.), A-topische politische Bildungen, Bielefeld 2021.

Tasić, Vladimir: »Mathematics and Revolutionary Theory: Reading Castoriadis after Badiou«, in: Cosmos and History: The journal of Natural and Social Philosophy 8 (2012), S. 60 77.

Taylor, Charles: »Modern Social Imaginaries«, Public Culture 14 (2002), S. 91-124.

Whitehead, Alfred North: Prozess und Realität. Entwurf einer Kosmologie, Frankfurt a.M. 1979.

Wörler, Frank: Das Symbolische, das Imaginäre und das Reale. Lacans drei Ordnungen als erkenntnistheoretisches Modell, Bielefeld 2015.

Žižek, Slavoj: Was ist ein Ereignis?, Frankfurt a.M. 2014.

Doppelte Bildlektüren (mindestens)
Zur komplexen Vermittlung der Moderne im Kunstunterricht am Beispiel der Ausstellung *museum global. Mikrogeschichten einer ex-zentrischen Moderne* (2018/19)

Katja Hoffmann

Fremdheit und Alterität

Kunst kann Fremdheitserfahrungen auslösen.[1] Das zumindest wird in bildungstheoretisch informierten Diskursen, die sich auf den rezeptiven Kunstunterricht oder auch auf Kunstvermittlungs-Settings im Ausstellungskontext beziehen, häufig konstatiert.[2] Warum? Kunst, so die These, zumal zeitgenössische oder moderne Kunst, ist häufig nicht auf ›den ersten Blick‹ zugänglich und fordert deswegen eine Einlassung heraus, die – im besten Falle – eine Bildungserfahrung nach sich zieht: Bildung meint hier die Verschiebung, Öffnung, produktive Infragestellung des eigenen Selbst- und Weltverhältnisses durch beispielsweise Erfahrungen des Alteritären oder auch Ambigen. Gerade aus einer durch Konfrontation mit dem Anderen, mit dem Fremden, mit dem Unbekannten resultierenden Alteritätserfahrung liege das Potenzial für einen nachhaltigen Bildungsprozess, der eine Auseinandersetzung mit dem

---

1   Vgl. u.a. Pazzini, Karl-Josef: »Nachträglich unvorhersehbar«, in: Klaus-Peter Busse/Karl-Josef Pazzini (Hg.), (Un)vorhersehbares Lernen. Kunst – Kultur – Bild. Dortmund 2008, S. 43-70.

2   Vgl. Sturm, Eva: »Die Position ›von Kunst aus‹ in 9 Punkten dargelegt«, in: Mission Kulturagenten – Onlinepublikation des Modellprogramms »Kulturagenten für kreative Schulen 2011-2015«. Hg. von Forum K&B GmbH, Berlin 2015, S. 1-11, http://publikatio n.kulturagenten-programm.de/onlinepublikation.html (Zugriff 15.09.2020) sowie K.-J. Pazzini: Nachträglich unvorhersehbar, 2008.

bisherigen Welt- und Selbstverständnis nach sich ziehen kann, so u.a. die These einer an individuellen Transformationen von Lernenden orientierten, aber auch einer phänomenologisch ausgerichteten Erziehungswissenschaft.[3]

Dieser Beitrag möchte für die komplexen Möglichkeiten der Verschiebung, der Infragestellung von Selbst- und Weltverständnissen in Bezug auf die voraussetzungsvolle Deutung von Gegenständen der Kunst und ihrer Geschichte(n) sensibilisieren. »Voraussetzungsvoll« meint hier, dass die Deutung von Kunst und ihrer Geschichte immer auch durch historisch formierte, machtvolle Diskurse geprägt ist, mit denen wir – als Betrachtende – implizit oder explizit bei der Wahrnehmung von Kunst (nicht zuletzt in musealen Kontexten) konfrontiert sind. Bildwahrnehmungen sind folglich auch immer von dem historischen Ort, von dem jeweiligen Kontext abhängig, in dem sie rezipiert werden. Ihre Deutung ist durchaus variabel und insofern auch von den jeweiligen Diskurslagen abhängig. Dies wird beispielhaft an der Inszenierung einer vielschichtigen, heterogenen, künstlerischen Moderne im Rahmen der genannten Ausstellung sichtbar. Diesem für Bildungsmomente wichtigen Aspekt »doppelter Bildlektüren«, dem immer auch das Moment der Ambiguität, der Doppeldeutigkeit, inhärent ist, widmet sich der folgende Artikel.

Dazu möchte ich exemplarisch eine Vermittlungssituation in den Mittelpunkt stellen, die sich aus einer szenografischen Inszenierung innerhalb der Ausstellung *museum global. Mikrogeschichten einer ex-zentrischen Moderne*, die vom 10. November 2018 bis zum März 2019 in Düsseldorf gezeigt wurde, ergibt: Mein Fokus liegt dabei auf einem Ausstellungsteil, der sich insbesondere der künstlerischen Produktion Nigerias in der Moderne widmet, sowie auf einem weiteren Raum, der als Prolog dieser nigerianischen Mikrogeschichte fungierte.[4] Dabei möchte ich zunächst eine diskursanalytische Perspektive starkmachen: Sie richtet den Blick darauf, dass die Bedeutung, die Bildern innerhalb der »Geschichte der Kunst« zugeschrieben wird, durch historisch

---

3   Vgl. Koller, Hans-Christoph/Marotzki, Winfried/Sanders, Olaf (Hg.): Bildungsprozesse und Fremdheitserfahrung. Beiträge zu einer Theorie transformatorischer Bildungsprozesse, Bielefeld 2007. Vgl. zu einem solchermaßen gefassten Bildungsbegriff auch die jüngst verfasste Publikation der Hamburger Fachdidaktiken Bähr, Ingrid et al.: Irritation als Chance. Bildung fachdidaktisch denken, Wiesbaden 2019.

4   Malz, Isabelle: »›A New Art Culture for A New Society‹. Verwobene Geschichten einer postkolonialen Moderne in Nigeria«, in: Ausst.Kat. museum global. Mikrogeschichten einer ex-zentrischen Moderne. Hg. von Susanne Gaensheimer et al., Köln 2018, S. 231f.

etablierte, dominante und damit machtvolle Diskurse geprägt ist.[5] Im Mittelpunkt der Betrachtung steht die Verschränkung von Bildern mit jeweils spezifisch historischen Diskursen und ihre daraus resultierende Geltung im Rahmen einer Geschichte der Kunst. Der genannte Ausstellungsteil eröffnet, so die These, Möglichkeiten der Bedeutungsverschiebung innerhalb einer Diskursgeschichte der ›Klassischen Moderne‹ vor dem Hintergrund postkolonialer Reflexionen.

Zentral für meine Argumentation ist, dass die Bedeutung, die wir Bildern zuschreiben, sich im Wahrnehmen, Denken und schließlich im Sprechen über sie konstruiert. Um Bildungsprozesse durch Bilder zu initiieren, benötigt die Bildwahrnehmung einen Raum der Explikation, der beispielsweise innerhalb einer Ausstellung im gemeinsamen Wahrnehmen und Sprechen über Bilder entsteht. Erst im durchaus auch kontrovers geführten Diskurs wird die Infragestellung des eigenen Selbst- und Weltverständnisses möglich. Die Ausstellung forderte, so die These, das eurozentristisch geprägte Selbst- und Weltverständnis der sogenannten Klassischen Moderne durch die kuratorische Inszenierung einer »ex-zentrischen Moderne« heraus.

Verschiebungen

Die im K20 in Düsseldorf kuratierte Ausstellung inszenierte eine alternative Lesart der künstlerischen Moderne. Sie stellte in ihrer Anlage die Positionierung sogenannter Schlüsselwerke der Moderne im Horizont außereuropäischer, künstlerischer Produktion zur Debatte. Bemerkenswert ist dies vor allem deswegen, weil Werke der sogenannten Klassischen Moderne einen zentralen Bestand der Sammlung des Hauses bilden. Als eines von bis dato drei Ausstellungsprojekten widmete sich die genannte Schau der kanonkritischen Befragung der eigenen Sammlung in Bezug auf eine spezifisch ›westliche‹ Konstruktion der künstlerischen Moderne.[6] Die Kunstsammlung selbst, die seit 1961 durch den Gründungsdirektor Werner Schmalenbach aufgebaut wurde, zeichnet sich vor allem durch einen umfangreichen Bestand an Gemälden

---

5   Vgl. Landwehr, Achim: Historische Diskursanalyse, Frankfurt a.M. 2008, insbes. S. 56-
     59.

6   Vgl. Aust.Kat. museum global, 2018 sowie www.kulturstiftung-desbundes.de/de/pro-
     jekte/bild_und_raum/detail/museum_global.html (Zugriff 15.09.2020)

von als ›zentral‹ bezeichneten Vertretern der sogenannten Klassischen Moderne aus,[7] so auch von Picasso, Kirchner und Modigliani, die im Folgenden eine Rolle spielen werden. Der Kanon der Klassischen Moderne ist in diesem Ausstellungshaus mehr als nur präsent: Er wurde unter anderem hier »bebildert« und hat den Diskurs um die abstrakte Moderne im bundesrepublikanischen Kunstbetrieb maßgeblich geprägt. Nicht zuletzt in diesem Haus – so auch an anderen Orten des westlichen Kunstbetriebs seit den 1950er-Jahren – formierte sich der Diskurs über die Klassische Moderne in seiner musealen, sammlungsspezifischen Ausprägung. Nach der nationalsozialistischen Diffamierung u.a. jüdischer Künstler*innen als »entartet« wurde in Deutschland im Sinne einer Rehabilitierung und Wiedergutmachung dieser desaströsen Stillstellung kultureller Ambiguität eine ganz spezifische Kunstgeschichte der Moderne geschrieben, besser noch: bebildert.[8] Dieses Masternarrativ, das das Kunstschaffen der Moderne seit der Jahrhundertwende über ihre sogenannten Ismen in Epochen bzw. Stile zergliederte (so etwa Impressionismus, Expressionismus, Kubismus, Futurismus etc.) wurde zudem in internationalen Ausstellungshäusern wie beispielsweise dem Museum of Modern Art in New York sowie innerhalb von international ausgerichteten Großausstellungen, so beispielsweise im Rahmen der ersten drei *documenta*-Ausstellungen, in unterschiedlichen Schwerpunktsetzungen sichtbar gemacht[9].

Um die Jahrtausendwende veränderte sich der Blick auf diese spezifische kunsthistorische Historiografie zunehmend, d.h. insbesondere nach dem Fall der Mauer, dem Ende des Ost-West-Konflikts und vor dem Hintergrund weltweit wahrnehmbarer Globalisierungseffekte wie etwa großer Flucht- bzw. Migrationsbewegungen, bei denen nun auch das Nord-Süd-Gefälle verstärkt in den Fokus geriet. Zwar stellte bereits die postkoloniale Theorie eine eurozentristische Kunstgeschichtsschreibung infrage, und damit auch eine noch stark stilgeschichtliche, an der Abstraktion ausgerichtete Historiografie der Klassischen Moderne. Jedoch wurde zum Ende des letzten Jahrtausends der eurozentristische Blick auf Kunst verstärkt im Ausstellungsbetrieb durch eine

---

7   Aust.Kat. museum global, 2018, S. 8.

8   Vgl. zum Motiv der Rehabilitierung und Wiedergutmachung als »entartet« bezeichneter Künstler*innen u.a. bezogen auf die Documenta Grasskamp, Walter: Die unbewältigte Moderne. Kunst und Öffentlichkeit, München 1989.

9   Vgl. u.a. Hoffmann, Katja: Ausstellungen als Wissensordnungen. Zur Transformation des Kunstbegriffs auf der Documenta 11, Bielefeld 2013, S. 71ff.

Ausweitung und Verschiebung des Diskurses auf den Prüfstand gestellt: Unter anderem die *documenta 10* (1997) von Catherine David und nachfolgend die maßgeblich von Okwui Enwezor verantwortete Kasseler Kunstschau (2002) waren wichtige Marksteine dieser Entwicklung. Auch innerhalb des staatlichen Kulturbetriebs und seiner Kunstmuseen war es überfällig, ein weithin ausgeprägtes Masternarrativ der nicht zuletzt Klassischen Moderne aus einer postkolonialen Perspektive zu befragen und Orte der künstlerischen Produktion im 20. Jahrhundert jenseits der westlichen Zentren wahrzunehmen. Auch das 2014 initiierte Forschungsprojekt unter dem Titel *museum global* versuchte diesen Anspruch mit der bereits genannten Ausstellung durch die Sichtbarmachung von künstlerischen Positionen jenseits der klassischen, europäischen Moderne einzulösen.[10] Eine kanonkritische Inszenierung der Moderne, die Kunstschaffende jenseits der im Diskurs vielfach rekapitulierten westlichen Zentren in den Fokus rückte, war das zentrale Anliegen. Kennzeichnend war an den gezeigten, in Ländern außerhalb Europas und den USA entstandenen Werken, dass hier, je nach Position, mehr oder weniger starke formale Bezüge zum kanonischen Formenrepertoire der abstrakten Malerei der Klassischen Moderne sichtbar wurden. Für das im Rahmen der vorliegenden Publikation in den Mittelpunkt gesetzte Thema der Ambiguität wurde hier exemplarisch deutlich, wie unterschiedlich Bilder kontextualisiert werden können und damit auch deren spezifische Wahrnehmung und Bedeutungszuschreibung aus- bzw. »zugerichtet« wird.

Doppelte Bildlektüren

Ich möchte diesem Phänomen der Ambiguität im Sinne der Möglichkeit »doppelter Bildlektüren« nachgehen. Eine solcherart »doppeldeutige Bildwahrnehmung« lässt sich exemplarisch an einem szenografischen Beispiel innerhalb der Ausstellung verdeutlichen. Innerhalb eines Raumes waren – gleichsam als Prolog zur Mikrogeschichte Nigerias – Pablo Picassos *Femme assise dans un fauteuil* (1941; vgl. Abbildung 1 und 2) sowie dessen *Portrait de Fernande* (1909) zu sehen, darüber hinaus zwei weitere Gemälde von Vertretern der Klassischen Moderne (Abbildung 3). Alle vier Werke, so auch Picassos sitzende Frau (Abbildung 2), zählen zum zentralen Bestand der Sammlung. Wichtig für meine Argumentation ist, dass im kunsthistorischen Diskurs das

---

10   Vgl. Ausst.Kat. museum global, 2018.

genannte Bild zusammen mit weiteren Werken aus dieser Motivreihe als Teil einer der zentralen Werkphase Picassos rezipiert wurde:[11] Es entstand zur Zeit der deutschen Besatzung in Paris. Aufgrund der politischen Situation primär auf sein Atelier zurückgeworfen, hatte Picasso höchst variantenreich seine Geliebte, Dora Maar, porträtiert. In einer stil- oder epochengeschichtlichen Lesart, die innerhalb des musealen und kunsthistorischen Diskurses der Klassischen Moderne häufig realisiert wird, lässt sich dieses Werk folglich plausibel einordnen: Das *Aufbrechen der Perspektive*, die *Fragmentierung der Porträtansicht*, die *Verunklärung der räumlichen Orientierung* durch die *flächenhafte, maskenartige Darstellung des Angesichts* stehen, so die Deutung, charakteristisch für die Reife von Picassos Schaffen und für die Fortentwicklung seiner frühen kubistischen Phase bis hin zu seinem eigenen, ausgereiften »Stil«.[12] Die Bedeutung des Bildes erschließt sich folglich im Rahmen des Diskurses über die Klassische Moderne durch seine Einordnung bzw. Fortentwicklung in Bezug auf einen der zentralen Stile (Kubismus) und damit durch seine Zuschreibung *qua* formaler Ausprägung und Provenienz. Im Rahmen des Sammlungsbestandes ist eben genau jene Lesart eine zentrale und wichtige, vor allem auch eine historisch geprägte Lesart, die nicht zuletzt im Diskurs des Kunstbetriebs die Güte der Sammlung begründete.

Entgegen der skizzierten kanonischen Einordnung ist nun allerdings für das aktuelle Ausstellungsprojekt *museum global* bezeichnend, dass durch die Kontextualisierung dieses Bildes und der in unmittelbarer Nachbarschaft gezeigten Gemälde eine alternative Lesart herausgefordert wird. Das Beispiel kann die für den vorliegenden Band zentrale Thematik der *Ambiguität von Bildlektüren* vor Augen führen, da das genannte Bild durch die szenografische Anordnung in einen alternativen Deutungshorizont gestellt werden kann. Zwar wurde das genannte Werk direkt neben einem weiteren prominenten Exponat aus der Phase des sogenannten analytischen Kubismus gezeigt, nämlich dem in geometrischen Formen fragmentierten *Portrait de Fernande* aus dem Jahr 1909 (Abbildung 1).[13]

Darüber hinaus waren zwei weitere Werke von Künstlern der Klassischen Moderne zu sehen: das unmittelbar an der benachbarten Wand in starken

---

11   Vgl. u.a. Warncke, Carsten-Peter: Pablo Picasso. 1883-1973. Hg. von Ingo E. Walther. Bd. 2, Köln 1995, darin das Kapitel »Der ›Stil Picasso‹«, S. 403ff.

12   Vgl. ebd.

13   Vgl. ebd., S. 165ff.

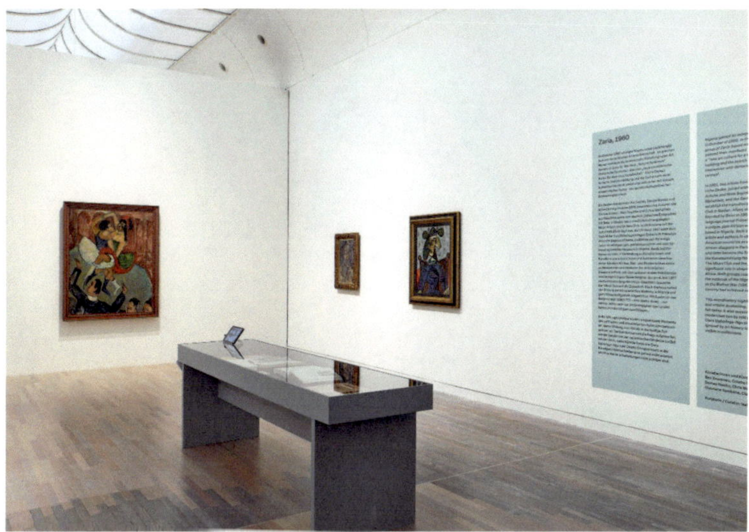

Abb. 1: Installationsansicht mit Werken von Ernst Ludwig Kirchner und Pablo Picasso in der Ausstellung museum global. Mikrogeschichten einer ex-zentrischen Moderne, Kunstsammlung Nordrhein-Westfalen 2018.

Farbkontrasten angelegte Bild mit dem Titel *Negertanz* (1911) von Ernst Ludwig Kirchner (Abbildung 3) sowie gegenüberliegend die in geometrischen Formen gestaltete und Brauntönen modulierte Frauendarstellung mit dem Titel *Karyatide* (1911/12) von Amedeo Modigliani. Jedoch forderte die hier installierte Szenografie eine alternative Lektüre der Exponate und damit eine Diskursverschiebung heraus: Denn Picassos Bild und mit ihm die genannten anderen drei Exponate der Klassischen Moderne wurden mit einer Filmprojektion von Chris Marker und Alain Resnais konfrontiert. An der Stirnseite des Ausstellungsraumes war der Film LES STATUES MEURENT AUSSI aus dem Jahre 1953 zu sehen (Abbildung 4). Dieser Film zeichnete sich bereits zur Entstehungszeit durch seine explizite Rassismus- und Kolonialismuskritik aus und thematisiert den Umgang mit sogenannter Raubkunst aus afrikanischen Ländern in Europa.[14] Darüber hinaus befand sich in diesem Ausstellungraum mittig angeordnet eine große Vitrine, die unter anderem Schriften von Werner Schmalenbach enthielt (u.a. Abbildung 1): Hatte doch der erste Direktor

---

14   Vgl. I. Malz, A New Art Culture for A New Society, 2018, S. 231f.

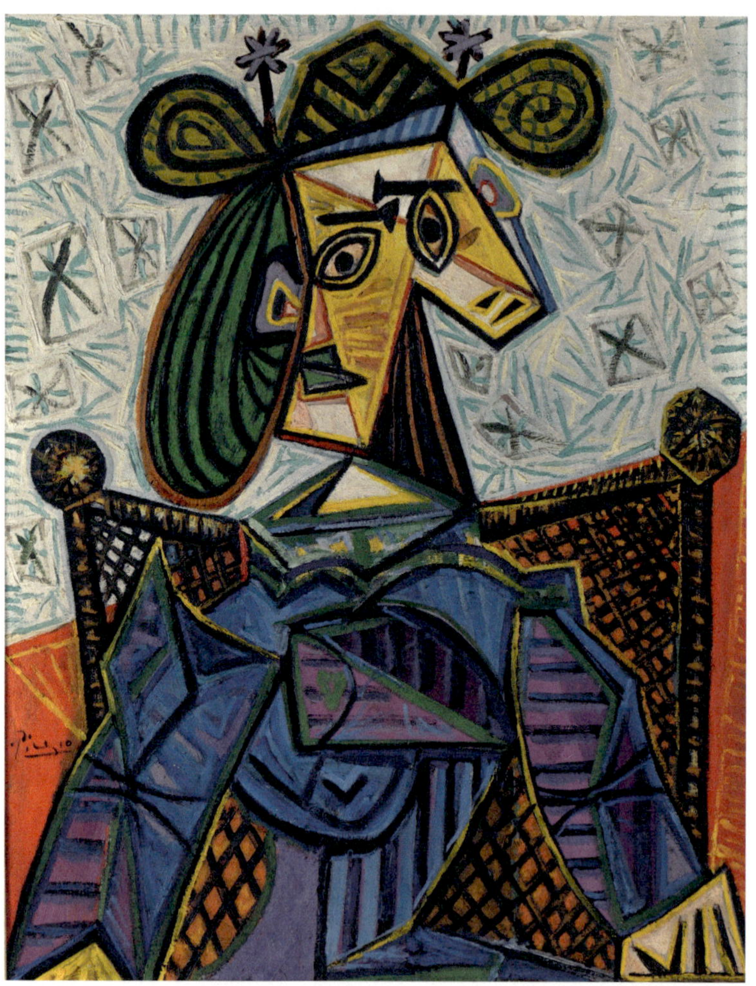

Abb. 2 : Pablo Picasso : Femme assise dans un fauteuil, Öl auf Leinwand, 80,7 x 65 cm (1941)

des Ausstellungshauses eine Dissertation unter dem Titel *Die Kunst der Natur-völker als Anregungsquelle für die europäische Kunst bis 1900* verfasst und 1953 eine Monografie unter dem Titel *Die Kunst Afrikas*, die hier zu sehen waren. Mit dieser Kontextualisierung eröffnete sich ein anderer, alternativer Deutungs-horizont, der die künstlerische Produktion der westlichen Moderne, hier exemplarisch jene von Picasso, aber auch von Modigliani und Kirchner und im weiteren Sinne ihre Deutung im Rahmen einer klassischen kunsthistorischen Historiografie verschieben konnte. Denn mit dieser Konfrontation wurde unmittelbar die Frage aufgeworfen, inwiefern sich der sogenannte Westen die künstlerische Produktion aus nicht europäischen Ländern im Zuge kolonialer Machtstrukturen angeeignet hat, ohne ihr im Rahmen des kunsthistorischen Masternarrativs der ›Klassischen Moderne‹ einen gebührenden Platz einzuräumen. Darüber hinaus löste die Ausstellung die Befragung des Kanons der Klassischen Moderne über die Präsentation von weiteren Exponaten aus der »postkolonialen Moderne in Nigeria«[15] aus: In dem sich anschließenden Raum wurden Exponate von nigerianischen Künstler*innen gezeigt. Das kuratorische Konzept rechnete diese außereuropäischen Positionen folglich explizit der Moderne zu, aber eben einer »ex-zentrischen« und nicht einer »klassischen«, so etwa durch die Präsentation von Werken von u.a. Ben Enwonwu, Clara Ugbodaga-Ngu, Uche Okeke oder Colette Omogbai (Abbildung 5).

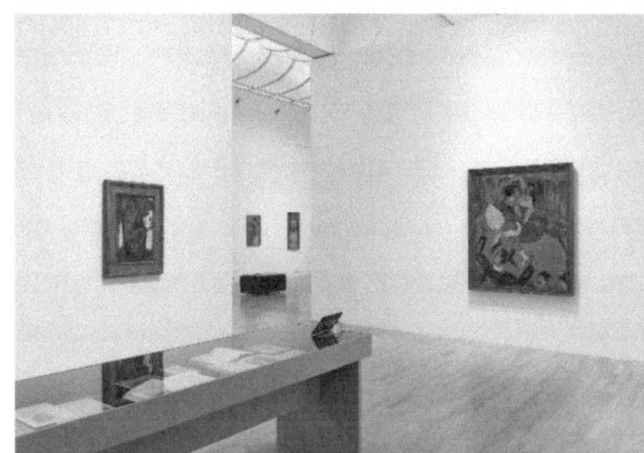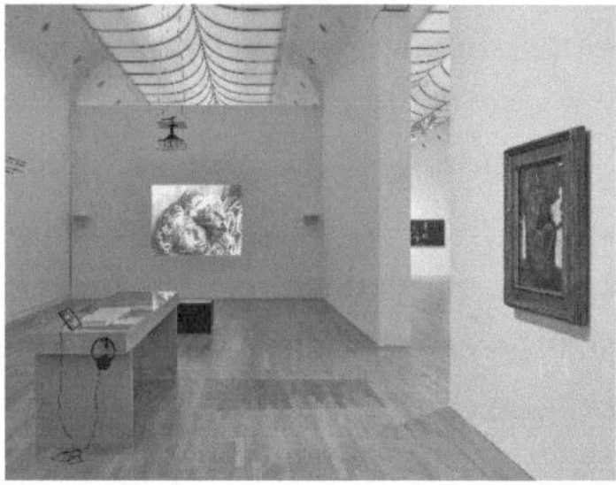

Abb. 3: Installationsansicht mit Werken von Amedeo Modigliani und Ernst Ludwig Kirchner in der Ausstellung museum global. Mikrogeschichten einer ex-zentrischen Moderne, Kunstsammlung Nordrhein-Westfalen 2018.
Abb. 4: Installationsansicht mit einer Projektion des Films »Les Statues meurent aussi« von Chris Marker und Alain Resnais sowie einem Werk von Amedeo Modigliani in der Ausstellung museum global. Mikrogeschichten einer ex-zentrischen Moderne, Kunstsammlung Nordrhein-Westfalen 2018.

Ambiguität zeigt sich hier folglich darin, dass die klassischen und bekannten Bilder, die im Prolog zu sehen waren, einerseits als innereuropäische

---

15   Vgl. ebd.

Repräsentanten, als Signaturen der ›Klassischen Moderne‹ gelesen, andererseits aber eben genau diese Werke der drei europäischen Künstler auch mit der Kolonialgeschichte in Bezug gesetzt werden können. Hierdurch eröffnen sich disparate Deutungskontexte: Die Ausstellung stellte mit der Inszenierung von Mikrogeschichten eine Dezentrierung des westlichen Kanons zur Diskussion. Die große Frage, die die Ausstellung aufwarf, war folglich jene nach einer adäquaten Deutung und Positionierung der ›Klassischen Moderne‹ nicht zuletzt im Horizont postkolonialer, kultureller Machtasymmetrien. Sie wurde allerdings nicht eindeutig beantwortet.

Die Sache erscheint hochkomplex: So ist augenfällig, dass das Formvokabular der ›Klassischen Moderne‹ ebenfalls als formales Referenzsystem für die ausgestellten Werke der nigerianischen Mikrogeschichte angelegt werden kann. Denn die gezeigten Exponate zeichneten sich ebenso durch ein abstraktes Formrepertoire aus, wie es weiter oben beschrieben wurde: So etwa findet sich auch in den Werken der nigerianischen Vertreterinnen keine zentralperspektivische Raumordnung in den Bildern, die räumliche Orientierung ist zum Teil verunklärt, es sind fragmentarische oder auch in geometrische Formen aufgelöste Körper zu sehen (Abbildung 5). Außerdem waren einige Arbeiten durch flächenhafte, maskenartige Gesichtsdarstellungen gekennzeichnet, darüber hinaus wiesen einige Exponate traumartige und damit surrealistisch anmutende Motive auf.[16] Einerseits scheint der machtvolle Diskurs der Klassischen Moderne in diesen Bildern also möglicherweise fortzuwirken, da hier augenscheinlich Anteile dieses kanonischen Form- und Motivrepertoires sichtbar werden. Andererseits sind die Bildinhalte und Formrepertoires dieser »exzentrischen Moderne« aber auch mit nationalen Bildtraditionen Nigerias verwoben. So entwickelte beispielsweise Uche Okeke – zwischen nigerianischen Bildtraditionen und der Rezeption europäischer Kunstproduktionen – eine eigenständige Bildsprache, in der er emanzipatorisches, antikoloniales Potenzial sah.[17] Die Zuordnungen sind folglich nicht eindeutig. Mehr noch:

---

16   Vgl. ebd.: Bildteil des Katalogs, S. 243-252. Außerdem beschreibt Malz Bezüge zur europäischen Moderne, vgl. u.a. S. 234f.: »Während seiner Studienzeit beschäftigt sich Okeke zunächst mit der Bildsprache europäischer Künstler – darunter auch Paul Klee und Juan Miro« (S. 234); »In ihren surrealistisch anmutenden, jeglichen Realismus von sich weisenden [...] Bildern stellt sie [Colette Omogbai] Abstraktionen menschlicher Befindlichkeiten dar« (S. 235). Darüber hinaus bestehen über die nigerianische Art Society Kontakte zu Künstlern der westlichen Moderne u.a. Karl Schmidt-Rottluff, Jacob Lawrence (vgl. ebd., S. 235).

17   Vgl. ebd., S. 234.

Die in Nigeria entstandene künstlerische Produktion hatte in ihrem Hybridcharakter ein emanzipatorisches Anliegen. Die Bilder sowohl der Klassischen als auch der exzentrischen Moderne zeichnen sich folglich durch Ambiguität aus und sind in ihren Form- und Motivrepertoires nicht eindeutig zu verorten. Bezeichnend war, dass die Ausstellung mit den gezeigten Positionen aus Nigeria alternative, außereuropäische Künstler*innen einführte, die bis dato im Diskurs der Moderne des 20. Jahrhunderts kaum rezipiert wurden. Mit den gezeigten ›exzentrischen‹ Positionen wurde die Diskursdominanz europäischer Positionen konterkariert. Die Ausstellungskonzeption forderte somit durch die Zusammenstellung der Exponate eine Verschiebung, zumindest aber eine postkoloniale Befragung des Kanons heraus, die sich nicht zuletzt durch die Revision der Deutungshoheit von Vertretern der weißen, westlichen, klassischen Moderne auszeichnete.[18]

Zur Komplexität von Kanonalternativen

An der Ausstellung zeigte sich, dass der Diskurs der Klassischen Moderne enorm deutungsmächtig war und ist und dass der künstlerische »Westen gegenüber dem Rest« ein machtvolles Zentrum der »Bedeutungsproduktion« darstellt, das nicht notwendigerweise geografisch zu verorten ist.[19] Nicht zuletzt hat sich auch das K20 mit seinem Sammlungsbestand und der Ausstellung *museum global* darin eingeschrieben. Werke der klassischen Moderne im Rahmen einer Szenografie über »Mikrogeschichten einer exzentrischen Moderne« zu kontextualisieren, hat insofern auch eine politisch bildende Funktion: Mit diesem Schachzug wird ein kritischer Blick auf die oben skizzierten machtvollen historiografischen Ordnungen westlicher Kunstgeschichtsschreibung geworfen. Das Selbstverständnis eines westlichen Kunstbegriffs wird damit befragt. Ambiguität steckt in seinem Kern.

---

18   Christian Kravagna plädiert mit seiner Publikation »Transmoderne« für eine Revision eines exklusiven, westlichen Modernebegriffs und fokussiert auf das transformatorische Potenzial von künstlerischen Bewegungen der Moderne im Zuge der Dekolonisation, im Sinne einer »kritischen Positionierung zu den Grenzziehungen und Ausschlussmechanismen der dominanten Euromoderne« (Transmoderne. Eine Geschichte des Kontakts, Berlin 2017, S. 12). Die Ausstellungskonzeption der hier thematisierten Mikrogeschichte Nigerias könnte auch in diesem Sinne gelesen werden.

19   Vgl. Hall, Stuart: »Der Westen und der Rest. Diskurs und Macht«, in: Ders., Rassismus und kulturelle Identität. Hg. und übers. von Ulrich Mehlem, Hamburg 1994, S. 137-179.

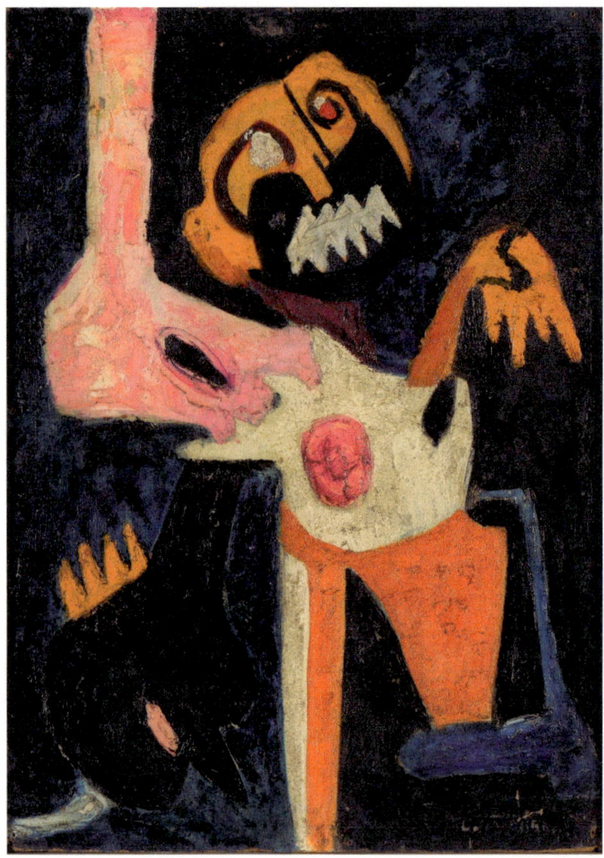

Abb. 5: Colette Omogbai: Agony; Öl auf Hartfaser, 69 × 50,5 cm (1963)

Der Versuch des K20, eine Diskursverschiebung im Rahmen der kuratorischen Inszenierung der Ausstellung zu versinnbildlichen, hat deswegen Relevanz, weil hier exemplarisch die immer noch aktuelle Wirkmächtigkeit einer kunsthistorischen Wissensordnung in Erscheinung tritt und zugleich Lockerungen sowie mögliche Verschiebungen erprobt werden. Wenn eines nachdenklich macht, dann, dass die Ausstellung im K20 – ganz ähnlich wie die neue kuratorische Inszenierung des Museum of Modern Art in

New York[20] – weiterhin an dem machtvollen Diskurs der Klassischen Moderne partizipiert. Eine anspruchsvolle und komplexe kunstpädagogische Bildungsaufgabe bleibt es deshalb, hier in die Tiefen der Verwicklungen und Wechselwirkungsverhältnisse hinabzusteigen und eben genau diese Komplexitäten zu reflektieren sowie ihre ambigen Deutungsmöglichkeiten zu thematisieren. Anhand der Ausstellung ließe sich beispielsweise die Frage aufwerfen, inwiefern es möglich ist, aus der einst geschriebenen eurozentrischen Geschichtsschreibung herauszutreten und Deutungsverschiebungen zu ermöglichen?

Mit einer Analyse und Befragung der historischen Wissensordnungen, durch Sichtung der Bilder und Reflexion ihrer disparaten Einbettungen in unterschiedliche historische Diskurslagen, lassen sich Bedingungen ermitteln, unter denen eine derart exklusive Historiografie der Klassischen Moderne und die Zurichtung ihrer Bilder überhaupt erst möglich werden konnte. Aufschlussreich wäre hier zum Beispiel, Denkfiguren zu erschließen, die etwa Schmalenbach in seinen frühen Schriften in Bezug auf die künstlerische Produktion in afrikanischen Ländern in Anschlag gebracht hat. Gewinnbringend wäre sicher auch, ganz konkret den diskursiven und visuellen Spuren der Rezeption afrikanischer Kunst im Werk europäischer Künstler*innen der Moderne nachzugehen, um Diskurse der Auf- und Abwertung nachzuvollziehen, die schließlich auch innerhalb einer westlich-eurozentristischen Kunstgeschichtsschreibung wirkmächtig wurden. Es ginge darum, nicht allein den Ausschluss zu markieren, sondern an konkreten Beispielen die diskursiven Mechanismen und Funktionen des Ausschließens auf visueller, aber auch sprachlicher Ebene zu analysieren und damit zu dechiffrieren. So etwa könnte man das neben Kirchners *Negertanz* angebrachte Bilderschild[21] und den darin thematisierten Titel diskursanalytisch reflektieren: Zentral erscheint hier, dass der mit dem Titel verbundene rassistische und diskriminierende Abwertungsdiskurs eben auch eine konstitutive

---

20   Moll, Sebastian: »Abschied von den 100 weißen Männern. Freunde des alten MoMA werden ihr Museum nicht wiedererkennen – ein Rundgang durch das renovierte Gebäude«, in: Süddeutsche vom 17.10.2019, www.sueddeutsche.de/kultur/museum-of-modern-art-moma-wiedereroeffnung-new-york-1.4642938?print=true (Zugriff 15.09.2020)

21   »Ernst Ludwig Kirchner, Negertanz, um 1911, Negro Dance. Diesen Titel hat der Künstler für sein Werk gewählt, insofern ist er hier als historischer Originaltitel angegeben. Da die Bezeichnung rassistisch und diskriminierend ist, wird sie in der Kommunikation der Kunstsammlung Nordrhein-Westfalen darüber hinaus nicht verwandt.«

Rolle für die Kunstgeschichtsschreibung der Klassischen Moderne spielte, an der auch das K20 zunächst mitgewirkt hat, mittels eines auf westlich-europäische Positionen konzentrierten Sammlungsaufbaus.[22]

Das Projekt *museum global* ist vor dem Hintergrund der ausgeführten Argumente ein bemerkenswerter Ausgangspunkt, um genau in diesen wichtigen Diskurs um Kanonalternativen einzusteigen, der vor dem Hintergrund einer von Migration und Heterogentität geprägten Gesellschaft dringend notwendig erscheint.

Dass die einmal geschriebene »Geschichte der Kunst«, ihre Wissensordnungen und Bedeutungsproduktion nicht »einfach« *ad acta* gelegt werden kann, zeigt sich an dem ausschnitthaft besprochenen Teil der Ausstellung in eindrücklicher Weise. Die Komplexität der Verwicklung ist eben nicht einfach aufzulösen. Doppelte, ambige Bildlektüren sind nötig. Erst in der Kenntnis des Kanons und seiner Wirkmächtigkeit, das wird hier jedenfalls unmittelbar deutlich, lässt sich die politische Brisanz der Infragestellung des Kanons begreifen. Die Infragestellung einer solchen wirkmächtigen Wissensordnung, wie ihn der hier skizzierte Kanon der Klassischen Moderne darstellt, wird erst möglich, indem Ambiguität als ein Bildungsziel gefördert und das Ringen um begründete, plausible, möglicherweise auch kontroverse Deutungen in den Mittelpunkt rückt. Mit dem hier skizzierten Ausstellungsprojekt kann das Selbst- und Weltverständnis, das mit der diskursiven Pflege und bruchlosen Akzeptanz eines exklusiven westlichen Kunstbegriffs einhergeht, infrage gestellt werden:[23] Denn die auf Nigeria bezogene Mikrogeschichte birgt transformatorisches Potenzial im Sinne der zu

---

22   Susanne Gaensheimer hat seit 2018 diesen Diskurs durch gezielte Neuankäufe u.a. von Kader Attia, versucht zu erweitern.

23   So rekapitulieren etwa zahlreiche Lehrwerke des Kunstunterrichts, implizit aber auch explizit, eben jene exklusive Geschichte der Klassischen Moderne, die allein auf die westlichen Zentren und ihre prominenten Vertreter im Rahmen einer kanonischen, eurozentristischen Stilgeschichte (Kubismus, Surrealismus etc.) bezogen ist. Vgl. hierzu u.a. Hoffmann, Katja: »Jenseits von Formalästhetik, Stilgeschichte und Meisterschaftsgenealogien. Auf der Suche nach einer repräsentationskritischen Kunstvermittlung«, in: Gabriele Weiß (Hg.), Kulturelle Bildung – Bildende Kultur, Bielefeld 2017, S. 397-414, sowie dies.: »Kanon, Meister und Guerilla Girls. Über Zentren und Peripherien des Kunstunterrichts, immer noch«, in: Dies./Magdalena Eckes/Stefanie Marr (Hg.), Was geht? Was bleibt? – Kunstpädagogische Debatten: Retrospektiven und Gegenwartsanalysen, Oberhausen 2018, S. 101-122.

Beginn thematisierten Bildungstheorie, hier allerdings mit einer spezifisch postkolonialen Perspektive auf den Diskurs der ›Klassischen Moderne‹.

Ambiguität, Sichtbares und Sagbares: Plädoyer für ambige Bildzugänge im Kunstunterricht

Das oben genannte Beispiel ist nicht zuletzt kunstpädagogisch auch deswegen interessant, weil das malerische Werk von Pablo Picasso in den Jahren zwischen 1930 bis 1950 zu den aktuellen Themen des Zentralabiturs im Fach Kunst in NRW zählt.[24] An erster Stelle des methodischen Zugangs sind hier – wie nicht anders zu erwarten – Form- und Strukturanalysen gefordert. Ein formal- oder strukturanalytischer Zugang prägt hier ganz offensichtlich den Diskurs, der auf dem kanonischen kunsthistorischen Masternarrativ der Klassischen Moderne gründet, das die formale Abstraktion im Fokus hat. Vor dem Hintergrund der Reflexion der Ausstellung wird allerdings deutlich, dass eine Revision dieses eindeutigen Bildzugangs dringend geboten ist: Die künstlerische Produktion des Westens im Kontext von Aneignungspraktiken des Kolonialismus und dessen Folgen zu reflektieren, wäre eine Möglichkeit, um den Deutungshorizont jener kanonischen Positionen auch innerhalb der Bildungsinstitution Schule zu erweitern oder gar alternative Deutungen zu wagen.

Schließlich – und nicht zuletzt – bleibt aus einer phänomenologischen Perspektive zu fragen: Wie kann es im Kunstunterricht gelingen, das Sichtbare, d.h. die Bilder der Kunst, nicht vollständig im Sagbaren aufgehen zu lassen, um der Ambiguität, die dem Bildlichen *qua* seiner medialen Verfasstheit eingeschrieben ist, Rechnung zu tragen? Ein Bildungsziel wäre folglich auch, in der Kunst *nicht* allein Antworten zu suchen, die durch die Disziplin der Kunstgeschichte schon vorgegeben sind. So formuliert Didi-Huberman in seinen Überlegungen zur Bildwahrnehmung im tatsächlichen Prozess des Sehens:

> »Darin bestünde der Einsatz: einerseits zu wissen, andererseits das Nicht-Wissen aber auch mitzudenken, wenn es sich aus den Netzen des Wissens losflechtet. Zu dialektisieren […] es handelt sich nicht mehr darum, einen

---

24   Vgl. www.standardsicherung.schulministerium.nrw.de/cms/zentralabitur-gost/faecher/getfile.php?file=4580 (Zugriff 15.09.2020).

Umfang, etwas Abgeschlossenes – wie bei Kant – zu denken, es handelt sich darum, einen konstitutiven und zentralen Riß zu verspüren: genau an der Stelle, wo die Evidenz [vor einem Bild] zusammenbricht, sich aushöhlt und verdunkelt.«[25]

Mit diesem Zugang zur Bildwahrnehmung setzt sich Didi-Huberman für die Unverfügbarkeit der visuellen Erfahrung ein, die der direkten Konfrontation mit Kunst eingeschrieben ist. Sie kann und sollte, so sein Plädoyer, nicht von der akademischen Disziplin der Kunstgeschichte durch eine »Rhetorik der Gewissheit« vollständig vereinnahmt werden.[26] Gerade in der Einlassung auf Unverfügbares, nicht Messbares, nicht eindeutig zu Bestimmendes liegt dann die politische Dimension der Ambiguität, die in der Auseinandersetzung mit Bildern erprobt und gepflegt werden kann. Hartmut Rosa setzt gegen die Stillstellung und »Vereindeutigung der Welt« die Erfahrungsdimension der Resonanz, die zunächst auf der Unverfügbarkeit gründet.[27] Die Auseinandersetzung mit Bildern der Kunst sollte zuallererst die »Vereindeutigung der Welt«[28] zugunsten einer Komplexitätssteigerung, d.h. zugunsten von Mehrdeutigkeit und Vielfalt, herausfordern. Im Reflektieren der Mehrdeutigkeit liegt das Potenzial, Ambiguitätstoleranz in einem gesetzten – und hier in einem kunstpädagogischen – Rahmen zu erproben und als Bildungserfahrung für andere Lebenszusammenhänge produktiv zu machen. Das wäre die politische Dimension von Ambiguität. Bezogen auf kunstpädagogische Bildungsprozesse scheint also ein zentrales Moment zu sein, die Mehrdeutigkeit von Bildlektüren im Rahmen von Kunstvermittlungssettings zuzulassen und zugleich für die jeweiligen diskursiven Kontextualisierungen zu sensibilisieren, innerhalb dessen ihre Bedeutung entsteht. Denn gerade die Auseinandersetzung mit unterschiedlichen Deutungsmöglichkeiten fordert Ambiguitätstoleranz heraus, die für eine demokratische Haltung unabdingbar ist: Die Herausforderung besteht in der Anerkennung der anderen Wahrnehmung bzw. in der Anerkennung des Anderen oder Fremden, in der Anerkennung, aber auch der Verhandlung differenter, wohl begründeter Wahrnehmungs- und Wissensordnungen und ihren daraus resultierenden Haltungen.

---

25   Didi-Huberman, Georges: Vor einem Bild, München 2000, S. 15f.

26   Ebd., S. 11.

27   Rosa, Hartmut: Unverfügbarkeit, Wien 2019, S. 60.

28   Vgl. Bauer, Thomas: Die Vereindeutigung der Welt. Über den Verlust an Mehrdeutigkeit und Vielfalt, Stuttgart 2018.

Literaturverzeichnis

Aust.Kat. museum global. Mikrogeschichten einer exzentrischen Moderne, Kunstsammlung Nordrhein-Westfalen. Hg. von Susanne Gaensheimer et al., Köln 2018.

Bähr, Ingrid/Gebhard, Ulrich/Krieger, Claus/Lübke, Britta/Pfeiffer, Malte/Regenbrecht, Tobias/Sabisch, Andrea/Sting, Wolfgang: Irritation als Chance. Bildung fachdidaktisch denken, Wiesbaden 2019.

Bauer, Thomas: Die Vereindeutigung der Welt. Über den Verlust an Mehrdeutigkeit und Vielfalt, Stuttgart 2018.

Didi-Huberman, Georges: Vor einem Bild, München 2000 (franz. Orig.: Devant l'image. Questions posées aux fins d'une histoire de l'art, Paris 1990).

Grasskamp, Walter: Die unbewältigte Moderne. Kunst und Öffentlichkeit, München 1989.

Hall, Stuart: »Der Westen und der Rest. Diskurs und Macht«, in: Ders., Rassismus und kulturelle Identität. Hg. und übers. von Ulrich Mehlem, Hamburg 1994, S. 137-179.

Hoffmann, Katja: »Kanon, Meister und Guerilla Girls. Über Zentren und Peripherien des Kunstunterrichts, immer noch«, in: Dies. u.a. (Hg.), Was geht? Was bleibt? – Kunstpädagogische Debatten: Retrospektiven und Gegenwartsanalysen, Oberhausen 2018, S. 101-122.

–: »Jenseits von Formalästhetik, Stilgeschichte und Meisterschaftsgenealogien. Auf der Suche nach einer repräsentationskritischen Kunstvermittlung«, in: Gabriele Weiß (Hg.), Kulturelle Bildung – Bildende Kultur, Bielefeld 2017, S. 397-414.

–: Ausstellungen als Wissensordnungen. Zur Transformation des Kunstbegriffs auf der Documenta 11, Bielefeld 2013.

Kimpel, Harald: Documenta. Eine Überschau, Köln 2002.

Koller, Hans-Christoph/Marotzki, Winfried/Sanders, Olaf (Hg.): Bildungsprozesse und Fremdheitserfahrung. Beiträge zu einer Theorie transformatorischer Bildungsprozesse, Bielefeld 2007.

Kravagna, Christian: Transmoderne. Eine Kunstgeschichte des Kontakts, Berlin 2017.

Landwehr, Achim: Historische Diskursanalyse, Frankfurt a.M. 2008.

Malz, Isabelle: »›A New Art Culture for A New Society‹. Verwobene Geschichten einer postkolonialen Moderne in Nigeria«, in: Aust.Kat. museum global. Mikrogeschichten einer exzentrischen Moderne, Kunstsammlung

Nordrhein-Westfalen. Hg. von Susanne Gaensheimer et al., Köln 2018, S. 230-252.

Moll, Sebastian: Abschied von den 100 weißen Männern. Freunde des alten MoMA werden ihr Museum nicht wiedererkennen – ein Rundgang durch das renovierte Gebäude, in: Süddeutsche Zeitung vom 17.10.2019, www.sueddeutsche.de/kultur/museum-of-modern-art-moma-wiederer-oeffnung-new-york-1.4642938?print=true (Zugriff 15.09.2020).

Pazzini, Karl-Josef: »Nachträglich unvorhersehbar«, in: Klaus-Peter Busse/Karl-Josef Pazzini (Hg.), (Un)vorhersehbares Lernen. Kunst – Kultur – Bild, Dortmund 2008, S. 43-70.

Rosa, Hartmut: Unverfügbarkeit, Wien 2019.

Sturm, Eva: »Die Position ›von Kunst aus‹ in 9 Punkten dargelegt«, in: Mission Kulturagenten – Onlinepublikation des Modellprogramms »Kulturagenten für kreative Schulen 2011-2015«. Hg. von Forum K&B GmbH, Berlin 2015, S. 1-11, http://publikation.kulturagenten-programm.de/onlinepubli kation.html (Zugriff 15.09.2020).

Warncke, Carsten-Peter: Pablo Picasso. 1883-1973. Hg. von Ingo E. Walther, 2 Bde., Köln 1995.

Intuition und Expertise
Über den Umgang mit Vielfalt im Spiel der Malerei und in anderen Diskursen

Gespräch mit Christoph Kern (Interview: Ansgar Schnurr)

> Wenn man's kann, ist's keine Kunst –
> und wenn man's nicht kann, erst recht
> nicht.
> Karl Valentin

Ansgar Schnurr: Christoph Kern, Sie treten beruflich in einer Doppelrolle auf, nämlich als freier bildender Künstler und als Dozent für Malerei an verschiedenen Hochschulen und in anderen Bildungszusammenhängen. Als Maler*in lebt man doch von der Klarheit, Stringenz und auch Geschlossenheit der ganz eigenen künstlerischen Position. Als Dozent*in hingegen vermittelt man zwischen vielen völlig unterschiedlichen Menschen mit ihren je eigenen Vorstellungen, Möglichkeiten und Bildwelten. Wie lassen sich diese Rollen zusammenbringen?

Christoph Kern: Zunächst habe ich ja freie Malerei studiert, sodass meine ursprüngliche Perspektive nicht auf Lehre gerichtet war. Allerdings war mein Interesse an Malerei immer schon ein sehr analytisches. Ich wollte von Beginn an untersuchen, wie verschiedene Ansätze von Malerei funktionieren, und diese für die eigene Arbeit nutzbar machen. In meinen Malereien gibt es nur einen Protagonisten, den »Cube«, den ich durch die verschiedenen Ansätze der Malerei durchdekliniere. Hier liegt wohl bereits eine Begründung, warum mich Verschiedenheit und Vielfalt so interessieren: Denn im Gegensatz zu anderen Maler*innen, die möglicherweise die Inhalte wechseln, aber in ihren Umsetzungen relativ gleich bleiben, ist mein größtes Interesse, *einen* Schauspieler, *einen* Protagonisten in meinem Spiel zu haben, der möglichst *unterschiedliche* Rollen spielt. Hier liegt eigentlich schon die Verbindung zur Lehre. Es bereitet mir Freude, mit anderen Menschen unterschiedliche Ansätze durchzuspielen – was wiederum für meine eigene Arbeit durchaus eine Bereicherung darstellt. So würde ich zusammenfassen, dass ich sehr an möglichst unterschiedlichen, heterogenen und diversen Ansätzen in meinen Seminaren interessiert bin, weil diese mir die Gelegenheit geben, all die Bereiche zu diskutieren und zu erproben, die in meinem eigenen malerischen Ansatz so ohne Weiteres nicht mehr vorkommen.

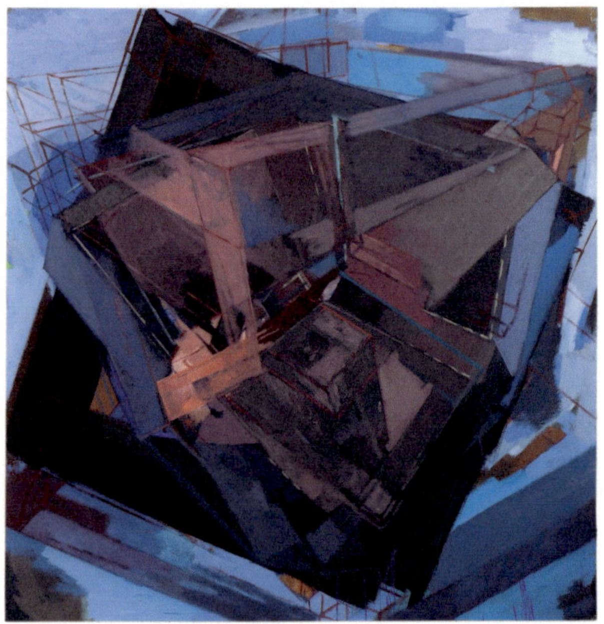

Abb. 1: Christoph Kern: Hypestine, 140x140cm, Eitempera/Öl-Pigmente auf Nessel (2019)

Schnurr: Ein Blick auf das Portfolio der in Ihren Veranstaltungen entstandenen Bilder zeigt eine erhebliche Vielfalt und Verschiedenheit der gemalten Sujets, aber auch der Grundverständnisse von Malerei. Ich sehe hier ungegenständliche Malereien neben einem vor Atompilz porträtierten Lama, fast abstrakte Wasseroberflächen neben malerisch (re-)inszenierten

Filmstills. Ich stelle mir vor, dass es nicht leicht ist, diese vollkommen unterschiedlichen Auffassungen von Bildlichkeit und Malerei unter den Hut eines Seminars zu bringen. Wie kann unter diesen Vorzeichen die Vermittlung gelingen?

Kern: Die Vorstellungen der Studierenden, wo jetzt bestimmte Qualitäten liegen könnten, sind in der Tat höchst unterschiedlich, und sie sind an vielfältige Voraussetzungen gebunden. Allein die Fähigkeit, Farben zu differenzieren, allein die Fähigkeit, sich über die eigenen malerischen Prozesse und Entscheidungen rückblickend Gedanken zu machen, setzt ein gewisses Wissen schon voraus. Ein Beispiel möchte ich geben: Jemand, der Musik aufführt, bringt meist schon als Voraussetzung die Kenntnis eines Instruments mit. Und erst Recht gilt dies für die Komposition: Man muss erst ein Instrument spielen lernen, bevor man Komponist*in werden kann. Bei Maler*innen besteht die Problematik, dass sie eigentlich von Anfang an schon alles gleichzeitig sind. Sie beginnen eigenständig zu malen und sind, so gesehen, schon Komponist, haben aber überhaupt nicht die entsprechenden Voraussetzungen, die in der Musik notwendig sind, um überhaupt das Instrument spielen zu können. In der künstlerischen Lehre versuche ich, die Studierenden auf diesen beiden Ebenen nach vorne zu bringen. Einerseits bedeutet dies, die Malenden erst einmal machen und einen eigenen Ansatz finden zu lassen. Andererseits gilt es aber dann, aus ihrem Tun die Punkte herauszukristallisieren, wo sie sich mit ihren eigenen Fähigkeiten und ihren eigenen daraus resultierenden Regeln, aber immer auch im Vergleich zu bereits bestehenden konsistenten Regeln, auseinandersetzen müssen – sprich mit Werken anderer Maler*innen im kunsthistorischen Kontext. Ohne so zu studieren, kann man die eigene Malerei seriös nicht betreiben. Oder genauer: Eine solche grundlegende Auseinandersetzung ist überhaupt erst die Voraussetzung, um von einem rein individuellen Tun, vergleichbar mit dem Schreiben eines eigenen Tagebuchs, zu einem allgemeinen Anspruch zu kommen, also zur Literatur.

Sehr schnell also gibt es in der Lehre unterschiedliche Stränge, die von vielen unterschiedlichen Menschen im Atelier nebeneinander und gleichzeitig bearbeitet werden müssen. Dazu kommen das je eigene persönliche Interesse und die entsprechende Bildvorstellung, die zu Vielfalt führen. Zusammen genommen bedeutet es für meine Lehre der Malerei, diese Möglichkeiten in der Breite zuzulassen und gleichzeitig dafür zu sorgen, dass nicht Beliebigkeit, sondern eher Entschiedenheit, und nicht Zerstreuung, sondern Information ins Spiel kommt.

Schnurr: Unser Alltagsblick ist häufig geprägt von einem eher intuitiven Gefallen des Naheliegenden oder Fremdeln mit unvertrauten Bildsprachen. Verstehe ich es richtig, dass in der Lehre der Malerei eine Verlagerung stattfindet, weg von alltagsbezogenen, schnellen, emotionalen Wertungen hin zu einem Diskurs über künstlerische Probleme und Entscheidungen?

Kern: Absolut, und zwar auch in diesem Sinne: Wenn beispielsweise jemand kommt mit dem Anliegen, ungegenständlich zu malen, so kommt sie oder er nicht selten mit der Vorstellung, dass dies *rein intuitiv* zu machen sei. Nicht gegenständlich zu arbeiten, ist jedoch relativ schwierig, weil dazu eben eine ganze Menge Erfahrung und Wissen notwendig sind, um nicht beliebig zu arbeiten, sondern tatsächlich Schlüssigkeit zu erwirken. Ein Weg, den ich anbiete, ist es, zunächst verschiedene Variationen herzustellen und aus den Bildern drei oder vier auszusuchen, die besser gefallen als die übrigen. Dann gilt es, dafür die Kriterien zu finden, also die eigenen Kriterien zu rekonstruieren. Auf der Basis dieser Kriterien können dann die nächsten Bilder im Hinblick auf nur zwei Aufgaben gemalt werden: erstens die Aspekte, die besser gefallen, zu wiederholen und das, was weniger gefällt, nicht unbedingt versuchen zu verbessern, sondern es zumindest anders zu machen. Ich versuche also, die Studierenden als Sparringspartner zu begleiten, damit sie nicht ihre eigenen gesuchten Regeln außer Kraft setzen und Ausweichbewegungen machen, sondern sie einhalten. Was ist jetzt der Sinn des Ganzen? Als Dozent kann ich, ohne die wesentlichen Aspekte von außen vorzugeben, mit der Malerin, dem Maler einen Kriterienkatalog für die eigene Arbeit entwickeln. Wir versuchen also auf der Basis von Bildern, die es schon gibt, eine Bildsprache zu entwickeln, die es noch nicht gibt – aber die den Versuch macht, schlüssig zu werden. Wenn man das wirklich erfährt und durchmacht, kann klar werden, dass Intuition eben nicht einfach aus dem Bauch kommt, sondern immer von einer Expertise, die dahintersteht, abhängig ist. Die Erfahrung, dass eine solche Expertise mit einem breiteren Fundament erst zu erwerben ist, ist für die Studierenden nicht nur in der gegenwärtigen Situation wichtig, sondern eben auch zukünftig für sie als angehende Kunstlehrende. Mir fällt oft auf – und das wird Lehrer*innen nicht anders gehen –, dass Studierende zu mir kommen und sagen, was soll ich denn machen? Gefällt Ihnen das jetzt so? Regelmäßig spiegele ich es dann zurück und sage: Na ja, wollen wir doch erst mal herausfinden, was überhaupt die Regeln sind. Und wenn Sie Ihre eigenen gesetzten Regeln spielen, dann wird Ihr Spiel in sich schon konsequent werden. Vieles von dem, was mir sehr wichtig ist, kann vermutlich auch als Grundansatz an der Schule umgesetzt werden. Denn die Schlüssigkeit der Entwicklung eines bildnerischen Problems, glaube ich, könnte man auch in der Schule einfordern. Weniger geht es mir also darum, in der Schule genauso zu arbeiten wie in der Hochschule, wo ja andere Möglichkeiten bestehen. Eher geht es mir darum, das Verständnis oder die fachliche Haltung mitzunehmen, dass man das eigene Fach von der Beliebigkeit loslöst und dabei auch durchaus multiperspektivische Kriterien entwickelt, die den Schüler*innen große Freiheiten geben. Diese Freiheit soll aber eben auch vor dem Missverständnis bewahren, dass in der Kunst einfach alles geht und nichts mit nichts zusammenhängen müsste.

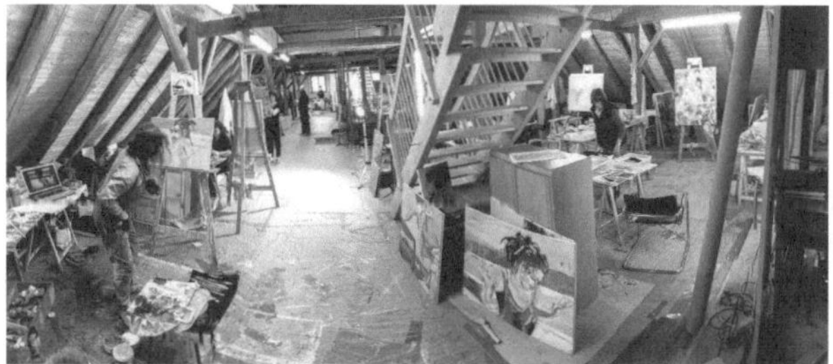

Abb. 2: Freie Akademie Wagenhofen, Seminarszene Malerei Kern.

Schnurr: Beim Stichwort der multiperspektivischen Kriterien, die gebildet, erfahren und auch angewandt werden sollen, möchte ich gern einhaken. Beziehen wir das doch mal konkret auf die Lehrsituation in einem Seminar. Hier werden nebeneinander von den verschiedenen Personen vollkommen unterschiedlich konzipierte Vorstellungen von Malerei erprobt. Man schaut sich dabei gegenseitig über die Schulter und wird mit Problemen und Fragestellungen konfrontiert, die man selbst nicht hat. Was also gilt es in solchen Lehrsituationen zu erfahren?

Kern: Das sind in der Tat sehr produktive Situationen. Ich sehe diese Auseinandersetzung durchaus als Wert in sich, nämlich dass die Studierenden diese Auseinandersetzung mit anderen Positionen nicht kompetitiv, sondern konstruktiv aufnehmen. Denn gerade wenn man sich auch mit solchen Auffassungen auseinandersetzt, die ganz andere Herausforderungen in ihrem malerischen Spiel haben und aus anderen Bildtraditionen kommen, fördert dies sicher die Einsicht, dass jede Position in sich stringent und klar erarbeitet sein muss. Das Prinzip des Spiele-Spielens beinhaltet ja gerade, dass man versteht, dass Regeln nicht gleich sein müssen, um in sich nachvollziehbar zu sein: Niemand stellt in Zweifel, warum man beim Handball den Ball in die Hand nehmen darf und beim Fußball eben nicht. Auf die Malerei bezogen steht die Barockmalerei exemplarisch für den illusionistischen Bildraum. Das *colorfield painting* weist dem Farbfleck genau die Funktion zu, eben Farbfleck zu sein, in bewusster Abkehr von Gegenständlichkeit und illusionistischer Räumlichkeit. Diese beiden malerischen Selbstverständnisse und Bildsprachen schließen sich demnach nicht aus, finden aber unter je eigenen Regeln statt und sind die zwei Seiten der eigenen Medaille.

Ich arbeite ja gern mit Analogien, um den Link zwischen abstrakten Konzeptionen und Alltagssituationen herzustellen. Gut finde ich auch die Analogie, dass eine Gebrauchsanweisung anderen Regeln folgt als Lyrik, als ein Essay, als ein Roman und so weiter. Jedes dieser Genres zwingt zu bestimmten Vorgehensweisen, die nicht austauschbar sind. Ein Roman transportiert zwar möglicherweise Wahrheiten, aber er muss keineswegs Realität abbilden. Das sollte die Gebrauchsanweisung jedoch unbedingt erfüllen. Es wäre nicht sehr hilfreich, die fünf schönsten Funktionen verschiedener Geräte zusammen zu schreiben, einfach nur weil es dann literarisch besser klingt. Auch wäre es wenig hilfreich, beim Schreiben einer ausführbaren Gebrauchsanweisung zugunsten literarischer Qualitäten die Ebene zu wechseln und auf einmal ins Fiktionale abzudriften. Denn dieselbe Person, die diesen Ebenenwechsel hier vollzogen hätte, würde sich selbstverständlich an anderer Stelle sehr über Gebrauchsanweisungen beschweren, die nicht zur Bedienbarkeit des zu nutzenden Geräts führen. Man muss sich also einerseits der Qualitäten und Notwendigkeiten einer Gebrauchsanweisung wie auch der Qualitäten eines Romans bewusst werden. Das bedeutet andererseits aber auch, die eine Ausdrucksform nicht höher als eine andere zu werten. Die Herausforderung für die Vielfalt in der Malerei besteht nun darin, bei der eigenen Aufgabe zu bleiben und zugleich um die anderen Regeln zu wissen. Natürlich kommt es, gerade in künstlerischen Prozessen, auch zu Überschneidungen. Die Regeln eines jeden Spiels sind also durchaus modifizierbar, sinnvollerweise aber eben nicht während des Spiels. Die Vielfalt und Verschiedenheit, nach der Sie fragen, wird also gerade dann produktiv, wenn man zu einem Austausch und Diskurs kommt, der sich auf der Kenntnis und Wertschätzung solcher Spielregeln und Eigenlogiken verschiedener Positionen bewegt.

Schnurr: Ich möchte noch zu den großen Fragen der Pädagogik kommen.

Denn was Sie gegenwärtig in der Lehre mit angehenden Kunstpädagog*innen an der Hochschule erarbeiten, soll sich ja perspektivisch nicht nur auf die Studierenden, sondern auch auf die Bildung von Personen im späteren Schulunterricht auswirken. Das ist also eine doppelte Übertragung. Welche Wünsche haben Sie dazu? Worauf gerichtet sollen sich diese künftigen Schüler*innen bilden? Was sollen sie erfahren, sodass Sie künftig gern mit Ihnen in der Gesellschaft zusammenleben möchten?

Kern: Wenn es gelingt, Strategien oder auch Haltungen zu installieren, um starke, in sich gefestigte individuelle Stimmen zu formulieren, die sich aber auch dem Diskurs anderer starker Positionen stellen, wäre viel gewonnen. Ein Bildungsziel scheint mir zu sein, dass es nicht ausreicht, eine Meinung lediglich zu haben, sondern dass sie an Voraussetzungen und Notwendigkeiten gebunden ist. Es geht darum, zu begreifen, dass auch die Art und Weise, wie Meinung generiert wird, nach ähnlichen Grundsätzen funktioniert, wie ich es für die Bildnerei beschrieben habe. Hier gibt es eben einen Unterschied zwischen einer in sich schlüssigen bildnerischen oder auch politischen Haltung und dem »Ich mache jetzt gerade, was ich will, und behaupte, dass ich das immer so gewollt habe.« Noch einmal zu meinem Anfangsbeispiel: Wenn ich mich jetzt an ein Klavier setzen würde, obwohl ich es nicht spielen kann, und darauf herumhämmere und behaupte, dass ich improvisiere, dann wüsste jede/r Musiker*in und vermutlich auch jede/r andere, dass das schlichtweg geschwindelt ist. In der Malerei meinen jedoch viele, damit durchkommen zu können. Und ich habe mit Blick auf gesellschaftliche Diskurse das Gefühl, dass man manchmal auch mit Meinungen so durchkommt. Also, dass praktisch jede/r, der eine Meinung hat, sich in keiner Weise mehr für die Entstehung dieser Meinung verantwortlich zeigt, sondern sich einfach damit begnügt, sie zu haben. Ich glaube also, wenn es gelingt, dieses geschärfte Bewusstsein bei Schüler*innen, bei Menschen, die als Lehrer*innen in die Schule gehen, zu stärken, wäre viel gewonnen. Ich hoffe, dass sich diese Verantwortlichkeit und dieses Nachdenken über die eigenen und über die anderen Spielregeln, wie ich es mir in der Lehre vorstelle, auch gesellschaftlich übertragen lassen. Im Grunde also ist es mir wichtig, dass die bildnerischen Strategien, die ich mit den Studierenden erarbeite, in gewisser Weise zu einer Auseinandersetzungsgrundlage für die verschiedensten Problemstellungen in ihrer Diversität werden können. Manchmal meine ich, dass mir dies in der ganzen Malereilehre am wichtigsten ist.

Formen und Funktionen von Ambiguität in Guy Tillims *Jo'burg* (2004)

Jana Tiborra

Ausgangsmoment dieses Beitrages ist die Auseinandersetzung mit der fotografischen Serie *Jo'burg* (2004)[1] des südafrikanischen Fotografen Guy Tillim (*1962), die mit der Konzeption der Ambiguität in einen Dialog treten soll: Einerseits soll untersucht werden, wie im Rezeptions- und Deutungsprozess der Serie Mehrdeutigkeiten entstehen können und andererseits soll das Verständnis von Ambiguität mithilfe der Serie ausdifferenziert werden. Der Beitrag wird sich auf mehrfache Weise Tillims Serie annähern, um verschiedene Blicke auf Ambiguität zuzulassen, die sich gegenseitig ergänzen oder umspielen können. Somit kann eine Aufmerksamkeit dafür geschaffen werden, dass das Paradigma der Ambiguität[2] an sich mehrdeutig und polyvalent ist; dass sie unterschiedliche Formen und Funktionen annehmen kann.

Die Hinwendung zu Fotografie aus Südafrika kann für die Kunstdidaktik im deutschsprachigen Raum auf einer Metaebene Ambiguitäten und Irritationen produzieren, da sie den eurozentrischen Bildungskanon und dessen Paradigmen und Konzeptionen verunsichern kann. Die Komplexitäten und Ambivalenzen, die die global vernetze und transkulturelle Kunstproduktion und -distribution mit sich bringen, sollte die Kunstdidaktik als Herausforderung begreifen, um ihre Leitkonzeptionen zu befragen und auszudifferenzieren. Mit Guy Tillim wird zudem ein Künstler gewählt, für dessen Arbeiten die postkoloniale Theorie einen wichtigen Reflexionsrahmen bereitstellt, innerhalb dessen der Ambiguität eine spezifische analytische und widerständige

---

1   Für eine Webpräsentation der Serie vgl. die Website der Stevenson Gallery online unter www.stevenson.info (Zugriff 15.09.2020). Die *Jo'burg*-Serie wurde erstmals 2004 in Kapstadt ausgestellt und 2005 in einem Künstlerbuch publiziert.

2   Vgl. den Beitrag von Ansgar Schnurr in diesem Band.

Funktion zukommt. Postkoloniale Theorie kritisiert Momente der machtvollen Bedeutungsfixierung, die sich äußern in Form von binären Gegenüberstellungen in sich abgeschlossener Kategorien oder einer vorgetäuschten Universalität des (kolonialen) Wissens und des (kolonialen) Blickes. Die Bildung einer reflexiven und affektiven Offenheit für Ambiges und Mehrdeutiges – angeregt durch Rezeptionsprozesse der *Jo'burg*-Serie – kann somit verstanden werden als Grundlage für eine kritische Intervention in solche kolonialen Repräsentationen.

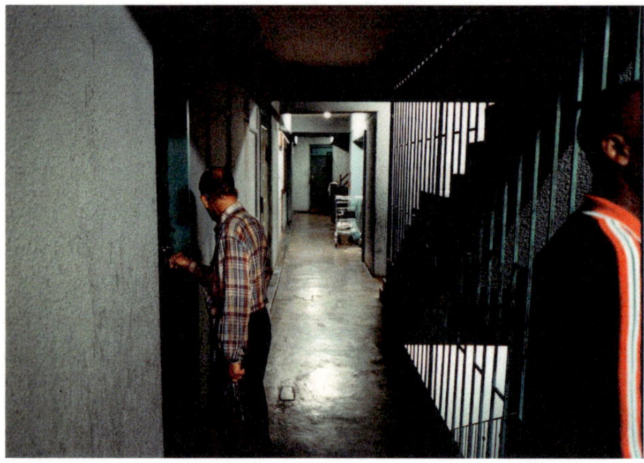

Abb. 1: Guy Tillim: Cape Agulhas, Esselen Street, Hillbrow (Jo'burg) (2004)

Von Nebenschauplätzen und dem Alltäglichen

Der Blick fällt über Straßenkreuzungen, Dachlandschaften und auf die Fassaden von teilweise recht verfallenen Gebäudekomplexen. Die Serie zeigt die südafrikanische Stadt Johannesburg in diversen Außenansichten, vor allem werden aber auch Einblicke in die Innenräume eben jener Gebäude gegeben: in teils semiöffentliche, teils sehr private Räume der Bewohner_innen. Über einen Zeitraum von fünf Monaten dokumentiert Guy Tillim im Jahr 2004 die urbane Lebenswelt in Johannesburg.[3] Mit seinem Fokus auf die zentralen

---

3   Vgl. Tillim, Guy: Jo'burg, Trézélan u.a. 2005.

Stadtviertel Hillbrow, Berea und Yeoville sowie einen Bereich südlich von Joubert Park widmet sich Tillim den Zentren der rapiden Einwanderung nach der Abschaffung des *Group Areas Act* im Jahr 1991, der bis dahin die segregierende Raumpolitik der Apartheid bestimmte. Aus soziopolitischer und kultureller Sicht ist der Entstehungszeitpunkt der Serie markant: Sie entsteht zehn Jahre nach der Abschaffung der Apartheid und den ersten demokratischen Wahlen in Südafrika. Während das Stadtzentrum Johannesburgs in den 1990er-Jahren von einem massiven Verfall geprägt war, bedingt durch eine große Migration und ein Missmanagement der Stadtverwaltung, setzten mit den 2000er-Jahren, zum Entstehungszeitpunkt der Serie, die ersten, teils drastischen Maßnahmen der Stadterneuerungsprogramme ein. So wurden beispielsweise im Rahmen des *Inner City Regeneration Programme* in sogenannten *bad buildings* Zwangsräumungen durchgeführt.[4] Wie nähert sich Guy Tillim fotografisch diesem urbanen Raum?

Zunächst scheint es, dass die Bilder gewöhnliche Szenen wiedergeben und die Spuren des Alltags aufzeigen: Küchenutensilien, Wäsche und Spielsachen, Bewohner_innen beim Kartenspielen, beim Rauchen, beim Beisammensein, beim Ruhen und im Schlaf. Ein genauerer Blick soll diese erste Beobachtung konkretisieren:

Cape Agulhas, Esselen Street, Hillbrow (Abbildung 1) zeigt einen Flur, verortet in dem im Titel genannten Gebäude. In der linken Bildhälfte wird eine erkennbar männliche Person zu sehen gegeben, mit einem Schlüssel in der rechten Hand öffnet (oder schließt?) er die Tür zu – womöglich – einem (seinem?) Appartement. Der Blick ist von den Betrachtenden abgewandt und richtet sich entlang des Flures in den hinteren, beleuchteten Teil der Etage. Die Gegenstände am Ende des Flures können nur schwer exakt benannt

---

4   Vgl. The World Bank Group, »Urban Regeneration«, http://urban-regeneration.world bank.org/Johannesburg (Zugriff 15.09.2020); Bethlehem, Lael: »A new dynamic – Urban regeneration in the Joburg CBD« (2013), The Journal of the Helen Suzman Foundation 69, S. 17-24, http://hsf.org.za/resource-centre/focus/focus-69-future-of-our-citie s/focus69jun-3-l-bethlehem.pdf (Zugriff 15.09.2020). Zur kulturell-urbanen Entwicklung Johannesburgs seit 1994 vgl. Nuttall, Sarah/Mbembe, Achille (Hg.): Johannesburg. The elusive metropolis, Durham 2008. – Nicht näher ausgeführt werden kann an dieser Stelle, wie die Eingriffe der Stadtverwaltung im Verhältnis stehen zu Strukturen und Machtverhältnissen der Neo-Apartheid. Zu Neo-Apartheid vgl. u.a. Madlingozi, Tshepo: »Social justice in a time of neo-apartheid constitutionalism: critiquing the cnti-clack economy of recognition, incorporation and distribution« (2017), https:// repository.up.ac.za/handle/2263/64971 (Zugriff 15.09.2020).

werden, auszumachen scheint z.B. ein Einkaufswagen. Am rechten Bildrand ist eine zweite, scheinbar jüngere Person zu sehen. Auch diese wird nur angeschnitten dargestellt: Zu sehen sind lediglich Rücken und Hinterkopf der Person, ihr Gesicht ist in dem gewählten Bildausschnitt nicht zu erkennen. Insgesamt scheint die Fotografie keinen eindeutigen Handlungsmoment einzufangen. Vielmehr werden durch die fehlende Spezifität der Situation Fragen aufgeworfen: Worauf richtet sich der Blick der abgebildeten Person? Ist da etwas am Ende des Flures? In welcher Verbindung stehen die zwei Personen? Und wie verhält sich der Fotograf in der Situation, ist er vielleicht mit den Personen in Kontakt getreten? Die Fotografie scheint keine Antworten auf diese Fragen anzubieten, sodass der Rezeptionsprozess offen und unabgeschlossen bleibt.

»Post-Apartheid-Fotografie«

Kurator_innen und Kunstwissenschaftler_innen[5] bezeichnen die alltäglichen Szenen Tillims Fotografie häufig als leise, nebensächliche oder »oftmals übersehene«[6] Momente und nutzen u.a. diese Eigenschaften, um den Fotografen hinsichtlich der Genres Fotojournalismus und künstlerische Fotografie zu positionieren. In Katalogtexten und Aufsätzen[7] zu Tillims fotografischer

---

5   Vgl. u.a. Leers, Daniel: »Guy Tillim: Of people and their places«, in: Guy Tillim/Sophie Perryer (Hg.), Guy Tillim. O futuro certo, Göttingen 2015, S. 248-257; Horstmann, Friederike: »Wie Guy Tillim Geschichte anders schreibt«, in: Renate Wiehager/Nadine Isabelle Henrich (Hg.), Evoking Reality. Konstitution von Wirklichkeit in Fotografie und Videokunst, Berlin 2018, S. 26-29.

6   F. Horstmann: Wie Guy Tillim Geschichte anders schreibt, 2018, S. 26.

7   Vgl. u.a. Godby, Michael: »Guy Tillim« [Nachdr. aus Art South Africa 3 (2005)], in: G. Tillim/S. Perryer (Hg.), Guy Tillim, 2015, S. 275; Wiehager, Renate/Tillim, Guy (Hg.): Guy Tillim. DaimlerChrysler Award for South African Photography 2004, Berlin 2004; O'Toole, Sean: »Forms of power and powerlessness: photographer Guy Tillim researches perceptions of reality«, in: Peter Anders/Matthew Krouse (Hg.), Positions. Contemporary artists in South Africa. Auckland Park 2010, S. 188-197. Wobei angemerkt sein soll, dass O'Toole das Narrativ des fotografischen Wandels innerhalb Tillims Werk kritisch betrachtet: »Breakthroughs and epiphanies are deceptive things to narrate. « (S. 196) O'Toole weist auf Kontinuitäten zum Frühwerk der späten 1980er- und 1990er-Jahre hin (ebd.). Letztlich muss die kritische Frage gestellt werden, ob das Sprechen über Tillims fotografischen Wandel begründet und bedingt wird durch einen tatsächlichen Wandel seiner fotografischen Praxis oder durch seine verstärkte Sicht-

Entwicklung wird um den Entstehungszeitpunkt der *Jo'burg*-Serie, teilweise auch etwas früher, ein Wandel verortet: Nach den eher fotojournalistischen Arbeiten des Frühwerks wird eine Hinwendung zu einer stärker künstlerisch orientierten Fotografie beschrieben, welche sich vermehrt ambigen Bedeutungsspielräumen widme. Mitunter wird Tillims Interesse an den vielen kleinen Nebenschauplätzen Johannesburgs auch in deutlichen Kontrast gesetzt zu dem »Spektakel«[8] der fotojournalistischen Fotografie, welche zumeist die Höhepunkte des sogenannten sozialen Dramas ins Bild setze, um eine klare und eindeutige Botschaft zu konstruieren und zu vermitteln.[9]

Die Erzählung eines fotografischen Wandels innerhalb Tillims Schaffen wird auf einer Makroebene durch einen größeren Diskurs gerahmt. Im Kontext der Diskurse um die »Post-Apartheid-Fotografie« wurde um die 2000er-Jahre u.a. vom Kunsthistoriker Michael Godby und der Fotografin Svea Josephy argumentiert, dass die Abschaffung der Apartheid und der Demokratisierungsprozess Auswirkungen auf die Felder der Fotografie habe.[10] Im kulturellen und soziopolitischen Wandlungsprozess wird auch das Verständnis von Fotografie und das Verhältnis zwischen fotografischen Formen und Genres neu ausgehandelt.

Die sozialdokumentarische Fotografie wird als wichtiges Medium und Instrument des Widerstandes zu Zeiten der Apartheid beschrieben.[11] Dokumentarische Fotografie bietet die Möglichkeit, den Lebensbedingungen unter dem Apartheidregime und dem *black consciousness* eine politische Sichtbarkeit

---

     barkeit in der internationalen Kunstwelt, die gerade zum Zeitpunkt der »Jo'burg«-Serie zunimmt und einhergeht mit einer Unabhängigkeit von fotojournalistischen Aufträgen.

8   Gerade in der westlichen Vorstellungswelt herrschen in Fortführung kolonialer Denk- und Wahrnehmungsmuster Vorstellungen von Afrika als »Spektakel« (vgl. u.a. Garb, Tamar: »Figures and Fictions: South African Photography in the Perfect Tense«, in: Dies. [Hg.], Figures & fictions. Contemporary South African photography, Göttingen 2011, S. 11-85, hier S. 75).

9   Mit einer solchen Gegenüberstellung argumentiert z.B. Rexer, Lyle: »Oblique Angles: Guy Tillim's unordinary Journeys« [Nachdr. aus Damn Magazine 33 (Mai/Juni 2012)], in: G. Tillim/S. Perryer (Hg.), Guy Tillim. O futuro certo, 2015, S. 303.

10   U. a. Godby, Michael: »After Apartheid: 10 South African Documentary Photographers«, in: African Arts 37 (2004), S. 36-41 und 94; Josephy, Svea: »Post-Apartheid South African Photography«, in: Geoffrey Grundlingh (Hg.), The Cape Town Month of Photography, Kapstadt 2002, S. 5-17.

11   Vgl. die umfangreiche Aufarbeitung in Enwezor, Okwui/Bester, Rory (Hg.): Rise and fall of Apartheid. Photography and the bureaucracy of everday life, New York 2013.

zu geben. Fotografie wurde für eine soziale und politische Bewegung instrumentalisiert, um dem erfahrenen Leid und den Widerstandskämpfen Ausdruck zu verleihen.[12] Mit der formalen Abschaffung der Apartheid, dem Abschwächen der Widerstandskämpfe und der Öffnung Südafrikas für den globalen Kunstmarkt wird das Verständnis von Fotografie und ihrer gesellschaftlichen und politischen Funktion neu befragt. Die Post-Apartheid-Fotografie wird als Revision, mitunter sogar als »radikale«[13] Abkehr von den früheren, sozialdokumentarischen Formen der Anti-Apartheid-Fotografie beschrieben. Zum einen ergeben sich neue Themen und neue Vermarktungskontexte für Fotografie, zum anderen finden sich neue Einflüsse in der Theoriebildung. Die Repräsentationskritik, die nach der Argumentation Svea Josephys in Südafrika um die 1990er-Jahre einsetzt, stelle die Evidenzfähigkeit der Fotografie infrage, d.h. die Annahme, Fotografie könne wahrheitsgemäße und wirklichkeitsgetreue Aufzeichnungen liefern. Wie verhält sich das fotografische Bild zur außerbildlichen Wirklichkeit? Inwieweit sind fotografische Dokumentationen immer tentativ und partiell und an der Konstruktion der Wirklichkeit beteiligt, die sie scheinbar nur aufzeichnen? Mit der Post-Apartheid-Fotografie wird der Autoritäts- und Wirklichkeitsanspruch des Dokumentarischen problematisiert zugunsten eines stärkeren Auslotens der Subjektivität des Dokumentarischen und einer Reflexion seiner Situierung und blinden Flecken, was im letzten Kapitel dieses Aufsatzes anhand Tillims Fotografien genauer erläutert wird.

Die zunehmende metareflexive Befragung des Mediums um die 1990er-Jahre in Südafrika führt dazu, dass Ambiguität ein Leitgedanke in Diskursen

---

12   Problematisch erscheinen jedoch solche Formen der *struggle photography*, die auf dramatische Handlungen und binäre moralische Wertungen fixiert sind und gerade dadurch wiederum dem Spektakel Vorschub leisten. Bereits 1984 äußert Njabulo Ndebele in »Rediscovery of the Ordinary« Kritik an den simplifizierenden Botschaften der *struggle photography*, die der Komplexität der gelebten Erfahrung unter der Apartheid — ihren Widersprüchen und Ambivalenzen — nicht gerecht werden könne. Ndebele verortet Widerstand jenseits der ›großen Schauplätze‹ der Widerstandskämpfe, im Alltag und innerhalb der Gewohnheiten der Menschen (vgl. hierzu Ndebele, Njabulo S.: Rediscovery of the ordinary. Essays on South African literature and culture [Nachdr. 1984], Scottsville 2006; T. Garb: Figures and Fictions, 2011, S. 75f., Peffer, John: Art and the End of Apartheid, Minneapolis 2009, insbes. S. 262). In Guy Tillims Interesse am Alltäglichen kann eine Tradition zu diesen kritischen Widerstandsdiskursen gesehen werden.

13   S. Josephy: Post-Apartheid South African Photography, 2002, S. 5.

der Fotografie wird. Die Diskurse um den künstlerischen Wandel werden dabei gerahmt vom soziopolitischen Transformationsprozess. Ambiguität fungiert folglich als Konzeption an der Schnittstelle zwischen fototheoretischen, kulturellen und soziopolitischen Diskursen, die jeweils einen spezifischen soziopolitischen oder künstlerischen Wandel beschreiben.

Das Narrativ des südafrikanischen fotografischen Wandels erscheint jedoch auch problematisch. Stellenweise tendiert es dazu, auf recht vereinfachende Weise das *Bild* einer sozialdokumentarischen Fotografie *zu entwerfen*, die scheinbar unvermittelt aufzeichnet und auf Eindeutigkeit hin ausgerichtet ist. Diese Betrachtung engt die kritische Auseinandersetzung mit sozialdokumentarischer Fotografie ein. In den vergangenen Jahren hat revidierend eine differenziertere Forschung stattgefunden, die das Archiv der Anti-Apartheid-Fotografie neu gelesen und auf Komplexitäten hin befragt hat.[14] Hierdurch wurde deutlich, dass eine kritische Auseinandersetzung mit dem Dokumentarischen und auch das Interesse am Alltäglichen das gesamte Archiv durchziehen, sodass eine Traditionslinie zu Tillims *Jo'burg* erkennbar wird. Das Narrativ eines radikalen Wandels kann somit zugunsten einer Betrachtung kontinuierlicher und ambiger Übergänge gemildert werden.

Eine postkoloniale Analyseperspektive zeigt sich kritisch gegenüber scheinbar einfachen Erzählungen und dualistischen Betrachtungen. Diesen scheint ein Moment der Simplifizierung und auch der Vereindeutigung innezuwohnen, welche wiederum für den internationalen Kunstmarkt eine sichtbarkeitspolitische Funktion haben können. Wird das gesteigerte Interesse an Selbstreflexivität und Ambiguität innerhalb der fotografischen Diskurse durch einen tatsächlichen Wandel der fotografischen Praktiken und Formen begründet? Oder wird dieser scheinbare Wandel gerade diskursiv erzeugt und verstärkt, z.B. durch spezifisch ausgerichtete Interpretationen und ein neuartiges Sprechen über Fotografie, um dadurch den Anschluss der südafrikanischen Fotografie an den internationalen Kunstmarkt, wie er zu eben jenem Zeitpunkt stattfindet, strategisch zu legitimieren? Insgesamt sollten die diskursive Funktion und die treibenden Kräfte hinter diesem Narrativ kritisch hinterfragt werden. Insbesondere, da sich das Narrativ der neu erlangten »ästhetischen Freiheiten«[15] in Diskurse des gesellschaft-

---

14   Vgl. u.a. O. Enwezor/R. Bester: Rise and fall of Apartheid, 2013; N. Ndebele: Rediscovery of the ordinary, 2006; Newbury, Darren: Defiant images. photography and apartheid South Africa, Pretoria 2010; J. Peffer: Art and the End of Apartheid, 2009.

15   Vgl. u.a. M. Godby: After Apartheid, 2004.

lichen Transformationsprozesses Südafrikas post-1994 integrieren lässt, wobei fraglich ist, inwiefern mit dieser soziopolitischen Transformation eine tatsächliche Dekolonisierung einhergeht.[16]

Postkoloniale Ambivalenzen und Doppelgänger der Demokratisierung

Nachdem zunächst die Funktion von Ambiguität innerhalb der Diskurse der Post-Apartheid-Fotografie im Mittelpunkt stand und damit auch kritisch auf eine mögliche Vereinnahmung von Ambiguität hingewiesen wurde, sollen nun unter einer spezifischen postkolonialen Perspektive *postkoloniale Ambivalenzen* untersucht werden. Gemeint sind unbestimmbare, offene und widersprüchliche Entwicklungen der Stadt im anhaltenden soziopolitischen Transformationsprozess, die Konsequenzen für die Menschen mit sich bringen hinsichtlich politischer Handlungsmacht, sozialer Gerechtigkeit, Emanzipation und Partizipation. Wie genau gelingt es Tillims Fotografie für postkoloniale Ambivalenzen zu sensibilisieren und damit eine kritische Haltung anzuregen?

Ausgangspunkt dieser Überlegungen ist die Fotografie *Eviction by the Red Ants, Auret Street, Jeppestown* (Abbildung 2): Zu sehen gegeben wird ein Flur, der so gezeigt wird, dass die Sicht in angrenzende Räume und Nischen sehr gering bleibt. Auszumachen sind drei Personen. Auffallend ist der Einsatz von Unschärfe und von angeschnittenen und teils verdeckten Bildelementen zur Veruneindeutigung der Szene. Ähnlich wie in der Fotografie *Cape Agulhas* sind auch hier Personen nur fragmentarisch oder unscharf zu sehen. So werden am linken Bildrand von einer sitzenden Person nur ein angewinkeltes Bein und der rechte Handrücken gezeigt. Eine Person trägt einen auffälligen roten Overall und kann somit als Mitglied der »Red Ants« identifiziert werden, einem privaten Sicherheitsdienst (Red Ant Security Relocation & Eviction Services[17]), der mit der Durchführung von Zwangsräumungen beauftragt wird. Zwar sind die »Red Ants« und die Spuren der gewaltsamen Eingriffe zu sehen, jedoch eher in einer fragenden statt einer bezeugenden Haltung, denn

---

16   Vgl. hierzu T. Madlingozi: Social Justice in a time of neo-apartheid constitutionalism, 2017; Madlingozi kritisiert eine differenz- und machterhaltende Transformation und stellt sie der Dekolonisierung entgegen.

17   Vgl. https://red-ants.co.za/about-us (Zugriff: 15.09.2020).

wie schon in *Cape Agulhas* wird kein eindeutiger Handlungsmoment eingefangen.

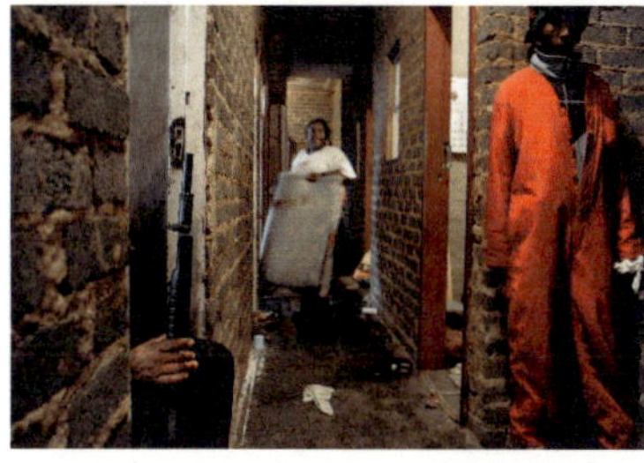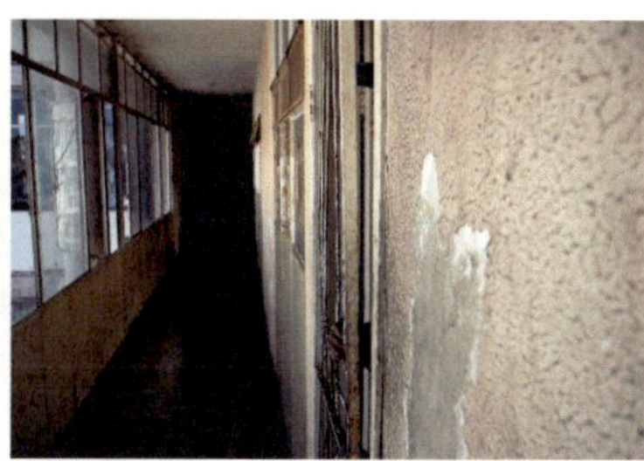

Abb. 2: Guy Tillim: *Eviction by the Red Ants, Auret Street, Jeppestown (Jo'burg)* (2004)
Abb. 3: Guy Tillim: *July's shop, selling beer, chips and cigarettes, on the eighth floor of San Jose, Olivia Street, Berea (Jo'burg)* (2004)

Wie wird von den Betrachtenden der Gewehrschaft im linken Bilddrittel wahrgenommen? Zwar erscheint er enorm fokussiert, da er mit größter Bildschärfe und kontrastreichen Lichtreflexionen aus dem Bildraum hervorsticht. Zugleich scheint er formal passgenau in die Komposition des Bildes eingegliedert, denn seine Ausrichtung folgt der Senkrechten des Türrahmens. Durch dieses formale Eingliedern und Herausfallen wird eine unaufdringliche Aufmerksamkeit für das Bildelement geschaffen.

Auffällig sind die anonyme Hand und ihr Griff, den Gewehrschaft locker umfassend. Dieser Griff scheint verunsichernd: Eine Leichtigkeit anspielend, scheint sich der Zeigefinger vom Schaft zu lösen. Für die Betrachtenden kann sich hier die Frage stellen, ob sie diesen Griff mit dem Ergreifen eines Gewehrs assoziieren. Ist es nicht seltsam, wie durch diesen Griff die Symbole der Autorität ganz beiläufig gehandhabt werden und sich so unscheinbar in das Bild einschreiben? Wofür steht letztlich das Gewehr? Symbolisiert es die scheinbar notwendigen Sicherheitsmaßnahmen, oder steht es für die Autorität der Stadtverwaltung? Und wo verliefe der Unterschied? Zerfällt hier möglicherweise ein nur scheinbar eindeutiges Symbol zum polysemen Zeichen?[18] Der postkolonialen Theorie Homi K. Bhabhas folgend, kann argumentiert werden, dass durch solche verunsichernde Zeichen Fragen nach der

---

18   Bhabha beschreibt den Zerfall von eindeutigen, autoritären Symbolen zu polysemen
      Zeichen als Moment der Hybridisierung, wodurch die Festlegung und Vereindeutigung
      eines Sinns unmöglich wird und stattdessen Ambiguität und Ambivalenzen hervor-

Verteilung von Macht, der Verortung von Widerstand und – allgemeiner – nach eindeutigen Positionierungen erschwert werden. Mit anderen Worten, die bildliche Inszenierung erschwert eine klare Benennung und Zuschreibung von Handlungsmacht, Autorität und Gewalt und macht das Verhältnis zwischen Akteur_innen und Aktant_innen problematisch.

Erneut sei hier auf den historischen Moment verwiesen, zu dem die Serie entsteht: Inmitten der Diskurse um zehnjährige Demokratisierung thematisiert die Serie die ungleiche und unbestimmbare Verteilung von Handlungsmacht und Partizipation. Wer gestaltet und wer profitiert letztlich von der Stadterneuerung? Die Serie schafft ein Bewusstsein für die neuen Exklusionsmechanismen, für Marginalisierungen und Entrechtungen, die während des Transformations- und Erneuerungsprozesses auftreten. Sie zeigt, wie Ambivalenzen und Aporien *inmitten* der hegemonialen Diskurse rund um die Transformation[19] produziert werden und sich als unbehaglicher »Doppelgänger«[20] der Demokratie zu sehen geben. Die Bedeutung und die Folgen

---

treten; vgl. Bhabha, Homi K.: The location of culture, London 1994, insbes. Kap. 6; zu seinem Verständnis von Kontingenz und Handlungsmacht vgl. Kap. 9.

19 Madlingozi folgend, geht es um *constitutionalism* und *social justice*, vgl. T. Madlingozi: Social Justice in a time of neo-apartheid constitutionalism, 2017.

20 Zur Figur des »Doppelgängers« vgl. Bhabha, Homi K.: Über kulturelle Hybridität. Tradition und Übersetzung, Wien 2012. Im Vortrag »Über kulturelle Hybridität« thematisiert Bhabha mit Verweis auf Arendt die Existenz der Staatenlosen (nach H. Bhabha: »Wanderarbeiter, Minderheiten, Asylwerber, Flüchtlinge«, S. 38), deren Gemeinsamkeit, so Bhabha, ihre Nichtteilhabe an Öffentlichkeit und Zivilgesellschaft sei (S. 36). Er beschreibt das Doppelleben der Staatenlosen in Form einer »unbestimmten Anwesenheit« (S. 39). Einerseits wirtschaftlich und »gesellschaftlich unerlässlich« (ebd.) bilden sie als illegale Arbeiter den »Motor der unorganisierten Arbeit und des Dienstleistungsgewerbes« (S. 38), andererseits »juristisch ›unerlaubt‹« (S. 39) fallen sie aus den Rahmen der formalen Rechtssprache und eröffnen somit eine Spaltung oder Verdoppelung des »globalen Internationalismus«, verstanden als »kosmopolitisches Projekt« (S. 37). Inmitten dieser unbestimmten Anwesenheit interessiert sich Bhabha für eine neue »vielschichtige widersprüchliche Existenz- oder Überlebensform irgendwo zwischen Legalität und Un-Zivilität« (ebd.) und für die »Doppelgänger der Demokratie« (S. 40). Denn »[s]o unumgänglich Sicherheit politisch sein mag, es besteht zugleich die Gefahr, dass sie sich in eine Legitimationsstruktur verwandelt, die die Gesetze der Teilhabe durch die Vorrechte der ›Polizei‹ ersetzt, während gleichzeitig die öffentliche Meinung in kollektive Neurosen und fremdenfeindliche Projektionen verfällt. Als Insassen des Sicherheitsraums leben wir in ständiger Angst und Bedrohung, der Verfremdung (*alien-nation*) des demokratischen Versprechens zu begegnen, also gerade nicht seiner Auslöschung, sondern seiner Fortdauer und Reproduktion durch die – bei-

des Demokratisierungsprozesses scheinen im Südafrika der Post-Apartheid zu jenem Zeitpunkt ambivalent.

Ambiguität durch fotografisches Zeigen

Abschließend soll der Funktion der Ambiguität ausgehend von foto- und bildtheoretischen Überlegungen nachgegangen werden. Dieser Ansatz versteht sich ergänzend und als Bindeglied zu den zwei vorherigen Ansätzen.

Ausgangsmoment für die folgende Analyse sind solche Bildelemente und -modalitäten, die ihre eigene Bildlichkeit thematisieren. Auffällig sind Bereiche größter Verschattung, wodurch der Bildraum in eine Flächigkeit umzuklappen scheint, sodass die Einsicht in das Raumvolumen irritiert wird. Auffällig sind zudem Wandpartien, die unbehaglich nah an das Kameraobjektiv heranragen und den Blick verstellen (Abbildung 3). Durch diese große Nähe entstehen Unschärfe und Bildrauschen, wodurch die Materialität des Bildes, d.h. Flächigkeit und Beschaffenheit des Bildträgers, in den Blick geraten. Es handelt sich um Momente, in denen die Fotografien mehr »sich zeigen«, als »etwas zeigen«,[21] bzw. das Sich- und das Etwas-Zeigen in einen unauflösbaren Dialog miteinander treten. Ambiguität ist hier in der »Duplizität« des fotografischen/bildlichen Zeigens angelegt.[22]

Mit weiteren Beobachtungen am Bild kann das fotografische Zeigen noch intensiver befragt werden, um das Etwas-Zeigen der Fotografie zu verunsichern. Hervorzuheben ist hier zunächst der spezifische Einsatz von Licht. Konkret geht es darum, wie das Licht, verstanden als Bedingung des fotografischen Zeigens und Sehens, gerade zum Mittel der *Problematisierung* des Zeigens und Sehens wird. Auffallend sind Bildregionen, die durch Überbelichtung Leerstellen im Bild erzeugen (vgl. insbesondere Abbildung 4 und 5). Wie sind diese Leerstellen zu verstehen? Obwohl eine ausgeleuchtete Bildregion

---

nahe wörtliche – Angst vor einer ›fremdländischen‹ Nation (›alien‹ *nation*), die *inmitten – in der Mitte* – des demokratischen Habitus auftaucht.« (S. 40; Hervorh. im Orig.)

21   Vgl. Mersch, Dieter: »Ambiguitäten des Zeigens. Kleine Theorie Monstrativer Praktiken«, in: Katharina Sykora et al. (Hg.), Valenzen fotografischen Zeigens, Kromsdorf 2016, S. 51-73; Mersch, Dieter: »Zeigen – Etwas Zeigen – Sich Zeigen«, in: Stephan Günzel/Ders./Franziska Kümmerling (Hg.), Bild. Ein interdisziplinäres Handbuch, Stuttgart 2014, S. 312-318.

22   Vgl. ebd.

doch zunächst Einsicht verspricht, wird gerade im Moment des Sichtbarmachens (Ein-)Sicht verunklärt. Mit jedem Sichtbarmachen werden Unsichtbarkeiten produziert. Die ungehinderte Sicht *durch* das fotografische Bild hindurch auf eine dem fotografischen Bild vorausgehende, außerbildliche Realität wird gestört. Mit anderen Worten: Irritiert wird die Annahme der medialen Transparenz der Fotografie – eine Annahme, die in Diskursen der »Post-Apartheid-Fotografie« und in weiteren Ansätzen der Fototheorie aufgrund ihrer Autoritäts- und Wirklichkeitsansprüche problematisiert wurde.[23] Statt der Durchsicht auf eine außerbildliche Realität wird nun etwas Anderes im Bild sichtbar: die Prozesse und Bedingungen der fotografischen Bildwerdung; das Einschreiben des Lichtes im fotografischen Bild, was bedingt und ermöglicht wird durch Apparat, Kodierung und Material der Fotografie.

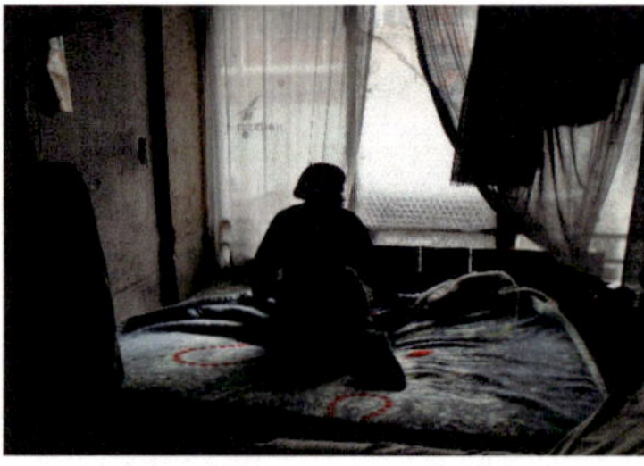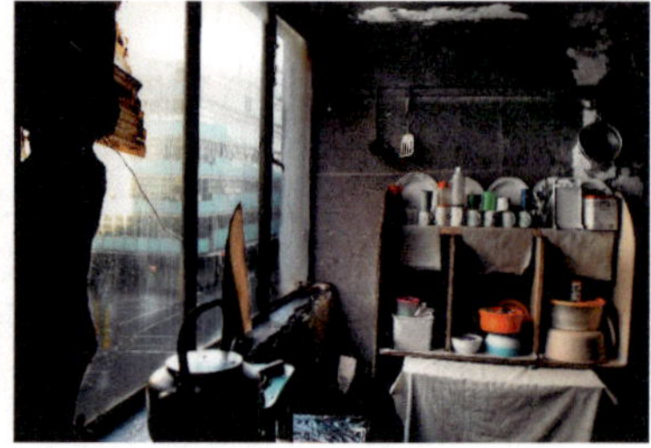

Abb. 4: Guy Tillim: Namasonto makes her bed, Jeanwell House, Nugget Street (Jo'burg) (2004)
Abb. 5: Guy Tillim: The view from an apartment in Jeanwell House overlooking the intersection of Nugget and Pritchard Streets (Jo'burg) (2004)

Eine ikonologische Analyse lenkt die Aufmerksamkeit auf die zahlreichen Fenster und Scheiben, die gar als Leitmotiv der Serie gedeutet werden können. Diese Scheiben können als medienkritischer Kommentar auf die Fotografie gelesen werden. Auf motivisch-metaphorischer Ebene setzen die Bilder die mechanisch-optische Dimension der Materialität der Fotografie, ihr sogenanntes Glasauge, ins Bild. Doch damit wird nicht auf die Transparenz des

---

23   Vgl. weiterführend auch Brandes, Kerstin: Fotografie und »Identität«. Visuelle Repräsentationspolitiken in künstlerischen Arbeiten der 1980er und 1990er Jahre, Bielefeld 2010; Tagg, John: The burden of representation. Essays on photographies and histories, Basingstoke 1988.

fotografischen Bildes angespielt. Im Gegenteil, gerade da die meisten Scheiben milchig, verschleiert oder auch zerbrochen sind, wird erneut dem Eindruck der Transparenz entgegengewirkt. *The view from an apartment in Jeanwell House overlooking the intersection of Nugget and Pritchard Streets* (Abbildung 5) macht dies besonders deutlich. Auffällig ist hier eine Diskrepanz zwischen Bildtitel und dem Zu-Sehen-Gegebenem. Mit dem Titel wird der Bildinhalt erfasst und benannt: Es geht um *the view* (den Blick oder die Sicht). Auf bildlicher Ebene wird gerade dieser Blick erschwert, er fällt durch eine milchige Fensterscheibe, wieder im Moment der Überbelichtung. Auch hier entsteht ein Spiel mit Transparenz und Opazität *im* Bild. Der Blick durch die Fensterscheibe schafft metaphorisch ein Bewusstsein für den Apparat als Bedingung und Ermöglichungsgrund des Bildes und für dessen konstruierende Eingriffe. Somit werden Transparenz und Opazität nicht nur im Bild thematisiert, sondern auch als Parameter des Bildlichen deutlich.[24]

Angestrebt wird hier eine grundsätzliche Verschiebung hinsichtlich der Analyseperspektive der Serie. Weniger geht es nun darum zu beurteilen, ob die Serie eine *angemessene* Repräsentation der Situation in Johannesburg wiedergibt. Auch wenn festzustellen ist, dass die Serie Johannesburg in seiner *Ambiguität* wiedergibt, zielt diese Perspektive letztlich auf eine Verhandlung der Inhalte der Repräsentation und befragt das fotografische Bild stark ausgehend von dem Parameter seiner Transparenz. Um, wie Alloa herausstellt, dem »äquivoken Charakter«[25] des Bildes gerecht zu werden, sollte in der Analyse die Opazität[26] des Bildes reflektiert werden, um beide Parameter des Bildlichen zu berücksichtigen. Unter dieser Betrachtung der fotografischen Bildlichkeit eröffnen sich nicht nur *andere Deutungen* des Bildes, sondern ein *an-*

---

24   Vgl. zu diesem Analyseansatz auch Dobbe, Martina: »Dispositive des Sehens in der, und als, Fotografie. Jeff Walls Morning Cleaning«, in: Katharina Sykora et al. (Hg.), Valenzen fotografischen Zeigens, Kromsdorf 2016, S. 75-92. Dobbe untersucht Apparat, Material und Display als Elemente des fotografischen Dispositivs mit Bezug auf Jeff Walls »Morning Cleaning«. Sie zeigt, wie mit dem Motiv der eingeseiften Glasscheibe die Transparenz der Fotografie problematisiert wird.

25   Alloa, Emmanuel: Das durchscheinende Bild. Konturen einer medialen Phänomenologie, Zürich 2011.

26   Wobei Opazität in Anlehnung und Weiterführung an Alloa die stofflichen sowie materiellen, apparativen, diskursiven und ideologischen Konstituenten und Dispositive des Bildes meinen kann (vgl. ebd., S. 167).

deres Sehen wird ermöglicht.[27] Das Sehen, das die Fotografie ermöglicht (und von den Betrachtenden erfordert), macht bewusst, dass es ein bedingtes und geformtes, ein vermitteltes und vermittelndes Sehen ist.[28]

Die Offenlegung und die Reflexion der Vermitteltheit des Sehens und Zeigens soll hier als eine Strategie postkolonialer Kritik verstanden werden. Im Zentrum der postkolonialen Kritik steht oftmals der unmarkierte koloniale Blick, der seine Situierung und Perspektivität verschleiert und sich als universell ausgibt.[29] Mit einer autoritären Geste vermittelt dieser Blick scheinbar gültiges Wissen über andere Subjekte und Kulturen. *Unmarkiert* scheint ein solcher Blick dann, wenn er seine eigene Vermitteltheit verschleiert. Im Umkehrschluss scheint die Offenlegung der Vermitteltheit ein Schritt hin zu einer situierten Perspektive, die selbstkritisch ihre Bedingungen und Prämissen befragt und Gültigkeit und Verstehbarkeit als solche infrage stellt.[30]

Anhand der Auseinandersetzung mit Tillims Serie kann thematisiert werden, wie ein fotografisch vermittelter und partieller Blick auf den komplexen urbanen Raum möglich wird, der es vermeidet, in Form einer Durchsicht eine Lebenswirklichkeit aufzuzeichnen und dabei Authentizitäts- oder Evidenzansprüche zu stellen – oder die zu sehen gegebenen Personen auf eindeutigen Identitäten festzuschreiben. Stattdessen sollen die Betrachtenden in eine solche Betrachter_innenposition versetzt werden, in der ihr Sehen bewusst gemacht und verunsichert wird, um ein selbstreflektiertes Verhältnis zum eigenen Blick[31] auszubauen. Ein solches selbstreflektiertes Verhältnis zum eige-

---

27   So stellt auch O'Toole fest: »Underpinning everything is his [Tillim's] acute awareness of the constructedness of looking, and the fallibility of seeing« (S. O'Toole: Forms of power and powerlessness, 2010, S. 192).

28   Zur Kontextualisierung der Konzeption des *Anders Sehen* vgl. u.a. das »Produktive Blicken« (in Anlehnung an Kaja Silverman) in Schaffer, Johanna: Ambivalenzen der Sichtbarkeit. Über die visuellen Strukturen der Anerkennung, Bielefeld 2008, S. 146ff.

29   Vgl. Schmidt-Linsenhoff, Viktoria: Ästhetik der Differenz. Postkoloniale Perspektiven vom 16. bis 21. Jahrhundert. 15 Fallstudien, Marburg 2010, insbes. S. 10f. Der unmarkierte Blick kann dabei je nach Kontexten konkretisiert werden z.B. als *weißer* Blick oder als *männlicher* Blick. *Unmarkiertheit* hat einen Machtanspruch und dient als Mittel der Dominanz und der *Durchsetzung* einer spezifischen Perspektive.

30   Vgl. hierzu schon Haraway, Donna: »Situated Knowledges. The Science Question in Feminism and the Privilege of Partial Perspective«, in: Feminist Studies 14 (1988), S. 575-599.

31   Wobei *Blick* hier als Sehen aus einer Subjektposition verstanden wird, wodurch Fragen nach Machtverhältnissen angesprochen werden (vgl. J. Schaffer: Ambivalenzen der Sichtbarkeit, 2008, S. 112ff.).

nen Blick ist nicht nur Grundlage für ein ambiguitätstolerantes Selbst- und Weltverständnis, sondern auch Bedingung für eine machtkritische Auseinandersetzung mit Fotografie zu postkolonialen Fragestellungen, wie sie Tillims Serie anbietet.

Literaturverzeichnis

Alloa, Emmanuel: Das durchscheinende Bild. Konturen einer medialen Phänomenologie, Zürich 2011.

Bethlehem, Lael: »A new dynamic – Urban regeneration in the Joburg CBD« (2013), The Journal of the Helen Suzman Foundation 69, S. 17-24, http://hsf.org.za/resource-centre/focus/focus-69-future-of-our-cities/focus69jun-3-l-bethlehem.pdf. (Zugriff 15.09.2020).

Bhabha, Homi K.: The location of culture, London 1994.

–: Über kulturelle Hybridität. Tradition und Übersetzung, Wien 2012.

Brandes, Kerstin: Fotografie und »Identität«. Visuelle Repräsentationspolitiken in künstlerischen Arbeiten der 1980er und 1990er Jahre, Bielefeld 2010.

Dobbe, Martina: »Dispositive des Sehens in der, und als, Fotografie. Jeff Walls Morning Cleaning«, in: Katharina Sykora et al. (Hg.), Valenzen fotografischen Zeigens, Kromsdorf 2016, S. 75-92.

Enwezor, Okwui/Bester, Rory (Hg.): Rise and fall of Apartheid. Photography and the bureaucracy of everday life, New York 2013.

Garb, Tamar: »Figures and Fictions: South African Photography in the Perfect Tense«, in: Tamar Garb (Hg.), Figures & fictions. Contemporary South African photography, Göttingen 2011, S. 11-85.

Godby, Michael: »Guy Tillim« [Nachdr. aus Art South Africa 3 (2005)], in: Guy Tillim/Sophie Perryer (Hg.), Guy Tillim. O futuro certo, Göttingen 2015, S. 275.

–: »After Apartheid: 10 South African Documentary Photographers«, in: African Arts 37 (2004), S. 36-41 und 94.

Haraway, Donna: »Situated Knowledges. The Science Question in Feminism and the Privilege of Partial Perspective«, in: Feminist Studies 14 (1988), S. 575-599.

Horstmann, Friederike: »Wie Guy Tillim Geschichte anders schreibt«, in: Renate Wiehager/Nadine Isabelle Henrich (Hg.), Evoking Reality. Konstitution von Wirklichkeit in Fotografie und Videokunst, Berlin 2018, S. 26-29.

Josephy, Svea: »Post-Apartheid South African Photography«, in: Geoffrey Grundlingh (Hg.), The Cape Town Month of Photography, Kapstadt 2002, S. 5-17.

Leers, Daniel: »Guy Tillim: Of people and their places«, in: Guy Tillim/Sophie Perryer (Hg.), Guy Tillim. O futuro certo, Göttingen 2015, S. 248-257.

Madlingozi, Tshepo: »Social Justice in a time of Neo-Apartheid Constitutionalism: Critiquing the Anti-Black Economy of Recognition, Incorporation and Distribution« (2017), https://repository.up.ac.za/handle/2263/64971 (Zugriff 15.09.2020).

Mersch, Dieter: »Ambiguitäten des Zeigens. Kleine Theorie Monstrativer Praktiken«, in: Katharina Sykora et al. (Hg.), Valenzen fotografischen Zeigens, Kromsdorf 2016, S. 51-73.

–: »Zeigen – Etwas Zeigen – Sich Zeigen«, in: Stephan Günzel/Dieter Mersch/Franziska Kümmerling (Hg.), Bild. Ein interdisziplinäres Handbuch, Stuttgart 2014, S. 312-318.

Ndebele, Njabulo S.: Rediscovery of the ordinary. Essays on South African literature and culture [Nachdr. 1984], Scottsville 2006.

Newbury, Darren: Defiant images. photography and apartheid South Africa, Pretoria 2010.

Nuttall, Sarah/Mbembe, Achille (Hg.): Johannesburg. The elusive metropolis, Durham 2008.

O'Toole, Sean: »Forms of power and powerlessness: photographer Guy Tillim researches perceptions of reality«, in: Peter Anders/Matthew Krouse (Hg.), Positions. Contemporary artists in South Africa, Auckland Park 2010, S. 188-197.

Peffer, John: Art and the End of Apartheid, Minneapolis 2009.

Rexer, Lyle: »Oblique Angles: Guy Tillim's unordinary Journeys« [Nachdr. aus Damn Magazine 33 (Mai/Juni 2012)], in: Guy Tillim/Sophie Perryer (Hg.), Guy Tillim. O futuro certo, Göttingen 2015, S. 303.

Schaffer, Johanna: Ambivalenzen der Sichtbarkeit. Über die visuellen Strukturen der Anerkennung, Bielefeld 2008.

Schmidt-Linsenhoff, Viktoria: Ästhetik der Differenz. Postkoloniale Perspektiven vom 16. bis 21. Jahrhundert. 15 Fallstudien, Marburg 2010.

Tagg, John: The burden of representation. Essays on photographies and histories, Basingstoke 1988.

Tillim, Guy: Jo'burg, Trézélan u.a. 2005.

The World Bank Group, »Urban Regeneration«, http://urban-regeneration.worldbank.org/Johannesburg (Zugriff 15.09.2020).

Wiehager, Renate/Tillim, Guy (Hg.): Guy Tillim. DaimlerChrysler Award for South African Photography 2004, Berlin 2004.

IV

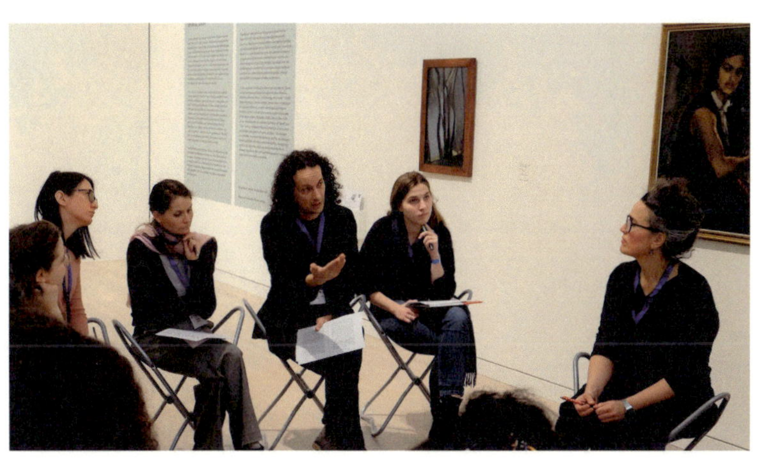

Eine Kunstpraxis lernen, die es noch nicht gibt[1]
Differenztheoretische Perspektiven auf das Verhältnis von Kunst, Pädagogik und Demokratie

Ulaş Aktaş

Einleitung

Ausgehend von dem radikaldemokratischen Grundgedanken, dass Demokratie heißt, dass man über die internen und externen Beschränkungen der Demokratie verhandeln können muss, also auch darüber, wer zum Demos gehört, soll nach einer Kunstpraxis gefragt werden, die die bestehenden Normen und Differenzordnungen infrage stellt. Ausgangspunkt ist hierfür die Frage, ob eine Identifikation mit den selbstreferentiellen und distinktiven Diskursen der europäischen Kunst vorausgesetzt werden muss, und ob Kunstunterricht auf etwas Anderes ausgerichtet werden kann, als die Anpassung an das bürgerliche Normalsubjekt.

Im ersten Schritt wird hierzu das Verhältnis von Pädagogik, Prekarisierung und Demokratie in der Wissensgesellschaft beleuchtet. Im zweiten Schritt wird dann dieses Verhältnis auch in Hinsicht auf ein Kunstverständnis diskutiert. Dazu wird das Verhältnis von Kunst und Politik entlang des Konzepts der »Aufteilung des Sinnlichen« von Jacques Rancière (2008) skizziert. Im dritten Schritt wird dann anhand der Theorie der Genderperformativität von Judith Butler (2018) das Konzept der Aufteilung des Sinnlichen hegemonietheoretisch erweitert und die Bedingungen der Möglichkeit zur Infragestellung und Überschreitung der gegebenen Normen umrissen.

 Der Titel ist angelehnt an Sternfeld, Nora: »Eine Demokratie lernen, die es noch nicht gibt«, in: Elke Rajal/trafo.K/Oliver Marchart/Dies./Carina Maier (Hg.), Making Democracy – Aushandlungen von Freiheit, Gleichheit und Solidarität im Alltag, Bielefeld 2020, S. 205-215.

Abschließend werden aus den ästhetisch-politischen Überlegungen zwei Zugänge einer differenztheoretisch positionierten Kunstpädagogik aufgezeigt: zum einen eine kritisch hermeneutische Bildreflexion und zum anderen eine radikaldemokratische Kunstpraxis, die auf Hegemonie(Selbst)Kritik (Maihofer 2014) beruht. Mit Bezug auf die »Liste«, die die Künstlerin Banu Cennetoglu immer wieder veröffentlicht hat, wird die radikaldemokratische Frage nach der Legitimität von Grenzen und die Frage nach der Betrauerbarkeit aller Leben in der künstlerischen Praxis veranschaulicht. Deutlich werden soll so, dass nicht das Aushalten von Ambiguität die Voraussetzung für eine radikaldemokratisch kunstpädagogische Praxis ist, sondern ein Aufmerksamwerden für die Prekarität und Verletzlichkeit aller Leben sowie für die wechselseitige Abhängigkeit des einen von einem anderen Leben.

Lernen, Prekarisierung und Demokratie

In der Wissensgesellschaft ist auch das Lernen von einer umfassenden Ökonomisierung geprägt. Leistungsbeurteilungen, Intelligenztests, psychologische Gutachten, Förderunterricht, Fortbildungen, Selbstevaluationen, Self-Assessment, Aufnahmeprüfungen, Deutschkurse etc. sind Elemente der Lern- und Wissensökonomie. In all diesen Formen des Lernens werden wir gegeneinander angeordnet, die Besseren werden von den Schlechteren, die Schnellen von den Langsamen und die Souveränen von den Unsicheren unterschieden.[2] Mit diesen verstetigten Praktiken der Messung, Vermessung und des Vergleichens entsteht ein feines System von gesellschaftlich wirksamen Differenzen, in denen vergeschlechtlichte, rassen- und klassenbasierte Ungleichheiten wie von Zauberhand reproduziert werden. Die Wirksamkeit dieser Lernordnungen, die uns voneinander unterscheiden, beruht nicht auf einzelnen Personen, sondern auf dem Glauben an die liberale Ökonomie, die sich auf eine Regierung durch Prekarisierung stützt.[3] Im Zuge des *new public managements* und mittels neuer Arbeitsgesetzregelungen (wie z.B. Hartz IV) wurden in den letzten Jahrzehnten prekäre ökonomische und soziale Lebensbedingungen zur Normalität. Unsicherheit wurde zur allgemeinen Grunderfahrung, wodurch sich der Zwang zu einer selbstverantwortlichen, rentablen und produktiven Existenzweise verstärkte. Diese Entwicklung

---

2   Vgl. ebd.

3   Lorey, Isabell: Die Regierung der Prekären, Wien/Berlin 2012.

betrifft auch schulische Kontexte. Auch hier gehen Lern- und Leistungsdruck mit einer stärkeren Ausrichtung auf selbstverantwortliches Lernen einher. Das hat zur Folge, dass die Trennlinie zwischen denjenigen, die fähig sind, sich dem Leistungsdruck selbstverantwortlich unterzuordnen, und denjenigen, die diesbezüglich nicht mithalten können, größer wird. Migrantische Schüler_innen sind von diesen Exklusionsmechanismen stärker betroffen und müssen durch anpassende Integration doppelt demonstrieren, dass sie dem bürgerlichen Subjektideal entsprechen.

Die Absicht, über die pädagogische Auseinandersetzung mit Kunst zugleich demokratische Haltungen zu bilden, berührt unverkennbar auch eine Kritik an den schulischen Ungleichheitsverhältnissen. Zu demokratischen Aushandlungsprozessen gehört es schließlich, dass auch über die Regeln und Bedingungen des Lebens und des Lernens verhandelt werden kann. Genau von dieser Möglichkeit, über die internen und externen Beschränkungen und Grenzen der Politik zu verhandeln, sind Migrant_innen, aber auch andere marginalisierte Gruppen häufig abgeschnitten. Für Hannah Arendt ist diese Möglichkeit zur Aushandlung die Bedingung demokratischer Partizipation. Demokratie lässt sich für sie nicht auf die steuernde Tätigkeit ›bloßer‹ Regierung reduzieren. Demokratische Partizipation ist vielmehr an die Möglichkeit zur konflikthaften Auseinandersetzung über das Selbstverständnis des politischen Handelns geknüpft, ebenso wie über die Normen des Lernens. Genau in diesem Widerstand gegenüber einer übergeordneten Autorität und der Proklamation politischer Alternativlosigkeit besteht dasjenige, was in tyrannischen oder totalitären Ordnungen zu verschwinden droht.[4] Die konflikthafte Auseinandersetzung über die gegebenen Verhältnisse kann für sie nicht nur in den Parlamenten stattfinden, sondern muss immer auch ein Ereignis der Straße und der Schule sein.

Eine solche Kritik an den Begriffen des Lernens und der Schule ist keineswegs neu. Die Schule, aber auch andere Bildungsinstitutionen, so schreibt z.B. Louis Althusser in den 1970er-Jahren, lehren »Fähigkeiten, aber in Formen, die die Unterwerfung unter die herrschende Ideologie oder die Beherrschung ihrer Praxis sichern«[5]. Für ihn ist schulisches Lernen an diese Ideologie gebunden, der man sich durch das Lernen unterwirft.

---

4   Arendt, Hannah: Vita activa oder Vom tätigen Leben, München 2002, S. 41.

5   Althusser, Louis: »Ideologie und Ideologische Staatsapparate. Skizzen für eine Untersuchung«, in: Ders. (Hg.), Ideologie und ideologische Staatsapparate. Aufsätze zur marxistischen Theorie, Hamburg/Berlin 1977, S. 108-115, hier S. 112.

Die Idee, schulisches Lernen an höhere demokratische Ideale zu koppeln, wäre ihm insofern möglicherweise absurd vorgekommen. Für ihn sind Bildungsinstitutionen vor allem Orte, an denen herrschende Funktionslogiken durchgesetzt werden. In Zeiten, in denen das Lernen im Zeichen generalisierten Wettbewerbs steht und der Leistungsdruck durch die allgemeine Prekarisierung steigt, kann man Althusser nur schwer widersprechen, und man muss wohl fragen: Ist eine konflikthafte Auseinandersetzung über die Bedingungen des Lernens, also z.B. über Leistungsnormen, die Reproduktion sozialer Ungleichheit durch Bildungsinstitutionen[6] (Bourdieu/Passeron 1971), institutionellen Rassismus (Gomolla/Radke 2009)[7] etc., überhaupt möglich? Trotz dieser Skepsis soll im Folgenden an der Idee festgehalten werden, dass pädagogische Kontexte immer auch Orte sind, an denen durch Lernen gegebene Machtverhältnisse infrage gestellt und verändert werden können, und zwar mit Bezug auf den Kunstunterricht. Dabei muss ins Auge gefasst werden, dass die Aufgaben des Kunstunterrichts zumeist eine Identifikation und eine Vertrautheit mit den selbstreferentiellen und hochdistinktiven Diskursen und Formsprachen der etablierten Kunst voraussetzen und letztlich auch auf eine Anpassung an das bürgerliche Normalsubjekt zielen. Wie ist eine Abweichung von dieser eingeschliffenen Praxis denkbar?

Das Verhältnis von Kunst und Politik und die »Aufteilung des Sinnlichen« bei Jacques Rancière

Das Verhältnis von Kunst und Politik ist komplex. Die Frage nach den »politischen Dimensionen der Kunst« und den »ästhetischen Dimensionen der Politik« wird in aller Regel in Kategorien diskutiert, die eine repräsentative, dokumentarische oder interventionistische Beziehung von Kunst und Politik voraussetzt.[8] Künstlerische und politische Praxis gelten gemeinhin als zwei unabhängige Bereiche, die zwar miteinander verbunden werden können, aber

---

6   Vgl. Bourdieu, Pierre/Passeron, Jean-Claude: Die Illusion der Chancengleichheit. Untersuchungen zur Soziologie des Bildungswesens am Beispiel Frankreichs, Stuttgart 1971.

7   Vgl. Gomolla, Mechtild/Radtke, Frank-Olaf: Institutionelle Diskriminierung: Die Herstellung ethnischer Differenz in der Schule. Wiesbaden 2009.

8   Vgl. Muhle, Maria: Vorwort, in: Rancière, Jacques, Die Aufteilung des Sinnlichen. Die Politik der Kunst und ihre Paradoxien. Hg. von ders., Berlin 2006, S. xxx–xxx.

nicht übereinzubringen sind. Diese Trennung ist keineswegs selbstverständlich, und in den ästhetischen Theorien von Schiller, Hegel oder Adorno stehen Kunst und Politik keineswegs in einem Gegensatz. Auch Rancière stellt die Frage nach dem politischen Widerstandscharakter der Künste. Sein Konzept der »Aufteilung des Sinnlichen«[9] ist für eine kunstpädagogische Diskussion anschlussfähig, insofern sie die Frage nach der Verknüpfung von Kunst und Politik mit der Frage nach der demokratietheoretischen Begründung des politischen Handelns verbindet. Kunst und Politik stellen nach Rancière nicht zwei unabhängige und feststehende Bereiche dar, sondern lediglich zwei verschränkte Formen der Infragestellung der etablierten »Aufteilung des Sinnlichen«. Nur indem die etablierte »Aufteilung des Sinnlichen«, die Ordnungen des Sichtbaren und Sagbaren, des Möglichen und Machbaren infrage gestellt werden, kann die Bühne, auf der sich das alltägliche Geschäft der Politik abspielt, selbst wieder in einen Gegenstand politischen Handelns verwandeln.[10] Für Rancière ist Handeln nur insofern politisch und demokratisch, wie es die »Aufteilung des Sinnlichen« infrage stellt. Ob eine Demonstration ein kollektives politisches Handeln darstellt oder bloß zum Geschäft der Politik zu zählen ist, entscheidet sich daran, ob diese in der Ordnung der Wahrnehmung als Demonstration verstanden werden kann oder nicht. Nur wenn sie nicht als Demonstration erscheint, ist sie im Sinne Rancières politisch.[11] Demokratische Aushandlungsprozesse finden also nur dort statt, wo die »Aufteilung des Sinnlichen« unterbrochen und infrage gestellt wird. Der Politik unterliegt, so Rancière, ein System »historisch apriorischer« Formen sinnlicher Erfahrung, die auch die Individuen im politischen Raum situiert. Für Rancière ist ästhetische Erfahrung und künstlerische Praxis auf das ›Regime der Wahrnehmung‹ zu beziehen und ein Verständnis von Ästhetik als reine Wahrnehmungstheorie wenig sinnvoll. Nicht nur die Politik ist insofern auf

---

9   Vgl. Rancière, Jacques: Die Aufteilung des Sinnlichen. Die Politik der Kunst und ihre Paradoxien. Hg. von Maria Muhle, Berlin 2006.

10 Vgl. Celikates, Robin: »Politik und Polizei Jacques Rancière. Zur Logik von Entpolitisierungsprozessen«, in: Texte zur Kunst 55 (2004), Themenschwerpunkt: »Neokonservatismus«, S. 114-117, www.textezurkunst.de/55/politik-und-polizei (Zugriff 15.09.2020).

11 Rancière, Jacques: Zehn Thesen zur Politik. Übers. von Marc Blankenburg, Berlin 2008. Ein Beispiel für diese Frage sind die landesweiten Demonstrationen nach der Ermordung des Schwarzen George Floyd am 25. Mai 2020 durch einen weißen Polizisten in den USA, die die US-Administration als »Lootings« (also Plünderungen) bezeichnet und insofern den Demonstrierenden das Demonstrationsrecht abspricht, Ausgangssperren verhängt und die Nationalgarde gegen die Protestierenden einsetzt.

die Frage nach der *Aufteilung des Sinnlichen* zurückgeworfen, auch die Kunst ist nicht von der Ordnung des Sinnlichen zu lösen. Eine künstlerische Praxis zeichnet sich dadurch aus, dass sie die »Aufteilung des Sinnlichen« infrage stellt.

Für die Kunstpädagogik ist das Konzept der »Aufteilung des Sinnlichen« als Verschränkung von Kunst und Politik mit der Aufforderung verknüpft, die künstlerische Praxis in einen Bezug zum Regime der Wahrnehmung zu bringen. Dafür ist sowohl ein radikaldemokratisches Verständnis von Politik als auch die politische Dimension künstlerischer Praxis ins Auge zu fassen. Nicht zu übersehen ist aber, dass Rancières Konzeption der »Aufteilung des Sinnlichen« weitgehend androzentrisch organisiert ist. Seine Konzeption gibt keinen Aufschluss darüber, inwieweit das Regime des Sichtbaren und Sagbaren als patriarchales, heteronormatives, klassenbasiertes, rassialisiertes und ableistisches Blickregime konstituiert ist. Für die Entwicklung einer differenztheoretisch fundierten kunstpädagogischen Positionierung, in der Ungleichheiten in den ihnen eigenen Differenzaspekten berücksichtigbar werden, soll im Folgenden Judith Butlers Theorie der Genderperformativität herangezogen werden. Gleichzeitig werden dadurch die Bedingungen der Möglichkeit zur Infragestellung und Überschreitung der gegebenen Normen umrissen, die auch die Bedingungen für eine ästhetisch demokratische Praxis darstellen.

Judith Butlers Theorie der Genderperformativität und die hegemoniale Differenzordnung in der Aufteilung des Sinnlichen

In Judith Butlers Theorie der Genderperformativität gibt es zwei Untersuchungsachsen. Auf der ersten, der repressiven Untersuchungsachse, geht es um die Frage, wie Konventionen und Normen auf uns einwirken und wie die Bedingungen und Möglichkeiten des Handelns nicht nur unser Handeln vorstrukturieren, sondern auch unser Verhältnis zu uns selbst, zu anderen und der Welt hervorbringen. Diese Konventionen und Normen bestehen in und durch Praxen, in die wir unablässig verstrickt sind und die zum Teil ohne unser eigenes Wissen und ohne unser eigenes Wollen ablaufen, die aber deswegen keineswegs automatisch oder mechanisch sind. Im Gegenteil, Gender ist für Butler eine »Praxis der Improvisation im Rahmen des Zwangs«[12]. Die je eigene Geschlechtsrolle spielt man nicht allein, sondern immer mit oder für andere, selbst wenn diese anderen nur imaginär sind. Der eigene Körper erscheint zwar als Quelle der Geschlechtsidentität, die Bedingungen für das eigene »Gender« liegen gleichwohl nicht im eigenen Selbst, sondern sind von einem Außerhalb abhängig. Wir müssen uns gegenüber der beherrschenden Heteronormativität irgendwie verhalten. Aber auch wenn wir durch die präformierenden Bedingungen unserer alltäglichen Praktiken den bestehenden Normen und Konventionen unterworfen bleiben, sind Formen des Widerstands, der Subversion, der Transformation etc. keineswegs ausgeschlossen. Im Gegenteil, Butler weist mit Eve Kosofsky Sedgwick darauf hin, dass performative Sprechakte von ihren Zielen auf unerwartete Weise abweichen können und Effekte nach sich ziehen, die weder intendiert noch anderweitig vorgesehen sind.[13] So eröffnet beispielsweise das Ablegen eines Eheversprechens erst den Raum für außereheliche Sexualität. Die Bedingungen der Praxis beschränken nicht nur das Selbst, sondern bieten auch erst die Möglichkeit einer Abweichung von der Norm. Dieser Blick auf die Handlungsmöglichkeiten bildet die zweite Untersuchungsachse. Die Performativität der Praxis legt uns nicht nur repressiv auf eine Geschlechterrolle fest, sondern stellt auch die produktiven Bedingungen und Möglichkeiten eines Handelns bereit, das mit Konventionen, Normen und Ordnungen bricht. Erst diese bieten die Möglichkeit, dass man sich gegen sie auflehnt, denn ohne Konventionen könnten Sprechakte gar nicht als Sprechakte verstanden werden und wären letztlich nichts als »originaler Unsinn« (Kant), »unverbindliches Ungefähr« (Adorno/Valery) oder »bloßes Geräusch« (Lyotard). Diese Ambiguität der Normen kann nicht ausgeräumt werden, ja gerade der Versuch der Durchsetzung einer Norm und der Reduktion von Ambiguität eröffnet, wie Sedgwicks Beispiel des Eheversprechens zeigt, immer wieder neue Möglichkeiten der Abweichung und Bedeutungsräume, in denen neue Arrangements von Ambiguität mithervorgebracht werden. Mit Butler kann Ambiguität insofern nur in Bezug auf Konventionen und Normen entstehen. Jeder performative Akt wiederholt spezifische Kontexte und reiht sich in eine Zitationskette ein, die

---

12   Butler, Judith: Die Macht der Geschlechternormen und die Grenzen des Menschlichen. Aus dem Amerikanischen von Karin Wördemann und Martin Stempfhuber, Frankfurt a.M. 2009, S. 9.

13   Sedgwick, Eve Kosofsky: Epistemology of the Closet, Los Angeles/Berkeley 1990.

aber mit jedem weiteren Zitat die Möglichkeit schafft, neu gefasst werden zu müssen.

Hierbei ist aber zu beachten, dass sich Butler die Frage nach der Ambiguität performativer Sprechakte im Rahmen ihrer politischen Theorie in ethischer Hinsicht als Frage nach dem Menschlichen stellt. Die Leitfrage, zu der sie immer wieder zurückkehrt, ist: Wer gilt als Mensch? Wessen Leben zählt als Leben?[14] Welche Leben werden geschützt und welche nicht? Die Differenz zwischen dem Leben der einen und dem der anderen, die sie so in den Blick rückt, eröffnet für das Verständnis von Demokratie und Kunst einen spezifischen Fragehorizont. Es ist klar, dass auch die Differenz zwischen dem Leben der einen und dem der anderen, z.B. von Menschen aus dem globalen Norden und jenen aus dem Süden, durch performative Akte erzeugt und reproduziert wird, wie z.B. die Sicherung der europäischen Außengrenze. Offensichtlich unterliegen den Grenzschutzpraktiken Regeln, Konventionen und Normen, die Handlungen beschränken und ermöglichen. Auch die spontane Entscheidung, in einen Bus zu steigen, um eine Freundin zu besuchen, hängt von infrastrukturellen Bedingungen ab, die den handelnden Körper stützen.[15] Für Butler ist es insofern wichtig, nicht zu übergehen, dass Infrastrukturen das Handeln machtvoll durchwirken. Performative Akte beruhen auf Infrastrukturen, die das Gerüst des Handelns bilden. Das heißt aber nicht, dass Handlungen nur möglich sind, wenn sie durch infrastrukturelle Bedingungen gestützt werden. Auch die Abwesenheit infrastruktureller Unterstützung kann zum Grund des Handelns werden. Die vielen Menschen, die an den europäischen Außengrenzen auf Asyl in Europa hoffen, sind zwar den stützenden Infrastrukturen ihres Lebens beraubt und können sich nicht auf die alltäglichen Routinen stützen, die uns so selbstverständlich erscheinen. Gleichwohl sind sie politische Akteure, die die Legitimität von Grenzen infrage stellen und die politischen Gemeinschaften Europas mit der Frage konfrontieren, welchen Preis sie eigentlich dafür zu zahlen bereit sind, dass sie an ihrer erbarmungslosen Grenzschutzpolitik festhalten und

---

14   Butler, Judith: Gefährdetes Leben. Politische Essays, Frankfurt a.M. 2005, S. 36.

15   Vgl. Butler, Judith: Wenn die Geste zum Ereignis wird. Hg. von Anna Babka und Matthias Schmidt. Aus dem Amerikanischen von Anna Wieder und Sergej Seitz, Wien/Berlin 2018, S. 45.

an ihren überwiegend kolonial erworbenen Privilegien.[16] Dazu muss diese Frage aber zu einer politischen werden. Wenn die Menschen bei dem Versuch, nach Europa zu kommen, sterben und dieses Sterben keine Bedeutung hat, wenn diese Leben nicht zählen, dann stellt sich auch keine Frage. Die »Aufteilung des Sinnlichen« muss wie von einem Schlag zerrissen werden. Es braucht ein Ereignis, einen Schock, so wie einen Albtraum, der einen aus dem Schlaf reißt und nachdem man nicht wieder einschlafen kann, etwas, das die »Aufteilung des Sinnlichen« und die hegemoniale Differenzordnung erschüttert. Die Ordnung des Wahrnehmbaren, Sagbaren und Machbaren, so macht Butlers ästhetisch performatives Verständnis von Gender ersichtlich, gründet auf einer hegemonialen Differenzordnung, auf hierarchischen Unterscheidungssystemen mit einer abgewerteten und einer aufgewerteten Seite. Die Menschen, die an den Außengrenzen der EU in Lager gepfercht auf Asyl in Europa hoffen, können es sich nicht aussuchen, dass sie an der Einreise nach Europa gehindert werden. Die Differenz ist an ihre Körper gebunden. Die »Aufteilung des Sinnlichen« als die Form, die die gemeinsame Erfahrung strukturiert, gründet auf der Ordnung hegemonialer Differenzen, der Rassialisierung, klassenbasierter Ungleichheit, der Vergeschlechtlichung etc. Die Absicht, über die pädagogische Auseinandersetzung mit Kunst zugleich demokratische Haltungen zu bilden, ist insofern an die kritische Reflexion der ästhetisch-performativen Reproduktion von Differenz gebunden sowie an den ästhetisch-künstlerischen Versuch, die »Aufteilung des Sinnlichen« und die in ihr begründete Differenzordnung zu stören und infrage zu stellen.

Aus diesen Überlegungen Butlers zu den politischen Dimensionen ästhetisch performativer Akte und ihren unterstützenden Infrastrukturen lassen sich zwei Ansprüche für eine kunstpädagogische Praxis ableiten. Das ist zum einen eine Praxis kritisch hermeneutischer Bildreflexion und zum anderen eine radikaldemokratisch-künstlerische Praxis, die auf einen Bruch mit den Infrastrukturen, Zitationskontexten und epistemischen Imaginationsregimen zielt, in die die beherrschenden Differenzen eingebettet sind.

---

16   Vgl. Mecheril, Paul: »Es bleibt anders. Kämpfe um die (Pädagogik der) Migrationsgesellschaft«, in: Maren Ziese/Caroline Gritschke (Hg.), Geflüchtete und Kulturelle Bildung. Formate und Konzepte für ein neues Praxisfeld, Bielefeld 2016, S. 101-107.

Zwei Perspektiven einer differenztheoretischen Kunstpädagogik

Kritisch hermeneutische Bildreflexion

Die erste Perspektive einer kritisch-hermeneutischen Bildreflexion hat Paul Mecheril in einem Vortrag im Rahmen des Symposiums »Wem gehört das Museum?« in der Kunstsammlung NRW[17] am Beispiel des Bildes *Frauen und Pierrot* (1917) von Emil Nolde prägnant veranschaulicht. Auf dem Bild sind zwei ausgelassene und exotisch wirkende Frauen mit entblößten Brüsten und rot geschminkten Lippen zu sehen. Eine kritisch-hermeneutische Bildreflexion, so Mecheril, beginnt damit, nicht zu übersehen, dass diese nackten exotisierend dargestellten Frauen offensichtlich der Fantasie eines androzentrischen Blickregimes entspringen. Im Begleittext zum Bild, der uns einen Hinweis gibt, warum dieses pornografische und rassialisierende Bild ausgestellt wird, ist davon keine Rede. Stattdessen ist dort u.a. zu lesen: »[D]ie Frauen sollen den Betrachter durch ihre laszive Ausgelassenheit faszinieren.«[18] Warum hängt dieses Bild im Museum? Sollen sich die männlichen Betrachter von den nackten Frauen sexuell »faszinieren« lassen? Eine kritisch-hermeneutische Bildreflexion wird durch den Begleittext zumindest nicht angeregt. Wie ist mit Bildern wie diesem umzugehen? Mecheril schlägt eine diskursive Auseinandersetzung mit den Blickregimen vor, die in Bildern zwangsläufig bestehen. Er schlägt vor zu fragen: Welche Blickkonventionen sind in Bildern angelegt? Was sagen sie uns über die Normalität des Sehens aus, was über die gesellschaftlich wirksamen Differenzen? In dieser kritischen Reflexion geht es insofern nicht darum, wie man vielleicht annehmen könnte, Nolde-Exponate aus den Museen zu verbannen, sondern darum, die Bilder und Begleittexte aus einer feministischen, heteronormativitätskritischen, rassismuskritischen, postkolonialen und anderen kritischen Perspektiven zu durchleuchten sowie einen Raum zu schaffen, in dem eine Auseinandersetzung mit hegemonialen Blick- und Imaginationsregimen möglich wird.[19] Auf diese Weise,

---

17   Mecheril, Paul: Symposium »Wem gehört das Museum?« (2017), www.youtube.com/watch?v=WPAQO4z5Ax8 (Zugriff 15.09.2020).

18   Dieser wirklich fragwürdige und insgesamt befremdliche Begleittext wurde bisher nicht verändert, vgl. www.kunstsammlung.de/en/collection/artists/emil-nolde (Zugriff 15.09.2020).

19   Dies wurde z.B. in der Berliner Ausstellung »Emil Nolde – eine deutsche Legende« im Hamburger Bahnhof (12. April bis 15. September 2019) praktiziert. Die Ausstellung beruht auf der kritischen Auseinandersetzung der Kurator_innen Aya Soika und Bern-

so Mecheril, könnte ein kritisches Verhältnis zum eigenen Wahrnehmen und den beherrschenden Imaginationen entwickelt werden.

Diese erste Perspektive ist für eine politisch informierte kunstpädagogische Bildungspraxis unabdingbar. Sie ist allerdings auf eine diskursive Perspektive beschränkt und zeigt keine Wege, selbst künstlerisch zu arbeiten. Eine eigene imaginative Praxis zu initiieren, ist für eine Kunstpädagogik und ein ästhetisches Bildungsverständnis aber unverzichtbar. Insofern soll im Folgenden am Beispiel des Projekts »The List«, die von der türkischen Künstlerin Banu Cennetoğlu immer wieder veröffentlicht wurde, einerseits veranschaulicht werden, wie künstlerisch-performative Strategien das namenlose Unglück geflüchteter Menschen an den Außengrenzen der EU zu einem Ausdruck verdichten, andererseits sollen an diesem Beispiel die Herausforderungen demokratischer Gesellschaften und damit die politischen Dimensionen einer kunstpädagogischen Praxis aufgezeigt werden bzw. es soll gefragt werden, wie Strategien zeitgenössischer Kunst und die pädagogische Arbeit an Bildern die wirkmächtigen dehumanisierenden Alltagswirklichkeiten durchbrechen können und eine Erfahrung von Solidarität ermöglichen, die nicht auf etablierten Formen identitärer Gemeinschaft beruht wie Staatlichkeit, Nation, Religion etc.

Radikaldemokratische Kunstpädagogik oder »BEINGSAFEISSCARY«[20]

04.10.2016	29	N.N. (19 Frauen, 10 Männer)	Subsahara-Afrika	erstickt auf einem Boot, das über 1 000 Passagiere aus Libyen nach Italien transportierte	NYtimes/BBC/DailySabah
03.10.2016	9	N.N.	unbekannt	starben auf dem Mittelmeer zwischen Libyen und Sizilien (IT)	ExpressTribune/Reuters/DailySabah
03.10.2016	11	N.N.	unbekannt	ertrunken, als sie Italien mit einem Boot erreichen wollten; ihre Leichen wurden an einem Strand nahe Tripoli (LY) angespült	Reuters/DailySabah
03.10.2016	2	N.N.	unbekannt	ertrunken, als das Boot, das Migrant*innen nach Italien trug, vor der libyschen Küste nahe Sabratah (LY) kenterte	Reuters/DailySabah
Okt 2016	1	Fatim Jawara (19, w)	Gambia	starb vor der Küste Libyens, als sie versuchte, Italien zu erreichen	BBC/AFP
24.09.2016	1	N.N. (30, Mann)	Sudan	wurde nahe des Hafens von Calais (FR) von einem Frachtzug erfasst, als er versuchte, nach Großbritannien zu gelangen	MNS
21.09.2016	443	N.N.	Afrika	42 ertrunken, 400 vermisst, nachdem das Boot nahe Alexandria (EG) kenterte, 155 Personen gerettet	VK/eNCA/NationPK
21.09.2016	202	N.N.	Ägypten, Sudan, Eritrea	starben, als das Boot Richtung Italien mit mindestens 450 Personen nahe Rosetta im Nildelta (EG) kenterte	Reuters/IOM/Aljazeera/Alahram
16.09.2016	1	R. Oryakhel (14, m)	Afghanistan	erfasst von einem Auto nahe Calais (FR), als er vom Lkw fiel, auf den er gestiegen war, um nach Großbritannien zu gelangen	GuardianUn./VoixDuNord/MNS
14.09.2016	2	N.N. (1 Kind, 1 Mann)	Irak	ertrunken: sie versuchten, mit einem Boot, das 10 Personen nach Rumänien brachte, die Donau (BG) zu überqueren	LeCourrierdesBalkans
14.09.2016	4	N.N. (Kinder, Frauen)	Irak	Berichten zufolge vermisst, als sie versuchten, die Donau (BG) mit einem Boot Richtung Rumänien zu überqueren	LeCourrierdesBalkans
05.09.2016	15	N.N.	unbekannt	starben im Mittelmeer, als sie versuchten, in überfüllten Schlauchbooten aus Libyen nach Europa zu gelangen	Reu./AFP/JU/ANSA
Sep 2016	2	N.N. (Jugendliche)	unbekannt	starben bei Verkehrsunfällen, als sie auf einer gefährlichen Autobahn zwischen Grimaldi (IT) und Menton (FR) liefen	LeMur
29.08.2016	1	Arkadiusz Jóźwik (40, m)	Polen	auf der Straße von Jugendlichen angegriffen, die hörten, dass er Polnisch sprach; starb im Krankenhaus in Cambridge (GB)	GuardianUn
23.08.2016	1	N.N. (±30, Mann)	Sudan	starb bei einer gewalttätigen Auseinandersetzung zwischen Migrant*innen nahe der Autobahn A16 in Marck, Calais, (FR)	AFP/LaDepeche/Nord Littoral
23.08.2016	1	N.N. (20, Mann)	Afghanistan	erschossen, vermutlich von einem Jäger nahe Pirot (RS), nachdem er die bulgarisch-serbische Grenze überquert hatte	SofiaNewsAgency/Novinite/AFP

hard Fulda, vgl. www.smb.museum/ausstellungen/detail/emil-nolde-eine-deutsche-legende-der-kuenstler-im-nationalsozialismus.html (Zugriff 15.09.2020). Wie Christian Kravagna in seinem Vortrag im Hamburger Bahnhof kritisiert hat, hat aber auch die Berliner Nolde-Ausstellung die koloniale Vorgeschichte ausgespart, vgl. www.youtube.com/watch?v=dx_kVd47j2I.

20 Durch Cennetoğlu veränderte Inschrift am Portikus des Fridericianums, dem Hauptgebäude der *documenta 14* (2017).

[Tot aufgefunden:] 21.09.2016/[Anzahl:] 443/[Name, Alter, Geschlecht:] N. N./[Herkunftsregion:] Afrika/[Todesursache:] 42 ertrunken; 400 vermisst, nachdem das Boot nahe Alexandria (EG) kenterte; 155 Personen gerettet/[Quelle:] VK/eNCA/NationPK//
[Tot aufgefunden:] 21.09.2016/[Anzahl:] 202/[Name, Alter, Geschlecht:] N. N./[Herkunftsregion:] Ägypten, Sudan, Eritrea/[Todesursache:] starben, als das Boot Richtung Italien mit mindestens 450 Personen nahe Rosetta im Nildelta (EG) kenterte/[Quelle:] Reuters/IOM/Aljazeera/Alahram
[UNITED for Intercultural Action; Stand 15. Juni 2017][21]

Dies sind zwei Einträge aus ›der Liste‹, die insgesamt 33 293 registrierte Asylsuchende, Geflüchtete und Migrant*innen verzeichnet, die aufgrund der restriktiven europäischen Grenzpolitik seit 1993 an den Außengrenzen der EU auf der Flucht zu Tode kamen. Die türkische Künstlerin Banu Cennetoğlu veröffentlichte diese Liste u.a. am 9. November 2017 im Tagesspiegel in Kooperation mit dem Herbstsalon des Maxim-Gorki-Theaters in Berlin. Schon seit 2007 publiziert sie die Liste wiederholt in großen Städten wie in Amsterdam, Athen, Basel, Istanbul, Mailand, Sofia, Berlin, London, Barcelona auf Straßen und Plätzen, in U-Bahnen und Bushaltestellen, aber auch Tageszeitungen, Kunsthallen und Theatern. Das Projekt »The List« (›Die Liste‹) fußt auf den Daten, die die Amsterdamer NGO »United for Intercultural Action« (UIA) gesammelt hat.

Nach dem »kurzen Sommer der Migration« wurde kaum mehr über das Sterben im Mittelmeer berichtet. Das Sterben verschwand einfach aus der öffentlichen Wahrnehmung. Die Toten der Liste haben kein Gesicht und keine Namen. So wurden auch die beiden Tragödien am 21. September 2016 mit insgesamt 645 Toten in der medialen Öffentlichkeit nicht sichtbar.[22]

In der Liste werden die Toten verzeichnet, die in der medialen Öffentlichkeit Europas nicht erscheinen. Die Zahlen, Orte und Todesursachen erinnern an Leben, die nichts zählen, Menschen, die eine Geschichte hatten, die geliebte Freunde und Verwandte zurücklassen. Freunde und Verwandte, die in der Regel nicht sicher sind, dass die Weggegangenen gestorben sind, die nicht Abschied nehmen können, weil sie im Ungewissen bleiben. Und die Liste setzt

---

21   Vgl. www.list-e.info (Zugriff 15.09.2020).

22   In der ARD-Sendung »Tagesthemen« hießen die Themen: »Ostdeutschland: Standortnachteil Fremdenfeindlichkeit«, »Streit über Angriff auf Hilfskonvoi in Syrien«, »Geheime Daten zu Briefkastenfirmen auf den Bahamas aufgetaucht«, »Weitere Nachrichten im Überblick« und »Das Wetter«.

uns der Frage aus, was es bedeutet, dass wir über dieses massenhafte Sterben im Mittelmeer wissen, aber das Sterben einfach weitergeht. Wie gehen wir mit der Tatsache dieser vielen namenlosen Toten um? Können wir diese Toten überhaupt betrauern? Tote, von denen wir nicht mehr wissen, als dass sie geflohen sind, ihren Todestag und ihre Todesursache? Wir wissen nichts über ihr Leben, nichts über ihre Hoffnungen und Ängste, nur, dass sie sich auf den Weg machten und, was immer ihr Ziel war, auf dem Weg zurückblieben. Was sollen all diese Daten und Zahlen? Zumal die Zahlen überhaupt nicht stimmen. Es ist klar, dass die Liste unvollständig ist, das nicht alle in der Liste erscheinen, jene, die im Mittelmeer ertrinken, ohne dass irgendjemand von ihrem Tod Notiz nimmt, jene, die in Afrika noch lange bevor sie das Mittelmeer erreichen, durch das europäische Grenzregime aufgehalten werden, in Lagern kaserniert, in die Wüste verschleppt und ausgesetzt werden, verdursten oder umgebracht werden. In einem Interview im Tagesspiegel sagt Cennetoğlu: »Es ist erschreckend, [...] in Flüchtlingslagern bringen sich Menschen mit einem Paar Schnürsenkel um, aus Angst, abgewiesen und zurückgeschickt zu werden. Dieses Ausmaß an Hoffnungslosigkeit übersteigt jede Vorstellungskraft.«[23]

Die Liste erinnert uns an die Gemeinsamkeit aller Menschen über die Grenzen staatlicher Praxis hinweg. Sie stellt die Gewohnheit unseres »Erste-Welt-Selbstverständnisses« (Spivak) infrage, das Vorrecht, das sich Europa nimmt, sich über die Anderen zu stellen und von den weiterbestehenden Ausbeutungsverhältnissen zu profitieren, das darauf beruht, wo und als wessen Kind man geboren wurde, d.h., auf welcher Seite der Grenze im *nationalistisch gewendeten globalen Feudalismus* man zu leben verurteilt ist.[24] Die Liste fragt uns: Wie können wir fähig werden, die Prekarität und Verletzlichkeit aller Leben sowie die wechselseitige Abhängigkeit des einen von einem anderen

---

23   Cennetoğlu, Banu (2017): »Wenn vom Leben nur eine Druckspur bleibt«, in: Tagesspiegel vom 07.11.2017 [Gespräch Rüdiger Schaper], www.tagesspiegel.de/kultur/banu-cennetolu-und-ihre-liste-gestorbener-fluechtlinge-das-unertraegliche-sucht-nach-sprachlichem-oder-kuenstlerischem-ausdruck/20553338-2.html (Zugriff 15.09.2020).
24   Vgl. Carens, Joseph: The Ethics of Immigration, New York/Oxford 2013.

Leben wahrzunehmen?[25] Wie kann die Verwundbarkeit aller Leben und nicht nur einiger weniger zur Grundlage demokratischer Ordnung werden?

Hegemonie(Selbst)Kritik als Voraussetzung radikaldemokratischer Kunstpädagogik

Auch wenn diese Liste nur Zahlen und Daten aneinanderreiht, ist sie nicht nur eine Liste. Sie ist ein Dokument der Toten, die nicht zählen und eine Erinnerung an die Verwundbarkeit der unsichtbaren Anderen. Sie erschüttert unsere Gewohnheit und Ignoranz. Die »Aufteilung des Sinnlichen« und die gegebene hegemoniale Differenzordnung geraten ins Wanken. Wer gehört zum Demos und was sind die Grundlagen, auf denen das Gemeinwesen fußt? Welche Rechte müssten jene haben, die keine haben? Die Absicht, über die pädagogische Auseinandersetzung mit Kunst zugleich demokratische Haltungen zu bilden, beginnt insofern damit, dass wir uns eingestehen, dass wir nicht in der demokratischsten aller Demokratien leben und dass Kunst als Infragestellung der »Aufteilung des Sinnlichen« ohne Widerstand gegen die ästhetisch performative Reproduktion der Differenzordnungen nicht möglich ist. Ein Kunstunterricht, der sich als reine Wahrnehmungsübung ohne politischen Charakter versteht, übersieht, dass auch ein solcher Kunstunterricht auf der Identifikation und Vertrautheit mit den selbstreferentiellen und hochdistinktiven Diskursen und Formsprachen der etablierten Kunst aufbaut und letztlich das bürgerliche Normalsubjekt reproduziert. Normative Neutralität ist in pädagogischen Kontexten nicht möglich. Entweder man reproduziert die bestehenden Ungleichheiten oder man positioniert sich auf der Seite der Unterdrückten, wie Paolo Freire vor 50 Jahren betonte.[26] Aber woher wissen wir, dass wir auf der Seite der Unterdrückten stehen? Wie können wir uns sicher sein, dass wir nicht doch aufseiten der Unterdrücker stehen? Ist das nicht gerade ein Problem der politischen Bildung, dass man im Namen der Armen, der Deprivilegierten und Unterdrückten Bildungsprogramme entwirft,

---

25   Vgl. J. Butler: Gefährdetes Leben, 2005, und Hark, Sabine; »Das ethische Regime der Bilder oder: Wie leben Bilder? Kommentar zu Nicolas Mirzoeff: Das Meer und das Land: Das Leben der Bilder nach Katrina«, in: Angelika Bartl/Josch Hoenes/Patricia Mühr/Kea Wienand (Hg.), Sehen – Macht – Wissen. ReSaVoir. Bilder im Spannungsfeld von Kultur, Politik und Erinnerung, Bielefeld 2011, S. 53-57, hier S. 57.
26   Vgl. Freire, Paulo: Pädagogik der Unterdrückten, Stuttgart/Berlin 1971.

bei denen dann am Ende die Privilegiertesten große Reden halten und die Deprivilegierten in die Röhre schauen?

Um nicht blind für dieses Dilemma zu bleiben, schlägt Andrea Maihofer eine spezifische Kritik vor, die sie »Hegemonie(Selbst)Kritik« nennt.[27] Diese beruht auf einer doppelten Bewegung der Kritik. Nach außen hin untersucht sie Prozesse der Über- und Unterordnung, wie Rassismus, klassenbasierte Ungleichheit, Vergeschlechtlichung etc., nach innen aber untersucht sie Effekte der Selbstaffirmierung, also Formen und Praktiken, mit denen sich die Vernunft selbst bestätigt. Der zweite, nach innen gehende Anspruch wendet sich gegen sich selbst und wird kritisch gegenüber den eigenen Denk- und Lebensweisen, wie dies z.B. in den *critical whiteness studies* oder der kritischen Männlichkeitsforschung praktiziert wird. Mit anderen Worten, es geht darum, bei sich selbst zu beginnen und nach sich selbst zu fragen, nach der eigenen Involvierung und Komplizenschaft in die gegebenen Verhältnisse. Die Vernunft beginnt sich selbst zu befragen, um den sublimen Prozessen der Resouveränisierung und Reproduktion von Ungleichheit entgegenzuwirken. Die beständige Selbstbefragung, die machtvolle Effekte auf das eigene Handeln besitzt, hat ohne Zweifel auch eine Selbstverunsicherung zur Folge. Aber gerade diese Selbstverunsicherung ist die Bedingung dafür, die unterschiedlichen Formen der sublimen Reproduktion von Ungleichheit nicht zu übersehen. Wenn die »Aufteilung des Sinnlichen« ins Wanken gerät, entsteht ein Raum, in dem es möglich wird, jenseits der gewohnten Selbstverständnisse für die Prekarität und Verletzlichkeit aller Leben sowie die wechselseitige Abhängigkeit des einen von einem anderen Leben aufmerksam zu werden, die nicht nur die Bedingung der Demokratie ist, sondern auch der Kunst und ihrer Pädagogik.

Eine kunstpädagogische Praxis, die auf »Hegemonie(Selbst)Kritik« gründet, wäre nicht nur die Aufforderung, die Komfortzone zu verlassen und sich auf das Abenteuer des Mehrdeutigen einzulassen, sie wäre zudem die konkrete imaginative Arbeit an der »Aufteilung des Sinnlichen« und des Verlernens des Erste-Welt-Selbstverständnisses.[28] Als selbstkritische Reflexionsfolie wä-

---

27   Vgl. Maihofer, Andrea: »Hegemoniale Selbstaffirmierung und Veranderung«, in: Karin Hostettler/Sophie Vögele (Hg.), Diesseits der imperialen Geschlechterordnung. (Post-)koloniale Reflexionen über den Westen, Bielefeld 2014, S. 305-318.

28   »Hegemonie(Selbst)Kritik« fordert nicht nur den Umgang mit horizontalen Differenzen (Ambiguitäten), sondern die Auseinandersetzung mit vertikaler Differenz, mit der eigenen Position auf den vertikalen Differenzachsen und dem Blick für die Ausschlüsse der Wahrnehmung, also insbesondere die eigene Verstrickung in Privilegienstruk-

re sie Einspruch und ein hegemoniekritischer wie radikaldemokratietheoretischer Anspruch, über den die Reproduktion des bürgerlichen Normalsubjekts unterbrochen und demokratische Aushandlungsprozesse auch auf inhaltliche und performative Ebenen des Kunstunterrichts bezogen werden könnten.

Literaturverzeichnis

Althusser, Louis: »Ideologie und Ideologische Staatsapparate. Skizzen für eine Untersuchung«, in: Ders. (Hg.), Ideologie und ideologische Staatsapparate. Aufsätze zur marxistischen Theorie, Hamburg/Berlin 1977, S. 108-115.

Arendt, Hannah: Vita activa oder Vom tätigen Leben, München 2002.

Bourdieu, Pierre/Passeron, Jean-Claude: Die Illusion der Chancengleichheit. Untersuchungen zur Soziologie des Bildungswesens am Beispiel Frankreichs, Stuttgart 1971.

Butler, Judith: Gefährdetes Leben. Politische Essays, Frankfurt a.M. 2005.

–: Die Macht der Geschlechternormen und die Grenzen des Menschlichen. Aus dem Amerikanischen von Karin Wördemann und Martin Stempfhuber, Frankfurt a.M. 2009.

–: Wenn die Geste zum Ereignis wird. Hg. von Anna Babka und Matthias Schmidt. Aus dem Amerikanischen von Anna Wieder und Sergej Seitz, Wien/Berlin 2018.

Carens, Joseph: The Ethics of Immigration, New York/Oxford 2013.

Celikates, Robin: »Politik und Polizei Jacques Rancière. Zur Logik von Entpolitisierungsprozessen«, in: Texte zur Kunst 55 (2004), Themenschwerpunkt: »Neokonservatismus«, S. 114-117, www.textezurkunst.de/55/politik-und-polizei (Zugriff 15.09.2020).

Cennetoğlu, Banu (2017): »Wenn vom Leben nur eine Druckspur bleibt«, in: Tagesspiegel vom 07.11.2017 [Gespräch Rüdiger Schaper], www.tagesspiegel.de/kultur/banu-cennetolu-und-ihre-liste-gestorbener-fluechtlinge–das-unertraegliche-sucht-nach-sprachlichem-oder-kuenstlerischem-ausdruck/20553338-2.html (Zugriff 15.09.2020).

Freire, Paulo: Pädagogik der Unterdrückten, Stuttgart/Berlin 1971.

Gomolla, Mechtild/Radtke, Frank-Olaf: Institutionelle Diskriminierung: Die Herstellung ethnischer Differenz in der Schule, Wiesbaden 2009.

---

turen. Die Komfortzone ist insofern nicht zwangsläufig das Reich der Eindeutigkeit, sondern der Bereich, in dem die vertikalen Differenzen nicht thematisch werden.

Hark, Sabine; »Das ethische Regime der Bilder oder: Wie leben Bilder? Kommentar zu Nicolas Mirzoeff: Das Meer und das Land: Das Leben der Bilder nach Katrina«, in: Angelika Bartl/Josch Hoenes/Patricia Mühr/Kea Wienand (Hg.), Sehen – Macht – Wissen. ReSaVoir. Bilder im Spannungsfeld von Kultur, Politik und Erinnerung, Bielefeld 2011, S. 53-57.

Lorey, Isabell: Die Regierung der Prekären. Wien/Berlin 2012.

Maihofer, Andrea: »Hegemoniale Selbstaffirmierung und Veranderung«, in: Karin Hostettler/Sophie Vögele (Hg.), Diesseits der imperialen Geschlechterordnung. (Post-)koloniale Reflexionen über den Westen, Bielefeld 2014, S. 305-318.

Mecheril, Paul: »Es bleibt anders. Kämpfe um die (Pädagogik der) Migrationsgesellschaft«, in: Maren Ziese/Caroline Gritschke (Hg.), Geflüchtete und Kulturelle Bildung. Formate und Konzepte für ein neues Praxisfeld, Bielefeld 2016, S. 101-107.

–: Symposium: »Wem gehört das Museum?« (2017), www.youtube.com/watch?v=WPAQO4z5Ax8 (Zugriff 15.09.2020).

Muhle, Maria: Vorwort, in: Jacques Rancière, Die Aufteilung des Sinnlichen. Die Politik der Kunst und ihre Paradoxien. Hg. von ders., Berlin 2006, S. 7-21.

Rancière, Jacques: Die Aufteilung des Sinnlichen. Die Politik der Kunst und ihre Paradoxien. Hg. von Maria Muhle, Berlin 2006.

–: Zehn Thesen zur Politik. Übers. von Marc Blankenburg, Berlin 2008.

Sedgwick, Eve Kosofsky: Epistemology of the Closet, Los Angeles/Berkeley 1990.

Sternfeld, Nora: »Eine Demokratie lernen, die es noch nicht gibt«, in: Elke Rajal/trafo.K/Oliver Marchart/Dies./Carina Maier (Hg.), Making Democracy – Aushandlungen von Freiheit, Gleichheit und Solidarität im Alltag, Bielefeld 2020, S. 205-215.

Willisch, Andreas: »Die paradoxen Folgen mechanischer Integration«, in: Heinz Bude/Andreas Willisch (Hg.), Exklusion. Die Debatte über die »Überflüssigen«, Frankfurt a.M. 2008, S. 309-331.

Was Ambiguitätstoleranz (möglicherweise) nicht ist

Anja Besand im Gespräch (Interview: Linda Kelch)

Linda Kelch: Sie arbeiten als Politikdidaktikerin immer wieder auch zu Themen und Gegenständen aus der popkulturellen und künstlerischen Sphäre. Worin liegt dabei Ihr Erkenntnisinteresse?

Anja Besand: Ästhetische Gegenstände haben den Vorteil, Menschen oft recht unmittelbar anzusprechen. Sie funktionieren häufig nicht allein – ja nicht einmal vornehmlich – im Medium Sprache und bieten damit andere Zugangschancen, als wir sie in der politischen Bildung im Regelfall eröffnen können. In den letzten Jahren haben wir uns an der TU Dresden deshalb viel mit Fernsehserien beschäftigt.[1] Das war sehr interessant. Denn Fernsehserien – insbesondere die erfolgreichen – sind nicht nur wirkungsmächtige Vermittler politischer Konzepte und erreichen ein gewaltiges Publikum, sie reflektieren, in einem sehr wörtlichen Sinn, auch die Fragen und Problemwahrnehmungen, mit denen sich ihre Zuschauerinnen und Zuschauer gegenwärtig beschäftigen. Aus der Perspektive politischer Bildung ist es deshalb absolut notwendig, sich solchen massenkulturellen Phänomenen zuzuwenden. Sie bieten sich nicht nur als interessante und attraktive Reflexionsgegenstände für Bildungsprozesse an – sie helfen uns auch jenseits ihrer didaktischen oder methodischen Verzweckung, relevante Ausgangspunkte für Bildungsprozesse zu identifizieren. Lassen Sie mich ein Beispiel geben: Die Serie HOUSE OF CARDS thematisiert sehr offensichtlich politische Gegenstände. Als »Präsidenten-Serie« eröffnet sie scheinbar einen Blick in die Hinterzimmer der (amerikanischen) Politik und wird deshalb immer wieder für den Gemeinschaftskunde-Unterricht

---

1   Vgl. Besand, Anja (Hg.): Von »Game of Thrones« bis »House of Cards« – politische Perspektiven in Fernsehserien, Wiesbaden 2018.

empfohlen.[2] Gleichzeitig liefert diese Serie allerdings einen Text, der bei genauer Betrachtung hochreaktionäre Erzählungen enthält. Glaubt man HOUSE OF CARDS, sind sämtliche politischen Akteure machtbesessen und korrupt, nur an eigenen Vorteilen interessiert und in letzter Konsequenz bereit und in der Lage, politische oder journalistische Gegenspieler_innen zu ermorden. Politiker_innen werden in dieser Serie präsentiert als Mitglieder einer abgehobenen Elite, die sich in keiner Weise für die Sorgen und Nöte der Bevölkerung interessiert. Sichtbar wird hier eine Erzählung, die sich auf den ersten Blick zwar als kritische Erzählung präsentiert, an populistische Narrative aber gleichzeitig unmittelbar anschlussfähig ist – ja diese sogar vorbereitet. Ob sich das Material für Bildungsprozesse wirklich eignet, hängt deshalb davon ab, mit welchem Zweck es eingesetzt wird. Zur schlichten Veranschaulichung politischer Institutionen und Abläufe scheint mir die Serie tatsächlich eher ungeeignet. Der Erfolg der Serie hätte aber bereits 2013 – und damit lange vor dem Sichtbarwerden der Pegidabewegung in Sachsen – einen Hinweis darauf liefern können, wie anschlussfähig derartige Erzählungen auch in Deutschland sind. Vergleichbares lässt sich auch für andere Serien formulieren. Im Kern der Serie GAME OF THRONES stecken Klimaveränderungen und die durch sie ausgelösten Konflikte, in Zombieserien geht es um die Antizipation des gesellschaftlichen Zusammenbruchs und die Frage, wie wir zusammenleben können. Massen- und popkulturelle Phänomene können helfen, Bildungsprozesse rechtzeitig auf virulente Fragen und Probleme hin auszurichten. Sie eignen sich in dieser Weise häufig als Seismografen für politische und gesellschaftliche Suchbewegungen. Das meine ich, wenn ich sage, Popkultur spiegelt nicht selten informelle Bildungsprozesse und kann helfen, formale Bildungsprozesse an informelle Prozesse anzuschließen.

Kelch: Popkultur als soziale und politische Seismografen – das ist ein schönes Bild, aber funktioniert das auch jenseits der Massenkultur? Wenn wir uns beispielsweise dezidiert mit Kunst im Museum beschäftigen?

Besand: Sie haben Recht, jenseits der Massenkultur wird es komplizierter. Das ist das alte Problem mit U und E, Ernst und Unterhaltung, Hochkultur

---

2   Jürgen Trittin äußerte sich bereits 2014 in diesem Sinne im »FREITAG« und erklärte, die US-Serie »›House of Cards‹ führt durchs Unterholz von Max Webers politischer Theorie und kann für den Gemeinschaftskundeunterricht nur empfohlen werden« (Trittin, Jürgen: »Wer das Feuer liebt«, in: Der Freitag vom 09.01.2014).

und Alltagskultur. Aber während Adorno und in seiner Folge die versammelte Sozialwissenschaft die (politische) Bildungswirksamkeit über lange Zeit fast ausschließlich in der Hochkultur gesucht hat, wollte ich zunächst eine Lanze für die Alltagskultur brechen. Auch die bildende Kunst kann als Seismograf gesellschaftlicher Suchbewegungen verstanden werden. Uwe Fleckner hat 2012 ein Buch herausgegeben mit dem Titel »Der Künstler als Seismograph. Zur Gegenwart der Kunst und zur Kunst der Gegenwart«, da kann man sehr schön sehen, dass Kunst häufig weniger originell ist als angenommen, sondern wie ein Resonanzraum funktioniert, in dem sich Gegenwärtiges bündelt. Kunst hat das Potenzial zur *nowness* – ein schöner Begriff, der sich leider nur schwer übersetzen lässt – und den Thorsten Meyer und Gila Kolb sehr schön auf Bildungsprozesse bezogen haben und liefert Frage-, aber auch Antwortversuche in einer auf Zukunft gerichteten Diskussion.[3]

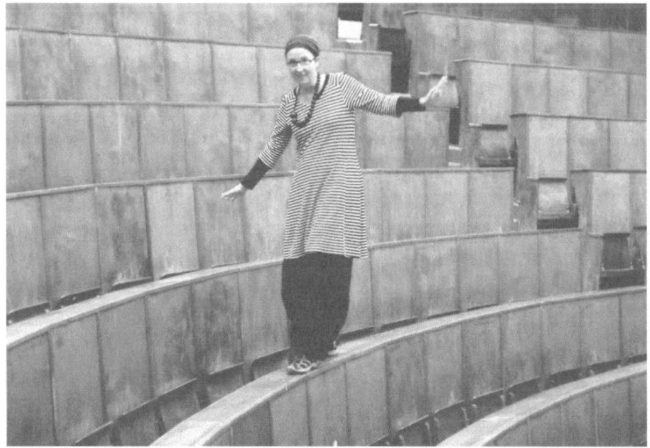

Abb. 1: Anja Besand.

Kelch: Kunst gilt als Reservat von Ambiguität, als das gesellschaftliche Feld, in dem Mehrdeutigkeit und Vagheit geradezu erwünscht sind. Warum kann Politik das nicht?

Besand: Da würde ich gerne zurückfragen: Warum kann Politik das nicht –

---

3   Vgl. Meyer, Torsten/Kolb, Gila (Hg.): What's Next? Bd. II: Art Education, München 2015.

oder von welcher Politik sprechen wir, wenn wir meinen, dass sie das nicht kann? Von *der Politik* oder von *den Politiker_innen*? Wenn wir Demokratie verstehen als die Institutionalisierung von Ungewissheit (Przeworski), dann sind demokratische Systeme auf Ambiguität gebaut. Sie bestehen geradezu aus Ambiguität. Hinweise darauf sind leicht zu entdecken, denn in Demokratien kann niemand wirklich wissen, wie Wahlen zukünftig entschieden werden. In Demokratien geht es um den Interessenausgleich, um revidierbare Entscheidungen, die Teilung von Gewalt und um den Schutz von Minderheiten, auch wenn sie abwegiger Meinung sind und seltsame Gebräuche pflegen. Ambiguität ist also in der Politik sichtbar, wohin man auch schaut. Hannah Arendt hat einmal gesagt, Politik beruht auf der Tatsache der Pluralität von Menschen – und demokratische Politik auf deren Anerkennung.[4] John Rawls hat uns den Schleier des Nichtwissens gegeben. Denn nur unter diesem *veil of ignorance* können wir angemessen über die zukünftige Gesellschaftsordnung entscheiden. Habermas' Konzept der lediglich intersubjektivistisch zu konstruierenden Wahrheit[5] ist ein weiterer Hinweis auf Ambiguität, und es gibt noch mehr als das. In der Demokratie ist die Ambiguitätstoleranz die zentrale Bürger_innentugend. Sie ist die Basisressource und deshalb grundsätzlich knapp. Aber diese Knappheit kann nicht der Politik zugeschrieben werden. Nicht einmal den Politiker_innen – im Gegenteil. Studien, die sich mit der Sprache von Politiker_innen beschäftigen,[6] kommen vielmehr nicht selten zu dem Schluss, dass politische Aussagen aus der Perspektive der Bürger_innen oft viel zu vage sind. Politiker_innen neigen nach dieser Einschätzung offenbar dazu, klare Aussagen hinter strategischem Wortgeklingel zu vermeiden – sich zu *wenig* festzulegen. Sie sind Meister_innen in vagen Formulierungen.

Aber Ambiguität ist mehr als Vagheit und Ambiguitätstoleranz mehr als das Ertragen von vagen oder unscharfen Formulierungen. Wenn wir Ambiguitätstoleranz als die Fähigkeit verstehen, mit Kontingenzen umzugehen, dann ist das tatsächlich eine sehr anspruchsvolle Sache. Ambiguitätstoleranz heißt dann, dass wir es aushalten müssen, dass letzte Begründungen tatsächlich fehlen und dass alle Behauptungen, Meinungen und Begründungen nur unter einem Fallibilitätsvorbehalt geäußert werden können. Alles,

---

4   Arendt, Hannah: Was ist Politik?, München 2003, S. 9.

5   Habermas, Jürgen: Wahrheit und Rechtfertigung, Frankfurt a.M. 2004.

6   Arnold, Nina/Schildmann, Christina: Sprichst du Politik? Ergebnisse des Forschungsprojekts und Handlungsempfehlungen, Berlin 2011.

was wir sagen, kann sich langfristig als falsch erweisen. Unter einer ambiguitätstoleranten Perspektive geht es um die permanente Überprüfung der eigenen Gründe und Haltungen. Das ist eine Zumutung, die nicht selten als Überforderung empfunden wird. Wenn wir heute auf die Straße oder in die sozialen Netzwerke schauen, lassen sich tatsächlich wieder zunehmend politische Akteure entdecken, die mit einer ungeheuren Gewissheit auftreten. Sie scheinen nicht nur in der Lage, die Ursachen für die gegenwärtigen Probleme klar und eindeutig benennen zu können, sondern wissen vermeintlich auch, wie diese Probleme zu lösen sind. Wir erleben einen Rückfall in vordemokratisches Freund-Feind-Denken, und das darf und sollte uns auch beunruhigen.

Wenn Sie davon sprechen, dass die Politik den Umgang mit Mehrdeutigkeit nicht kann – dann sprechen Sie wahrscheinlich von diesen Phänomenen. Von der Sehnsucht nicht weniger Menschen nach Eindeutigkeit und Übersichtlichkeit in einer globalisierten Welt und dem damit verbundenen Rückfall in antiquierte nationale und autoritäre Vorstellungen.

Die Forderung nach (mehr) Ambiguitätstoleranz ist gleichzeitig aber nichts Neues. Der Begriff ist bereits Ende der 1940er-Jahre entstanden und taucht seither immer wieder in der Debatte auf. Dass wir heute wieder verstärkt darüber sprechen, hat aus meiner Sicht zwei Seiten. Auf der einen Seite rechtfertigt das Erstarken rassistischer, extremistischer und autoritärer Ideen eine Rückbesinnung auf das Konzept der Ambiguitätstoleranz. Auf der anderen Seite müssen wir allerdings auch darauf achten, dass die Ermahnung zu *mehr* Ambiguitätstoleranz nicht als politische und gesellschaftliche Indifferenz oder soziale oder hegemoniale Blindheit gelesen wird. Im Kontext von Ambiguitätstoleranz geht es nicht um Meinungs- oder Haltungslosigkeit. Ganz im Gegenteil, es geht darum, auch im Kontext kontingenter Verhältnisse zu einer Haltung zu finden, und es geht um die Frage, auf welche Weise wir für eigene Meinungen und Haltung eintreten.

Die Vorstellung von der Kunst als Reservat von Ambiguität kann diesen Zusammenhang gut illustrieren. Denn Künstler_innen oder Kunstwerke sind – zumindest wenn sie politische oder soziale Fragen thematisieren und damit für die politische Bildung relevant werden – selten haltungslos. Sie ergreifen selbstverständlich Partei, und das wird ihnen gesellschaftlich auch zugestanden. Ja mehr als das, die Deutlichkeit, mit der sich Künstler_innen für oder gegen eine politische Sache einsetzen, machen sie für Bildungsprozesse erst interessant. Sie spitzen zu – sie machen sichtbar – und sie dürfen das. In Ausstellungen mit vermeintlich riskanten Fragestellungen greift man deshalb immer dann auf Kunstwerke zurück, wenn die Sache heikel wird. In der Ausstellung über Rassismus im Deutschen Hygiene Museum Dresden thematisiert – neben vielen speziell für die Ausstellung angefertigten Exponaten – selbstverständlich ein Kunstwerk den NSU. Der Status als Kunstwerk imprägniert Positionen offenbar gegen kritische Vereindeutigungsversuche. Gleichzeitig gestehen wir Kunstwerken Positionierungen zu. Wir lesen Künstler_innen als entschlossene Menschen. Sie entscheiden, wo die Linie gezogen wird, was ins Licht gesetzt wird und welche Fragen gestellt werden. Sie haben eine Haltung. Aber ›gute‹ Künstler_innen oder Kunstwerke agitieren nicht. Sie vermeiden Banalitäten, lassen sich nicht instrumentalisieren und halten komplexe Zusammenhänge komplex.

Der Verweis auf den Zusammenhang von Ambiguität und Haltung in Kunstwerken war mir wichtig, weil ich befürchte, dass es im Kontext der gegenwärtigen Debatten allzu leicht zu Verwechslungen kommt. Ambiguitätstoleranz hat nichts mit Relativismus zu tun. Die Forderung, mit Mehrdeutigkeit klarzukommen, kann sich auch außerhalb von künstlerischen Äußerungen nur auf Zusammenhänge beziehen, die tatsächlich mehrdeutig sind. Komplexes muss komplex bleiben und Kontroverses kontrovers. Dem steht allerdings das Unkontroverse gegenüber. Dass man sich am Feuer verbrennt, ist eine Tatsache und genauso, dass der Faschismus ins Verderben führt. Wenn in der Debatte um den richtigen Umgang mit den Herausforderungen von ganz rechts die Forderung nach mehr Verständigung und Dialog starkgemacht wird und die Verantwortung für die gesellschaftliche ›Polarisierung‹ den unterschiedlichen ›Lagern‹ in gleicher Weise zugeschrieben wird (weil sie möglicherweise nicht ambiguitätstolerant genug wären), dann haben wir es mit einer Verballhornung der Ambiguitätstoleranz und einer unangemessenen Relativierung zu tun. Ambiguitätstoleranz mahnt uns zu einer postfundamentalistischen Haltung. Nicht zu einer Haltung, die Unrecht, Ausschluss oder Diskriminierung gegenüber indifferent bleibt. Dem Fundamentalismus kann man nicht mit Ambiguitätstoleranz begegnen.

Kelch: Stimmt diese Gleichung: Bildung von Ambiguitätstoleranz = Extremismusprävention?

Besand: Vor linearen Gleichungen und schlichten Ursache-Wirkungs-Erwartungen sollten wir im Kontext der Debatte um Ambiguitätstoleranz lieber Abstand nehmen. Ambiguitätstolerant wäre es statt dessen auszuhalten, dass sich die Ursachen und Gründe, die dazu führen, dass eine Person sich menschenfeindlichen, fundamentalistischen oder extremistischen Vorstellungen zuwendet, nicht immer bestimmen lassen und dass sich diese Gründe von Fall zu Fall auch unterscheiden.

Gleichzeitig möchte ich auch davor warnen, die politische Bildung durch die Brille der Extremismusprävention zu betrachten, denn das führt zu einer problematischen Vorstellung von einer Versicherheitlichung durch Bildung. Politische Bildung ist kein sicherheitspolitisches Instrument, mit dem wir für Ruhe und Frieden in unserem politischen Gemeinwesen sorgen. Politische Bildung fördert die kritische Urteilskraft. Sie bahnt politische Urteils- und Handlungsfähigkeit an und eröffnet auf diese Weise wichtige Wege zur Selbstbestimmung und Kritik. Wenn wir Ambiguitätstoleranz als zentrale Bürger_innentugend verstehen, dann ist es eine wichtige Aufgabe der politischen Bildung, diese Fähigkeit zu fördern. Wenn uns das gelingt, dient das möglicherweise in letzter Konsequenz auch der Extremismusprävention – denn Extremist_innen und Populist_innen ertragen mit ihren schnellen Wertungen und Unterscheidungen das Unklare nicht –, aber Extremismusprävention kann nicht die zentrale Zielrichtung der politischen Bildung sein. Wie gesagt: Zur Ambiguitätstoleranz gehört auch, dass es kein eindeutiges Rezept gegen Extremismus gibt und dass politische Bildung trotzdem wichtig ist.

Kelch: O. k., das leuchtet ein! Wenn Ambiguitätstoleranz aber trotz allem ein wichtiges Ziel politischer Bildung ist, wie fördern wir sie dann und worum geht es bei politischer Bildung eigentlich eher: Ambiguitätstoleranz oder Ambiguitätskompetenz?

Besand: Das ist eine gute Frage, auf die es wahrscheinlich auch wieder nicht die eine und eindeutige Antwort gibt. Aber es hilft vielleicht, sich das Bildungsverständnis der politischen Bildung noch einmal klar vor Augen zu führen und es auf sein Potenzial für die Entwicklung von Ambiguitätstoleranz zu befragen.

In der politischen Bildung geht es nach allgemeinem Verständnis darum, junge Menschen auf ihre Rolle als Bürger_innen in einer Demokratie vorzubereiten. Es geht darum, sie dabei zu unterstützen, einen eigenen Standpunkt zu finden und gemeinsam mit anderen eine Antwort auf die Frage zu entwickeln, wie wir zusammenleben wollen. Im Umkehrschluss heißt das – nach meiner Auffassung – allerdings auch, dass es in der politischen Bildung gar nicht darum gehen kann, einen klar konturierten und durch andere bereits richtig und vollständig verstandenen Gegenstand (nämlich die Politik, die Gesellschaft, die Wirtschaft, das Recht etc.) zu präsentieren, der nur noch angemessen, das heißt allgemein verständlich oder zielgruppenspezifisch adäquat, vermittelt werden muss. Oder noch zugespitzter formuliert: In der politischen Bildung geht es gar nicht um die Vermittlung von Politik, sondern um das individuelle und selbstbestimmte Politischwerden und -sein. Dass wir uns in diesen Zusammenhängen auch mit politischen Informationen und Fakten beschäftigen, ist klar und unvermeidlich. Aber diese haben keinen Sinn an sich. In der politischen Bildung geht es vielmehr darum, etwas, das ich vielleicht gestern schon wusste und zu dem ich möglicherweise (k)einen Standpunkt habe, im Bildungsprozess neu oder verändert wahrzunehmen. Es geht darum, neue/andere/unterschiedliche Perspektiven kennenzulernen und als wertvoll anzuerkennen und mir selbst eine langfristige Skepsis gegenüber mühsam erarbeiteten eigenen Vorstellungen zu erhalten.

Bildungsprozesse, die diesem Grundverständnis gerecht werden wollen, können sich nicht darauf beschränken, Wissen zu vermitteln und Gewissheiten zu präsentieren, selbst wenn diese Gewissheiten in Spannung stünden zu den Gewissheiten, die ich der Zielgruppe im Bildungsprozess unterstelle. Ich muss vielmehr nach Mitteln und Wegen suchen, meine Zielgruppen nachhaltig zu irritieren, aufs Glatteis zu locken, in den Nebel zu führen und sie anschließend zu unterstützen, den dort auftretenden Wackelzustand dauerhaft zu ertragen. Strategien und Methoden dazu lassen sich überall entdecken. Bei der Auswahl von Gegenständen muss auf deren Komplexität und Zugänglichkeit geachtet werden, und das heißt, dass Bildungsgegenstände nicht allein sprachlich verfasst sein dürfen. Kunst und popkulturelle Objekte bieten sich hier, wie ich eben ausgeführt habe, tatsächlich an. Im Kern geht es aber nicht um ganz bestimmte Gegenstände, Medien oder Methoden, sondern um eine pädagogische Grundhaltung: In der politischen Bildung müssen wir üben, Fragen zu stellen, wenn die Antworten schon längst auf dem Tisch sind.

Jetzt noch kurz zu Ihrer Frage nach der Unterscheidung von Ambiguitätstoleranz und -kompetenz. Das scheint mir offen gesprochen keine wirklich fruchtbare Debatte zu sein. Wenn wir unter Ambiguitätstoleranz die Fähigkeit verstehen, mit Mehrdeutigkeiten umzugehen und einen Mangel an Letztbegründungen auszuhalten, dann können wir das auch gerne Ambiguitätskompetenz nennen. Gleichzeitig deutet der Kompetenzbegriff aber eine pädagogische Verzweckung und instrumentelle Trainierbarkeit an, die dem Zusammenhang aus meiner Sicht nicht unbedingt guttut. Gerade die Schwäche des Toleranzbegriffs – dass es in seinem Zusammenhang oft lediglich um ein passives Ertragen geht – scheint mir im Zusammenhang mit Ambiguität eigentlich eine Stärke zu sein. Aber diese Unterscheidung scheint mir in dem hier vorgestellten Kontext tatsächlich eher spitzfindig.

Kelch: In der Debatte um Ambiguität spielen auch Emotionen eine wichtige Rolle. Auch die politische Bildung sucht verstärkt nach einem Umgang mit ihnen. Aus Sicht der Politikdidaktikerin: Was kann politische Bildung von Kunst und kultureller Bildung in ihrem Umgang mit Emotionen lernen?

Besand: Vieles ist bereits gesagt, deshalb versuche ich mich hier an einer kurzen Antwort: Von Kunst und kultureller Bildung kann die politische Bildung lernen, Emotionen im Bildungsprozess ernst zu nehmen und nicht zu verteufeln. Dass wir uns in der politischen Bildung in den letzten Jahren wieder verstärkt mit Emotionen beschäftigen, darf dabei nicht darüber hinwegtäuschen, dass wir in diesem Diskurs noch immer zu einer problematischen Pathologisierung von Emotionen neigen. Denn die Emotionen, über die wir reden, sind häufig die der Anderen. Die Angst der Populist_innen, der Hass in den sozialen Netzwerken etc. – Emotionen bleiben aus dieser Perspektive eine Sache, die es durch Bildungsprozesse zu überwinden gilt.[7] Mit dieser Haltung werden wir der Bedeutung von Emotionen in (politischen) Bildungsprozessen aber nicht gerecht. Stattdessen müssen wir uns auch mit der Angst vieler Lehrer_innen beschäftigen, rechtsextremen Äußerungen im schulischen Kontext, unabhängig davon, ob sie von Schüler_innen, Eltern oder Kolleg_innen gemacht werden, selbstbewusst zu widersprechen. Wir müssen uns mit der Frage beschäftigen, wieviel Empörung nötig ist, um sich einem politischen Gegenstand wirklich zuzuwenden, und überlegen, ob es Aufgabe der politischen Bildung sein könnte, Hoffnung auf die prinzipielle Gestaltbarkeit der Welt zu vermitteln,[8] und wie sich das mit der Forderung nach der Kultivierung von mehr Ambiguitätstoleranz verträgt. Ich kann das hier nicht ausführen, aber wenn wir mit Annette Petri davon ausgehen, dass Emotionen »auf der Basis von Urteilen und Bewertungen ein orientierungsstiftendes sowie handlungsvermittelndes Wissen über das Selbst und die

---

7   Vgl. dazu ausführlich: Besand, Anja: »Politische Bildung und emotionale Pathologien – Oder warum alle über Emotionen reden und keiner sie versteht«, in: Siegfried Frech/Dagmar Richter (Hg.), Gefühle, Stimmungen, Affekte – Emotionen im Politikunterricht, Schwalbach 2019, S. 81-97.

8   Vgl. dazu ausführlich Besand, Anja: »Hoffnung und ihre Losigkeit. Politische Bildung im Kontext der Illusionskrise«, in: Dies./Bernd Overwien/Peter Zorn (Hg.), Politische Bildung mit Gefühl, Bonn 2019, S. 173-187.

Welt« vermitteln und weiter: »Das besondere Zusammenwirken von Kognition und Leiblichkeit dabei dazu führt, dass Emotionen nicht nur Wissen, sondern häufig sogar Gewissheit über das Selbst und seine Beziehung zur Welt vermitteln«[9], dann stehen Emotionen im Mittelpunkt politischer Bildung und verdienen unsere ganze Aufmerksamkeit.

Literaturverzeichnis

Arendt, Hannah: Was ist Politik?, München 2003.

Arnold, Nina/Schildmann, Christina: Sprichst du Politik? Ergebnisse des Forschungsprojekts und Handlungsempfehlungen, Berlin 2011.

Besand, Anja (Hg.): Kunst trifft Politik: zum Verhältnis politischer und kultureller Bildung, Bonn 2012.

– (Hg.): Von »Game of Thrones« bis »House of Cards« – politische Perspektiven in Fernsehserien, Wiesbaden 2018.

–: »Politische Bildung und emotionale Pathologien – Oder warum alle über Emotionen reden und keiner sie versteht«, in: Siegfried Frech/Dagmar Richter (Hg.), Gefühle, Stimmungen, Affekte. Emotionen im Politikunterricht, Schwalbach 2019, S. 81-97.

–: »Hoffnung und ihre Losigkeit. Politische Bildung im Kontext der Illusionskrise«, in: Dies./Bernd Overwien/Peter Zorn (Hg.), Politische Bildung mit Gefühl, Bonn 2019, S. 173-187.

–/Overwien, Bernd/Zorn, Peter (Hg.): Politische Bildung mit Gefühl, Bonn 2019.

Fleckner, Uwe: Der Künstler als Seismograph. Zur Gegenwart der Kunst und zur Kunst der Gegenwart, Berlin 2012.

Habermas Jürgen: Wahrheit und Rechtfertigung, Frankfurt a.M. 2004.

Meyer, Torsten/Kolb, Gila (Hg.): What's Next? Bd. II: Art Education, München 2015.

Petri, Annette: Emotionssensibler Politikunterricht. Konsequenzen aus der Emotionsforschung für Theorie und Praxis politischer Bildung, Frankfurt a.M. 2018.

---

9   Petri, Annette: Emotionssensibler Politikunterricht. Konsequenzen aus der Emotionsforschung für Theorie und Praxis politischer Bildung, Frankfurt a.M. 2018, S. 53.

Przeworski, Adam: »Democracy as a contingent outcome of conflicts«, in: Jon Elster/Rune Slagsted (Hg.), Consitutionalism and Democracy, Cambridge (UK) 1988, S. 59-88.

Raws, John: A Theory of Justice. Revised Edition, Cambridge (UK) 1999.

Trittin, Jürgen: »Wer das Feuer liebt. Die US-Serie ›House of Cards‹ führt durchs Unterholz von Max Webers politischer Theorie und kann für den Gemeinschaftskundeunterricht nur empfohlen werden«, in: Der Freitag vom 09.01.2014, www.freitag.de/autoren/der-freitag/wer-das-feuer-liebt (Zugriff 15.09.2020).

Fotografische Ambiguität und getarnte Queerness[1]
Der Versuch einer exemplarischen Verhältnisbestimmung

Oliver Klaassen

Uneindeutig fotografisch eingefangene Spuren

Während der letzten Station der Wanderausstellung *Art AIDS America*[2]
(01.11.2016–02.04.2017) in der Alphawood Gallery in Chicago wurden auf der
zweiten Ebene im letzten Raum zwölf künstlerische Arbeiten präsentiert. Die
Beschäftigung mit einem Werk fordert mich bis heute heraus: Gemeint sind
15 schwarz gerahmte und mit einem hellen Passepartout versehene kleinfor-
matige Fotografien (ca. 9 x 13 cm) aus *In Between Days (Without You)* (kurz:
IBD(WY)) (1998) von Dean Sameshima,[3] die in quadratischer Anordnung

---

1   Bei dem folgenden Artikel handelt es sich um eine gekürzte Fassung eines Analyseka-
pitels zu Dean Sameshimas Fotoserie »*In Between Days (Without You)*« (1998) aus meiner Doktorarbeit mit dem vorläufigen Arbeitstitel »Ästhetische Ambiguität und quee-
res Engagement in künstlerischer Fotografie«. Ein besonderer Dank gilt sowohl Prof.
Dr. Ansgar Schnurr und den Mitgliedern seines Doktorand_Innen-Kolloquiums am Institut für Kunstpädagogik der Justus-Liebig-Universität Gießen als auch den Mitgliedern des Doktorand_Innenkolloquiums Methodologie kunst- und kulturwissenschaft-
licher Geschlechterforschung am Institut für Kunst und visueller Kultur an Carl von
Ossietzky Universität Oldenburg für ihr wertvolles Feedback im Schreibprozess, das in
den vorliegenden Artikel Eingang gefunden hat.

2   »*Art AIDS America*« in der Alphawood Gallery in Chicago war die letzte Station einer
von Rock Hushka und Jonathan D. Katz kuratierten Wanderausstellung, in der über
100 zeitgenössische Werke auf zwei verschiedenen Ebenen in insgesamt 16 Galerien
versammelt waren, um den Einfluss der Aidskrise auf die amerikanische Kunst von den
frühen 1980er-Jahren bis in die Gegenwart zu untersuchen.

3   Dean Sameshima (*1971 in Torrance [CA]) lebt und arbeitet in Berlin. In seinen* künstlerischen Arbeiten ergründet er* die Geschichte der männlichen* Homosexualität, der
Subkulturen und der Politik des Begehrens durch die Linse von Dokumentarfotografie,

in drei Reihen mit jeweils fünf Fotografien an einer weißen Wand hingen (Abbildung 1). Auf allen Fotografien wird die Aufmerksamkeit auf mehrfache Weise auf ein menschenleeres Bett gelenkt (Abbildung 2-16): Es wird nicht nur von der Kamera fokussiert und von einer künstlichen Lichtquelle in mehrheitlich warmen Farben angeleuchtet, sondern setzt sich auch mit seinen weißen Stoffbezügen stark von der sonst eher dunklen Farbwirkung ab. Da bei genauer Inspektion des Zu-Sehen-Gegebenen die Gebrauchsspuren, die durch zerknüllte und befleckte Kissen, Laken und Handtücher zutage treten, darauf hinweisen, dass vor Entstehung der Fotografien die Betten benutzt wurden, wird der Blick der Betrachtenden fragend nach Antworten suchend in Bewegung gesetzt: Was passierte zuvor in den Betten? Wie viele Personen waren involviert? Wo wurden die Fotografien aufgenommen?

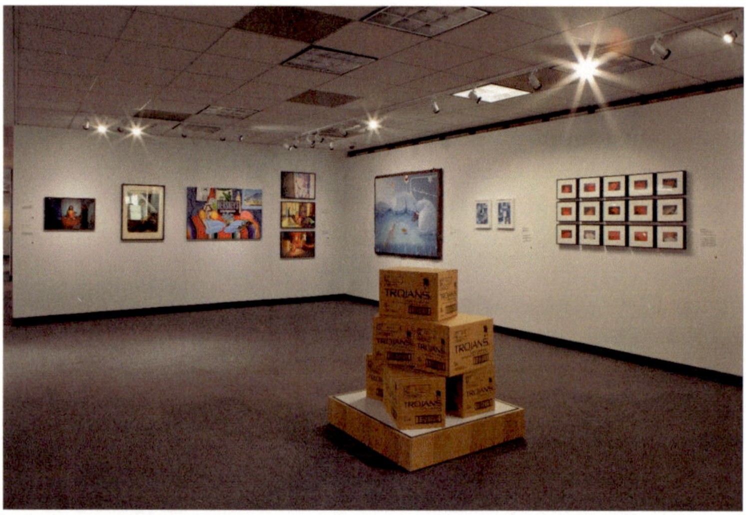

Abb. 1: Präsentation von In Between Days (Without You) *(1998) von Dean Sameshima in der Ausstellung* Art AIDS America, *01.11.2016 – 02.04.2017, Alphawood Gallery, Chicago.*

Malerei, Video und Installation. Für mehr Informationen siehe die Website des Künstlers* www.deansameshima.com.

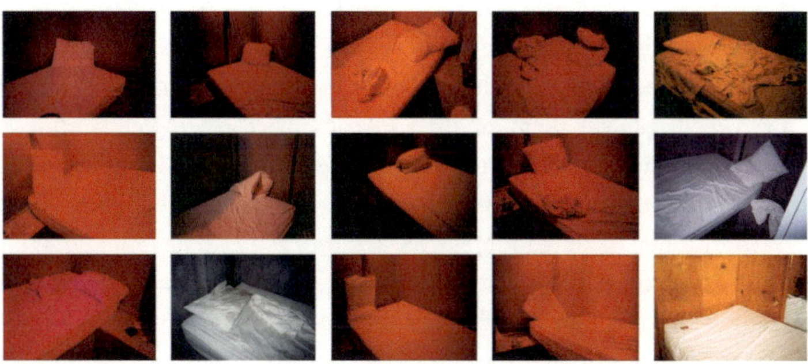

Abb. 2-16: Dean Sameshima: In Between Days (Without You), 15 C-Prints (1998)

Den queeren Potenzialen von ästhetischer Ambiguität auf die Spur kommen

Es sind jene im engen Zusammenhang mit der Fotoserie *IBD(WY)* stehenden Irritationsmomente und Fragen, die den Ausgangspunkt für meine Analyse bilden. Mein besonderes Erkenntnis- und Forschungsinteresse gilt den möglichen queeren Potenzialen des auf den Fotografien Zu-Sehen-Gegebenen und welche Funktion dabei ästhetische Ambiguität einnimmt.[4] Dass sich Ambiguität und queer-politisches Engagement weder ausschließen noch widersprechen,[5] offenbart eine Beschäftigung mit der politischen Agenda vom

---

4   Für weitere Informationen zum queeren Potenzial ästhetischer Ambiguitäten am Beispiel von David Benjamin Sherrys und Wolfgang Tillmans' fotografischer Praxis siehe Klaassen, Oliver: »A Radical (Re-)Vision of America's West. David Benjamin Sherry's Eco-Queer-Feminist Critique of America's Changing National Parks in his Photo Series Climate Vortex Sutra (2014)« In: On_Culture: The Open Journal for the Study of Culture 7 (2019), www.on-culture.org/journal/perspectives/radical-ambiguous (Zugriff 15.09.2020); ders. »Swimming Against the Hetero- and Homonormative Tide: A Queer Reading of Wolfgang Tillmans‹ Photo Installation (2004-2009) in the Panorama Bar at Berlin's Berghain«, in: Jakob Ladegaard/Jakob Gaardbo Nielsen (Hg.), Context in Literary and Cultural Studies, London 2019, S. 135-155.

5   Zur Ambiguität bzw. zur »VerUneindeutigung« als Strategie queerer Ästhetik und Politik sowie zur Entscheidung in der Unentscheidbarkeit vgl. Engel, Antke: Wider die Eindeutigkeit. Sexualität und Geschlecht im Fokus queerer Politik der Repräsentation, Frankfurt a.M. u.a. 2002; zur Schnittmenge des Begriffspaares Ambivalenz und Enga-

nicht assimilatorischen LSBT*I*Q+[6]-Aktivismus und dem Forschungsprogramm der Queer Studies. Denn neben der Kritik an starren identitären und differenztheoretisch gedachten Dichotomien (wie z.B. Heteronormativität und Zweigeschlechtlichkeit) geht es jenen aktivistischen und wissenschaftlichen Bestrebungen vor allem um die Forderung nach einem Verständnis von queer als bewegliches und uneindeutiges Konzept.[7] Wie ich im weiteren Verlauf herausarbeiten werde, kann für sexuell und geschlechtlich minorisierte Subjektpositionen in Zeiten repressiver Regimes ästhetische Ambiguität eine tarnende Funktion erfüllen, um hegemoniale Repräsentationsregime zu unterwandern und assimilatorische und intelligible Raster der Verstehbarkeit infrage zu stellen. In meiner fallbeispielbezogenen Herausarbeitung des queeren Potenzials von Ambiguität lege ich deshalb meinen Fokus auf das Spannungsverhältnis zwischen Sichtbarkeit,[8] Erkennbarkeit, Identifizierbarkeit und Intelligibilität unter politischen und ästhetischen Beweggründen. Hierbei möchte ich der Frage auf den Grund gehen, inwiefern es der Fotoserie von Sameshima mit ihren sowohl angebotenen als auch verweigerten

---

gement in Kunst und visueller Kultur vgl. Mader, Rachel (Hg.), Radikal Ambivalent. Engagement und Verantwortung in den Künsten heute, Zürich/Berlin 2014.

6   Abkürzung: lesbisch, schwul, trans*, inter*, queer* und weitere sexuelle und/oder geschlechtliche Identitäten, die von der Heteronorm abweichen.

7   Zur Einführung in das Forschungsprogramm der Queer Studies, einer sich seit den 1990er-Jahren formierenden kontradisziplinären Denkbewegung, siehe Hall, Donald E./Jagose, Annamaria (zusammen mit Andrea Bebell und Susan Potter) (Hg.): The Routledge Queer Studies, London/New York 2013.

8   Sichtbarkeit wird häufig als visuelle Kategorie mit Sehbarkeit und als politische bzw. soziale Kategorie mit Erkennbarkeit gleichgesetzt. Ähnlich wie u.a. Sabine Fuchs wende ich mich jedoch gegen eine metonymische Verwendung des Begriffes Sichtbarkeit für Erkennbarkeit, weil dadurch unweigerlich ein Repräsentationssystem gestützt wird, das visuelle Repräsentation privilegiert und auf das Konzept der Evidenz setzt (vgl. Fuchs, Sabine: »Das Paradox der sichtbaren Unsichtbarkeit. Femme im Feld des Visuellen«, in: Dies. [Hg.], Femme! radikal – queer – feminin, Berlin 2009, S. 150). Stattdessen liegt meinem Artikel ein Verständnis von Sichtbarkeit als eine kulturhistorische Konstruktion zugrunde, die als politische Kategorie kaum ohne Ambivalenz zu denken ist. Da Sichtbarkeit im Sinne von Macht oder Ermächtigung, Anerkennung, Respekt und Wahrheit auch immer die Gefahr beinhaltet, zu normieren/normalisieren und zu stereotypisieren, ist eine Auseinandersetzung mit der Frage nach den Bedingungen von Sichtbarkeit unerlässlich. Maßgeblich inspiriert hat mich in diesem Zusammenhang insbesondere Johanna Schaffers Kritik an den Strukturen des dominanten Feldes der Sichtbarkeit: vgl. Schaffer, Johanna: Ambivalenzen der Sichtbarkeit. Über die visuellen Strukturen der Anerkennung, Bielefeld 2008.

Formen der Sichtbarkeit gelingt, gesellschaftliche Gewalt- und Machtverhältnisse und die mit ihnen repräsentationale Ökonomie veruneindeutigend in Bewegung zu setzen.

Fortsetzung der Spurensuche

Allen 15 Fotografien liegt ein ähnliches Konzept zugrunde: Der Künstler*[9] fotografierte jeweils ein Bett, das sich in der Ecke eines minimalistisch und spartanisch ausgestatteten Raumes befindet. Das Zu-Sehen-Gegebene unterschiedet sich im Wesentlichen nur marginal durch die leicht variierenden Kamerastandpunkte, die Ausrichtung des Matratzenkopfendes im Raum, die Farbatmosphäre, die Bettbenutzungszustände, die minimalen Unterschiede in der Raumausstattung und die verschiedenen Arrangements an Gegenständen auf der Ablage neben dem Bett. Ein genaues Absuchen von *IBD(WY)* nach Spuren könnte Antworten auf die zu Beginn aufgeworfenen Fragen liefern, weshalb im Folgenden eine Fotografie genauer beschrieben werden soll:[10]

Der Betrachtendenstandpunkt auf der Fotografie Nr. 9 (Abbildung 17) ist zur rechten Raumecke hin ausgerichtet, dabei diagonal stehend in einem eher kleinen und beengt anmutenden Raum vor einem Bett mit einer Ablage links daneben. Während die mit einem weißen Bettlaken versehene Matratze, die Ablage und die zwei Wände in verschiedenen Abstufungen die Farbe einer künstlichen roten Lichtquelle annehmen, versinkt der Bereich vor Matratze und Ablage ins Tiefschwarze. Auf der linken Matratzenaußenseite, schräg unterhalb eines weißen Frotteehandtuches, weist das Bettlaken starke längliche Faltenbildungen auf, die sich diagonal in Richtung Fußende ziehen. Das Handtuch liegt länglich in zusammengeknüllter Form ungefähr mittig links oben. Außen rechts befindet sich ein weißes Kopfkissen, das im akkuraten Zustand aufrecht und leicht schräg an die Wand angelehnt ist. Auf der Ablage links neben dem Bett lassen sich mehrere Gegenstände erahnen: Oben

---

9   Ich verwende den Asterisk (*), um Denaturalisierung und kulturelle Konstruiertheit
      von Kategorien wie z.B. Mann* und Frau* zu signalisieren.

10   Auffällig an den wenigen Besprechungen zu *IBD(WY)* ist eine Reduktion des Zu-Sehen-
      Gegebenen auf das leere Bett. Auch wenn das Bett — wie bereits herausgestellt — in
      allen 15 Fotografien von der Kamera fokussiert wird, weist jede Fotografie viele weitere Details auf, die es verdienen, in einer detaillierten Beschreibung berücksichtig zu
      werden.

links vor einer Holzleiste sieht man Teile einer geriffelten und transparenten Wasserflasche, und direkt darunter befindet sich eine geöffnete Zigarettenschachtel, aus der eine weiße Zigarette herausragt. Diagonal dazu befindet sich ein quadratischer schwarzer Aschenbecher, in dem sich drei ausgedrückte Zigarettenstummel befinden. Eine weitere Zigarette liegt längs vor den ausgedrückten Zigaretten und mit dem äußeren Ende auf der rechten Außenseite des Aschenbechers auf. Der Aschenbecher vorne rechts und die Gegenstände hinten links werden wie eine Diagonale durch einen weiteren Gegenstand miteinander verbunden: Bei diesem ineinander gedrehten Band handelt es sich vermutlich um einen Anhänger für Schlüssel, die hinter dem Aschenbecher versteckt sind. Um die obere rechte abgerundete Außenecke des Aschenbechers herum liegen mehrere Gegenstände aus Papier. Zwei davon weisen neben einem weißen Außenrand Schrift und Grafiken auf, die sich jedoch nicht erkennen lassen. Oberhalb des Aschenbechers befindet sich außerdem ein weißes Feuerzeug. Auf der Hinterseite der Ablage ist eine Holzleiste angebracht, die hinter dem Kopfende der Matratze verschwindet. Hinter dem Matratzenkopfende an der Wand lassen sich drei dünne, vertikal verlaufende Einkerbungen ausmachen. Ungefähr mittig zur Matratzenkopfseite an der Wand befindet sich eine vertikal verlaufende Holzkonstruktion, bestehend aus einer breiteren und einer darauf montierten schmaleren Holzleiste. Die Raumecke ist oberndrein mit drei dünnen Holzleisten versehen.

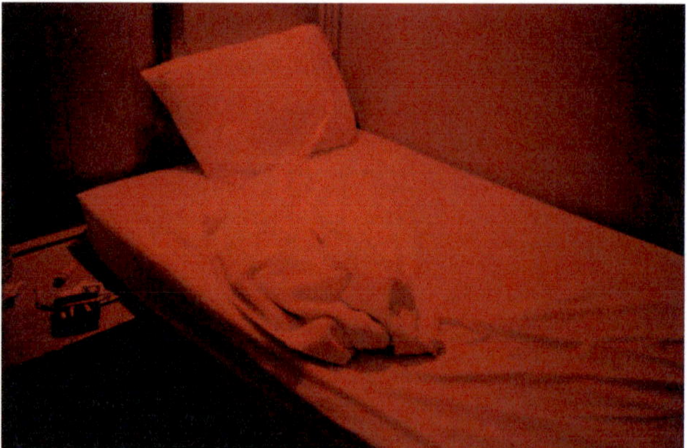

Abb. 17: Dean Sameshima: Fotografie Nr. 10 aus In Between Days (Without You), C-Print (1998)

Halt und Orientierung finden im Zusammenhang mit ästhetischer Ambiguität

Da die zurückgelassenen und fotografisch eingefangenen Spuren zu uneindeutig scheinen, bleiben sämtliche Überlegungen dazu, was zuvor in den Betten passiert sein könnte, im Spekulativen, weshalb Kontextinformationen herangezogen werden sollen. Rechts neben dieser Serie hing in der Ausstellung *Art AIDS America* eine Objektbeschriftung. Der Titel zusammen mit einer genauen Inspektion der einzelnen Fotografien eröffnet viele Details, die als Spuren und Hinterlassenschaften auf die Präsenz einer Absenz verwiesen: nämlich auf fehlende menschliche Körper. Insbesondere das »Without You« im Titel bestätigt den Eindruck, dass die hinterlassenen Spuren von einer und/oder mehreren Personen stammen, die sich zuvor in abfotografierten Räumen mit den Betten aufgehalten haben. Wen genau aber adressiert das »Without You«?

Zusätzlich enthielt die Objektbeschriftung einen erklärenden Text, der Kontextinformationen und Deutungsansätze zur Fotoserie lieferte, die sich wie folgt in aller Kürze zusammenfassen lassen: Die Serie, die Felix Gonzalez-Torres‹ ikonisches Reklametafelprojekt *Untitled* (1991) zitieren würde, dokumentiere zahlreiche sexuelle Kontakte des Künstlers* mit verschiedenen Männern* im Zeitalter von HIV/Aids, da alle 15 Fotografien in *gay bathhouses*[11] entstanden seien, und plädiere deshalb für die Zurückeroberung der sexuellen Freiheit von schwulen Männern*. Innerhalb der schwulen Kultur haben *bathhouses*, in denen sich Männer* treffen und u.a. anonymen Sex haben, eine lange Geschichte und Tradition, die sich bis in das 18. Jahrhundert zurückverfolgen lässt.[12] Es beinhaltet in der Regel neben mietbaren Räumen, sogenannten *private rooms*, Bereiche für Gruppen, wie z.B. Sauna,

---

11   Für die Besitzer* war die (Selbst-)Bezeichnung »*bathhouse*« vor allem in Zeiten repressiver Regimes während und kurz nach der Hochphase der Aidsepidemie (1985-1995) in den USA – und damit in einer Zeit, in der auch die Fotoserie *IBD(WY)* entstand – in der Regel eine rechtliche Schutzmaßnahme nach außen und damit eine strategische Entscheidung, um unbemerkt schwule Sexestablishments betreiben zu können. Dieser Umstand veranlasst mich dazu, im Zusammenhang mit den Aufnahmeorten von *IBD(WY)* weiterhin die englische Bezeichnung »*gay bathhouse*« zu verwenden. Im deutschsprachigen Kontext würde man eher von einer Schwulensauna sprechen.

12   Zur Geschichte von *gay bathhouses* in San Francisco und New York siehe Bérubé, Allan: »The History of Gay Bathhouses«, in: Dangerous Bedfellows (Hg.), Policing Public Sex. Queer Politics and the Future of AIDS Activism, Boston 1999, S. 187-220. Siehe außer-

Dampfsauna, Whirlpool und Fitnessstudio-Equipment. Die Besucher* sind unbekleidet und tragen – wenn überhaupt – nur ein weißes Handtuch um ihre Hüfte herum.

Die Info, dass es angeblich um die Dokumentation von homosexuellem Geschlechtsverkehr gehen würde, mag zunächst einmal irritieren, da sich mit dem bloßen Auge auf der Ebene dessen, was zu sehen gegeben wird, keine eindeutigen Indizien ausfindig machen lassen, die darauf hinweisen, dass vor Entstehung der Fotografien in den Betten sexuelle Akte zwischen Männern* vollzogen wurden. Bräuchte es dafür nicht z.B. zwei sichtbare nackte und miteinander verschlungene Personen, die als männlich* gelesen werden können? Anders gefragt: Wie kann mittels Fotografie Homosexualität thematisiert werden, ohne dabei vordergründig auf den menschlichen Körper zurückzugreifen? Und was haben fotografische Innenaufnahmen, in denen menschenleere und ungemachte Betten von der Kamera fokussiert werden, mit dem Immunschwächevirus zu tun?

Kontroversen über *gay bathhouses* in Los Angeles in den 1980er- und 1990er-Jahren

In einem Interview mit Sameshima am 9. September 2019 erfuhr ich mehr über den Entstehungskontext zur Serie: Der Künstler hatte nach der Trennung von seinem Partner* häufig verschiedene *gay bathhouses* in Los Angeles besucht, um seinem* Verlangen nach anonymem Sex nachzugehen. Adressiert das »Without You« im Titel damit den Expartner*? Kurz bevor Sameshima jene Establishments verließ, machte er* es sich immer wieder zur Aufgabe, die benutzten Zustände der von ihm* gemieteten *private rooms* zu fotografieren. Oder bezieht sich das »Without You« auf die Person, mit der der Künstler* kurz vor Entstehung der Fotografien Sex hatte? Wenngleich bei seinen* Besuchen von *gay bathhouses* hunderte Fotografien entstanden, wählte der Künstler* für die Serie *IBD(WY)* nur 15 Fotografien aus. Während die ersten 14 Aufnahmen in den mietbaren Räumen vom *gay bathhouse 1350 Club* in Wilmington entstanden sind, stammt die letzte Fotografie aus dem *Hollywood Spa* in Hollywood.

dem Beynon, John: »Bathhouses and Sex Clubs«, in: George E. Haggerty (Hg.), Gay Histories and Cultures, New York/London 2000, S. 155-159.

Ein Blick in die 1980er- und 1980er-Jahre offenbart, dass konservativ-politische Trends und sexuelle Panik, die durch HIV/Aids geschürt wurden, für viele *gay bathhouses* verheerende Folgen nach sich zogen. Einerseits wurden jene Establishments als Orte sexueller Promiskuität diffamiert und mit einem hohen HIV/Aids-Ansteckungsrisiko gleichsetzt; andererseits waren und sind *gay bathhouses* Orte und Symbole schwuler Befreiung und sexueller Differenz.[13] Im Gegensatz zu New York und San Franzisco wurden in Los Angeles Mitte der 1980er-Jahre viele schwule Sexestablishments nicht geschlossen. Stattdessen hatten Kommunalbehörden versucht u.a. *gay bathhouses* zu verlegen oder dauerhaft zu schließen, indem sie angebliche Verstöße gegen Baugesetze der Stadt geltend machten.[14]

Club 1350, der trotz massiv diskriminierender Umstände und mehrerer staatlicher Schließungsaufforderungen in den 1980er- und 1990er-Jahren über 40 Jahre existiere, musste 2020 als direkte Folge der COVID-19 Pandemie schließen.[15] Insbesondere die *private rooms* vom *1350 Club*, die Sameshima für

---

13   Vgl. Leap, William L.: Public Sex/Gay Space, New York 1999; Dangerous Bedfellows: Policing Public Sex. Queer Politics and the Future of AIDS Activism, Boston 1996.

14   Die öffentliche Diskussion um schwule Sexestablishments in den 1980er- und 1990er-Jahren ist ein gutes Beispiel für die Spaltung der LSBT*I*Q+-Community in die zwei Lager konservativ-normativ *vs.* radikal-aktivistisch. Denn kommerzielle schwule Sexorte wurden nicht nur von einer repressiven Staatsmacht, sondern auch von einer reaktionären, sex-negativen schwulen Community attackiert. So haben z.B. Mitglieder der sich 1995 formierenden Organisation Gay and Lesbian HIV Prevention Activists (GALHPA) die Mainstreampresse genutzt, um *gay bathhouses* und schwule Promiskuität zu diffamieren, vgl. J. Beynon: Bathhouses and Sex Clubs, 2000, S. 159.

15   Um sich eine ungefähre Vorstellung von der öffentlichen Diskussion und insbesondere den diskriminierenden und homophoben Vorwürfen dem *1350 Club* gegenüber während und nach der Hochphase der Aidsepidemie machen zu können, siehe insbesondere folgende vier online verfügbare Artikel aus der Los Angeles Times: Haldane, David: »Gay Bathhouse Under Pressure to Find Privacy for Sexual Acts«, in: Los Angeles Times vom 27.04.1986, www.latimes.com/archives/la-xpm-1986-04-27-hl-23919-story.html (Zugriff 15.09.2020); ders.: »Anti-AIDS Crusader Attacks Relocation of Gay Bathhouse«, in: Los Angeles Times vom 07.07.1986, www.latimes.com/archives/la-xpm-1986-07-17-cb-21512-story.html (Zugriff 15.09.2020); Richardson, Lisa: »Zoning Board Rules That Bathhouse Is Sex Club: Regulation: Decision mean officials will seek to close Wilmington operation. Owner denies sex was allowed on the premises and blames actions on homophobia«, in: Los Angeles Times vom 18.11.1993, www.latimes.com/archives/la-xpm-1993-11-18-me-58196-story.html (Zugriff 01.06.2000); Stolberg, Sheryl: »Bathhouse Near School Appeals Closure Order«, in:

IBD(WY) fotografierte, wurden in den 1980er- und 1990er-Jahren zum Symbol für eine emotionale Kontroverse: Auf der einen Seite standen die Stadtverwaltung und Gesundheitsbehörden, die sich dafür einsetzten, die Türen zu den mietbaren Zimmern zu entfernen, um dadurch der Ausbreitung von HIV/Aids gezielt entgegenzuwirken; auf der anderen Seite setzten sich Besitzer* und Kunden* für die Beibehaltung von Zimmertüren ein, um das Recht eines* jeden Kunden* auf Privatsphäre zu gewährleisten.[16]

Fragen über Fragen: Ambiguität aushalten

Betrachtet man die in *IBD(WY)* fotografierten *private rooms* im *1350 Club* vor dem Hintergrund biografischer Informationen und der öffentlichen Diskussion um die Schließung von *gay bathhouses* in Los Angeles während und kurz nach der Hochphase der Aidsepidemie in den USA (1985-1995), provoziert das einige Fragen, die nicht zuletzt mit dem Medium der Fotografie und der Geschichte seiner Gebrauchsweisen zu tun haben:[17]

Wird das hegemoniale Repräsentationsformat der polizeilichen (Tatort-) Fotografie zitiert – eine Referenz, für die sich auch Sameshima im Zusammen-

---

Los Angeles Times vom 07.07.1988,, www.latimes.com/archives/la-xpm-1988-07-07-me-8099-story.html (Zugriff 15.09.2020).

16   Vgl. D. Haldane: Gay Bathhouse Under Pressure, 1986.

17   Gemeint sind die medienspezifischen und -historischen Ambivalenzen, die Fotografie mitbringt, wenn es darum geht, LGBT*I*Q+-Existenzweisen sichtbar zu machen. Seit der Erfindung im Jahr 1839 besitzt das Medium der Fotografie besondere Bedeutung bei der Visualisierung gesellschaftlicher Normvorstellungen. Die fotografische Suche nach eindeutigen, sichtbaren Merkmalen ethnischer und sozialer Zugehörigkeiten findet ihren Höhepunkt beispielsweise in der Verschränkung von Medizin, Fotografie und gesellschaftlichen Körper- und Geschlechtervorstellungen am Beispiel der Kompositfotografie von Francis Galton (1822-1911), der Kriminalfotografie von Alphonse Bertillon (1853-1914) oder der Psychiatriefotografie von Jean-Martin Charcot (1825-1893). Jene Sexualwissenschaftler*, Anthropologen*, Kriminologen* und Eugeniker* arbeiteten an einem visuellen Archiv der kriminalisierten, rassisierten, (pervers) sexualisierten und als krank klassifizierten Andersheiten durch eine typologisierende Fotopraxis. Die Parameter medizinischer, anthropologischer und juristischer Darstellungsmodi gehen viele Jahrhunderte zurück und sind bis heute noch fest in der Praxis des (An-)Sehens und Gesehenwerdens verankert. Zur Vertiefung siehe u.a. Zimmermann, Anja: Ästhetik der Objektivität. Genese und Funktion eines wissenschaftlichen und künstlerischen Stils im 19. Jahrhundert, Bielefeld 2009.

hang mit der Serie starkmacht?[18] Insbesondere vor dem Hintergrund, dass zur damaligen Zeit viele unangekündigte Razzien in schwulen Sexestablishments stattfanden und hierbei die fotografische Beweismittelführung keine Seltenheit war? Wird dieser Eindruck durch den raster- und gitterartigen Präsentationsmodus und die Konzentration auf menschenleere Räume mit benutzten Betten verstärkt? Und wird dieses kriminalistische Format der Fotografie affirmiert oder kritisiert bzw. verschoben? Nehmen die Betrachtenden eine kontrollierende und potenziell kriminalisierende Position ein, indem sie durch die Gucklöcher das Treiben in den mietbaren Zimmern überwachen? Vor allem, wenn man berücksichtigt, dass die Ausstattung der Zimmertüren im *1350 Club* mit sogenannten Gucklöchern eine von außen an das *gay bathhouse* herangetragene HIV/Aids-Präventionsmaßnahme zum Zweck der Überwachung und Kontrolle war?[19] Oder werden die Betrachtenden, vergleichbar mit einer Peepshow, d.h. einem geschlossenen Kasten mit einem Guckloch, eher dazu eingeladen, ihre Lust nach Voyeurismus zu stillen – eine Assoziation, die sich durch die relativ weit von der Wand abstehenden Rahmen im Zusammenhang mit den Aufnahmeorten auftut? Wird der neugierige, durch ein Loch auf Befriedung hoffende Blick der Betrachtenden – egal ob in voyeuristischer und sexuell begehrender oder kontrollierender und kriminalisierender Manier – nicht zwangsläufig durch das Nicht-zu-Sehen-Geben menschlicher Körper enttäuscht? Stehen die (menschen-)leeren *private rooms* – die z.B. im *1350 Club* so hoch fluktuiert waren, dass es vor allem an den Wochenenden lange Wartelisten gab –[20] sinnbildlich für die katastrophalen Folgen der Immunschwächekrankheit Aids? Geht es demnach um ein Trauern um ausgeschlossene Möglichkeiten, verlorene Leben und die anhaltende Schließung von *gay bathhouses* im Kontext von HIV/Aids? Warnt die rötliche Färbung von vier Fotografien (Abbildung 3, 5, 7, 10), die Assoziationen zu Blut aufkommen lässt, vor einer zur damaligen Zeit vorherrschenden

---

18   Als es noch verfügbare Abzüge aus der Serie *IBD(WY)* gab und Sameshima diese in seinem Onlineshop »HomosexualsAnonymous« auf Etsy verkaufte, verglich er die Ästhetik seiner Fotografien mit »forensic crime photos«.

19   In einem Los-Angeles-Times-Artikel vom 17. Juli 1986 wird deutlich, dass die Türen der *private rooms* von 1350 West in Wilmington im Gegensatz zum ehemaligen *Club 1350* in Long Beach große Löcher hatten, um eine Überwachung aller sexuellen Aktivitäten zu ermöglichen und damit im Einklang mit den Gesundheitsvorschriften zu stehen. Vgl. D. Haldane: »Anti-ADIS Crusader Attacks Relocation of Gay Bathhouse«, 1986.

20   Vgl. D. Haldane: Gay Bathhouse Under Pressure, 1986.

Annahme: nämlich vor dem erhöhten HIV-Ansteckungsrisiko in den mietbaren Räumen von *gay bathhouses*? Wahrt Sameshima – auch wenn er* sich streng genommen mit seinen fotografischen Aufnahmen über das Fotografierverbot in solcherlei Establishments hinwegsetzt – durch das Nicht-zu-Sehen-Geben menschlicher Körper die Anonymität und Privatsphäre der männlichen* Besucher*? Und entledigt sich die Fotoserie durch den Verzicht auf die Abbildung menschlicher Körper nicht zuletzt der Gefahr, die in vielen *gay bathhouses* vorherrschende normative Schönheitsideal-Propaganda, die sich in vielen Werbematerialien jener Establishments zur damaligen Zeit manifestierte, zu reproduzieren?[21] Oder deutet das Fehlen menschlicher Körper auf der Ebene des Zu-Sehen-Gegebenen, das auch im Titel der Serie durch das »Without You« beklagt wird, vielmehr auf den Liebeskummer des Künstlers* kurz nach der Trennung hin? Geht es demnach auch um die Sehnsucht nach seinem* Expartner*? Wird diese Deutung nicht vor allem durch mehrheitliche warme Einfärbung der Fotografien unterstrichen? Sind die menschenleeren *private rooms* damit zugleich visueller Ausdruck für die innere emotionale Leere, die sich nach einer Trennung in einem Menschen ausbreitet? Oder aber versuchen die Fotos im wahrsten Sinne des Wortes das einzufangen, was nach Vollzug des sexuellen Aktes mit verschiedenen Partnern* in den mietbaren Zimmern von *gay bathhouses* übrig bleibt: nämlich ein Gefühl von sexueller Befriedigung? Und gemessen an der Vielzahl an Fotografien, die den Zustand von verschiedenen *private rooms* nach sexuellen Kontakten zu sehen geben: Verwandelt sich die raster- und gitterartige Anordnung der 15 Fotografien dadurch nicht eher in ein Zeugnis sexueller Triumphe? Geht es demnach um das Zelebrieren von Promiskuität bzw. einer sexpositiven Einstellung? Um ein Zurückerobern sexueller Freiheiten für schwule Männer*, die vor allem während der Hochphase der Aidsepidemie in den USA stark stereotypisiert, kriminalisiert, kontrolliert und reglementiert wurden?

---

21   Die hoch sexualisierten Werbematerialien von *gay bathhouses* mit ihren (homo-)normativen Schönheitsidealen, auf die ich 2019 während meiner Recherche in den ONE National Gay & Lesbian Archives in Los Angeles aufmerksam geworden bin, bedienen sich in der Regel weißen, nackten, durchtrainierten männlichen* Körpern mit überdurchschnittlich großen Geschlechtsorganen.

Ambiguität als Tarnung

Abschließend möchte ich der tarnenden Funktionsweise von Ambiguität in *IBD(WY)* genauer auf den Grund gehen.[22] Auf diese Funktion verweist im Kontext der Ausstellung *Art AIDS America* auch ein Symbol, was sich unten rechts auf der Objektbeschriftung zur Fotoserie befand. In Form eines zu dick geratenen Pluszeichens, das im Kontext der inhaltlichen Ausrichtung der Ausstellung auf HIV+ verweist, erinnert die in Erd- und Olivtönen befleckte Färbung des Symbols an militärische Tarnkleidung, die das Erscheinungsbild von Soldaten* für den Feind* möglichst nicht mehr oder nur mit Mühe erkennbar machen sollte. Ein visueller Guide, den die Besuchenden an der Kasse erhielten, erklärt die Bedeutung des Symbols, die sich wie folgt kurz zusammenfassen lässt:

Das Symbol gebe Aufschluss darüber, dass sich mehrere künstlerische Arbeiten – darunter auch *IBD(WY)* – der *Camouflage*-Strategie im Zusammenhang mit HIV/Aids bedienen würden. Durch die institutionelle homo- und aidsphobe Atmosphäre in den 1980er- und 1990er-Jahren, die sich in Form von Zensuren und Bundesgesetzen sowie in stereotypisierenden, viktimisierenden und kriminalisierenden Repräsentationen von schwulen Aidsopfern* in den Mainstreammedien manifestierte, wäre eine explizite künstlerische Thematisierung von HIV/Aids nicht nur gefährlich gewesen, sondern hätte Künstler_Innen auch ihren Zutritt zum hegemonialen Kunstmarkt versperrt. Vor dem Hintergrund dieses sozialpolitischen Kontextes hätten sich viele Künstler_Innen deshalb bewusst dazu entschieden, queere und/oder HIV/Aids-Inhalte in ihren Werken zu tarnen. Charakteristisch für jene künstlerische *Camouflage*-Strategie sei das Nachahmen abstrakter oder antiexpressiver Kunstformen.

Gemäß der Prämisse »the queerest space of all is the void«[23] von Aaron Betsky zeichnen sich die meisten künstlerischen Arbeiten von Sameshima,

---

22   Auch Verena Krieger ordnet im Rahmen ihrer historischen Verortung der Diskussion um künstlerische Ambiguierungsstrategien Tarnung und Versteck in das Spektrum möglicher Funktionsweisen ein, vgl. Krieger, Verena: »Ambiguität und Engagement. Zur Problematik politischer Kunst in der Moderne«, in: Cornelia Klinger (Hg.), Blindheit und Hellsichtigkeit. Künstlerkritik an Politik und Gesellschaft der Gegenwart, Berlin 2014, S. 159-188, hier S. 188.

23   Betsy, Aaron: Queer Space. Architecture and Sam-Sex Desire, New York 1997, S. 182.

die schwule Cruising[24]-Orte zu sehen geben, durch die Abwesenheit menschlicher Körper aus. Zum Beispiel versammelt die Serie *Wonderland* (1996/97) Fotografien von kommerziellen schwulen Sexestablisments (Fassaden u.a. von *gay bathhouses* und Innenaufnahmen von [Fetisch-]Lederbars) und anderen Cruisingspots in L. A. und Umgebung wie der Militärbunker in Palos Verdes, der Griffith Park, der Harbor City Park und öffentliche Toiletten. Andy Campbell beschreibt jene »[d]epopulating the scene of sexual activity«[25] in der Broschüre zu der von ihm kuratierten Ausstellung *Dean Sameshima: Public Sex* als eine künstlerische Strategie, die sowohl pragmatische als auch konzeptionelle Züge aufweise: Zum einen wäre das Fotografieren von Cruising-Akten ein Verstoß nicht nur gegen die Anonymität, sondern auch gegen Regeln in schwulen Sexclubs und *bathhouses* gewesen. Und zum anderen sei die Abwesenheit von menschlichen Körpern eine queere Strategie von Künstler_Innen während der HIV/Aids-Epidemie.[26] Jonathan D. Katz bezeichnet jene camouflierte queere Kunst auch als »poetic postmodernism«[27]. Dieser poetische Postmodernismus, der seine eigentlich emotionale Absicht verstecken würde, indem er vorgab, nichts Persönliches oder Privates auszudrücken, würde sich gegen jene Prämisse des orthodoxen Postmodernismus wenden, die den »Death of the Author« heraufbeschworen hätte.[28] HIV/Aids hätte nämlich jene postmoderne Ablehnung jeglichen persönlichen Ausdrucks korrigiert und die Kunst auf eine traditionelle Ebene zurückgebracht, in der Künstler_Innen über Symbole und Kodierungen ihre Stimme erhoben hätten.[29]

---

24 Mit schwulem Cruising ist eine Art Suche homosexueller Männer* nach Sexualpartnern* gemeint, die von allen Beteiligten abverlangt, kodiertes Verhalten bzw. kodierte Sprache entschlüsseln zu können.

25 Campbel, Andy: Dean Sameshima: Public Sex, Unveröffentlichte Broschüre zur gleichnamigen Ausstellung in der Galerie She Works Flexible in Houston 05.05.–03.06.2016, Public-Sex-Broschüre, Houston 2016, o. S.

26 Ebd.

27 Katz, Jonathan David: »How AIDS Changed American Art«, in: Ders./Rock Hushka (Hg.), Art AIDS America, Seattle/London 2015, S. 37.

28 Katz kritisiert Roland Barthes' Text »The Death of the Author« aus dem Jahr 1967, der die Verantwortung von Lesenden im Prozess der Bedeutungskonstruktion im Zusammenhang mit Kunst hervorhebt und damit die Bedeutung eines Kunstwerks bei den Betrachtenden verortet, vgl. ebd., S. 35f.

29 Vgl. ebd., S. 38f. Christan Lütjens und Paul Schulz verfolgen zwei Jahre vor der Ausstellung eine ähnliche Argumentation, indem sie die Serie von Sameshima als programmatisch für jene Kunst bezeichnen, die eher implizit als explizit auf die Aidskrise reagieren würde (vgl. Lütjens, Christian/Schulz, Paul: Positive Pictures: A Gay History,

Ich teile Katz' Kritik am postmodernen Credo nur bedingt, weil es meiner Ansicht nach gerade die (selbst-)reflexive Beschäftigung mit dem relationalen Feld – d.h. zwischen den Betrachtenden und einem künstlerischen Werk wie das von Sameshima – ist, die in Roland Barthes' Aufsatz angelegt ist und zugleich eine wichtige Voraussetzung dafür schafft, der Vielzahl an – verschiedenen, auch sich widersprechenden – Bedeutungen von künstlerischen Projekten wie *IBD(WY)* nachspüren und in Bewegung halten zu können. So ist es insbesondere die durch die Serie in Szene gesetzte anwesende Abwesenheit, die im Prozess der Rezeption antizipatives und transformatorisches Potenzial birgt. Auch Susette Min konstatiert in ihrer Analyse von *IBD(WY)*: »Absence in and of itself creates a disturbance: a disturbance that opens the possibility of projections that shift the mirror of identification and desire to the viewer.«[30] Wie ich bereits zu Beginn meiner Analyse deutlich gemacht habe, ist es die im Titel explizit erwähnte und in den Fotografien auf formalästhetischer Ebene reproduzierte Abwesenheit, die bei den Betrachtenden Irritation evoziert, Fragen produziert, im besonderem Maße die Fantasiearbeit anregt und dadurch Bedeutungen aktiv in Bewegung setzt. Adressiert das »Without You« im Titel damit auch explizit die betrachtende Person, die sich die Fotografien anschaut? Ist es als Einladung an die Betrachtenden zu verstehen, in der das leere und benutzte Bett zur Projektionsfläche wird für die eigenen Wünsche, Gefühle, Fantasien und Erinnerungen?

Berlin 2013). Charakteristisch für jene Ästhetik, die sich vor allem nach der Jahrtausendwende beobachten ließ, sei für sie der strategische Einsatz von Uneindeutigkeit und »Chiffrierungselementen« (S. 193), d.h. die Verwendung von Symbolen, Zeichen und Codes für HIV/Aids, die »oft aber erst auf dem zweiten Blick zu erkennen« (S. 189) seien. Auch Hushka argumentiert zwei Jahre zuvor ähnlich dichotom, in dem er das Spektrum an künstlerischen Antworten auf eine sich verändernde Aidsepidemie lokalisiert zwischen »direct address to heavily camouflaged personal expression« (Hushka, Rock: »It's an Image of Sex. It's Not about AIDS. The Legacy of the AIDS Crisis on American Art (It's Never Not about HIV)«, in: gia Reader 22 (2011), H. 3, www.giarts.org/article/it's-image-sex-it's-not-about-aids (15.09.2020).

30   Min, Susette: »Remains to Be Seen: Reading the Works of Dean Sameshima and Khanh«, in: David L. Eng/David Kazanjian (Hg.), Loss. The Politics of Mourning, Berkley/Los Angeles/London 2003, S. 239.

Ein vorläufiges Fazit und hoffnungsvoller Ausblick zu einer uneindeutigen Entdeckungstour

Am Beispiel der Fotoserie *IBD(WY)* habe ich den Versuch gewagt, eine Verhältnisbestimmung von ästhetischer Ambiguität und Queerness vorzunehmen. Hierbei stand ich vor der Herausforderung, die Uneindeutigkeit, in denen das auf den Fotografien Zu-Sehen-Gegebene verharrt, in die Schriftsprache zu überführen. Reagiert auf diese Herausforderung habe ich mit einer Vielzahl an möglichen, sich teilweise auch widersprechenden und problemlos zu erweiternden Lesarten, denen ich mich mit und ohne Berücksichtigung von Kontextinfos in mehr fragender als antwortgebender Manier angenähert habe. Ich konnte herausarbeiten, dass Ambiguität als künstlerische Strategie eine tarnende Funktion erfüllen kann, um Schutz vor und zugleich Widerstand gegenüber Formen normativer, epistemologischer und legistischer Gewalt im Kontext repressiver Regimes zu ermöglichen. Sameshimas Fotoserie bleibt zunächst insofern rätselhaft, als dass sich auf der Ebene dessen, was sie zu sehen gibt, queere Themen nicht unbedingt sofort ablesen lassen. Diese erschließen sich erst über zusätzliche Informationen zum Kontext, die zum Teil in den Titeln der Arbeiten zu finden sind. So könnte das durch den fotografischen Fokus auf *private rooms* in *gay bathhouses* nahegelegte Plädoyer für Promiskuität und eine sex-positive Einstellung im Allgemeinen verstanden werden als eine Intervention in immer noch vorherrschende normative Diskurse von männlicher Homosexualität kurz nach der Hochphase der Aidsepidemie in den USA. Abschließen möchte ich mit einer Reihe von Fragen, die ich mir nach meiner uneindeutigen Entdeckungstour stelle und auf die ich noch keine Antwort weiß – vor allem in Bezug auf den möglichen Mehrwert von Ambiguität für eine queere Kunstvermittlung, die im Museum handelt, ohne zu vereindeutigen und zu (hetero-)normalisieren:[31] Wie kann man durch, mit, an und von Kunst aus Räume des Denkens und (Ver-)Handelns aufmachen, die Nichtübereinstimmungen zulassen und die Auseinandersetzung mit Vieldeutigem, Differentem und Ungewissem fruchtbar machen? Welchen For-

---

31   Zur Einführung in das Forschungs- und Arbeitsgebiet der queeren Kunstvermittlung siehe insbesondere Lüth, Nanna/Mörsch, Carmen: »Queering (Next) Art Education: Kunst/Pädagogik zur Verschiebung dominanter Zugehörigkeitsordnungen«, in: Torsten Meyer/Gila Kolb (Hg.), Bd. 2: What's Next? Art Education. Ein Reader, München, S. 188-190; Settele, Bernadett (2014) »Queer Art Education«, in: Torsten Meyer/Gila Kolb (Hg.), Bd. 2: What's Next? Art Education. Ein Reader, München 2014, S. 308-311.

men und Methoden experimenteller Kunstvermittlung bedarf es, um gezielt Uneindeutigkeiten, Widersprüche und Ungewissheiten zu produzieren, damit sich Besuchende der Herausforderung stellen können, ambige Zustände auszuhalten, die nach bekannten Mustern nicht abschließend gelöst werden können und stattdessen im Zittern verharren? Inwiefern und unter welchen Bedingungen kann die Auseinandersetzung mit ästhetischer Ambiguität zu queer-politischer Bildung führen, die Toleranz gegenüber LSBT*I*Q+-Selbst- und Weltverständnissen und demokratische Haltungen fördern kann?

Literaturverzeichnis

Bérubé, Allan: »The History of Gay Bathhouses«, in: Dangerous Bedfellows (Hg.), Policing Public Sex. Queer Politics and the Future of AIDS Activism, Boston 1999, S. 187-220.

Betsy, Aaron: Queer Space. Architecture and Same-Sex Desire, New York 1997.

Beynon, John: »Bathhouses and Sex Clubs«, in: George E. Haggerty (Hg.), Gay Histories and Cultures, New York/London 2000, S. 155-159.

Campbel, Andy: Dean Sameshima: Public Sex, Unveröffentlichte Broschüre zur gleichnamigen Ausstellung in der Galerie She Works Flexible in Houston 05.05.–03.06.2016, Public-Sex-Broschüre, Houston 2016.

Dangerous Bedfellows: Policing Public Sex. Queer Politics and the Future of AIDS Activism, Boston 1996.

Engel, Antke: Wider die Eindeutigkeit. Sexualität und Geschlecht im Fokus queerer Politik der Repräsentation, Frankfurt a.M. u.a. 2002.

Fuchs, Sabine: »Das Paradox der sichtbaren Unsichtbarkeit. Femme im Feld des Visuellen«, in: Sabine Fuchs (Hg.), Femme! radikal – queer – feminin, Berlin 2009, S. 141-157.

Haldane, David: »Gay Bathhouse Under Pressure to Find Privacy for Sexual Acts«, in: Los Angeles Times vom 27.04.1986, www.latimes.com/archives/la-xpm-1986-04-27-hl-23919-story.html (Zugriff 15.09.2020).

–: »Anti-AIDS Crusader Attacks Relocation of Gay Bathhouse«, in: Los Angeles Times vom 17.07.1986, www.latimes.com/archives/la-xpm-1986-07-17-cb-21512-story.html (Zugriff 15.09.2020).

Hall, Donald E./Jagose, Annamaria (zusammen mit Andrea Bebell und Susan Potter) (Hg.): The Routledge Queer Studies, London/New York 2013.

Hushka, Rock: »It's an Image of Sex. It's Not about AIDS. The Legacy of the AIDS Crisis on American Art (It's Never Not about HIV)«, in: Grandmakers in the Art (GIA) Reader 22 (2011), H. 3, www.giarts.org/article/it's-image-sex-it's-not-about-aids (Zugriff 15.09.2020).

Katz, Jonathan David/Hushka, Rock (Hg.), Art AIDS America, Seattle/London 2015.

Katz, Jonathan David: »How AIDS Changed American Art«, in: Jonathan David Katz/Rock Hushka (Hg.), Art AIDS America, Seattle/London 2015, S. 24-45.

Klaassen, Oliver: »A Radical (Re-)Vision of America's West. David Benjamin Sherry's Eco-Queer-Feminist Critique of America's Changing National Parks in his Photo Series Climate Vortex Sutra (2014)«, in: On_Culture, The Open Journal for the Study of Culture 7 (2019), www.on-culture.org/journal/perspectives/radical-ambiguous (Zugriff 15.09.2020).

–: »Swimming Against the Hetero- and Homonormative Tide: A Queer Reading of Wolfgang Tillmans‹ Photo Installation (2004-2009) in the Panorama Bar at Berlin's Berghain«, in: Jakob Ladegaard/Jakob Gaardbo Nielsen (Hg.), Context in Literary and Cultural Studies, London 2019, S. 135-155.

Krieger, Verena: »Ambiguität und Engagement. Zur Problematik politischer Kunst in der Moderne«, in: Cornelia Klinger (Hg.), Blindheit und Hellsichtigkeit. Künstlerkritik an Politik und Gesellschaft der Gegenwart, Berlin 2014, S. 159-188.

Leap, William L.: Public Sex/Gay Space, New York 1999.

Lüth, Nanna/Mörsch, Carmen: »Queering (Next) Art Education: Kunst/Pädagogik zur Verschiebung dominanter Zugehörigkeitsordnungen«, in: Torsten Meyer/Gila Kolb (Hg.), Bd. 2: What's Next? Art Education. Ein Reader, München, S. 188-190.

Lütjens, Christian/Schulz, Paul: Positive Pictures: A Gay History, Berlin 2013.

Mader, Rachel (Hg.), Radikal Ambivalent. Engagement und Verantwortung in den Künsten heute, Zürich/Berlin 2014.

Min, Susette: »Remains to Be Seen: Reading the Works of Dean Sameshima and Khanh«, in: David L. Eng/David Kazanjian (Hg.), Loss. The Politics of Mourning, Berkely/Los Angeles/London 2003, S. 229-250.

Richardson, Lisa: »Zoning Board Rules That Bathhouse Is Sex Club: Regulation: Decision mean officials will seek to close Wilmington operation. Owner denies sex was allowed on the premises and blames actions on homophobia«, in: Los Angeles Times vom 18.11.1993, www.latimes.com/archives/la-xpm-1993-11-18-me-58196-story.html (Zugriff 15.09.2020).

Schaffer, Johanna: Ambivalenzen der Sichtbarkeit. Über die visuellen Strukturen der Anerkennung, Bielefeld 2008.

Settele, Bernadett (2014) »Queer Art Education«, in: Torsten Meyer/Gila Kolb (Hg.), What's Next? Art Education. Ein Reader, München 2014, Bd. 2, S. 308-311.

Stolberg, Sheryl: »Bathhouse Near School Appeals Closure Order«, in: Los Angeles Times vom 07.07.1988. www.latimes.com/archives/la-xpm-1988-07-07-me-8099-story.html (Zugriff 15.09.2020).

Zimmermann, Anja: Ästhetik der Objektivität. Genese und Funktion eines wissenschaftlichen und künstlerischen Stils im 19. Jahrhundert, Bielefeld 2009.

AMBIGUITÄTSDINGSBUMS[1]
Oder: Unordnung aushalten, Rassismus bekämpfen im (ethnologischen) Museum

Aurora Rodonò

> Until the lions have their own historians, the history of the hunt will always glorify the hunter.
> Chinua Achebe

> Conversation is the central location of pedagogy for the democratic educator.
> bell hooks

Ambiguitätsdingsbums

Als ich die Einladung erhalte, im Februar 2019 einen Workshop im Rahmen der Tagung »Ambiguität. Demokratische Haltungen bilden in Kunst und Pädagogik« zu geben, muss ich erst einmal überlegen, wie produktiv ich diesen Begriff für eine demokratische Haltung im Bildungskontext finde. Wer muss hier welche Mehrdeutigkeiten oder Widersprüchlichkeiten aushalten? Und was haben Ambiguität und Demokratie miteinander zu tun?

Bei diesen Überlegungen stoße ich auf den Essay *Die Vereindeutigung der Welt* des Islamwissenschaftlers Thomas Bauer und lerne, dass die Welt zwar voll von Ambiguität ist, wir es aber mit einem Verlust an Vielfalt zu tun haben. Dies betrifft nicht nur Vögel, Insekten oder Wildtiere. Auch Kulturen, Sprachen oder Religionen würden der Vereindeutigung der Welt zum Opfer fallen und sukzessive aussterben. Die Welt verkomme zum Einheitsbrei und die

---

1   Der zweite Teil des Titels ist Christoph Twickel entlehnt, der das schöne Buch »Gentrifidingsbums oder Eine Stadt für alle« (2010) geschrieben hat.

Bereitschaft, Mehrdeutigkeiten auszuhalten, nähme ab; sie werde ambiguitätsintoleranter und somit ein bisschen antidemokratischer, so Bauer.[2] Dabei greift Bauer mit dem Begriff der Ambiguität die Psychologin Else Frenkel-Brunswik auf, die 1949 darauf hinweist, dass Menschen eine unterschiedliche Ambiguitätstoleranz haben, also unterschiedlich auf den Zustand der Vieldeutigkeit reagieren.

So weit, so gut. Vereindeutigungstendenzen und Autoritarismen scheinen in einem gegenseitigen Verstärkungsverhältnis zu stehen und sich antagonistisch zur Demokratie zu verhalten. Die Suche nach Ordnung, die Angst vor dem Unbestimmten und die damit einhergehende Technologie der Klassifizierung, der Homogenisierung sind ein Projekt der Moderne, wie der Soziologe Zygmunt Bauman in seinem Buch *Moderne und Ambivalenz* analysiert. Dieses Projekt allerdings, das mit seinem Bestreben nach Klarheit und Ordnung seinen Höhepunkt im Nationalsozialismus findet, negiere die grundsätzliche Ambivalenz der Welt, deren Anerkennung dann erst wieder mit der Postmoderne in den 1970er-Jahren zurückkehrt.[3] Geht es folglich bei der Ambiguitätstoleranz darum, diese grundsätzliche Ambivalenz zu revitalisieren und die Welt aus dem Gefühl der Doppeldeutigkeit, des Zwiespalts heraus zu erfassen? Sind hybride Lebensentwürfe und rhizomatische Identitätskonstruktionen demnach Charakteristika postmoderner Gesellschaften und pluraler Demokratien? Ja, die Welt, ihre Kodes und symbolischen Formen sind infolge der Dekonstruktion essenzialistischer Sichtweisen multipler geworden. Aber warum ist das so schwer auszuhalten? Und wessen Eindeutigkeiten werden hier eigentlich bedroht? Müssen migrantisch situierte Menschen nicht angesichts einer rassistisch strukturierten Gesellschaft, in der sie die Adressat*innen eines homogenisierenden Integrationsdiktats sind, stets Ambiguitäten aushalten – gerade weil sie es sich nicht leisten können, die dominanzgesellschaftliche Perspektive auszublenden? Kennt nicht jedes Migrant*innenkind das Hin- und Herswitchen zwischen verschiedenen kulturellen und sprachlichen Referenzsystemen?

Werfen wir einen Blick auf die postmigrantische Gesellschaft und das Phänomen der steigenden Ambiguitätsintoleranz. Diese hat der Sozialwissenschaftlerin Naika Foroutan zufolge damit zu tun, dass mit den globalen

---

2   Vgl. Bauer, Thomas: Die Vereindeutigung der Welt. Über den Verlust an Mehrdeutigkeit und Vielfalt, Ditzingen 2018.

3   Vgl. Bauman, Zygmunt: Moderne und Ambivalenz. Das Ende der Eindeutigkeit, Hamburg 2012.

Migrationsprozessen die Hybridisierung und Pluralisierung der Gesellschaft einhergehen, dass »es [aber] parallel zur Pluralisierung der Gesellschaft keine *Erziehung zur Pluralität* gegeben hat«.[4] Noch immer verbinden sich mit der Figur des*der Migrant*in Vorstellungen von Unordnung, Bilder des*der Fremden, des Eindringlings, der vermeintlich originäre Zugehörigkeiten und Kulturen bedroht. Dabei hat diese Herstellung eines imaginären Anderen, die Herstellung von Stereotypen (in Literatur, Wissenschaft oder Medien) eine lange Tradition, die etwa Stuart Hall, der wohl wichtigste Vertreter der britischen *Cultural Studies*, in seinem Essay *Das Spektakel des »Anderen«*[5] anhand von Darstellungen Schwarzer Menschen analysiert hat. Dabei gehe es bei der Stereotypisierung darum, Differenz zu fixieren und die als anders Markierten auf wenige Eigenschaften zu reduzieren, diese Eigenschaften zu essenzialisieren und sie als die Natur dieser Person zu inszenieren. Die Inanspruchnahme einer hybriden Mehrfachidentität und das Einklagen pluraler Lebensentwürfe von Migrant*innen nun durchkreuzen diesen Prozess der Stereotypisierung und des *Othering*[6] (der Veranderung). Indem migrantisch gelesene Menschen die ihnen zugewiesenen subalternen Positionen verlassen, stellen sie »etablierte Klassifizierungsmechanismen« (Naika Foroutan) infrage, was wiederum rechte Bewegungen auf den Plan ruft. »Die erstarkenden rechten Bewegungen gegen eine vermeintliche Islamisierung Europas sind also Angriffe auf die plurale Realität Europas. [...] Die Angriffe auf Migrant*innen und Muslim*innen sind vor allem ein Angriff auf die Hybridisierung der Gesellschaften.«[7]

Das Anerkennen und Aushalten von Mehrdeutigkeiten und Pluralitäten bei parallelem Gleichheitsversprechen (im Sinne eines im Grundgesetz verankerten Teilhabeanspruchs) sind zweifellos wesentlich für demokratische Gesellschaften.[8] Um jedoch gesellschaftliche Ungleichheit und Diskriminierung

---

4   Foroutan, Naika: Die postmigrantische Gesellschaft. Ein Versprechen der pluralen Demokratie, Bielefeld 2019, S. 127.

5   Vgl. Hall, Stuart: Das Spektakel des »Anderen«, in: Ders., Ideologie Identität Repräsentation. Ausgewählte Schriften 4, hg. von Juha Koivisto und Andreas Merkens, Hamburg 2004, S. 108-166.

6   Der Begriff wurde ursprünglich von der postkolonialen Theoretikerin Gayatri Chakravorty Spivak geprägt und meint die Herstellung eines »Anderen« durch den imperialen Diskurs.

7   N. Foroutan: Die postmigrantische Gesellschaft, 2019, S. 123.

8   Zu den verschiedenen Demokratiekonzepten zwischen Gleichheit oder Pluralität und dem Transfer in die postmigrantische Gesellschaft vgl. ebd., S. 27ff.

zu erfassen bzw. zu überwinden – das ist das Ziel einer rassismuskritischen Kulturarbeit, wie ich sie hier starkmachen möchte –, reicht das Konzept der Ambiguität als Analysekategorie nicht aus. Nicht die multiplen Zugehörigkeitsverhältnisse in der Migrationsgesellschaft sind das Problem, sondern die Hierarchisierungen von Wissen und Kulturen und die damit einhergehende strukturelle Diskriminierung marginalisierter Subjekte –migrantisch markierter Menschen, Schwarzer Menschen, People of Color (PoC)[9] –, die aus der Perspektive einer *weißen*[10] Dominanzgesellschaft jene »Anderen« sind, die es zu betreuen, zu kontrollieren, zu integrieren gilt, damit die vermeintliche Homogenität innerhalb der nationalstaatlichen Ordnung nicht durcheinandergerät. Diese phantasmatische Homogenität gilt es durcheinanderzuwirbeln. Das Problem heißt nicht Mehrdeutigkeit und damit Unordnung (aushalten), sondern Rassismus, soziale Ungleichheit und epistemische Gewalt.

Dezentrierung des *weißen* Ausstellungsspektakels

In den letzten Jahren gab es wohl kaum eine Großausstellung, ein Symposium, eine Kunst- und Kultureinrichtung, die nicht auch den methodischen Fragen postkolonialer und rassismuskritischer Theoriebildung nachgegangen ist: Wer spricht wie mit wem aus welcher Perspektive? Wessen Geschichte wird erzählt? Und unter welchen strukturellen Bedingungen entsteht diese Erzählung?

Kaum ein Haus, das nicht »Irgendwas zu Afrika«[11] oder »Irgendwas mit Flüchtlingen«[12] macht und sich die Aufgabe der Dekolonisierung stellt. Was

---

9   Der Begriff »People of Color« ist ein politischer Begriff, der im solidarischen Sinne Menschen mit Rassismuserfahrung meint.

10   Ich setze den Begriff »weiß« kursiv, um dessen Konstruktion als Privileg und nicht als Hautfarbe zu markieren. Auch weil es um *weiße* bzw. hegemoniale Diskursräume und nicht zwingend um einzelne Akteur*innen geht, auch wenn Strukturen von Menschen gemacht werden.

11   Vgl. die gleichnamige Publikation des Frankfurter Weltkulturen Museums, die eine dekolonisierende Vermittlungspraxis reflektiert: Endter, Stephanie/Rothmund, Carolin: Irgendwas zu Afrika. Herausforderungen der Vermittlung am Weltkulturen Museum, Bielefeld/Berlin 2015.

12   Spätestens seit dem sogenannten Sommer der Migration 2015 hat es in der Kulturszene eine Vielzahl an Projekten gegeben, die »Irgendwas mit Flüchtlingen« gemacht haben, auch und vielleicht nur weil es dafür Fördergelder gab. Die (Kunst-)Pädagog*innen Gila Kolb und Tim Wolfgarten haben diese Vereinnahmung etwa in einem Work-

aber hat es mit diesem plötzlichen »*Decolonizing Fever*«[13] auf sich, wie es der Kurator und Autor Olivier Marboeuf nennt? In seinen Schriften und Vorträgen betont er die Ambivalenz der dekolonisierenden Geste in europäischen Institutionen, deren meist *weiße* Kurator*innen minorisierte Körper zwar einladen, ihnen eine Stimme auf der Bühne des Welttheaters geben. Gleichzeitig aber sei dieses Auf-die-Bühne-Bringen deprivilegierter Gruppen, Schwarzer Körper, nur eine weitere neokoloniale Geste, die genau diesen marginalisierten Körper kontrolliert und somit erneut unterwirft, zumal wenn die Regeln und Bedingungen für diesen performativen Akt nur den *Tools* des *Masters* (Audre Lorde) folgen. Und so würden die Institutionen im Sinne einer Feigenblattpolitik marginalisierte Positionen zwar zeigen, letztlich aber nur ihre eigenen Privilegien und ihre Deutungshoheit bestätigen.

Wie aber lassen sich die Geschichte(n) minorisierter Gruppen auch in den institutionalisierten Kunst- und Kulturräumen erzählen, ohne sie den Texturen hegemonialer Repräsentationspolitiken unterzuordnen? Wie lässt sich die machtvolle Position *weißer* Kurator*innen in westlichen Institutionen dezentrieren? Und wie die Position der marginalisierten Gruppen starken? Welche Möglichkeiten gibt es, die Vereinnahmungstendenzen machtvoller Institutionen zu durchkreuzen? Und wie können stattdessen antirassistische und kollaborative Praktiken im Kontext etablierter Kunst- und Kultureinrichtungen aussehen, die an die sozialen Bewegungen und Kämpfe Marginalisierter angebunden sind?

Wer spricht (im ethnologischen Museum)?

Ausgehend von der Kritik an den meist westlich und *weiß* strukturierten Kunst- und Kultureinrichtungen in Deutschland und Europa, die sich entlang eines eurozentrischen Diskurses positionieren, ist die Repositionierung von Institutionen auf der Basis postkolonialer Theorieperspektiven dringend geboten. Zunehmend werden Forderungen nach neuen, alternativen Formen

---

shop problematisiert: »Irgendwas mit Flüchtlingen!« Bodenseekonferenz »Interkultur_Transkultur_Migration: Trinationale kunstpädagogische Tagung«. Pädagogische Hochschule Thurgau. Kreuzlingen, Schweiz, September 2017. https://aligblok.de/workshops (Zugriff 15.09.2020)

13   Vgl. Decolonial variations. A conversation between Olivier Marboeuf and Joachim Ben Yakoub, https://oliviermarboeuf.files.wordpress.com/2019/05/variations_decoloniales_eng_def.pdf (Zugriff 15.09.2020).

der Wissensproduktion und Re-/Präsentation von Geschichte(n) laut, die
es vermögen, hegemoniale Narrative und Strukturen gegen den Strich zu
bürsten, zu dezentrieren. Seit Jahrzehnten fordern migrantische/diaspo-
rische Wissenschaftler*innen, Künstler*innen und Aktivist*innen vor Ort
und weltweit (zusammen mit *weißen* Kompliz*innen) sowie Kurator*innen, Wissenschaftler*innen, Künstler*innen und Aktivist*innen aus dem
sogenannten Globalen Süden die europäischen Institutionen auf, ihre Wissensbestände zu hinterfragen und die kulturellen Güter, die etwa in den
Depots der ethnologischen Sammlungen schlummern, zurückzugeben, die
Häuser zu dekolonisieren. Die Apparate der Wissensproduktion, die Museen
sind im Umbruch[14] und werfen Fragen des Sammelns, des Kuratierens, des
Repräsentierens auf. Dabei sind es insbesondere die ethnologischen Museen,
die in den letzten Jahren (etwa im Kontext der vielen Diskussionen rund um
das Humboldt Forum in Berlin) und spätestens seit dem Restitutionsbericht
von Felwine Sarr und Bénédicte Savoy aus dem Jahre 2018[15] eine erregte Debatte hervorgerufen haben, ist doch ihre Geschichte eng mit der kolonialen
Gewalt verwoben, so der Kunsthistoriker Christian Kravagna:

> Die Museen sind nicht nur Monumente kolonialen Unrechts, sie sind vor al-
> lem auch Monumente der Erziehung des weißen europäischen Menschen in
> kolonialem Denken und eurozentrischer Überlegenheitsfantasie, der epis-
> temischen und ästhetischen Schulung in Exotismus und Rassismus. [...] Eth-
> nologische Museen sind insofern als institutionalisierte Traditionsträger des
> Kolonialismus zu begreifen.[16]

Um diese kolonialen Kontinuitäten aufzubrechen und unterdrückte Stimmen
hörbar zu machen, bedarf es folglich einer Revision unserer Erzählungen und

---

14   Dieser Umbruch geht im Falle der ethnologischen Museen auf eine jahrzehntelange
      Kritik an der Repräsentation und an der Anthropologie zurück. Vgl. Kravagna, Christi-
      an: »Vom ethnologischen Museum zum unmöglichen Kolonialmuseum«, in: Zeitschrift
      für Kulturwissenschaften1, 2015, Bielefeld 2015, S. 95-100.

15   Im November 2018 haben der Ökonom Felwine Sarr und die Kunsthistorikerin Béné-
      dicte Savoy dem französischen Präsidenten einen »Bericht zur Restitution des afri-
      kanischen Kulturerbes« übergeben, der in einer gekürzten Fassung in der deutschen
      Übersetzung erschienen ist. Siehe hierzu Sarr, Felwine/Savoy, Bénédicte: Zurückgeben.
      Über die Restitution afrikanischer Kulturgüter, Berlin 2019.

16   C. Kravagna: Vom ethnologischen Museum zum unmöglichen Kolonialmuseum, 2015,
      S. 96.

musealen Praktiken. Auch geht es darum, den Museumsraum zu diversifizieren und gemeinsam mit den Akteur*innen marginalisierter Gruppen vor Ort und aus dem Globalen Süden eine zeitgenössische Ethik des Kuratierens und Museumspraxis zu entwickeln, die rassismuskritisch sind und die die Gesellschaft der Vielen, die Perspektive der ehemals Kolonisierten strukturell und inhaltlich abbilden. Aber was heißt es, das Museum zu dekolonisieren? Wie kann das Museum zum Ort der Heilung werden? Eine Kontaktzone nicht nur der auch konflikthaften Begegnung, der »kolonialen Grenze«[17], aber der Versöhnung, der radikalen Gleichheit und Diversität?

Die Perspektive und Autonomie der Migration

Ich möchte einen Blickwechsel vorschlagen und die Perspektive der Migration als gesamtgesellschaftliche Perspektive anhand des Ausstellungsprojekts »Projekt Migration« (Köln 2005) postulieren.[18] Bei diesem vierjährigen Ausstellungs- und Forschungsprojekts, an dem ich beteiligt war, ging es darum, die Geschichte der Arbeitsmigration nach dem Zweiten Weltkrieg aus der Perspektive derjenigen zu erzählen, die selber migrieren. Dafür sammelten die mehrheitlich migrantischen Forscher*innen zeithistorische Objekte und Dokumente, Fotos, Briefe, Audio- und Videomaterial oder Filme aus privaten Archiven und Migrant*innen-Selbstorganisationen und führten nach der Methodik der Oral History und dem Ansatz der »ethnografischen Grenzregimeforschung« eine Vielzahl von Interviews in unterschiedlichen Sprachen, innerhalb und an den Außengrenzen Europas. Insgesamt sollte der offiziellen Geschichtsschreibung, wie man sie bspw. in den Bundesarchiven findet und die die Perspektive der Arbeitgeberverbände und der Verwalter*innen von Migration favorisiert, das »migrantisch situierte Wissen«[19] entgegengestellt

---

17   Pratt, Mary Louise: Imperial Eyes. Travel Writing and Transculturation, London 1992.

18   Vgl. Kölnischer Kunstverein/Dokumentationszentrum und Museum über die Migration in Deutschland e.V. (DOMiT)/Institut für Kulturanthropologie der Universität Frankfurt a.M./Institut für Theorie der Gestaltung und Kunst (Hg.): Projekt Migration, Köln 2005 (Ausstellungskatalog).

19   Das migrantisch-situierte Wissen ist ein Wissen um die gesellschaftlichen Verhältnisse aus der Perspektive der von Rassismus Betroffenen. Vgl. hierzu Güleç, Ayşe/Schaffer, Johanna: »Empathie, Ignoranz und migrantisch situiertes Wissen. Gemeinsam an der Auflösung des NSU-Komplexes arbeiten«, in: Juliane Karakayali u.a. (Hg.), Den NSU-Komplex analysieren, Bielefeld 2017, S. 57-80.

werden. Gewissermaßen als Geschichtsschreibung von unten entstand so eine Art Counter-Narration, die die *Agency* und die subjektiven Praktiken der Migrant*innen in den Fokus rückte. Dabei verbanden die verschiedenen Projektpartner*innen unterschiedliche diskursive, performative und politische Praktiken, die dann in einer groß angelegten Ausstellung an der Schnittstelle zwischen Kunst, Wissenschaft und Aktivismus mündeten. Hier war es insbesondere die Forschungsgruppe Transit Migration, die das Konzept der *Autonomie der Migration* als Forschungsperspektive für das Gesamtprojekt entwickelte.[20] Bei diesem Konzept handelt es sich um eine Methode, die das Moment des Widerstandes in der Migration aufgreift. Folglich distanziert sie sich von einer Staatszentriertheit und einem viktimisierenden Blick auf Migrant*innen. Stattdessen rückt sie die Kämpfe der Migration (etwa Streiks oder Grenzüberschreitung) und die Selbstorganisierung von Migrant*innen in den Vordergrund. Diese Perspektive (der Migration) geht davon aus, dass Grenzen das Produkt sozialer Verhältnisse sind und folglich umkämpfte Räume. Autonomie ist hier nicht als Unabhängigkeit zu verstehen, sondern als Intervention in das Verhältnis von Migration (und dem Recht auf Bewegung) und der Kontrolle/Regulierungen dergleichen. In diesem Sinne ist das Konzept der Autonomie eine Kritik am in der klassischen Migrationssoziologie diskutierten Konzept von Push und Pull und am Containermodell des Nationalstaates und postuliert Migration, auf der Basis einer transnationalen Perspektive, als soziale Bewegung, als zentrale Kraft gesellschaftlicher Veränderungen. Darüber hinaus wendet sich das Konzept der Autonomie radikal vom Diktat der Integration ab, insofern als das Integrationsparadigma ein dichotomisches Verhältnis zwischen einem Innen und einem Außen fortschreibt und eine vermeintlich homogene Mehrheitsgesellschaft voraussetzt, in die sich das Andere, das Fremde (das erst einmal diskursiv hergestellt werden muss) zu integrieren hat. Gegen diese Logik erhebt die Perspektive der Migration, die nicht deckungsgleich ist mit den Sichtweisen der einzelnen Migrant*innen, Einwand. Sie denkt Gesellschaft aus den »turbulenten Rändern« heraus, nimmt alternative Wissensbestände als Ausgangspunkt für eine gesellschaftskritische Analyse, wendet sich gegen eine Politik der Ethnisierung, »die Migration in diversen kulturellen Containern am Rand

---

20   Vgl. Transit Forschungsgruppe (Hg.): Turbulente Ränder. Neue Perspektiven auf Migration an den Grenzen Europas, Bielefeld 2007; auch Mezzadra, Sandro: Autonomie der Migration – Kritik und Ausblick. Eine Zwischenbilanz (2010), www.grundrisse.net/grundrisse34/Autonomie_der_Migration.htm (Zugriff 15.09.2020).

der »Mehrheitsgesellschaft« anordnet,[21] und deutet die Ränder damit um. Denn gerade hier – »in den Turbulenzen der Peripherie« – entfaltet sich der Kulturanthropologin Regina Römhild zufolge »ein neuer, fortgeschrittener Kosmopolitismus, der das moderne Ordnungssystem der Nation und der an sie geknüpften Staatsbürgerschaft weit radikaler hinter sich lässt, als dies im Zentrum Europas derzeit politisch und wissenschaftlich denkbar scheint«.[22]

Das Denken und Handeln aus den turbulenten Rändern heraus, die autonomen Praktiken von Migrant*innen als alltägliche Aktualisierungen der Grundrechte, das Überschreiten machtvoller Grenzziehungen seien hier als Perspektivierungen für eine rassismuskritische und dekolonisierende kunstpädagogische bzw. museale Praxis zur Diskussion gestellt.

Das Museum als Ort der Heilung?

Einen solchen Blickwechsel hin zur Perspektive der Migration als gesamtgesellschaftliche Dimension nimmt gegenwärtig das ethnologische Rautenstrauch-Joest-Museum in Köln vor, an dem ich als Diversitymanagerin arbeite. Hier geht es unter anderem darum, die lokalen migrantischen/diasporischen Communities im nachhaltigen Sinne in die eigene Programmatik zu involvieren. Vereinfacht gesagt heißt dies: Wir leben in der Migrationsgesellschaft, Migration ist eine »Totale Soziale Tatsache« (Mauss/Mezzadra),[23] aber diese Realität spiegelt sich in den institutionalisierten Kunst- und Kultureinrichtungen nicht wider. Nach wie vor »schreiben« mehrheitlich *weiße*, privilegierte Angehörige der Dominanzgesellschaft die Geschichte der

---

21   Römhild, Regina: »Jenseits ethnischer Grenzen. Für eine postmigrantische Kultur- und Gesellschaftsforschung«, in: Yildiz, Erol/Hill, Marc (Hg.), Nach der Migration. Postmigrantische Perspektiven jenseits der Parallelgesellschaft, Bielefeld 2015, S. 37-46, hier S. 38.

22   Römhild, Regina: »Aus der Perspektive der Migration: Die Kosmopolitisierung Europas«, in: Sabine Hess u.a. (Hg.), No integration?! Kulturwissenschaftliche Beiträge zur Integrationsdebatte in Europa, Bielefeld 2009, S. 225-238, hier S. 228f.

23   Die Beschreibung geht auf Marcel Mauss zurück, der von einer »Totalen Sozialen Tatsache« spricht, wenn es sich um Realitäten handelt, die sämtliche Aspekte des gesellschaftlichen Lebens durchkreuzen: wirtschaftliche, politische, juristische, religiöse und mythologische. Vgl. Mauss, Marcel: Die Gabe. Form und Funktion des Austauschs in archaischen Gesellschaften [1968], Frankfurt a.M. 1990. Der Politologe Sandro Mezzadra bezieht diese Formulierung auf die Tatsache Migration: Diritto di fuga. Migrazioni, cittadinanza, globalizzazione, Verona 2006.

»Kulturen der Welt«, ohne dass die Akteur*innen dieser Weltkulturen die Protagonist*innen oder wenigstens die Kollaborateur*innen beim Schreiben der Geschichte(n) wären.

Das Rautenstrauch-Joest-Museum ist schon länger auf dem Weg und hat spätestens im Rahmen des Umzugs an den derzeitigen Standort vor zehn Jahren angefangen, die eigene Sammlungsgeschichte und die Provenienzen der »Alltags- und Ritualobjekte« (bzw. der Subjekte[24]) sowie der historischen Fotografien aus Ozeanien, Asien, Afrika und den Amerikas kritisch zu befragen und im Rahmen diverser Ausstellungen mit Akteur*innen aus den verschiedenen geografischen Regionen oder mit migrantischen Gruppen vor Ort zu kooperieren.[25] Nun, unter der Leitung der neuen Direktorin Nanette Snoep werden Fragen einer hegemonialen Museumspraxis, Fragen der Restitution und der weitergehenden Öffnung des Museums im Sinne eines partizipativen Lern- und Erfahrungsraumes, eines Ortes der Versammlung, der Kritik, der Aushandlung, der Konversation, der Gastfreundschaft und vielleicht (und hoffentlich) der Heilung programmatisch vorangetrieben. Dabei geht es nicht ausschließlich um Inhalte oder Methoden, um das Ansprechen neuer Besucher*innen-Gruppen. Vielmehr geht es um einen rassismuskritischen Blickwechsel, um eine postkoloniale Perspektivierung (und die Kritik an dieser), damit jene Stimmen, die auf der Bühne des Welttheaters nicht gehört werden (etwa die Stimmen der ehemals Kolonisierten) erklingen – bei aller Ambivalenz, die im Akt des Raum- oder Stimmegebens innerhalb einer institutionalisierten bzw. in diesem Fall städtischen Kultureinrichtung steckt. Letztlich geht es um die Re-/Politisierung des musealen Raumes und das Ausloten des

---

24   In seinem Artikel »South remembers: Those Who Are Dead Are Not Ever Gone« reklamiert der Kurator und künstlerische Leiter des SAVVY Contemporary Bonaventure Soh Bejeng Ndikung die Subjektivität der sogenannten Objekte im ethnologischen Museum. Damit bezieht er sich in erster Linie auf die *human remains*, aber nicht nur. Vgl. Ndikung, Bonaventure Soh Bejeng: »South remembers: Those Who Are Dead Are Not Ever Gone«, in: South as a State of Mind, Nr. 10, summer/fall 2018, https://southa sastateofmind.com/south-remembers-those-who-are-dead-are-not-ever-gone/https:/ /southasastateofmind.com/south-remembers-those-who-are-dead-are-not-ever-gone (Zugriff 15.09.2020).

25   Hier sei beispielhaft auf einige Ausstellungen und Interventionen der letzten zehn Jahre hingewiesen: *Afropolis* (2010), *Made in Oceania: Tapa – Kunst und Lebenswelten* (2013), *Der Wilde schlägt zurück* (2018), *Fast Fashion. Die Schattenseite der Mode* (2018), *Antje Van Wichelen. Noisy Images* (2019). Siehe hierzu www.museenkoeln.de/rautenstrauch-joest-museum/Archiv (Zugriff 15.09.2020).

Verhältnisses von Kunst oder Kultur und der sozialen Praxis. Wie lassen sich Kunst und Kultur als soziale Praxis denken, die sich mit den sozialen Bewegungen im Kampf um Rechte verbindet? Wie lässt sich ein »radikaldemokratisches Museum«[26], wie es die Kunsttheoretikerin und -vermittlerin Nora Sternfeld mit Bezugnahme auf die Hegemoniekritik der Politologin Chantal Mouffe vorschlägt, realisieren, eine Art »Para-Museum«, das die Repräsentation zwar nicht im radikalen Sinne zu verlassen vermag, das aber deshalb radikal ist, weil es die Verunsicherung hegemonialer Sammlungskategorien, kanonisierter Narrative sowie eine emanzipatorische Vermittlungspraxis aufsucht. Nora Sternfeld schlägt dafür fünf Strategien vor, bei denen es um das Herstellen einer Gegengeschichte geht, um das Dezentrieren der Wissensdispositive und der Infrastrukturen, aber auch um die konkrete Öffnung des physischen Raumes durch »Raumnahmen«, seien sie real oder performativ.[27] Letztlich plädiert sie für eine kritische Vermittlungspraxis, die sich mit aktivistischen Praktiken auch in der Forschung (etwa mit der partizipativen Aktionsforschung) verbindet.

Hier stellt sich mir die Frage, inwieweit eine diversitätssensible Öffnung einhergeht mit einer kritischen, emanzipatorischen Vermittlungspraxis im Sinne eines Verständnisses des musealen Raumes als Handlungs- und Erfahrungsraum, in welchem das Edukatorische mit dem Kuratorischen zusammenfällt. Dieser Paradigmenwechsel, den die Kuratorin und Theoretikerin Irit Rogoff in Zusammenhang mit der *documenta 12*, die im Jahre 2007 das Thema Bildung ins Zentrum rückte, als *educational turn* beschrieben hat[28] und demzufolge nicht die fertige Ausstellung, die bloße Repräsentation, sondern der Prozess der Herstellung mit all seinen machtvollen Implikationen im Zentrum steht, erscheint mir ein wichtiger Ansatzpunkt für eine Revision des Verhältnisses zwischen Produktion und Reproduktion im musealen Raum. Eine Stärkung der reproduktiven, edukatorischen Arbeit, die die Selbstermächtigung deprivilegierter Gruppen befördert, damit diese ein Bewusstsein über die eigene Lage entwickeln und sich kritisch mit der sie umgebenden Welt auseinandersetzen, wäre somit eine Geste der Demokratisierung, die sich mit einem Diversitykonzept – gedacht als epistemologischer Perspektivenwechsel – verbindet, das den institutionellen Rassismus zu bekämpfen

---

26   Vgl. Sternfeld, Nora: Das radikaldemokratische Museum, Berlin/Boston 2018.

27   Vgl. ebd. S. 65ff.

28   Zum *educational turn* vgl. Schnittpunkt/Jaschke, Beatrice/Sternfeld, Nora (Hg.): *educational turn*. Handlungsräume der Kunst- und Kulturvermittlung, Wien 2012.

versucht. Versteht mensch die pädagogische Arbeit mit der Literaturwissen-
schaftlerin, Feministin und Aktivistin bell hooks darüber hinaus auch als eine
Praxis des Widerstandes gegen das kanonisierte Herrschaftswissen, so geht
es immer auch um die Heilung jener Menschen, deren Aussagen und Artikulationen vielfach unterdrückt worden sind: »Education is about healing and
wholeness. It is about empowerment, liberation, transcendence, about renew-
ing the vitality of life. It is about finding and claiming ourselves and our place
in the world.«[29]

Für das Recht auf Rechte

In einer Zeit, in dem das Mittelmeer zum Massengrab geworden ist, die
Grundrechte, das Recht auf Mobilität, Asyl oder Arbeit von den regulieren-
den Organen erneut zur Disposition gestellt werden und der Angriff auf
die Migration sowie rechtspopulistische Parolen und Parteien Konjunktur
haben, ist die Frage, in welcher Gesellschaft wir leben wollen und wie wir
solidarische Gemeinschaften stärken und unsere Demokratie verteidigen
können, drängender denn je. Bei diesem Kampf um eine Politik der sozialen
Gerechtigkeit sind postmigrantische Allianzen und Solidaritäten, die sich von
ethnisierenden Identitätskonstruktionen abwenden, von enormer Bedeutung. Dabei geht es nicht um affirmative und partizipative Anerkennung von
Vielfalt und Mehrdeutigkeit, sondern um ein konkretes kollektives Handeln
jenseits singulärer Betroffenheiten mit dem Ziel, die politische, rechtliche
und gesellschaftliche Gleichheit von Menschen zu erwirken. Dafür ist die
Umverteilung von ökonomischen und weiteren Ressourcen ebenso wichtig
wie die Erweiterung und das Überschreiben (Re-Writing) von tradierten
Wissensbeständen und Geschichte(n) im migrationsgesellschaftlichen und
pluralitätsoffenen Sinne. Denn nur wenn wir die Masternarrative und die
erinnerungspolitische Arbeit um die Erzählungen der Marginalisierten, um
die Perspektive der Migration erweitern, wenn wir die Ressourcen umver-
teilen und kollaborative Strukturen implementieren und darüber hinaus
ein Bewusstsein darüber entwickeln, dass Nationen, Grenzen, aber auch
Kulturen keine Natur gegebenen Räume sind, sondern Effekte von Machtverhältnissen und Felder der Aushandlung, innerhalb derer sich Migrant*innen
ihre Rechte erkämpfen (Autonomie der Migration), können wir eine andere

---

29   hooks, bell: Teaching Community. A Pedagogy of Hope, New York/London 2003, S. 43.

politische Fantasie entwerfen, wie eine demokratische und antirassistische Gesellschaft, in der alle die selben Rechte haben, gestaltet werden kann. Hier bedarf es eines »planetarischen Bewusstseins« (Achille Mbembe) und der Einsicht, dass der Planet allen gehört und es unsere gemeinsame Pflicht ist, diesen und die darauf lebenden Menschen (und nicht Grenzen) zu schützen. Dabei ist dieser Schutz nicht nur physischer oder materieller Natur, sondern betrifft unsere Wissensbestände, unser Denken, unser Fühlen und den Rehumanisierungsprozess beim Reparieren (Mbembe/Sarr/Savoy)[30] erfahrener Traumata im Kontext kolonialer Gewalt.

Damit eine Welt, die auf den Menschenrechten, auf den Prinzipien Freiheit, Gleichheit und Gewaltfreiheit basiert, als konkrete Utopie verwirklicht werden kann, muss dieses Reparieren im Museum notwendigerweise mit dem Reparieren der Welt (außerhalb des Museums) verschränkt werden. Konsequenterweise ginge es dabei nicht nur um die Restitution von Kulturgütern, sondern auch um die Rückgabe sämtlicher anderer Ressourcen wie Öl, Diamanten oder Gold und dem immateriellen Kapitel. So gesehen ist beispielsweise die Frage der Restitution von Kulturgütern nur ein Kapitel einer viel größeren Auseinandersetzung, die ausgehend von einer »relationalen Ethik«[31] – einer Ethik also, »die nicht nur die juristischen Aspekte des Eigentums betrifft, sondern die die politischen, die symbolischen, die philosophischen und zwischenmenschlichen Beziehungen«[32] zwischen den Akteur*innen im »Globalen Süden« und jenen im »Westen« berührt –, das gemeinsame, involvierte Nachdenken und Sprechen über die Erinnerung, die koloniale Vergangenheit, die Entstehungsgeschichten der musealen Sammlungen im Westen und die unterschiedlichen Geschichten und Epistemologien im Süden und im Norden befördert. Oder um es mit den Worten der Theoretikerin, Kuratorin und Filmemacherin Ariella Aïsha Azoulay zu sagen: »It is not possible to decolonize the museum without decolonizing the world.«[33]

---

30   Zum Konzept des Reparierens und der Reparation vgl. Mbembe, Achille: Kritik der schwarzen Vernunft, Frankfurt a.M. 2014, S. 325ff.; vgl. auch F. Sarr/B. Savoy: Zurückgeben, 2019, S. 85ff.

31   Vgl. Ebd., S. 83ff.

32   Ebd. S. 64f.

33   Alli, Sabrina im Gespräch mit Ariella Aïsha Azoulay: »It is not possible to decolonize the museum without decolonizing the world«, in:, Guernica vom 12. März 2020, https://www.guernicamag.com/miscellaneous-files-ariella-aisha-azoulay (Zugriff 15.09.2020).

Literaturverzeichnis

Alli, Sabrina im Gespräch mit Ariella Aïsha Azoulay: »It is not possible to decolonize the museum without decolonizing the world«, in: Guernica vom 12. März 2020, www.guernicamag.com/miscellaneous-files-ariella-aisha-azoulay (Zugriff 15.09.2020).

Bauer, Thomas: Die Vereindeutigung der Welt. Über den Verlust an Mehrdeutigkeit und Vielfalt, Ditzingen 2018.

Bauman, Zygmunt: Moderne und Ambivalenz. Das Ende der Eindeutigkeit, 2. Aufl., Hamburg 2012.

Endter, Stephanie/Rothmund, Carolin: Irgendwas zu Afrika. Herausforderungen der Vermittlung am Weltkulturen Museum, Bielefeld/Berlin 2015.

Foroutan, Naika: Die postmigrantische Gesellschaft. Ein Versprechen der pluralen Demokratie, Bielefeld 2019.

Güleç, Ayşe/Schaffer, Johanna: »Empathie, Ignoranz und migrantisch situiertes Wissen. Gemeinsam an der Auflösung des NSU-Komplexes arbeiten«, in: Juliane Karakayali u.a. (Hg.), Den NSU-Komplex analysieren, Bielefeld 2017, S. 57-80.

Hall, Stuart: »Das Spektakel des ›Anderen‹« [1997], in: Ders., Ideologie Identität Repräsentation. Ausgewählte Schriften 4, hg. von Juha Koivisto u. Andreas Merkens, Hamburg 2004, S. 108-166.

hooks, bell: Teaching Community. A Pedagogy of Hope, New York/London 2003.

Kölnischer Kunstverein/Dokumentationszentrum und Museum über die Migration in Deutschland e.V. (DOMiT)/Institut für Kulturanthropologie der Universität Frankfurt a.M./Institut für Theorie der Gestaltung und Kunst (Hg.): Projekt Migration, Köln 2005 (Ausstellungskatalog).

Kravagna, Christian: »Vom ethnologischen Museum zum unmöglichen Kolonialmuseum«, in: Zeitschrift für Kulturwissenschaften 1 (2015), S. 95-100.

Mauss, Marcel: Die Gabe. Form und Funktion des Austauschs in archaischen Gesellschaften [1968], Frankfurt a.M. 1990.

Mbembe, Achille: Kritik der schwarzen Vernunft, Frankfurt a.M. 2014.

Mezzadra, Sandro: Diritto di fuga. Migrazioni, cittadinanza, globalizzazione, Verona 2006.

Mezzadra, Sandro: Autonomie der Migration – Kritik und Ausblick. Eine Zwischenbilanz (2010), www.grundrisse.net/grundrisse34/Autonomie_der_Migration.htm (Zugriff: 15.09.2020)

Ndikung, Bonaventure Soh Bejeng: »South remembers: Those Who Are Dead Are Not Ever Gone«, in: South as a State of Mind, Nr. 10, summer/fall 2018, https://southasastateofmind.com/south-remembers-those-who-are-dead-are-not-ever-gone/https://southasastateofmind.com/south-remembers-those-who-are-dead-are-not-ever-gone (Zugriff 15.09.2020).

Pratt, Mary Louise: Imperial Eyes. Travel Writing and Transculturation, London 1992.

Römhild Regina: »Aus der Perspektive der Migration: Die Kosmopolitisierung Europas«, in: Sabine Hess u.a. (Hg.), No integration?! Kulturwissenschaftliche Beiträge zur Integrationsdebatte in Europa, Bielefeld 2009, S. 225-238.

Römhild Regina: »Jenseits ethnischer Grenzen. Für eine postmigrantische Kultur- und Gesellschaftsforschung«, in: Erol Yildiz/Marc Hill (Hg.), Nach der Migration. Postmigrantische Perspektiven jenseits der Parallelgesellschaft, Bielefeld 2015, S. 37-46.

Sarr, Felwine/Savoy, Bénédicte: Zurückgeben. Über die Restitution afrikanischer Kulturgüter, Berlin 2019.

Schnittpunkt/Jaschke, Beatrice/Sternfeld, Nora (Hg.): educational turn. Handlungsräume der Kunst- und Kulturvermittlung, Wien 2012.

Sternfeld, Nora: Das radikaldemokratische Museum, Berlin/Boston 2018.

Transit Forschungsgruppe (Hg.): Turbulente Ränder. Neue Perspektiven auf Migration an den Grenzen Europas, Bielefeld 2007.

Twickel, Christoph: Gentrifidingsbums oder Eine Stadt für alle, Nautilus 2010.

Yakoub, Joachim Ben im Gespräch mit Olivier Marboeuf: Decolonial variations. A conversation between Olivier Marboeuf and Joachim Ben Yakoub, https://oliviermarboeuf.files.wordpress.com/2019/05/variations_decoloniales_eng_def.pdf (Zugriff 15.09.2020).

Bild-/Fotonachweis

Einleitung:

Abbildungen 1 und 2: Tagung Ambiguität. Demokratische Haltungen bilden in Kunst und Pädagogik, Düsseldorf, 23.02.2019. Foto: Wilfried Meyer.

Schnurr, Ansgar:

Abbildung 1: Walerija Beitmann: Wallstraße (2019). Mit freundlicher Genehmigung der Künstlerin.

Abbildung 2: Cady Noland, Publyck Sculpture (1994), Glenstone Museum, Potomac, Maryland. Installationsansicht, MUSEUM MMK FÜR MODERNE KUNST 2019. Foto: Axel Schneider.

Abbildung 3: Tweet von Donald Trump vom 19. November 2018 (https://twitt er.com/realdonaldtrump?lang=de, Zugriff: 15.09.2020).

Krieger, Verena:

Abbildung 1: Neo Rauch: Abstraktion (2005) © VG Bild-Kunst, Bonn, 2020.

Abbildung 2: Pablo Picasso: Guernica (1937) © Pablo Picasso bei Succession Picasso, VG Bild-Kunst, Bonn, 2020.

Abbildung 3: Zentrum für Politische Schönheit: Die Toten kommen – Beerdigung europäischer Mauertoter in der deutschen Hauptstadt (2015). https://p oliticalbeauty.de/toten.html © Nick Jaussi.

Abbildung 4: Zentrum für Politische Schönheit: Die Toten kommen – Der Marsch der Entschlossenen (2015). https://politicalbeauty.de/toten.html © Nick Jaussi.

Abbildung 5: Zentrum für Politische Schönheit: Die Toten kommen – Friedhofsfeld am Kanzleramt (»Den Unbekannten Einwanderern«) (2015). https:// politicalbeauty.de/toten.html © Alexander Lehmann.

De Nève, Dorothée:
Abbildung 1: Street-Art Graffiti, Athen 2013. Foto: Dorothée de Nève.
Abbildung 2: Ai Weiwei: Safe Passage (2016). Installationsansicht, Konzerthaus Berlin 2016. Foto: Dorothée de Nève.

Hoffmann, Katja:
Abbildung 1: Installationsansicht mit Werken von Ernst Ludwig Kirchner und Pablo Picasso in der Ausstellung museum global. Mikrogeschichten einer ex-zentrischen Moderne, 10.11.2018 – 10.3.2019, Kunstsammlung Nordrhein-Westfalen. Foto: Achim Kukulies
Abbildung 2: Pablo Picasso: Femme assise dans un fauteuil (1941). © Pablo Picasso bei Succession Picasso, VG Bild-Kunst, Bonn, 2020
Abbildung 3: Installationsansicht mit Werken von Amedeo Modigliani und Ernst Ludwig Kirchner in der Ausstellung museum global. Mikrogeschichten einer ex-zentrischen Moderne, 10.11.2018 – 10.3.2019, Kunstsammlung Nordrhein-Westfalen. Foto: Achim Kukulies
Abbildung 4: Installationsansicht mit einer Projektion des Films Les Statues meurent aussi von Chris Marker und Alain Resnais sowie einem Werk von Amedeo Modigliani in der Ausstellung museum global. Mikrogeschichten einer ex-zentrischen Moderne, 10.11.2018 – 10.3.2019, Kunstsammlung Nordrhein-Westfalen. Foto: Achim Kukulies
Abbildung 5: Colette Omogbai: Agony (1963)

Kern, Christoph:
Abbildung 1: Christoph Kern: Hypestine (2019). © Christoph Kern.
Abbildung 2: Freie Akademie Wagenhofen, Seminarszene Malerei Kern. Foto: Christoph Kern.

Tiborra, Jana:
Bildrechte für alle Abbildungen: © Guy Tillim. Courtesy of Stevenson, Cape Town und Johannesburg.
Abbildung 1: Guy Tillim: Cape Agulhas, Esselen Street, Hillbrow (Jo'burg) (2004)
Abbildung 2: Guy Tillim: Eviction by the Red Ants, Auret Street, Jeppestown (Jo'burg) (2004)
Abbildung 3: Guy Tillim: July's shop, selling beer, chips and cigarettes, on the eighth floor of San Jose, Olivia Street, Berea (Jo'burg) (2004)

Abbildung 4: Guy Tillim: Namasonto makes her bed, Jeanwell House, Nugget Street (Jo'burg) (2004)
Abbildung 5: Guy Tillim: The view from an apartment in Jeanwell House overlooking the intersection of Nugget and Pritchard Streets (Jo'burg) (2004)

Besand, Anja:

Abbildung 1: Anja Besand. Foto: Anja Besand

Klaassen, Oliver:

Abbildung 1: Präsentation von In Between Days (Without You) (1998) von Dean Sameshima in der Ausstellung Art AIDS America, 1.11.2016 – 2.04.2017, Alphawood Gallery, Chicago. © Marisol Diaz
Abbildung 2-16: Dean Sameshima: In Between Days (Without You) (1998). © Courtesy of the artist and Gavlak Gallery, Los Angeles / Palm Beach.
Abbildung 17: Dean Sameshima: Fotografie Nr. 10 aus In Between Days (Without You) (1998). © Courtesy of the artist and Gavlak Gallery, Los Angeles / Palm Beach.

Kapiteltrennende Ganzseitenfotos:

Tagung Ambiguität. Demokratische Haltungen bilden in Kunst und Pädagogik, Düsseldorf, 23.02.2019. Foto: Wilfried Meyer.

Autor*innenverzeichnis

Ulaş Aktaş, Dr., ist Juniorprofessor für Erziehungswissenschaft an der Kunstakademie Düsseldorf. Seine Arbeitsschwerpunkte sind Kunst, Bildung und Inklusion, Ästhetische Erfahrung unter postkolonialen Bedingungen und gouvernementale Kulturen des Digitalen, Theorien der Differenz, Alterität und des Pädagogischen. Zuletzt erschienen: (Hg.) Vulnerabilität. Pädagogisch-ästhetische Beiträge zu Korporalität, Sozialität und Politik. Bielefeld: transcript, 2020.

Anja Besand, Prof. Dr., ist seit 2009 Inhaberin der Professur für Didaktik der politischen Bildung an der Technischen Universität Dresden. Zuvor war Sie Juniorprofessorin an der Pädagogischen Hochschule Ludwigsburg. In ihrer Forschung beschäftigt sie sich mit dem Verhältnis kultureller und politischer Bildung, Inklusion und Rechtsextremismus. Sie ist Mitglied der Sachverständigenkommission der Bundesregierung zur Erstellung des 16. Kinder und Jugendberichts und Gründerin des sächsischen Instituts für Didaktik der Demokratie.

Dorothée de Nève, Prof. Dr. studierte in Wien und Berlin Politikwissenschaft. Nach der Promotion an der FU-Berlin war de Nève Juniorprofessorin an der Martin-Luther-Universität in Halle-Wittenberg und lehrte u.a. in Budapest, Hagen, Marburg, Tokyo und Wien. Seit 2015 ist sie Professorin für Politikwissenschaft an der Justus-Liebig-Universität in Gießen für politisches und soziales System Deutschlands sowie für vergleichende Politikwissenschaft. Sie forscht insbesondere zu politischer Partizipation und Demokratie, Digitalisierung sowie zu Politik und Religion. Als stellvertretende Direktorin des Zentrums für Medien und Interaktivität (ZMI) arbeitet sie in einem interdisziplinären Forschungskontext zu Lateralität und Bildung in der Mediengesellschaft. de Nève engagiert sich hier auch für den Wissenstransfer und für die gesellschaftspolitische Öffnung von Universitäten.

Sabine Dengel, Dr., Studium der Politikwissenschaft, Soziologie, Sozialpsychologie und Philosophie an der Universität des Saarlandes, Promotion über politische Erziehung im Deutschen Kaiserreich, dem NS-Staat und der DDR. Tätigkeiten im Hochschulbereich in Wissenschaft und Lehre, in der Stadtentwicklung sowie als freiberufliche Projektmanagerin für politische und kulturelle Bildung. Seit 2008 in unterschiedlichen Funktionen in der Bundeszentrale für politische Bildung: 2018-202 Leiterin der Projektgruppe »politische Bildung & Kultur«; seit 2020 Leiterin des Fachbereichs Förderung. Inhaltliche Schwerpunkte: moderne politische Theorie, Theorie politischer und kultureller Bildung, (historische) Bildungsforschung, Demokratietheorie.

Werner Friedrichs, Dr., Akademischer Direktor. Tätigkeiten als Hochschuldozent und wissenschaftlicher Mitarbeiter an unterschiedlichen Universitäten (1998-2015), Studienrat am Gymnasium Soltau (2008-2015), Fachleiter am Studienseminar für das Lehramt an Gymnasien in Celle (2011-2015), Leitung der selbstständigen Fachvertretung der Didaktik der Sozialkunde an der Otto-Friedrich-Universität Bamberg seit 2015. Forschungsschwerpunkte: Radikale Demokratiebildung, materiale politische Bildungstheorien, Politische Bildung im Anthropozän, Diffraktionen/Verschränkungen von politischer und ästhetischer Bildung.

Julia Hagenberg ist seit 2009 Leiterin der Abteilung Bildung in der Kunstsammlung Nordrhein-Westfalen. Zuvor war sie als Assistentin der Künstlerin Katharina Grosse in Düsseldorf und als Wissenschaftliche Mitarbeiterin im Kunstmuseum Bonn tätig. Von 2004 bis 2009 hat sie die Kunstvermittlung im Kunstmuseum Stuttgart geleitet. Sie war Mitglied der Jury »360° – Fonds für Kulturen der neuen Stadtgesellschaft« der Kulturstiftung des Bundes und ist derzeit u.a. Mitglied im Wissenschaftlichen Beirat der Stiftung Preußische Schlösser und Gärten Berlin-Brandenburg. Ihre Arbeitsschwerpunkte liegen im Bereich partizipativer Museumsprojekte sowie an der Schnittstelle zwischen Kunstvermittlung und kuratorischer Praxis.

Katja Hoffmann, Prof. Dr., Professorin für Kunstpädagogik an der Alanus Hochschule für Kunst und Gesellschaft. Studium der Kunst, Germanistik und Medienwissenschaften an der Universität Siegen, Promotion über die

Documenta 11 zum Thema »Ausstellungen als Wissensordnungen« an der Universität zu Köln, wissenschaftliche Mitarbeiterin an den Universitäten Köln, Paderborn, Marburg, Siegen in den Fächern Kunstpädagogik, Kunst- und Medienwissenschaften, Zweites Staatsexamen in den Fächern Kunst und Deutsch, Gründung und Mitarbeiterin des Atelier- und Projektraums UNION, Köln (2014-2020). Forschungs- und Arbeitsschwerpunkte: Wissensordnungen und Kanon(kritik) unter Theorien zur visuellen Kultur, Postkolonialität und Geschlechterdifferenz; Visualität und Diskursivität in künstlerischen Bildungsprozessen; Kritische Theorie und Praxis einer künstlerisch-reflexiven Kunst(geschichts)vermittlung; Sichtbarkeit und Sichtbarmachung in künstlerischer Praxis und Bildrezeption.

Linda Kelch studierte Politikwissenschaft und Philosophie in Freiburg i.Br. und Paris (X). Sie arbeitet seit 2016 als wissenschaftliche Referentin bei der Bundeszentrale für politische Bildung/bpb, wo sie zunächst Unterrichtsmaterialien zu aktuellen Themen (Rechtspopulismus, Religionsfreiheit, Hate Speech, Alltagsrassismus) für unterschiedliche Altersgruppen konzipierte. Seit 2018 ist sie mit Projekten an der Schnittstelle von politischer Bildung und Kultur befasst. In vielfältigen Formaten und zumeist in Kooperation mit Akteuren aus Kultur und Kulturvermittlung werden darin Phänomene der Kulturalisierung von Gesellschaft und Politik bearbeitet und Konzepte transkultureller Bildung entworfen.

Christoph Kern ist Freier Künstler, Vertretungsprofessor für Malerei und freiberuflicher Dozent für Malerei. 1979-1981 Studium Philosophie und Geschichte an der LMU München, 1981-1988 Studium Malerei und Graphik an der Akademie der Bildenden Künste München, Meisterschüler bei Prof. Rudi Tröger, 1994-96, 2009 Dozent für Grundlagen der Gestaltung FH Potsdam, 1997 Postgraduierten Stipendium für die USA des Bayerischen Kultusministeriums, seit 1986 Seminare für künstlerischen Diskurs in der Erwachsenenbildung, 1999 Gründung der Freien Akademie Wagenhofen, 1999-2019 Gastprofessur für Medienästhetik/Lehrauftrag für Malerei im FB Kunst an der Universität Paderborn, 2016-2019 Lehrauftrag für Malerei am CDFI Universität Greifswald, 2016-2019 Lehrauftrag für Malerei JLU Gießen, seit 2019 Vertretungsprofessur an der JLU Gießen, Institut für Kunstpädagogik. Bildnerische Forschung: The Diversity oft he Painted Cube. Lebt seit 1989 in Berlin.

Oliver Klaassen ist wissenschaftlicher* Mitarbeiter* am Institut für Kunst und visuelle Kultur der Carl von Ossietzky Universität Oldenburg, Doktorand* am International Graduate Center for the Study of Culture der Justus-Liebig-Universität Gießen und Vorstandsmitglied in der Fachgesellschaft Geschlechterstudien. Seine* Arbeitsschwerpunkte umfassen kunst- und medienwissenschaftliche Queer und Gender Studies, Theorie und Geschichte der Fotografie, kritische Ausstellungs- und Vermittlungspraxis, ästhetische Theorien im Zusammenhang mit politischer Philosophie sowie Ethik und Visualität. Zuletzt war Klaassen Fulbright-Forschungsstipendiat* an der University of Southern California in Los Angeles (2019) und Gastwissenschaftler* and der State University of New York in Buffalo (2017). Er ist außerdem Redakteur* bei On_Culture: The Open Journal for the Study of Culture und Working Paper Series Gener[ed] Thoughts.

Hans-Christoph Koller, Prof. Dr., Professor für Erziehungswissenschaft unter besonderer Berücksichtigung der Qualitativen Bildungsforschung und der Wissenschaftstheorie an der Fakultät für Erziehungswissenschaft der Universität Hamburg. Schwerpunkte in Lehre und Forschung: Allgemeine Erziehungswissenschaft (bes. Grundbegriffe, Theorien und Methoden der Erziehungswissenschaft), Theorie und Empirie transformatorischer Bildungsprozesse, Bildungstheorie, Qualitative Bildungsforschung (Erziehungswissenschaftliche Biographieforschung, Migrationsforschung, Text- und Diskursanalyse), Pädagogische Lektüren literarischer Texte, Poststrukturalistische Ansätze in der Erziehungswissenschaft.

Verena Krieger, Prof. Dr., Lehrstuhl für Kunstgeschichte an der Friedrich-Schiller-Universität Jena. Forschungsschwerpunkte: Ambiguität; Montage/Collage; Kunst und Gesellschaft; Künstlerische Geschichtskultur; Konzepte des Künstlertums. Publikationen (Auswahl): Ambige Verhältnisse. Uneindeutigkeit in Kunst, Kultur und Gesellschaft (Hg. mit Bernhard Groß, Michael Lüthy, Andrea Meyer-Fraatz), Bielefeld 2021; Dezentralität als Symbolisierungsstrategie. Anmerkungen zum jungen Genre des dezentralen Denkmals, in: Wolfgang Brückle/Rachel Mader/Brita Polzer (Hg.); Mit Denkmälern sprechen, Zürich/Berlin 2021; Modes of Aesthetic Ambiguity in Contemporary Art. Conceptualizing Ambiguity in Art History, in: Frauke Berndt/Lutz Koepnik (Hg.), Ambiguity in Contemporary Art and Theory. Zeitschrift für Ästhetik und allgemeine Kunstwissenschaft, Sonderheft

2018; BRANDSCHUTZ. Aktuelle künstlerische Strategien gegen intolerante Mentalitäten (Hg.), Weimar 2018.

Aurora Rodonò ist Diversity-Managerin am Rautenstrauch-Joest-Museum in Köln, Lecturer am Institut für Kunst und Kunsttheorie der Universität zu Köln und freie Kulturarbeiterin. Von 2003 bis 2006 war sie wissenschaftliche Mitarbeiterin am Dokumentationszentrum und Museum über die Migration in Deutschland e.V. (DOMiD) und hat hier das Forschungs- und Ausstellungsprojekt »Projekt Migration« mitrealisiert. 2010 bis 2012 Juniorprofessorin (in Vertretung) für italienische Literatur- und Kulturwissenschaft am Institut für Romanistik der Heinrich-Heine-Universität Düsseldorf; 2012 bis 2014 Projektreferentin bei der Akademie der Künste der Welt; 2015 bis 2018 wissenschaftliche Mitarbeiterin am Institut für Kunst und Kunsttheorie der Universität zu Köln. Außerdem ist sie Programm-Macherin im Kölner »Filmclub 813«. Im Mai 2017 war sie an der Durchführung des Tribunals »NSU-Komplex auflösen« (Schauspiel Köln) beteiligt.

Ansgar Schnurr, Prof. Dr., Professor für Kunstpädagogik mit dem Schwerpunkt Kunstdidaktik. Studium der Kunstpädagogik und kath. Theologie (Lehramt) an der Universität Paderborn sowie Studium Freie Kunst an der Kunstakademie Münster, Meisterschüler; Promotion an der TU Dortmund über den Witz als Erkenntnisform in aktueller Kunst; Referendariat und Teilzeittätigkeit als Kunstlehrer an einer Gesamtschule; 2009-14 Akademischer Rat an der Technischen Universität Dortmund, 2014 Vertretungsprofessur für Kunstdidaktik an der Alanushochschule Alfter, seit 2014 Professur an der JLU Gießen. Forschungsschwerpunkt u.a.: Theorie ästhetischer Bildung, Transkulturelle Kunstpädagogik im Kontext von Migration, Globalität und gesellschaftlicher Heterogenität, Schnittstellen zwischen ästhetischer und politischer Bildung.

Jana Tiborra, Studium an der Kunstakademie Düsseldorf, der Universität zu Köln und der Universität Siegen, 2016 Meisterschülerin bei Prof. Siegfried Anzinger, Kunstakademie Düsseldorf, 2017 erstes Staatsexamen in den Fächern Kunst und Englisch für das Lehramt an Gymnasien und Gesamtschulen, seit 2017 Mitglied am International Graduate Centre for the Study of Culture (GCSC) der Justus-Liebig-Universität Gießen, seit 2018 Wissenschaftliche Mitarbeiterin am Institut für Kunstpädagogik der JLU Gießen, Promotionsprojekt in der Kunstpädagogik. Forschungsschwerpunkte: transkulturelle Kunstvermittlung und postkoloniale Theorie, zeitgenössische Fotografie in afrikanischen Ländern.

Pädagogik

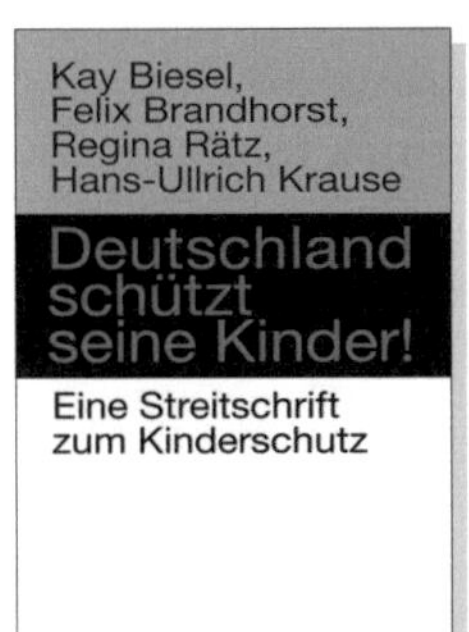

Kay Biesel, Felix Brandhorst, Regina Rätz, Hans-Ullrich Krause
Deutschland schützt seine Kinder!
Eine Streitschrift zum Kinderschutz

2019, 242 S., kart., 1 SW-Abbildung
22,99 € (DE), 978-3-8376-4248-3
E-Book: 20,99 € (DE), ISBN 978-3-8394-4248-7
EPUB: 20,99 € (DE), ISBN 978-3-7328-4248-3

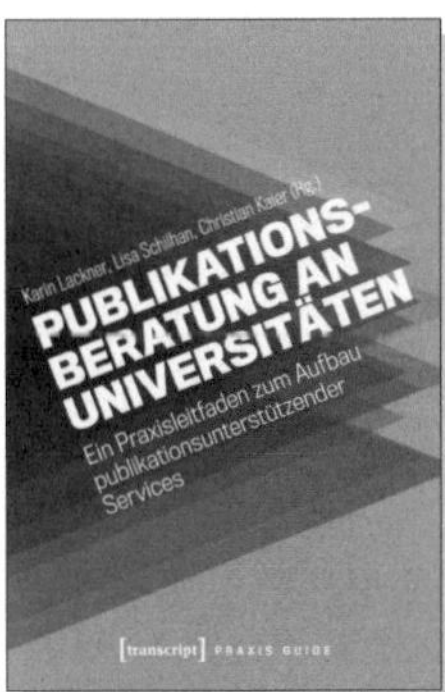

Karin Lackner, Lisa Schilhan, Christian Kaier (Hg.)
Publikationsberatung an Universitäten
Ein Praxisleitfaden zum Aufbau
publikationsunterstützender Services

2020, 396 S., kart., 14 SW-Abbildungen
39,00 € (DE), 978-3-8376-5072-3
E-Book: kostenlos erhältlich als Open-Access-Publikation
PDF: ISBN 978-3-8394-5072-7
ISBN 978-3-7328-5072-3

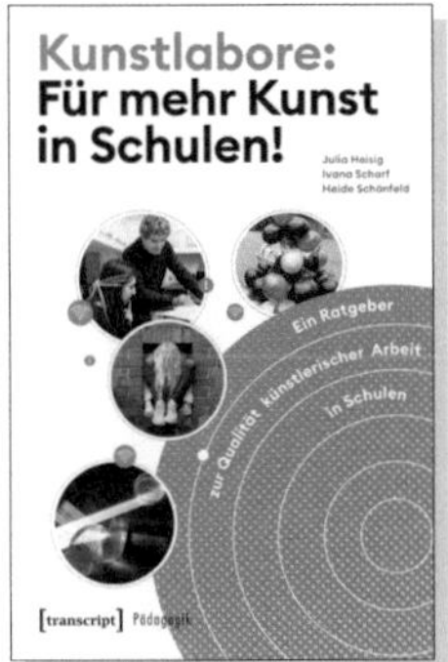

Julia Heisig, Ivana Scharf, Heide Schönfeld
Kunstlabore: Für mehr Kunst in Schulen!
Ein Ratgeber zur Qualität künstlerischer Arbeit in Schulen

2020, 216 S., Klappbroschur, durchgängig vierfarbig
27,99 € (DE), 978-3-8376-4985-7
E-Book: kostenlos erhältlich als Open-Access-Publikation
PDF: ISBN 978-3-8394-4985-1

**Leseproben, weitere Informationen und Bestellmöglichkeiten
finden Sie unter www.transcript-verlag.de**

Pädagogik

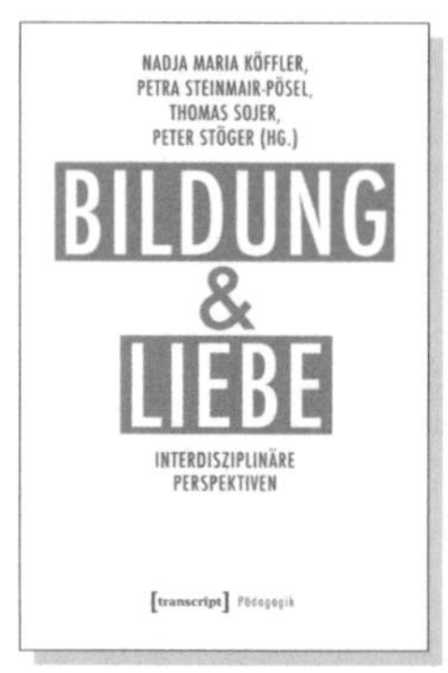

Nadja Köffler, Petra Steinmair-Pösel,
Thomas Sojer, Peter Stöger (Hg.)
Bildung und Liebe
Interdisziplinäre Perspektiven

2018, 412 S., kart., 11 SW-Abbildungen
39,99 € (DE), 978-3-8376-4359-6
E-Book:
PDF: 39,99 € (DE), ISBN 978-3-8394-4359-0

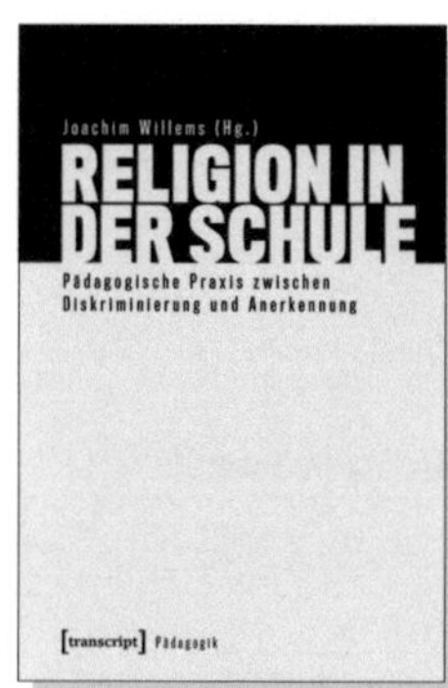

Joachim Willems (Hg.)
Religion in der Schule
Pädagogische Praxis
zwischen Diskriminierung und Anerkennung

2020, 432 S., kart.
39,00 € (DE), 978-3-8376-5355-7
E-Book: kostenlos erhältlich als Open-Access-Publikation
PDF: ISBN 978-3-8394-5355-1

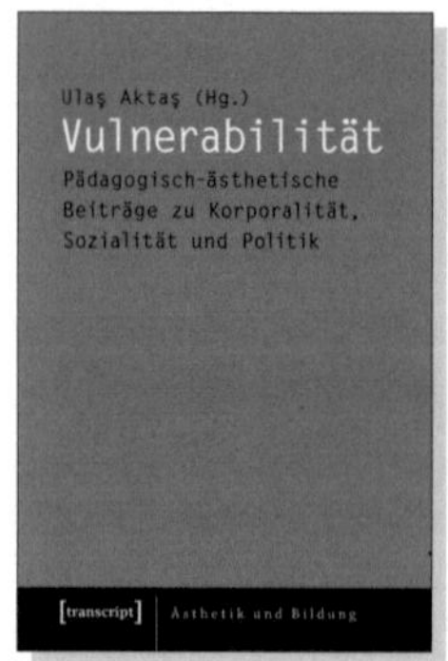

Ulaş Aktaş (Hg.)
Vulnerabilität
Pädagogisch-ästhetische Beiträge
zu Korporalität, Sozialität und Politik

2020, 194 S., kart., 26 SW-Abbildungen, 26 Farbabbildungen
39,00 € (DE), 978-3-8376-5444-8
E-Book:
PDF: 38,99 € (DE), ISBN 978-3-8394-5444-2

**Leseproben, weitere Informationen und Bestellmöglichkeiten
finden Sie unter www.transcript-verlag.de**